Revolution und Konterrevolution
in Katalonien

Carlos Semprum-Maura

Revolution und Konterrevolution in Katalonien

aus dem Französischen
übersetzt von Pierre Gallissaires und Hanna Mittelstädt

Verlag Edition AV

Die vorliegende Ausgabe wurde nach dem französischen Original „Révolution et contre-révolution en Catalogne (1936-1937)", erschienen bei Maison Marne, Tours, 1974, übersetzt. Für die zweite Auflage 2024 wurde die Übersetzung durch Hanna Mittelstädt neu durchgesehen. 1978 veröffentlichte der Autor eine unveränderte spanische Ausgabe.

Wir danken für die Unterstützung bei der Suche nach den Fotos: dem Centro de Documentación Historico-social, Barcelona, dem Internationalen Institut für Sozialgeschichte, Amsterdam.

1. Auflage by Edition Nautilus, Verlag Lutz Schulenburg, Hamburg 1983

2. Auflage 2024

www.edition-av.de

Umschlaggestaltung: Jürgen Mümken
Satz: Jürgen Mümken
Druck | Bindung: Druckerei Kleb GmbH / Wangen-Haslach
ISBN 978-3-86841-293-2

Inhalt

Ein Schlag in die Glasvitrine der Legendenbildung

„Der Staat ist ein Verhältnis, ist eine Beziehung zwischen den Menschen, eine Art, wie Menschen sich zueinander verhalten; und man zerstört ihn, indem man andere Beziehungen eingeht, indem man sich anders zueinander verhält."[1]

Gustav Landauer

In der Hinsicht sind die Beteiligten der Spanischen Revolution 1936-37 in Katalonien und Aragon weit gekommen, in der Zerstörung des Staates durch den Aufbau anderer Beziehungen. Es gab Selbstorganisation auf allen Ebenen der Gesellschaft, in den Milizen, in Affinitätsgruppen, Nachbarschaften, am Arbeitsplatz. Der Putsch der Militärs unter General Franco am 17. Juli 1936 konnte hier anfangs fast komplett zurückgeschlagen werden, die selbstorganisierten Milizen waren geschickt, entschieden, einsatz- und improvisierfreudig. Die Republik und ihre Institutionen hatten zunächst ihre Organe eingebüßt, um sich gegen den Angriff eines Teils ihrer Armee und Polizeitruppen zu verteidigen, durch langjährige Kampferfahrung geübte „Subalterne" konnten das aber sehr wohl. Sie waren mehrheitlich in den anarchistischen Organisationen CNT und FAI organisiert und setzten ihre Autonomie selbstbewusst in Kraft.

In anderen Regionen des spanischen Staats setzte sich der Putsch der spanischen Militärs sofort durch (u.a. in Galicia, Navarra, Rioja, dem westlichen Aragon sowie in weiten Teilen der heutigen Regionen Castilla y Leon und Castilla-La Mancha). Mit der Unterwerfung eines Großteils von Andalusien und Asturien hatten die Putschisten im September 1936 weit über 60% des spanischen Territoriums in ihrer Gewalt.

Was der Putsch unter Francos Führung verhindern wollte, nämlich eine revolutionäre Situation, in der der Staat mit all seinen Machtorganen in Frage gestellt wird, wurde in den ersten Monaten in den „freien Zonen" beschleunigt. Die autonome Selbstorganisation

1 Gustav Landauer, „Schwache Staatsmänner, schwächeres Volk!" (Der Sozialist, 15. Juni 1910).

weitete sich von der bewaffneten Verteidigung gegen den Angriff auf die gewählte Republik auf alle Bereiche der Gesellschaft aus. Sie schuf Organe in Form von zahllosen Komitees auf politischer, sozialer, ökonomischer, militärischer Ebene, die die bestehende Macht tatsächlich zusammenbrechen ließen.

Vom Juli bis Oktober 1936 herrschte eine Phase der „Freiheit", der direkten Demokratie. Carlos Semprun-Maura nennt das eine „wilde Demokratie". Es war ein Nullpunkt der Macht durch die handelnden, sich ihrer Stärke bewussten Volksmassen. Mithilfe direkter Aktionen wurden spontane Kollektivierungen umgesetzt: in den Bereichen Transportmittel, öffentliche Dienste, Industrie, Handel, Landwirtschaft. Die Wahl der Betriebskomitees erfolgte durch Vollversammlungen. Die Milizen funktionierten ohne militärische Hierarchie. An der Abschaffung des Geldes wurde experimentiert, das Privateigentum an Produktionsmitteln weitgehend durch kollektive Verfügung ersetzt. Der Kampf gegen den „Geist der Ware" wurde selbstverständlich nicht einfach so gewonnen, aber er wurde überall aufgenommen. Ca. 150 neue Schulen wurden eingerichtet, ihre Inhalte umgekrempelt, an einem veränderten Rechtssystem wurde gearbeitet.

Das allumfassende neue Konzept war eine freie dezentralisierte demokratische Gesellschaft ohne Grenzen in Form einer Freien Föderation von Gemeinden und Regionen. Diese Föderation verstand sich international und antinational. Auch klassenübergreifend: migrantische und örtliche Arbeiter, Angestellte, Handwerker, kleine Kaufleute, Bauern, Intellektuelle gehörten selbstverständlich den verschiedenen Kollektivitäten an. Frauen und Jugendliche standen unter dem besonderen Joch der klerikalen und reaktionär-autoritären Ordnung. Ihr Auftauchen in den Milizen und Komitees war sensationell, ebenso die Bildung der „Mujeres Libres" (Freie Frauen), die in der ersten Nummer ihrer gleichnamigen Zeitschrift im Mai 1936 hellsichtig und klar verkündeten: „Uns widert die Politik an, weil sie die menschlichen Probleme nicht versteht, sondern nur Sekten- und Klasseninteressen. Sie ist der permanente Brutkasten für Kriege. Die Politik trägt immer, wirklich immer, den Keim des Imperialismus in sich. In der Politik gibt es keinen Fortschritt. Sie könnte als Schlange dargestellt werden, die sich bis in alle Ewigkeit in den Schwanz beißt. Die Mujeres Libres suchen den grenzenlosen Fortschritt in der direkten und freien Aktion der Massen und der Individuen. Das neue Leben muss durch neue Vorgehensweisen aufgebaut werden."[2]

2 Aus „Mujeres Libres. Libertäre Kämpferinnen", Edition AV 2019.

Kollektivierungen, Sozialisierungen, Beschlagnahmungen, die Organisation von Wirtschaft und Gesellschaft musste umfassend neu erfunden werden. Die anarchistische Gewerkschaft CNT hatte jahrzehntelang wilde Streiks, Enteignungen von Banken, bewaffnete Auseinandersetzungen mit Polizei und Armee unterstützt. Im Juni 1936 hatte sie mehr als 1 Millionen Mitglieder, 1938 sogar über 2½ Millionen. Sie organisierte Kulturzentren, hatte eine vielgelesene Presse, und, heute fast unvorstellbar: keine bezahlten Funktionäre außer dem Generalsekretär. In Katalonien war sie bei Ausbruch der Revolution die wichtigste Kraft in Wirtschaft und Kriegsführung.

Das revolutionäre Begehren brach sich mit großer Intensität Bahn: Das Glück, die übermütige Freude waren überall spürbar, die „Arbeiterdemokratie" setzte Kreativität frei, die sich beispielsweise in den Malereien an Mauern, Eisenbahnen, Autos zeigte. Die „Kommunen" oder auch die Kollektivitäten in allen Bereichen der Gesellschaft vernetzten sich durch Delegiertenräte.

Aber schon am 24. Oktober 1936 begann mit dem „Dekret über die Kollektivierungen" der Versuch, eine staatliche Kontrolle über die Arbeiterautonomie zu etablieren. Hieran waren die anarchistischen Organisationen genauso beteiligt wie alle anderen Parteien der Regierungskoalition. Dezentralisierte, autonome Regionalföderationen entsprachen zwar genau dem anarchistischen Konzept der CNT-FAI, aber durch ihre Beteiligung am Aufbau einer neuen politisch-staatlichen Macht entwickelte sich die radikale Organisation zu einem bürokratischen Teil der Macht, einer sich zentralisierenden Macht, einer alles kontrollierenden Macht, d.h. eines neuen Staates.

Genau geht Carlos Semprun-Maura der Frage nach, wie das passieren konnte, worin die Gründe dafür lagen und ob es überhaupt eine „gute Macht" gibt, die durch eine Revolution gebildet wird? Wo war der Punkt, an dem die kämpfende und sich selbst verwaltende autonome Klasse, die ja aus lauter autonomen Subjekten in nicht hierarchischen Beziehung zueinander besteht, ihre Autonomie abgab und an neue Machtorgane delegierte? Was dann zwangsläufig zur Wiedereinführung von Ausbeutung, Entfremdung und Unterdrückung führte.

Ein Schlag in die (vollkommen gefälschte) Glasvitrine der stalinistischen Legendenbildung sollte dieses Buch sein, so würde es dem Autor gefallen, steht in seinem Vorwort. Es ist aber nicht nur ein Schlag in die Glasvitrine der Stalinisten, sondern auch in die der anarchistischen Organisationen. Auch in die Heldengeschichte der antifaschistischen Einheitsfront und der Internationalen Brigaden.

Carlos Semprun-Maura (1926-2009) war Autor, insbesondere für Radio und Theater. Er war der Bruder von Jorge Semprun, dem ungleich bekannteren Schriftsteller. Ihr Vater war während des Bürgerkriegs Diplomat für die Spanische Republik. 1939, nach dem Sieg Francos, ging die Familie ins französische Exil. In den frühen 50er Jahren war Carlos Semprun-Maura kurze Zeit Mitglied der spanischen KP, bis er 1956 austrat.

Dieses Buch schrieb er 1969-71 unter dem noch frischen Eindruck des „großen Knalls" des französischen Mai 1968, es erschien im französischen Original 1974. Sicherlich war der „große Knall" kurzlebig im Vergleich zur Spanischen Revolution und dem Bürgerkrieg 1936-39. Aber es gibt durchaus Parallelen, es gibt Fragen und Probleme, die 1968 erneut und virulent aufbrachen: Was passiert in einer revolutionären Situation, und wie wird sie beendet? Besteht die Revolution darin, die vorhandene gesellschaftliche Hierarchie zu brechen, um sie durch eine andere zu ersetzen, die für gerechter gehalten wird? Warum ist es auch in der Spanischen Revolution den Menschen nicht gelungen, sich von Tabus und Propagandamärchen zu befreien und es radikal abzulehnen, der Macht/dem Staat die Gestaltung ihres Lebens anzuvertrauen? In Katalonien und Aragon sowie in anderen Teilen Spaniens wurde mehrere Monate lang versucht, in einer Situation der quasi totalen Insubordination und Kreativität zu leben, in einer Demokratie ohne Hierarchie und Unterdrückung, wohl aber mit neuen, selbst organisierten kollektiven Strukturen. Diese „wilde Demokratie" war eine Realität, sie führte einen breiten und hartnäckigen Kampf gegen die sich neu etablierende bürokratische Macht.

Der Schwerpunkt des Autors liegt auf der Untersuchung der Ereignisse in Katalonien und dem angrenzenden Aragon. Hier war die Klassenautonomie besonders stark, in der Neuorganisation der Wirtschaft und Gesellschaft, in der Verteidigungsorganisation in Form von Milizen. Carlos Semprun-Maura beschreibt die Aktionen und die Selbstverwaltung der Revolutionäre, die Kollektivierungen in Industrie und Landwirtschaft, die Beschlagnahmungen, die Organisation und Kriegsführung der Milizen. Und er analysiert, wie alle Errungenschaften der Autonomie durch den sich über die Selbstorganisation stülpenden Staat mit seinen von der handelnden Basis getrennten Organen zerstört wurden.

Die von ihm genannten Gründe für die Niederlage der Revolution seien hier kurz skizziert:

– Die Parole „Zuerst der Krieg, dann die Revolution" war ein Narrativ zur Wiederherstellung der staatlichen Macht und Kontrolle. Sie bedeutete die Errichtung einer Kriegswirtschaft, die Liquidierung der Selbstverwaltung in Industrie und Landwirtschaft zugunsten einer vermeintlichen Produktivität und Effektivität unter einheitlichem Kommando, die Unterdrückung jeder Autonomie (von Betrieben, Stadtvierteln, Regionen etc.) zugunsten von Kriegszwecken, die allein von der zentralisierten Macht definiert wurden. Die Arbeiter sollten in den Fabriken Ausführende der staatlichen Beschlüsse ohne revolutionäre Perspektiven sein. Statt um die Revolution ging es der regierenden Parteien-Koalition um einen Krieg zur Verteidgung der Republik und damit letztendlich um den Erhalt oder das Erringen der Macht jeder am Staatsapparat beteiligten Partei.

Die vielbeschworene „antifaschistische Einheit" gegen die Putschisten unter Franco, die von der faschistischen Regierung Italiens und der des nationalsozialistischen Deutschlands unterstützt wurden, fungierte als Ordnungsmodell, als Vorwand, um die soziale Revolution zu ersticken.

– Die Auflösung der Milizen zugunsten einer regulären Armee bedeutete die Entwaffnung der revolutionären Kerne, die Zerstörung relativ autonom kämpfender Einheiten zugunsten eines einheitlichen Kommandos mit rigider Hierarchie und Disziplin. Diese Unterwerfung konnte die Verteidigungsbereitschaft derjenigen, die sich aus eigener Ermächtigung und – teilweise – gegen ihre Organisationen bewaffnet hatten und einen entschiedenen Kampf um ihre Freiheit führten, nur schwächen. „Die Alternative Krieg oder Revolution hat keinen Sinn mehr. Die einzige Alternative ist folgende: entweder Sieg über Franco dank dem revolutionären Krieg oder Niederlage", schrieb der anarchistische Kämpfer und Herausgeber einer Zeitschrift Camillo Berneri im April 1937 an Federica Montseny, die damals Mitglied der FAI und des Nationalkomitees der CNT sowie Ministerin für Gesundheit war.

– Die Hilfe der UdSSR (unter Stalin) an die Spanische Republik wird ausführlich analysiert. Voller Bitterkeit beschriebt Carlos Semprun-Maura, wie die Sowjetmacht die spanische Revolution infiltrierte und durch ihre rigiden, skrupellosen politischen Winkelzüge liquidierte: durch Übernahme staatlicher Organe, die Installation von Tschekas, durch die Praxis standrechtlicher Erschießungen, Verschwindenlassen, Hinrichtungen, die ganze Palette der paranoiden Verfolgung von Trotzkisten und allen Abweichlern und Gegnern. Die berühmten sowjetischen Waffenlieferungen waren keine Hilfestellung für eine revolutionäre Bewegung, sondern wurden erstens teuer bezahlt (durch die Goldreserven der Spanischen Bank) und waren zweitens Teil einer umfassenden Erpressung für die Durchsetzung der sowjetischen Großmachtinteressen. Der Auftritt der Sowjets auf der Bühne der spanischen Politik forcierte die Konzentrierung der Macht, die Errichtung eines starken militärisch-bürokratischen Staates und stärkte den Einfluss der Konterrevolution in allen gesellschaftlichen Bereichen.

Innerhalb des Krieges entwickelte sich im republikanischen Lager ein scharfer Konflikt, ein „Klassenkrieg", der im Mai 1937 in ganzer Heftigkeit ausbrach. Auf dem Spiel stand das Schicksal der sozialen Revolution. Alle Maßnahmen der neuen staatlichen Autorität waren auf Kontrolle der Betriebe und Kollektivitäten, auch der Milizen, ausgerichtet. Die bürokratische Transformation verlief nicht ohne Machtkämpfe und ihre Verwerfungen, auch gab es massiven ziviler Ungehorsam und bewaffneten Widerstand gegen die Wiederherstellung der Autorität, übrigens in allen Bereichen der Gesellschaft, an vorderster Front in den bewaffneten Einheiten. Der Abstand zwischen den Massen und ihren Organisationen, auch der anarchistischen, vertiefte sich. Die Organe der Macht außerhalb der spontanen Aktionen der Massen standen als Institutionen über ihnen. Der neue Staat agierte, zumal in Zeiten des Krieges, totalitär, ultra-zentralistisch und repressiv. Den einzigen Bruch im Aufbau dieses Gebäudes stellte der Kampf zwischen den verschiedenen politischen Fraktionen dar, bei dem es keiner gelingen wollte, sich gegenüber den anderen vollkommen durchzusetzen. So wurde das autoritäre Projekt erst durch den Sieg Francos und seiner politischen Verbündeten mit vollendeter Unterwerfung verwirklicht.

Die Revolution wurde durch Machtinteressen verraten, was ja bei jeder bisherigen revolutionären Umwälzung der Fall war. Eine Legende ist es aber, dass die Spanische Revolution von den faschistischen Kräften zerstört wurde. Carlos Semprun-Maura weist detailliert nach, wie die Revolution bereits im republikanischen Lager ausgelöscht wurde: durch die Machtpolitik aller Beteiligten. Die Enteignung der Revolution setzte durch die Etablierung der neuen Staatsorgane schon 1937 ein. Der Spanische Bürgerkrieg, der noch bis 1939 weiterging, wurde durch den Sieg der Faschisten beendet, aber da ging es nicht mehr um Sieg oder Niederlage einer Revolution, sondern um den Krieg zweier konkurrierender Staatskonzepte. Die antifaschistische Einheit des republikanischen Staates hatte bereits die revolutionäre Initiative enteignet, als die Faschisten ihn besiegten.

Wie lässt sich aber die Haltung der Massen, insbesondere der anarchistischen Massen Kataloniens, gegenüber ihren Führern erklären, warum konnten diese Massen nicht ohne sie auskommen? Warum kritisierten die revolutionären CNT-FAI-Mitglieder nicht radikaler die „Genossen und Genossin Minister" und sonstige neue staatliche Funktionsträger, nachdem diese sie so schmählich dazu aufgerufen hatten, ihren eigenen Kampf aufzugeben und sich in eine autoritäre Einheitsfront einzureihen? Diese Treue gegenüber der Organisation erklärt sich sicher auch durch die tiefe Verbundenheit der Mitglieder mit ihren anarchistischen Strukturen, besonders in den langen Zeiten von Illegalität und Verfolgung. Wie ein wirkmächtiger Mythos hatte die CNT-FAI die Kämpfenden beschützt, bis ihr Eintritt in die Machtpolitik deutlich machte, dass auch sie, als ein Organ der Macht, nicht vor dem Verlangen nach Autorität, Kontrolle, Disziplin, Armee, Vaterland, Produktivität, Ordnung, Personenkult und Opfermythos gefeit war.

Dieses Buch stellt die Frage, ob wir die Held*innen- und Führer*innenmythologien hinter uns lassen können, ob wir den Glauben – der durch so viele Erfahrungen widerlegt wurde – an eine andere, „gute" Autorität ablegen können, der wir die eigene Macht übertragen und der wir uns unterwerfen. Was in Katalonien nicht geschah, vielleicht nicht geschehen konnte, können wir das heute neu in Angriff nehmen? Können wir dem unzerstörbaren Verlangen, dem Recht der Individuen darauf, über sich selbst zu verfügen, heute eine neue gemeinschaftliche Schlagkraft geben? Auch wenn die individuelle und kollektive Autonomie heute in ganz anderer Weise unter (digitaler) Kontrolle steht, die Vereinzelung vorangetrieben und sämtliche Lebensprozesse einer viel stärkeren Regulierung unterworfen sind als vor neunzig Jahren?

Können wir wirklich verstehen, dass der Staat, dieser „große Fetisch", wie Bourdieu 1990 schrieb, eine Illusion ist, „dieser Ort, der wesentlich deshalb existiert, weil man glaubt, er existiere"? Und weiter, dass: „alle Sätze, die den Staat als Subjekt haben, theologische Sätze sind, (...) insofern der Staat eine theologische Entität ist, das heißt eine Entität, die durch den Glauben existiert." Die staatlichen Institutionen bestehen, gemäß Bourdieu, aus dem „organisierten und automatisierten Glauben an die kollektive Fiktion", in ihnen wird der Glaube an die Universalität des Diskurses produziert und eingeübt.[3]

Um die Narrative, Propaganda, Lügen, Manipulationen der politischen, staatlichen Macht aufzudecken, leistet dieses Buch eine wertvolle

3 Pierre Bourdieu, „Über den Staat", Suhrkamp Verlag 2014.

Vorarbeit. Es zeigt, wie Die Macht *Eins* werden will, um die Einheit des Kommandos und der Richtlinien gegen jede „Unordnung" zu verteidigen. Jeder Staatsmacht geht es um die Neu-/Strukturierung einer sozialen Hierarchie. Und jede Hierarchie beinhaltet Unterwerfung. Unser Denken und Handeln, wenn es denn auf eine freie, kreative soziale Kraft aus ist, wenn es aus den automatisierten, fiktiven Glaubenssätzen ausbrechen will, muss die Machtfrage verlassen, es muss das subjektive Bedürfnis nach politischer/gesellschaftlicher/wirtschaftlicher/intellektueller Macht verlassen, aus den „herrschenden Verhältnissen" und den sinnentleerten Diskursen desertieren. Wir sollten den „Kampf gegen den Geist der Ware" wieder aufnehmen und aus den kommodifizierten sozialen Beziehungen ausbrechen. „Auf lokaler Ebene die Kommunen, die Zirkulation und die Solidaritäten verdichten, so dass das Territorium unlesbar, undurchdringlich wird für die Autorität" – wie das Unsichtbare Komitee 2009 schrieb.[4] Das wäre mal ein Anfang, schon heute.

Ich bedanke mich bei den unerschrockenen Beteiligten an der Edition AV, die die Neuveröffentlichung dieses, meiner Ansicht nach grundlegenden Buches ermöglicht haben.

Hanna Mittelstädt, April 2024

4 Unsichtbares Komitee, „Der kommende Aufstand", Edition Nautilus 2010.

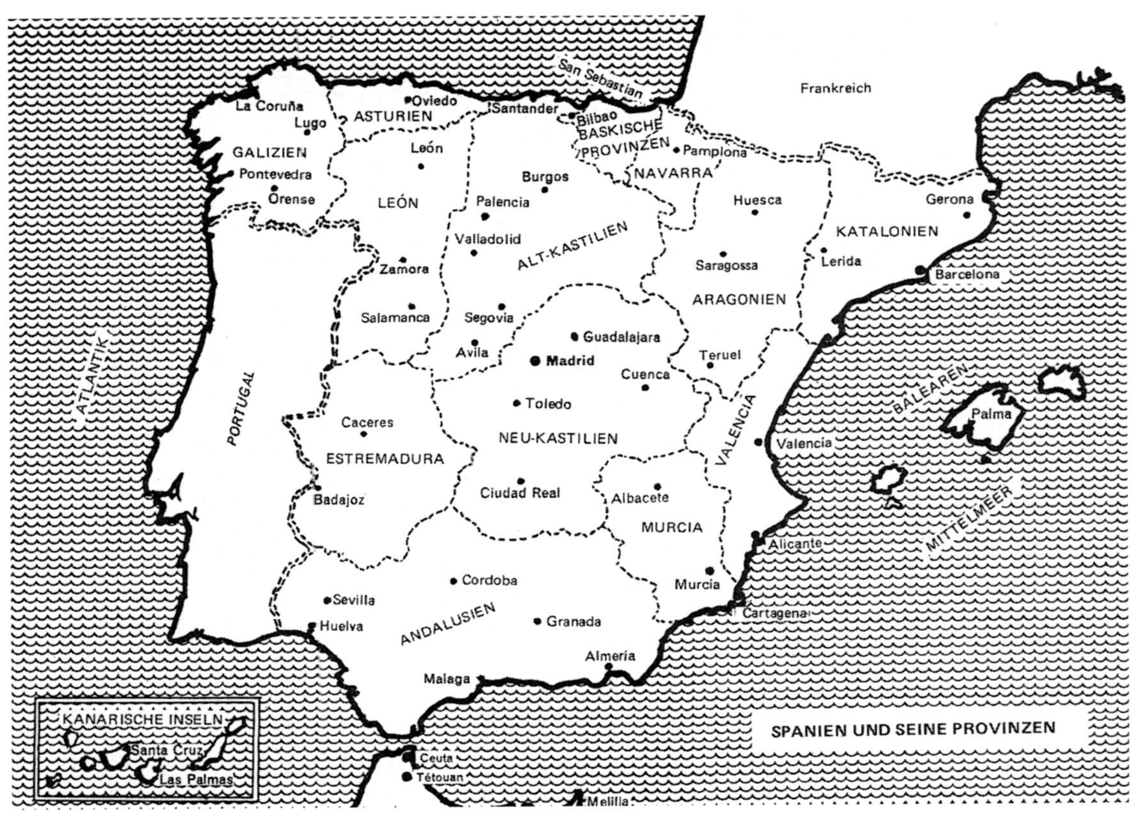
San Sebastian
Frankreich
La Coruña
Oviedo
Santander
Bilbao
BASKISCHE PROVINZEN
Pamplona
ASTURIEN
Lugo
GALIZIEN
León
NAVARRA
Pontevedra
Burgos
Huesca
Gerona
Orense
LEÓN
Palencia
KATALONIEN
Valladolid
ALT-KASTILIEN
Lerida
Zamora
Saragossa
Barcelona
ARAGONIEN
Salamanca
Segovia
Guadalajara
Avila
Madrid
Teruel
ATLANTIK
Cuenca
PORTUGAL
Toledo
BALEAREN
Caceres
Palma
NEU-KASTILIEN
VALENCIA
Valencia
ESTREMADURA
Badajoz
Ciudad Real
Albacete
MURCIA
MITTELMEER
Alicante
Cordoba
Murcia
Sevilla
Cartagena
Huelva
Granada
ANDALUSIEN
Almeria
Malaga
KANARISCHE INSELN
Santa Cruz
Las Palmas
SPANIEN UND SEINE PROVINZEN
Ceuta
Tétouan
Melilla

An dem Tag, an dem sie sich ihrer Vorurteile entledigt haben, an diesem Tag erst können die Historiker eine ernsthafte Studie der Volksbewegung unternehmen, die das republikanische Spanien erschüttert und eine der markantesten sozialen Revolutionen der Geschichte hervorgebracht hat.

Noam Chomsky

Vorwort zur spanischen Ausgabe

Dieses Buch schrieb ich während der Jahre 1969-71, als der Knall des Mai-Juni 1968 in Frankreich bei weitem noch nicht abgeklungen war und eine Reihe von Themen, für viele neu, von Aktionen, Diskussionen, Projekten, Zeitschriften und Büchern hervorbrachte. Unter ihnen, selbstverständlich, das Thema der libertären Revolutionen und das so abgestandene wie bekannte der Selbstverwaltung. Es erschien mir logisch und evident, auf meine Weise an diesen Diskussionen und an der Kritik des Totalitarismus (des „weißen" Faschismus und des „roten" Faschismus) teilzunehmen, indem ich ein Buch über die Erfahrungen der Selbstverwaltung in Katalonien und Aragon schrieb, von denen man damals in Frankreich fast nichts, wenn nicht sogar absolut nichts wusste. Ich selbst entdeckte während der Vorbereitung dieses Buches, auf der Suche nach Dokumenten und Daten, die Bedeutung des Phänomens.

Zur gleichen Zeit kam es in den Pariser Publikationskreisen in Mode, ein Eckchen für „die Linke" einzurichten, um eine neue jugendliche Kundschaft zu befriedigen und somit die Gewinne der entsprechenden Verlagshäuser zu vergrößern.

Ohne Zweifel wanderte dieses Buch von Verlag zu Verlag, ohne ein Plätzchen zu finden, bis es „wunderbarerweise" Halt machte in einem respektablen, seiner Herkunft nach katholischen Verlag, der einer Anwandlung nach sich auf seine Art zu verändern suchte. Es brachte ihm kein Glück, da er kurz darauf verschwand, untergegangen im vollständigen Bankrott…

An der ersten französischen Ausgabe habe ich nichts geändert.[1] (…) Ich habe nichts geändert, einzig und allein aus Trägheit. Vieles hätte

1 Das gilt auch für die deutsche Ausgabe (A. d. Ü.).

man ändern und verbessern können, wenn man außerdem bedenkt, dass über die Kollektivierungen und andere Themen, die hier behandelt werden, in der letzten Zeit verschiedene Bücher erschienen sind. Auch habe ich von Beobachtungen aktuellerer Art abgesehen, außer zum Beispiel in den letzten Abschnitten, in denen ich in aller Schnelle auf die Situation in Spanien zu jenem Zeitpunkt anspiele, an dem ich das Buch schrieb, also unter dem Franquismus.

Offensichtlich konnte damals keiner behaupten, dass, wenn Franco erst einmal tot wäre, der Franquismus so schnell und friedlich verschwinden würde, und dass die kürzlich uraufgeführte Demokratie, alle Segel im Rückenwind, Spanien in die Banalität führen würde. Ich kann die Banalität dem Faschismus, mit oder ohne seinen franquistischen Besonderheiten, vorziehen. Aber das ändert nichts daran, und das ist wichtig zu betonen, dass die Träume und revolutionären Sehnsüchte (wer will, kann sie in Anführungsstriche setzen), im Straßengraben geblieben sind.

Und dies führt dazu, dieses Buch in das dunkelste Regal der Bibliotheken zu stellen, dort, wo sich die Bücher der Geschichte oder anders, von dem, was geschah und sich nicht wiederholen wird, schon drängen.

Das sage ich, weil zwischen diesem Buch und gewissen Lesern die Fata Morgana des „Beispiels" und die Illusion der „Wiederholung" auftauchen könnte. Etwas ähnliches wie der Glaube, das, was die libertären Arbeiter 1936 in Angriff genommen haben, diese unbezweifelbare tiefgehende soziale Revolution, sei heute wieder in Angriff zu nehmen und bis zur letzten Konsequenz zu Ende zu führen. Reine Sinnestäuschung, wiederhole ich.

Es ist möglich, dass dieser Text selber „schuld" sein könnte an entstehenden Illusionen diesen Typs. Es ist möglich, dass meine eigene Begeisterung, die Entdeckung der Bedeutung der damaligen sozialen Revolution, sich vermischen könnte mit etwas ähnlichem wie einer „klaren und einfachen Perspektive für heute": dass es ausreichen würde, denselben glorreichen Weg von Neuem einzuschlagen. Wirklich nein! Nie habe ich geglaubt, dass sich die Geschichte wiederholen könnte und im Hinblick auf diese konkrete Geschichte am allerwenigsten.

Selbstverständlich kann kein Buch – entgegen dem, was die Marxisten-Leninisten, immer auf der Suche nach dem guten Programm, glauben – *die* revolutionären Lösungen bringen, da alles, was es an Revolutionärem in der Welt gegeben hat und gibt, immer *unvorhersehbar* und *spontan* ist. Daher überwindet es jeden Typ eines Programms und lässt es hinfällig werden. Auch wenn dann die „marxistischen"

Geschichtsschreiber kommen und uns erklären, alles geschah, weil nahe am Zentrum der Ereignisse Lenin seinen Kaffee trank.

Wenn mir die Wiederholung des in Katalonien 1936/37 Geschehenen auf jeden Fall unmöglich erscheint, so einfach deswegen, weil die spanische Gesellschaft von heute sich sehr von der im Jahre 1936 unterscheidet. Daher müsste der antistaatliche, antiautoritäre, libertäre Kampf für die Selbstverwaltung etc. (ich weiß genau, dass ein derartiger Kampf heute in Spanien *nicht existiert*, es handelt sich nur um eine Behauptung) von A bis Z neu erfunden werden.

Um genau die Veränderungen der spanischen Gesellschaft (und der Welt) zu erklären, sowohl was Mentalität und Verhaltensweisen als auch Industrie und Landwirtschaft, soziale Klassen und Rolle des Staates etc. betrifft, um diese Bedeutung zu beurteilen, wäre ein Buch erforderlich. So etwas kann man nicht in einem Vorwort behandeln. Aber es wird jedem Leser leicht fallen, das, was 1936 geschah, und das, was ich hier nach vielen anderen erzähle, mit dem zu vergleichen, was er tagtäglich erlebt. Nichts ist zu sehen, zu erblicken, abgesehen von den „ewigen Werten" Freiheit und Gerechtigkeit, die mich nicht interessieren, und zwar genau deswegen, weil sie „ewig" sind.

Und ohne Zweifel versucht man, die Geschichte zu wiederholen, und nicht nur, sie zu wiederholen, sondern man macht nichts weiter als dies. Die alten Friedhöfe sind alle mausetot. Man gräbt die alten Kadaver des Anarchosyndikalismus aus, es werden die alten Glorien, die alten Mumien, die alten Fahnen, die alten Statuten ausgegraben, und man ist darauf aus, die ruhmreiche Geschichte der CNT fortzusetzen. In diesem Stil laufen die Dinge ab.

Die heutige CNT ist nichts anderes als eine schlechte Karikatur der CNT von damals. Und dies ist nicht nur logisch, sondern es war vorhersehbar. Ich meine, auf den nachfolgenden Seiten alles an Widersprüchlichem gezeigt zu haben, was der Anarchosyndikalismus in seiner Theorie und Praxis während der dreißiger Jahre aufwies.

Aber heute, und gerade wegen der eingetretenen Veränderungen in der spanischen Gesellschaft, ist der Begriff selber des *Anarchosyndikalismus* in Fetzen aufgelöst, weil in Gesellschaften wie der spanischen jede Gewerkschaft nichts anderes sein kann als ein eigentümliches Instrument zur Integration der Arbeiter in die Gesellschaft, ein Vehikel zur *Kontrolle* und *Führung* (und deswegen zum Bremsen) von Unzufriedenheit und Aufsässigkeit. Genau das Gegenteil zum Anarchismus also, wenn dieses Wort noch den kleinsten Sinn haben soll. Etwas, was zu bezweifeln ist.

Sicher ist, dass die „wiedergeborene" CNT sich heute aus Leuten zusammensetzt, die alle unter denselben Abkürzungen nicht nur verschiedene, sondern widersprüchliche Dinge anstreben. Aber was deutlich aus der letzten Zeit ihrer Aktivitäten hervorgeht, ist folgendes: dass zuerst nur geduldet, dann legal – ohne die Absichtserklärungen des guten Willens zu berücksichtigen, sondern allein aus der Betrachtung der Fakten – die CNT es nicht verstanden hat, sich durch irgendetwas, das auch nur ein Minimum an Interesse verdienen würde, von den anderen Gewerkschaften abzuheben. Kampf um das Erbe der CNT, Gesuche für die Amnestie, Prozessionen mit Fahnen und großen Geschrei, Diskussionen über die Abkommen etc., derselbe Sumpf wie bei allen bürokratischen Organisationen. Und hier ist noch nicht einmal die Rede von der Karikatur der Karikaturen, das obskure Happening jener Leute, die die FAI wieder auferstehen lassen wollen und dafür einmal wöchentlich mit einer Pistole unterm Kopfkissen schlafen und träumen, sie seien Durruti! (Eine vollständig heiliggesprochene Person, es wäre langsam an der Zeit, mit einem Minimum an kritischem Geist über sie zu sprechen.)

Alle Entrüstungen und Alibis können nun einmal nichts bewirken angesichts der Tatsache, dass in den Konflikten, in denen etwas Neues, Anderes, Modernes, Libertäres geschehen ist (z.B. in Vitoria oder Roca), die CNT *abwesend* war. Sie „unterstützte" oder applaudierte symbolisch, aber von außen. In diesen wie in anderen Fällen waren es die Arbeiter selber, die demokratisch über souveräne Versammlungen ihre Kämpfe führten, indem sie die beteiligte Hilfe und mehr noch die Führung aller Parteien und Gewerkschaften zurückwiesen.

Nein, das einzig Neue liegt im Geist der Feten, die Einführung des Festbegriffs bei gewissen Treffen und Tagungen der CNT. Aber so sympathisch und neu es sein mag, mit dem Ritual der Versammlungs-Messe zu brechen, lassen sich zwei Beobachtungen machen: 1. Die Einführung der Fete in die Versammlung, das fröhliche „Halbstarkentum" in der Messe hat bereits einen Skandal hervorgerufen und der Ausschluss „aus den Reihen einer so seriösen Organisation wie der CNT" wird nicht lange auf sich warten lassen; 2. diejenigen, die meinen, dass derartige Kundgebungen mit Fetencharakter den königlichen Lehnstuhl oder den seines ersten Ministers – sei dieser Suarez oder Gonzalez – auch nur einen Millimeter verrücken, bereiten sich die Pleite ihres Lebens. Natürlich handelt es sich für die Mehrheit der neuen „Spieler" allein darum, einige Stunden gut zu verbringen. Und dies hat – warum nicht – seine Wichtigkeit. Aber es geht darum zu sehen, dass es hier über dieses wichtige wie begrenzte Ziel nicht hinausgeht.

Zusammenfassend: Dieses Buch ist kein Handbuch, in dem erklärt wird, wie man vor dem Hintergrund der revolutionären Erfahrungen, heute, morgen, gestern, die libertären Kollektive in Aragon, Katalonien – oder Extremadura – wiederaufbaut oder gar die Barrikaden von Barcelona. Wenn es das geringste Interesse verdient, dann allein deswegen, weil es dazu nützlich sein kann, die enorme Distanz und die unzählbaren Unterschiede zu zeigen, die zwischen dem Spanien von 1936 und dem von 1978 bestehen, und die Unmöglichkeit einer Wiederholung des Geschehenen. Man wird nun endlich etwas anderes suchen müssen.

Es kann auch sein, dass das Buch ein kritisches Interesse finden wird. Mir würde es selbstverständlich gefallen, wenn es ein Wurf in die vollkommen gefälschte Glasvitrine der stalinistischen Legendenbildung wäre. Nach vierzig Jahren franquistischer Zensur – und des schlechten postfranquistischen Gewissens – haben es die spanischen Stalinisten geschafft, ein demokratisches und heroisches Bild ihrer Aktivitäten während des Bürgerkrieges aufzubauen, die in Wahrheit vollständig konterrevolutionär und unterdrückerisch waren. Verschiedene Bücher haben diese Mystifizierung bereits denunziert (das beste ist wahrscheinlich „Der große Betrug" von Burnett Bolloten), aber es ist nicht unnütz, mit dem Steineschmeißen in diese Lügenvitrine weiterzumachen, mal sehen, ob wir sie alle zusammen kaputt kriegen.

Aber meine Kritik hält sich nicht allein mit der Analyse des damaligen Stalinismus auf. Ich kritisiere auch die Aktivität und das Verhalten der führenden Kreise der CNT. Allgemein haben die Anarchisten, die die Haltung der CNT-Führer kritisierten (José Peirats, Vernon Richards etc.) dies immer von einem politischen Blickwinkel getan, um es so zu sagen. Zum Beispiel: Mit dem Eintritt in die Regierungen haben die Führer der CNT die anarchistischen Prinzipien verraten, ebenso als sie der Militarisierung der Milizen zustimmten. Dies alles ist sicher richtig, aber die Dinge sind gravierender und liegen tiefer. Und es schien mir wichtig, mit der kritischen Analyse der Bürokratisierung „am Feuer der Macht" innerhalb der CNT zu beginnen, sowohl auf politischem wie auf wirtschaftlichem Gebiet, einer Bürokratisierung, die, wie ich gezeigt zu haben glaube, total und vollständig war, und dies hat heute seine Bedeutung. Denn was beabsichtigen jene, die heute die CNT rekonstruieren? Die unmögliche Ingangsetzung einer „revolutionären" Gewerkschaft oder die Organisierung einer Gewerkschaftsbürokratie? Die Antwort ist offensichtlich.

Die modernen Gesellschaften sind in der Lage, eine unendliche Menge von Antikörpern, Hindernissen und Sinnestäuschungen hervorzubringen. Um sie herum sammeln sich jene, die vorgeben, sie zu verändern oder zu zerstören, in einer „Organisation", deren Arbeit darin besteht, die Unzufriedenheit zu planen und sie dann mit dem Staat und den Unternehmen zu verhandeln gemäß dem ewigen Nimm und Gib, auf dem die konflikthafte Integrierung der Arbeiter in den Produktionsprozess beruht.

Wenn es in den letzten Jahren in Spanien nicht mehr Aktionen und Initiativen unter anarchistischem Zeichen gegeben hat, so deswegen, weil zu viele Gruppen und Individuen zu sehr damit beschäftigt waren, den Palast aus 1001 Nacht des Anarchosyndikalismus wiederaufzubauen, der seit dem Mai 1937 ausgestorben ist (wenn man dem Ableben ein Datum geben will, was auch nicht nötig ist). Während sie ihre gesamte freie Zeit und Kraft dieser illusorischen Aufgabe widmeten, haben sie es nicht verstanden und waren nicht in der Lage, mit auch nur der kleinsten neuen Idee zu kommen. Dieser Palast, der in vielem noch dem Turm von Babel gleicht, hat nicht mehr „Kohärenz" als die, sich in der Vergangenheit zu befinden.

Die Regierung seiner Majestät sollte nicht die CNT vergessen, wenn den Gewerkschaften die Subventionen zugeteilt werden (wahrscheinlich wird sie was abkriegen bei der Beuteverteilung aus der CNS[2]), aber was wäre geschehen, wenn all jene, die sich heute mit dem Palastbau der reinen Nostalgie beschäftigen, sich daran gemacht hätten, hier und heute neu zu denken und zu handeln?

Carlos Semprun-Maura, Paris, November 1977

2 Zur CNS: Die „Organización Sindical Española" (OSE, „Spanische Gewerkschaftsorganisation"), bekannt als „Sindicato Vertical" („Vertikale Vereiniung") oder unter der Abkürzung CNS, war der einzige Gewerkschaftsdachverband in Spanien zwischen 1940 und 1977. Nach Francos Tod unternahmen die oppositionellen Gewerkschaftskräfte in den ersten Monaten des Jahres 1976 eine groß angelegte Mobilisierungs- und Streikkampagne. Der Anstieg der Arbeitsunruhen war vor allem auf die Ölkrise von 1973 zurückzuführen, deren Auswirkungen in den folgenden Jahren in der spanischen Wirtschaft und Gesellschaft zu spüren sein sollten. Am 1. April 1977 wurde das Recht auf gewerkschaftliche Vereinigung endgültig anerkannt, und mit einem königlichen Erlass vom 2. Juni 1977 wurde die gewerkschaftliche Zwangsmitgliedschaft abgeschafft. Mit einem königlichen Erlass vom 6. Dezember 1977 wurden die Strukturen der Vertikalen Gewerkschaft für erloschen erklärt. Das „Ley de Cesión de Bienes del Patrimonio Sindical Acumulado" („Gesetz über die Übertragung von Vermögenswerten des angehäuften Gewerkschaftserbes") sollte zwei Probleme lösen: das Eigentum an den Vermögenswerten und Rechten, die von der ehemaligen Gewerkschaftsorganisation und den anderen Gewerkschaftseinheiten vor dem neuen Verfassungssystem stammten, und die Beschlagnahme der Vermögenswerte der Gewerkschaftsorganisationen als Folge des spanischen Bürger*innenkrieges (Anm. d. Setzers).

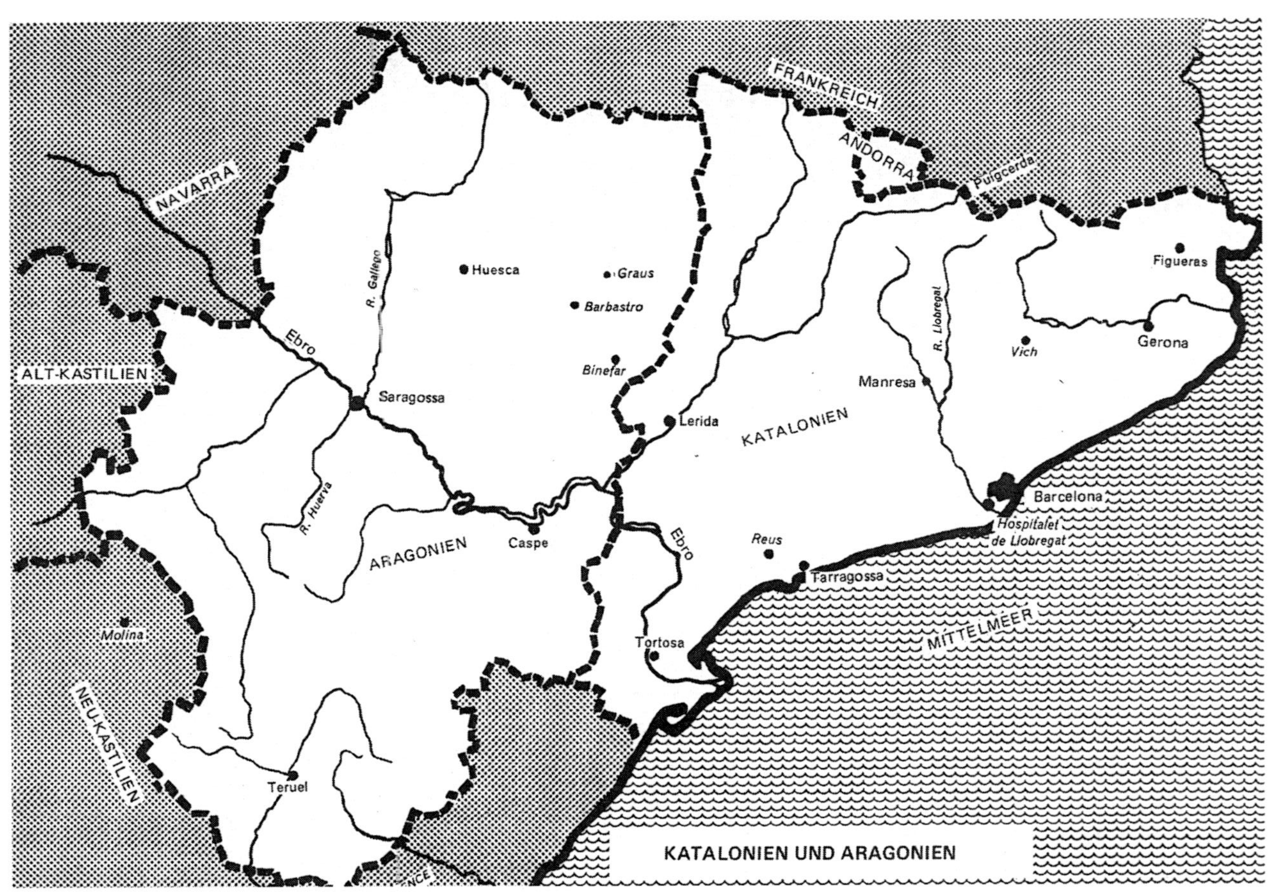

KATALONIEN UND ARAGONIEN

EINFÜHRUNG
KATALONIEN IM JAHRE 1936

Eine Region, eine Provinz oder eine Nation, je nach Ideologie und Epoche war Katalonien 1936 eines der wichtigsten Industriegebiete der Iberischen Halbinsel. Im 19. Jahrhundert entstand hier ein neuer Nationalismus wie im Baskenland – gleichfalls ein wichtiges Industriegebiet –, der anfangs im Widerstand der katalanischen Industrie- und Handelsbourgeoisie gegen die zentralisierende Misswirtschaft der Zentralmacht und die rückschrittliche Politik der Großgrundbesitzer zum politischen Ausdruck kam.

Im Gegensatz zu dem also, was in anderen Ländern – wie z.B. in Irland – passierte, wurde die nationalistische Bewegung in Katalonien nicht durch die Verbindung der wirtschaftlichen „Kolonisation" mit der politischen und kulturellen Unterdrückung bewirkt und gefördert.

Besonders vom Ende des 19. Jahrhunderts an bis 1936 kamen massenweise Arbeitsimmigranten in das industrielle Katalonien, vor allem aus ärmeren Gegenden wie Aragon, Valencia und Murcia (pauschal und verächtlich „Muricaner" genannt). So kamen z.B. 1910-1923 allein nach Barcelona 180.000 solcher Arbeitsimmigranten; die meisten fanden dort eine Beschäftigung.

Es handelte sich dabei um die für jedes ökonomisch ungleich entwickelte Land klassische Erscheinung der Auswanderung aus den armen ländlichen Gebieten in die Industriestädte, die aber in diesem besonderen Fall sozusagen mit einer Art Exil verbunden war. Denn die Katalanen, die mit ihrem Nationalgefühl umso stärker befasst waren, als sie es nicht recht zum Ausdruck bringen konnten, verhielten sich manchmal ziemlich verächtlich diesen „Unterentwickelten" gegenüber, die auf der Suche nach Arbeit massenweise aus den armen ländlichen Regionen gekommen waren. Außerdem konnten bzw. wollten sie – wenn nicht in Barcelona, so wenigstens in der Provinz – nur ihre eigene Sprache sprechen, wodurch die berühmte Sprachbarriere erzeugt wurde.

Formell kann man also sagen, dass das reiche Katalonien ein eingewandertes Subproletariat beschäftigte, ausbeutete und manchmal verachtete, wobei es selbst gleichzeitig dem Druck und der kulturellen und politischen Diskriminierung der Zentralmacht ausgesetzt war. Natürlich muss dieses schematisierte Bild nuanciert werden: Zunächst einmal gab es nicht ein Katalonien, und der Klassenkampf ist hier vom Ende des 19. Jahrhunderts bis zum Anfang des Bürgerkriegs mit äußerster Härte geführt worden. Außerdem bildeten wohlhabende eingewanderte Arbeiter kleine Gruppen in Katalonien, die mehr oder weniger rasch integriert wurden. Andere Immigranten kamen ihnen aber nach – und das noch lange Zeit nach Ende des Krieges, so dass die von da an wohlbekannten und schlecht gelösten Probleme der Arbeitsimmigranten – Arbeit, Wohnung, Schulbesuch usw. – weiter bestanden.

Die „Liga regionalista" („Regionalistische Liga") wurde 1901 in Barcelona als erstes politisches Organ des katalanischen Nationalismus gegründet. Anfangs beanspruchte sie keineswegs die Unabhängigkeit Kataloniens, sondern nur eine gewisse Autonomie für diese Region, was aus ihrem Namen schon zu entnehmen ist. Zwar ist die Liga eine politische Bewegung, ihre Tätigkeit orientiert sich aber hauptsächlich an der Förderung der wirtschaftlichen und kulturellen Entwicklung Kataloniens – also eine Art „Klub" für Investitionen und zur Verbreitung der katalanischen Sprache und Kultur (so gründete man u.a. 1907 das „Institut für katalanische Forschung"). Es ist eine Honoratiorenpartei, mit Prat de la Riba, dem Vorsitzenden der „Diputación Provincial" („Provinzialrat") in Barcelona, und Francisco Cambo, einem katalanischen Abgeordneten im Madrider Parlament („Cortes") an der Spitze. Als einflussreiche und tüchtige Verwalter, sagt man, spielten sie eine bemerkenswerte Rolle bei Kataloniens wirtschaftlicher und kultureller Entwicklung am Anfang des Jahrhunderts. Die Liga war der Meinung, Katalonien sei ein Beispiel der „Modernität" für das ihrem Geschmack nach allzu mittelalterlich gebliebene übrige Spanien. Aber da die katalanischen Kapitalisten doch die meisten ihrer Produkte in Spanien verkauften, waren Verbindungen entstanden, die nicht gebrochen werden sollten.

Die heftigen sozialen Kämpfe in Katalonien – es gab vom Anfang des Jahrhunderts bis 1936 praktisch kein einziges Jahr, ohne dass ein Generalstreik zu bewaffneten Zusammenstößen mit der Polizei und sogar oft mit der Armee führte – machten die Liga, eine politisch konservative Partei, immer mehr zu einem fast bedingungslosen Verbündeten der Zentralregierung gegen „ihre" Arbeiter. Eine andere, populäre und stark vom Radikalismus geprägte Bewegung, die „Esquerra Catalana"[1] („Die katalanische Linke") löste die Liga dann bald ab und

1 Gemeint ist damit die „Esquerra Republicana de Catalunya" (ERC – „Republikanische Linke Kataloniens"), (Anm. d. Setzers).

prägte der nationalistischen Bewegung in Katalonien nicht nur einen demokratischeren – im marxistisch-leninistischen Jargon „kleinbürgerlichen" – Charakter auf, sondern auch einen noch viel stärker behaupteten Autonomiewillen. In ihm war die Unabhängigkeitsbewegung zwar vorhanden, wenn auch nie vollständig und bewusst oder gar bis zum logischen Ende geführt. Weitere nationalistische Bewegungen sind dann noch entstanden, wie z.B. die ultra-nationalistische „L' Estat Catala" („Der katalanische Staat") – wir werden in den folgenden Kapiteln sehen, wie einige ihrer Führer ihre Bewunderung für Mussolini zum Ausdruck gebracht haben –, aber die „Esquerra Catalana" bleibt die wichtigste, zugleich radikale und nationalistische katalanische Partei.

Trotz wechselnden Glücks, einiger teilweiser Erfolge und mancher Misserfolge, gelangte Katalonien erst mit der Republik, die 1932 das „Katalanische Statut" bewilligte, wirklich zu einer gewissen Autonomie.

Als 1931 in Spanien die Republik ausgerufen wurde, stellte sich der Esquerra-Vorsitzende, Oberst Macía, zusammen mit seinem Stellvertreter – und späteren Nachfolger – Luís Companys auf einem Balkon der Plaça Sant Jordi in Barcelona vor die Menge, und sie riefen unter dem Beifall von Tausenden die Katalanische Republik aus. Von der Gefahr einer Sezession alarmiert, eilten republikanische Politiker – von denen einige sogar Katalanen waren – nach Barcelona, um die Esquerra-Führer zu überzeugen, besser auf die Abstimmung über das „katalanische Statut" zu warten und nichts zu unternehmen, was nicht wieder rückgängig zu machen wäre. Die Esquerra-Führer gingen auf den Vorschlag ein, und das Statut wurde tatsächlich gebilligt.

Gemäß diesem Statut wurden die vier katalanischen Provinzen einer autonomen Regierung unterstellt, die nach dem Namen der mittelalterlichen Stadträte „Generalitat" heißen sollte. Praktisch verfügte diese Regierung nur über wenige, und auf jeden Fall viel kleinere Befugnisse, als es sich die katalanischen Nationalisten erhofft hatten. Ihre Befugnisse auf dem Gebiet der Bildung, der Polizei und der Steuereinnahmen waren begrenzt. Die spanische und die katalanische Sprache wurden beide zu offiziellen Sprachen. Außer in die regionale Versammlung durften die Katalanen ihre Abgeordneten in die Madrider Cortes wählen.

Wie begrenzt sie auch immer sein mochte, 1934 wurde diese Autonomie nach dem Wahlsieg des rechten Blocks wieder in Frage gestellt, was zu dem Versuch eines nationalen Aufstands führte, der im

Oktober 1934 mit roher Gewalt durch die Armee niedergeworfen wurde[2].

Schließlich gab die bei den Wahlen vom Februar 1936 siegreiche Volksfront Katalonien seine relative Autonomie zurück. Dann kamen Francos Putsch und der revolutionäre Gegenschlag, der in Katalonien spezifische Züge annahm, die meiner Meinung nach der besonderen Analyse würdig sind, die ich in diesem Buch versucht habe.

Die Textilindustrie war in Katalonien der wichtigste Industriezweig. Zwar sind Metall-, Elektro- und chemische Industrie usw. schon seit Ende des 19. Jahrhunderts eingeführt worden und haben sich in der spanischen Hochkonjunktur während und wegen des 1. Weltkriegs weiterentwickelt. Die Textilindustrie bildete aber das Rückgrat der katalanischen Wirtschaft und deren Haupteinnahmequelle im Exporthandel. Sie erfuhr in der zufallsbedingten Entwicklung der spanischen Gesamtwirtschaft – und mit dem Verlust der Kolonien (Kuba, Philippinen usw.) – am Ende des 19. Jahrhunderts eine schwere Krise, da sie damit ihr tatsächliches Monopol auf dem Überseemarkt einbüßte. Die spanische Regierung ergriff aber protektionistische Maßnahmen, so dass die von Konkurrenz befreiten katalanischen Textilwaren munter den spanischen Markt eroberten. Da Spanien, wie man weiß, 1914-1918 neutral geblieben ist und die Industrie in den verschiedenen europäischen Ländern in erster Linie für den Krieg gearbeitet hat, nahm die Nachfrage nach spanischen und besonders katalanischen Erzeugnissen stark zu, und die Industrie lief auf Hochtouren.

In Katalonien siedelten neue Fabriken und Werkstätten an – nicht nur im Textilbereich, denn gerade zu dieser Zeit wurden mit Hilfe des ausländischen Kapitals elektrotechnische, chemische und andere Industriezweige geschaffen. Man bemühte sich sogar einigermaßen um Modernisierung, aber ohne sehr weit zu gehen: Als die katalanischen Arbeiter sich 1936 der gesamten Industrie – nicht nur der Textilindustrie – zu ca. 70% bemächtigten, stellten sie die unzähligen, immer noch weniger als 100 Arbeiter zählenden Kleinbetriebe vor große Probleme.

Die aufsteigende Kurve der katalanischen Wirtschaft wurde 1930 gebremst, als die Wirkungen der Weltkrise des Kapitals auch in Spanien brutal spürbar wurden.

1930-1936 herrschte in Spanien und Katalonien eine Periode der äußerst heftigen sozialen Unruhe, was sehr viel bedeutete, wenn man die neuere Geschichte der Iberischen Halbinsel kennt. Zuerst wurde die

2 Über die Aufstände vom Oktober 1934 vgl. Anhang I.

Monarchie gestürzt und die Republik mit großer Volksbegeisterung ausgerufen.

Bald aber enttäuschte die Republik die katalanischen Nationalisten, was ihre dürftige Autonomie betraf; die Arbeiter – katalanisch oder nicht –, was ihre spezifischen Forderungen betraf; die Bauern, was die Agrarreform betraf; und die Kapitalisten, die es nicht wagten, in unruhigen Zeiten zu investieren. Ein Streik folgte dem anderen, und blutige Zusammenstöße zwischen spanischen Faschisten und Arbeiterorganisationen fanden täglich statt. Es kam zu mehreren Aufständen, die durch die Armee niedergeworfen wurden – kurz, die Schilderung dieser bewegten Periode würde Bände füllen. Einem fiebernden Seismographen gleich wiesen die Wahlen einmal einen Sieg der Rechten (1934) aus und die Repression folgte. Zwei Jahre danach triumphierte im Februar 1936 wieder die Volksfront. Diese heftigen Schwankungen wurden sicherlich unterstützt durch die Haltung der CNT: So hat sich die mächtige anarcho-syndikalistische Zentrale, die 1934 aus tiefer Ablehnung Wahlen gegenüber Stimmenthaltung (und damit die spätere Parole „Wahlen: Fallen für Idioten!") befürwortet hatte, mehr oder weniger der siegreichen Wahlkampagne der Volksfront angeschlossen. Auf jeden Fall konnten keine Wahlen die tiefen Konflikte innerhalb der spanischen Gesellschaft lösen, wie die Geschichte beweisen sollte.

In der ersten Hälfte dieses Jahrhunderts war die Landwirtschaft in Spanien und selbst in Katalonien immer noch sehr bedeutend, wenn auch, wie oben erwähnt, die Industrie in Katalonien weiter als in den anderen Provinzen – mit Ausnahme des Baskenlandes – entwickelt war. Strukturell ähnelt die Landwirtschaft in Katalonien der im gesamten Norden Spaniens – und zwar besteht sie aus kleinem und mittlerem Grundbesitz, der entweder von Pächtern oder von den Bauern selbst als Besitz bewirtschaftet wird. Es gibt in Katalonien keine riesigen Güter mit vielen Tausenden von Hektar und Armeen von mühselig arbeitenden und hungerleidenden Tagelöhnern, wie sie damals z.B. in ganz Andalusien zu finden waren. Wie wir weiter unten im Kapitel über die landwirtschaftlichen Kollektive sehen, war die landwirtschaftliche Produktion in Katalonien zwar ziemlich vielfältig, aber der Weinbau machte einen wichtigen Teil davon aus, da er für die Bauern sehr einträglich war. Die Pacht in den katalanischen Weinbergen wurde nach alter Tradition bestimmt. Das Land fiel an den Eigentümer zurück – der es dann nach Belieben wieder verpachten konnte –, wenn drei Viertel der darauf angepflanzten Weinreben abgestorben waren (auf katalanisch: „rabassa morta"). Als die Phylloxera (Reblaus) am Ende des vorigen

Jahrhunderts unter vielen anderen auch die katalanischen Weinberge verwüstete und die Winzer dazu zwang, eine neue Rebe amerikanischer Herkunft einzuführen, standen sie einem ernsten Problem gegenüber. Denn diese neue Rebe verlangte nicht nur mehr Arbeit, sie lebte auch nur halb solange wie die frühere – ungefähr 25 Jahre statt 50. Die katalanischen Pächter standen nicht nur vor einer Naturkatastrophe, sondern darüber hinaus wurden noch ihre Pachtverträge um die Hälfte verkürzt. In dieser Situation entstanden unzählige Konflikte, was anderseits einen bestimmten Zusammenhalt und eine Kampflust unter den katalanischen Bauern und vor allem unter den Winzern schuf, die dann in der mächtigen katalanischen Landwirtschaftsgewerkschaft ihren Ausdruck fand, der „Unió de Rabassaires"[3] (von „rabassa", siehe oben). Diese bildete im Wesentlichen die „Massenbasis" der „Esquerra"-Partei.

Ich habe versucht, mit einigen schnellen Zeilen das Bild Kataloniens im Jahre 1936 zu umreißen, wobei alles das unberücksichtigt bleibt, was seine Geschichte, Kultur usw. betrifft. Kataloniens Beschaffenheit als eine Nation, die zugleich relativ reich und blühend und dem politischen Zentralismus des spanischen Staates unterworfen war, verleiht dem katalanischen Nationalproblem eine gewisse Zweideutigkeit. Auf diesem Gebiet wie auf anderen ist es der Republik nicht gelungen, eine ihren eigenen Interessen angemessene Politik zu treiben. Da Spanien ein Vielvölkerstaat ist, sollte eine Lösung föderalistischer Art durchgesetzt werden; es wurde zwar über diese Frage viel diskutiert, aber nichts wurde gemacht außer einigen Konzessionen an die katalanischen und baskischen Forderungen nach Autonomie.

Diese kurze Übersicht wäre unvollständig, wenn man nicht von der Arbeiterklasse, der wirklichen Hauptfigur des folgenden Berichtes, sprechen würde. Die größte Mehrheit der katalanischen Arbeiterklasse stand hinter den libertären Ideen. Katalonien war ein „Bollwerk" der CNT-FAI. Man weiß, dass die spanischen, katalanischen – bzw. guatemaltekischen – Anarcho-Syndikalisten dem Staat, dem Begriff der Nation streng feindlich gesinnt sind und, was uns hier besonders angeht, sie waren konkret gegen den katalanischen Nationalismus, den sie für bürgerlich und reaktionär hielten, so wie sie gleichfalls gegen den staatlichen Zentralismus des spanischen Staates waren. Als Feinde jedes staatlichen Zentralismus befürworteten also die Anarchisten das Prinzip einer freien Föderation von Gemeinden und Regionen, die auf konkrete Weise und in revolutionärer Richtung über die nationalen

3 Die *Unió de Rabassaires* war eine 1922 in Katalonien (Spanien) gegründete Gewerkschaft von Winzer*innen, die keine Weinbäuer*innen sind (Anm. d. Setzers).

Probleme hinausgehen sollte. Sie waren Internationalisten und jedem Chauvinismus feindlich gesinnt, als welche patriotische Religion dieser sich auch immer tarnen mochte. Selbstverständlich wollten sie nicht einen autonomen bzw. unabhängigen katalanischen Staat aufbauen, sondern alle Staaten und zuerst den spanischen zerstören. Sie machten auf diesem Gebiet keinen Unterschied, und sie waren doch, wie man sagt, *populär*. Man kann also behaupten, dass die nationalistischen Ideen der großen Mehrheit der katalanischen Arbeiterklasse fremd geblieben waren – sie träumte von einer freien, dezentralisierten und demokratischen Gesellschaft, die keine Grenzen haben sollte, und kämpfte für sie.

Um dieses Phänomen zu erklären, das mit dem marxistisch-leninistischen Schema schlecht zusammenpasst, ist oft behauptet worden, dass gerade die eingewanderten Arbeiter die Mehrheit der CNT-Mitglieder bildeten und dass sie vielleicht aus guten Gründen dem katalanischen Nationalismus fremd, wenn nicht feindlich gegenüberstanden. Aber diese allzu einfache Erklärung ist falsch. 80% der in Katalonien gewerkschaftlich organisierten Arbeiter – und es waren Hunderttausende – waren CNT-Mitglieder, ganz offensichtlich waren also nicht alle eingewanderte Arbeiter! Nicht einmal die Hälfte von ihnen. Übrigens übten die libertären Ideen nicht nur auf die Arbeiter ihren Einfluss aus, sondern weit über deren Rahmen hinaus. Zahlreiche katalanische Angestellte, Handwerker, kleine Kaufleute, Bauern und Intellektuelle waren Libertäre. Warum sollte man schließlich den katalanischen Revolutionären das Recht darauf aberkennen, *Internationalisten* zu sein?

Das mag sicher in unserer Zeit seltsam klingen, wo viele angebliche Revolutionäre vom „Vaterland" sprechen und Klassenkampf und „nationale Revolution" so munter verwechselt werden. Das deutet aber nur auf den tiefen Verfall der alten Bewegung hin, die immer noch „Arbeiterbewegung" genannt wird, wenn sie sich auch oft mit ideologischen Klunkern behängt, die aus der alten Rüstkammer stammen, die das Erbe der „Nationalrevolutionäre" – anders gesagt der *Nationalsozialisten* – darstellt.

I. KAPITEL
DER MILITÄRISCHE AUFSTAND UND DER REVOLUTIONÄRE GEGENSCHLAG

DER MILITÄRISCHE AUFSTAND

Am 17. Juli 1936 um 5 Uhr nachmittags eröffnen die verschworenen Offiziere in Melilla (Marokko) den Kampf – sie setzen den republikanischen Ortskommandanten ab, bemächtigen sich der öffentlichen Gebäude und erklären den Ausnahmezustand. Die Erhebung des Militärs gegen die spanische Republik hat begonnen. In der folgenden Nacht erheben sich die anderen Garnisonen (Tetuan, Ceuta, Larache usw.) der Reihe nach, und am folgenden Morgen ist das ganze „spanische" Marokko in den Händen von militärischen Aufständischen. Die Widerstandsversuche des loyalen Militärs und der Arbeitergewerkschaften sind sehr schnell niedergeworfen worden.

General Franco, der seine Garnison auf den Kanarischen Inseln verlassen hat und nach Tetuan fliegt, wo er sich an die Spitze der Bewegung stellen will, wendet sich im Rundfunk an diejenigen, die „die heilige Liebe zu Spanien hegen":

> „Heute erhebt sich ganz Spanien und verlangt nach Frieden, Brüderlichkeit und Gerechtigkeit. Im ganzen Land stehen Ordnungskräfte auf, um das Vaterland zu verteidigen.
> Sie werden bei der Aufrechterhaltung der Ordnung in dem Maße energisch vorgehen, wie ihnen Widerstand geleistet wird."[1]

Die viel weniger energische republikanische Regierung begnügt sich damit, am 18. Juli frühmorgens eine Bekanntmachung zu verbreiten, in der sie den Aufstand bagatellisiert, indem sie behauptet, er sei auf Marokko beschränkt und „niemand, absolut niemand auf der Halbinsel

1 Aus „ABC" (spanische Tageszeitung) – Ausgabe für Andalusien vom 23. Juli 1936.

habe sich diesem unsinnigen Unternehmen angeschlossen."[2] Inzwischen folgen die Garnisonen auf der iberischen Halbinsel dem Beispiel von „spanisch" Marokko und den Kanarischen Inseln und erheben sich der Reihe nach, in mehreren Regionen sogar mit Erfolg, wie z.B. in Navarra (Pamplona), Aragon (Saragossa), Alt-Kastilien (Burgos und Valladolid) und Andalusien (Sevilla).

Während die republikanische Regierung zugeben muss, dass Sevilla in die Hände des faschistischen Generals Queipo de Llano gefallen ist, veröffentlichen die sozialistische und die kommunistische Partei folgende gemeinsame Bekanntmachung:

> „Die Lage ist zwar schwierig, aber nicht hoffnungslos. Die Regierung ist sicher, dass sie über die nötigen Mittel verfügt, um diesen verbrecherischen Versuch zu vereiteln. Falls dies nicht genügen sollte, kann die Republik sich auf das feierliche Versprechen der Volksfront verlassen. Diese ist entschlossen, von dem Augenblick an in den Kampf einzugreifen, in dem sie um Hilfe gebeten wird. Die Regierung befiehlt und die Volksfront gehorcht."[3]

Aber die Regierung zögert. Sie scheint zu hoffen, dass ein Teil der Armee ihr treu bleiben wird, der dann genügen würde, um die „Aufständischen" davon abzubringen, an ihrem „unsinnigen Unternehmen" festzuhalten. Sie lehnt es gleichfalls ab, „das Volk zu bewaffnen, natürlich aus Angst vor einer Revolution, aber auch davor, dass diese hypothetisch treuen oder wenigstens zögernden Militärs ins feindliche Lager überwechseln." Die Maßnahmen, die sie an diesem 18. Juli ergreift, sehen lächerlich aus, wenn man sie mit Abstand betrachtet: Sie beschränken sich darauf, die Armeeführer abzusetzen, die sich gegen die Regierung erhoben haben. Nachmittags um 15 Uhr 15 veröffentlicht sie dann eine neue Erklärung:

> „Von neuem ergreift die Regierung das Wort, um die absolut ruhige Lage auf der ganzen Halbinsel zu bestätigen. Indem sie sich für alle Unterstützungsangebote bedankt, erklärt die Regierung, dass ihr am besten dadurch zu helfen ist, dass man ein normales tägliches Leben

2 Aus „Claridad", Madrid, 18. Juli 1936.

3 Aus José Peirats: „La CNT en la revolución española", CNT-Verlag, Toulouse 1952, Band I, S.139.

weiterführt und sichert. So wird ein großes Beispiel der Besonnenheit und des Vertrauens zu den Organen der Macht gegeben."[4]

Aber über welche Mittel verfügt die Regierung, außer der Armee und der Polizei, die beide fast vollständig auf der Seite der Aufständischen stehen? Die republikanische Regierung, die sich vor der Revolution fürchtet, hofft und träumt weiter davon, dass die Armee bzw. ein genügender Teil davon, „wieder zu sich kommt". Sie wartet auf dieses Wunder und weigert sich, den Arbeiterorganisationen Waffen zu geben. Noch mehr: Der Ministerpräsident und Kriegsminister Casares Quiroga gibt öffentlich bekannt, dass jeder, der ohne seinen Befehl Waffen verteilt, erschossen wird.

Immer noch aus dem Grund, einen Zusammenstoß vermeiden zu wollen, ersetzt Manuel Azaña, der Präsident der Republik, die Quiroga-Regierung durch eine neue unter Martínez Barrio, die damit *beauftragt wird*, mit den militärischen Aufständischen zu *verhandeln*. Martínez Barrio versucht, eine Regierung der „nationalen Einheit" zu bilden, und bietet dabei dem Führer der Aufständischen im Norden Spaniens, General Mola, das Kriegsministerium an. Er nimmt sogar telephonisch Fühlung mit ihm auf, aber Mola lehnt selbstverständlich ab. Es ist sowieso zu spät, die Würfel sind bereits gefallen. Martínez Barrios' Regierung bleibt nur übrig abzutreten – und sie tut das auch. Sie hat nur einige Stunden lang existiert. Während aber der Aufstand auf der ganzen Halbinsel an Breite gewinnt, wird der Druck der Arbeitermassen immer stärker, die nach Waffen verlangen und den Kampf aufnehmen wollen. In einigen Gegenden haben die Arbeiter sogar damit begonnen, sich aus eigenen Mitteln zu bewaffnen. Als am 19. Juli eine neue Regierung unter J. Giral gebildet wird, muss sie sich darein fügen, an die Arbeiterorganisationen Waffen verteilen zu lassen. Hätte sie das nicht getan, wäre sie von den Militärs hinweggefegt worden; da sie es aber tut, gibt sie den Arbeiterorganisationen nicht nur Waffen, sondern auch die wirkliche Macht.

BARCELONA BEREITET SICH ZUM KAMPF VOR

In Barcelona hatte die seit mehreren Monaten gebildete Junta zusammen mit dem zentralen Stab der „Aufrührer" einen theoretisch perfekten Plan

4 Aus „Claridad", Madrid, 18. Juli 1936.

ausgearbeitet. Es handelte sich dabei um die Aufgabe, die von General Mola in seinem Gesamtplan des Aufstandes wie folgt definiert worden war: „die proletarischen Massen Kataloniens unschädlich zu machen"[5]. Dazu sollten die Truppen von den Kasernen an der Peripherie in die Stadtmitte marschieren und sich der wichtigsten Verwaltungsgebäude bemächtigen. In Molas Plan war vorgesehen, „den Truppen mitzuteilen, dass eine Bewegung gegen die Republik im Gange sei und dass die Armee als Ordnungshüterin auf die Straße gehen solle, um sie zu verteidigen". Immerhin bewies diese Kriegslist, dass die verschworenen Offiziere nur ein sehr beschränktes Vertrauen zu ihren Truppen hatten. Was die für ihre republikanischen Gefühle bekannten Offiziere betraf, sollten sie schon zu Beginn neutralisiert werden. Da sie nur wenige waren, war dieser Teil des Plans nicht allzu schwer durchzuführen.

In der Armee erwartete keiner einen ernsten Widerstand. So erklärte z. B. ein Offizier einige Tage vor dem Aufstand: „Wenn das Gesindel die Kanonen donnern hört, läuft es Hals über Kopf davon!"[6] Gerade das aber passierte dann nicht.

Der Generalitatspräsident Luís Companys scheint sich über die „Putsch"gefahr bewusster gewesen zu sein als seine Kollegen der Zentralregierung. Am Morgen des 16. Juli bat er die Vertreter der mächtigen anarchosyndikalistischen Gewerkschaftszentrale CNT um eine Zusammenkunft mit dem Zweck, gemeinsam Mittel und Wege zu überlegen, der faschistischen Gefahr zu begegnen.

> „Um über dieses [Kollaborations- (C.S-M)]gesuch zu diskutieren, kamen die Regionalkomitees der CNT und der FAI mit verschiedenen wichtigen Aktivisten der beiden Organisationen zusammen, und es wurde folgendes beschlossen: Gegenüber der faschistischen Drohung wollen die CNT und die FAI alle früheren Beleidigungen, sowie alle noch nicht geschlichteten Streitfälle vergessen und die Position befürworten, nach der es unerlässlich oder zumindest wünschenswert ist, dass zwischen allen liberalen, fortschrittlichen und proletarischen Kräften, die dazu entschlossen sind, dem Feind die Stirn zu bieten, eine enge Zusammenarbeit hergestellt wird.
>
> Zur selben Zeit wurde durch die anarchistischen Organisationen in Barcelona ein Verbindungskomitee mit der Generalitat gebildet, das aus

5 Aus „Solidaridad Obrera", Barcelona, 18. Juli 1936.

6 Aus Abel Paz: „Paradigma de una revolución (19 de julio de 1936)", Ediciones de l'AIT, Paris 1967, S. 26.

fünf Aktivisten beider Organisationen bestand – Santillán, García Oliver und Francisco Ascaso für die FAI; Durruti und Asens für die CNT"[7].

Die wirksamste Maßnahme, die durch dieses Verbindungskomitee hätte ergriffen werden können, wäre die Bewaffnung der Arbeiter und die praktische Organisation des Gegenschlags gegen den Aufstand gewesen. Die Generalitat konnte sich das aber nicht erlauben. In Barcelona sowie in Madrid „fürchten die Politiker zwar den Faschismus, das bewaffnete Volk fürchten sie aber noch viel mehr", wie es der militante Anarchist Diego Abad de Santillán beschreibt. So ließ die Generalitat nicht nur das vom Verbindungskomitee geforderte Wenige – d.h. eigentlich 1.000 Gewehre – nicht geschehen, sondern die CNT-Aktivisten, die die Kasernen überwachten, wurden von der Polizei festgenommen und entwaffnet. Die ganze Tätigkeit des Verbindungskomitees beschränkte sich auf diesem Gebiet auf Verhandlungen, damit die wenigen Waffen nicht beschlagnahmt wurden, die die Anarchisten seit der Repression vom Oktober 1934[8] erfolgreich hatten verstecken können.

Als der Aufstand in Marokko am 17. Juli bekannt gegeben wird, lässt die FAI am selben Abend folgendes Manifest unter die aus den Fabriken strömenden Arbeiter verteilen:

„Jetzt ist die faschistische Gefahr keine Drohung mehr, sondern blutige Wirklichkeit ... Jetzt darf nicht weiter gezögert werden. Wir müssen unsere Beschlüsse in die Praxis umsetzen. In jedem Ort müssen die anarchistischen Gruppen und die der Libertären Jugend in Kontakt mit den verantwortlichen CNT-Organisationen arbeiten. Weiter muss vermieden werden, mit den antifaschistischen Kräften, welche das auch immer sein mögen, in Konflikt zu geraten, da die augenblicklich dringendste Aufgabe die Vernichtung des militaristischen, klerikalen und aristokratischen Faschismus heißt. Bleibt in ständigem Kontakt mit der jeweiligen [FAI] Regional- und Nationalorganisation. Es lebe die Revolution! Tod dem Faschismus!"[9]

Am Abend versammeln sich die Arbeiter in den Gewerkschaftsräumen. Sie haben eigentlich ihre ganze Freizeit seit dem 12. Juli dort verbracht, da sie wie jeder in Spanien wussten – außer der Zentralregierung, die

7 Aus Diego Abad de Santillán: „La revolución y la guerra de España", „El Libro" Verlag, La Habana, 1938, S. 131.

8 Über die Ereignisse vom Oktober 1934 vgl. Anmerkung I im Anhang.

9 Aus Diego Abad de Santillán: „Por qué perdimos la guerra", Iman-Verlag, Buenos-Aires 1940, S. 43.

nichts wissen wollte – dass Militärs und Faschisten einen Putsch vorbereiteten. Schon am 12. Juli haben die CNT- und FAI-Aktivisten beschlossen, die Kasernen durch bewaffnete Gruppen überwachen zu lassen, damit man nicht unvorbereitet ist, und verschiedene Versammlungspunkte für den Augenblick festzulegen, in dem der Kampf beginnt. Seitdem hat man gewartet, aber durch die Nachricht des Aufstandes in Marokko ist allen klar geworden, dass der Zusammenstoß unmittelbar bevorsteht. Überall herrscht große Nervosität – man muss um jeden Preis Waffen finden. Juan Yague, ein Matrose, schlägt vor, man solle sich derer bemächtigen, die sich in den Offiziersmessen der im Hafen liegenden Frachter befinden. Eine Gruppe folgt ihm zum Überfall – 150 Gewehre und ein Dutzend Pistolen werden so ergattert. Aber der Polizeichef Escofet ist benachrichtigt worden, und er schickt eine Kompanie Sturmgardisten zur Transportgewerkschaft, wo die Aktivisten gerade ihre Beute verteilen. Das Gewerkschaftsgebäude wird umzingelt, und es wäre zum regelrechten Kampf gekommen, hätten nicht die gerade angekommenen Durrutí und García Oliver einen Kompromiss ausgehandelt: Den Sturmgardisten werden ungefähr zwölf Gewehre ausgehändigt, die als Symbol ihres erfolgreich ausgeführten Auftrags gelten sollen.[10] (Hier soll darauf hingewiesen werden, dass die Sturmgarde im Gegensatz zur Zivilgarde ein von der Republik gebildetes Polizeikorps war, in der viele Angehörige republikanisch und sogar sozialistisch gesinnt waren).

Nach dieser neuen Nacht des Wartens und der Vorbereitungen geht die Mobilmachung in den Gewerkschaften am 18. Juli ununterbrochen weiter. Die Aktivisten organisieren sich in revolutionären Viertelkomitees. Diese Viertelkomitees, die eine wesentliche Rolle im revolutionären Prozess spielen werden, übernehmen die Kampfvorbereitungen. Sie werden von Verbindungsleuten über die Lage in den Kasernen informiert – d.h. von der zunehmenden Nervosität der Offiziere vor dem Zeitpunkt X. Am Abend sendet das Radio eine Meldung des CNT-Nationalkomitees, das zum revolutionären Generalstreik auffordert und allen Komitees bzw. Aktivisten empfiehlt, in Kontakt zu bleiben und mit der Waffe in der Hand in den Gewerkschaftsräumen bereit zu sein. Diese Anweisung wird sofort durch das katalanische CNT-Regionalkomitee weitergeleitet.

Um 21 Uhr – an demselben 18. Juli – findet eine letzte Zusammenkunft zwischen dem CNT-FAI-Verbindungskomitee und Companys statt, der es immer noch ablehnt, Waffen zu verteilen. Diese Haltung erscheint

10 Vgl. Hanns-Erich Kaminski: „Ceux de Barcelone", Denoël, Paris 1937, S. 21. (Deutsche Ausgabe: *Barcelona. Ein Tag und seine Folgen*, edition tranvía, Berlin1986).

inkonsequent: Am 16. Juli hatte er auf eigene Initiative die CNT und die FAI um ihre Mitarbeit zur Verteidigung der Republik ersucht, und er weigerte sich seit dieser Zeit hartnäckig – sogar nachdem der „Putsch" schon begonnen hatte –, ihnen die zu dieser Verteidigung nötigen Mittel – die Waffen – zu geben. Auch wenn er – im Gegensatz zur Zentralregierung, die sich immer noch einbildet, sie sei die einzige legale Macht und wirkliche Autorität – der CNT einen Schritt entgegengekommen ist, d.h. der hauptsächlichen Kraft, die dazu fähig ist, in Katalonien dem Faschismus den Weg zu versperren, kann er es doch nicht übers Herz bringen, die anarchistischen Massen zu bewaffnen. Wie kann man Leute bewaffnen, die zu „jeder Tollheit" bereit sind – sogar dazu, die soziale Revolution durchzuführen? Sie aber nicht zu bewaffnen, heißt das nicht, dem Faschismus die Bahn zu ebnen? Einer solchen Alternative gegenübergestellt, konnte Luís Companys, der republikanische und liberale Führer der Bewegung für die katalanische Autonomie, nur zögern.

Als die CNT-Aktivisten, die bis zum letzten Augenblick auf eine Meinungsänderung der Generalitat gehofft hatten, von dieser erneuten Ablehnung erfuhren, entschlossen sie sich, auf allen möglichen Wegen Waffen aufzutreiben: Sie plündern also Waffenhandlungen, treiben Dynamit auf den Baustellen auf und bemächtigen sich mit der Hilfe von Sturmgardisten einiger Waffenbestände der Regierung. Sie beschlagnahmen Personenwagen, um eine schnelle Verbindung zwischen den verschiedenen Gruppen herzustellen; kaum sind die CNT-FAI-Buchstaben darauf angebracht, durchstreifen diese Wagen schon die Straßen Barcelonas. Die bewaffneten Aktivistengruppen, die die Kasernen überwachen, können sehen, wie Falange-Mitglieder und „requetes"[11] dort hinkommen, um sich Uniformen und Waffen geben zu lassen, um auf Seiten der Militärs zu kämpfen. Dann geht die Nacht zu Ende – eine weitere Nacht des Wartens.

Man kann sich fragen, warum die Arbeiterorganisationen und besonders die in Katalonien weitaus wichtigste, die CNT, nicht als erste angegriffen haben, um den Überraschungseffekt auszunutzen. Das lässt sich unserer Meinung nach nur durch ihre ungenügende Bewaffnung erklären, sowie durch ihre Hoffnung auf eine Meinungsänderung der Generalitat. Vermutlich spielte auch die Furcht davor eine Rolle, die antifaschistische Front durch eine Aktion zu brechen, für die die Generalitat weder hätte geradestehen können noch wollen. Wie dem auch sei, er-

11 Die „requetes" waren eine Art Miliz der spanischen traditionalistischen (karlistischen) royalistischen Bewegung.

leichterte dieser „Attentismus", der bei den Arbeiterorganisationen auf der ganzen Iberischen Halbinsel bestimmend war, dem Militär in vielen Fällen den anfänglichen Sieg.

DIE KÄMPFE VOM 19. UND 20. JULI IN BARCELONA

Am 19. Juli um halb 5 Uhr stürzen die Truppen unter lautem Geschrei aus den Kasernen: „Es lebe die Republik! Es lebe Spanien!" Aber die von Mola ausgedachte Kriegslist hat keinen Erfolg. Die seit einigen Tagen an den Kasernen stehenden bewaffneten Gruppen sind keine Minute verwirrt, sie eröffnen sofort das Feuer. Die Fabriksirenen fangen an zu heulen, um die Arbeiter zum Kampf zu rufen. Die Truppen führen den vorgesehen Plan, d.h. die schnelle Besetzung der strategischen Punkte innerhalb der Stadt, durch, indem sie auf der Plaça de España, der Plaça de la Universidad und Plaça de Cataluña Stellung beziehen, sich der wichtigen Gebäude wie der Hotels Ritz und Colón und der Telephonzentrale bemächtigen. Die Truppen aus den Kasernen Atarazanas und Maestranza besetzen den Hafenteil zwischen dem Hauptpostamt und dem Paralelo. General Goded, der von Mallorca eingeflogen ist, um sich an die Spitze des Aufstands zu stellen, lässt sich in der „Capitaneria General" (Kommandantur) nieder und lässt den der Republik treu gebliebenen Garnisonskommandanten Llano de la Encomienda absetzen und gefangen nehmen.

So sieht die Lage in den ersten Morgenstunden aus. Doch überall sind die Militärs auf erbitterten Widerstand gestoßen. An der „San Pablo-Bresche" bei der Einheitsgewerkschaft der Holzarbeiter haben die Aktivisten dieser Gewerkschaft eine wichtige Barrikade auf dem Paralelo gebaut, von der aus sie die Truppen vier Stunden lang in Schach halten. Die Militärs können nur dadurch die Barrikade erstürmen und sich des Gewerkschaftsgebäudes bemächtigen, dass sie Frauen und Kinder des angrenzenden Viertels vor sich hertreiben. Um Mittag wird das verlorene Gebäude durch einen Gegenangriff der CNT-Aktivisten wieder zurückerobert.

Gleichzeitig finden entscheidende Kämpfe in der Stadtmitte statt. Die Militärs werden in den von ihnen auf der Plaça de Cataluña besetzten Gebäuden belagert. Am frühen Nachmittag werden die kämpfenden Arbeiter durch die Sturmgarde und eine gewisse Anzahl von Zivilgardisten unter Oberst Escobar verstärkt (einem der wenigen Offiziere der Zivilgarde, dieser auf die Unterdrückung von Arbeiter-

und Bauernbewegungen spezialisierten Polizei, der auf die Seite der Republikaner wechselte), so dass die Lage der Militärs kritisch wird. Sie könnte nur durch die Ankunft von Verstärkung aus den Kasernen von San Andrés und den Docks verbessert werden, aber der Versuch der aus Kavallerie- und Artillerieregimentern bestehenden Verstärkungskolonnen wird von den Arbeitern aus Barceloneta vereitelt. Bei Zusammenstößen auf der Avenida Icaria bei der Dockskaserne passiert der Zwischenfall, der über den Ausgang der Kämpfe entscheiden wird. Die Soldaten beweisen ihre im Jargon der Arbeiterbewegung erwähnte Eigenschaft als „Arbeiter und Bauern in Uniform": Die einen zögern, die andern schießen in die Luft, während manche sogar die Strophen der „Internationale" in die Praxis umsetzen und damit anfangen, „mit den Bedrängern reinen Tisch zu machen". Die Arbeiter ergreifen die Gelegenheit, verlassen ihre Barrikaden und kommen massenweise und auf offenem Gelände dem Feind entgegen. Zahlreiche Kanonen werden eingenommen. Die revolutionäre Gegenoffensive beginnt.

Bei einbrechender Nacht wird immer noch gekämpft, aber nirgends behalten die Militärs die Initiative. Die von ihnen in der Stadtmitte besetzten Gebäude sind zurückerobert worden. Am Montag, dem 20. Juli, wird in den ersten Tagesstunden ein Geschütz gegenüber der „Capitaneria General" feuerbereit aufgestellt. Die rebellischen Führer werden aufgefordert, sich zu ergeben. Um ihnen dabei zu helfen, wird eine Salve abgeschossen, die das ganze Gebäude erzittern lässt und den Militärs die letzten Hoffnungen nimmt. Goded wird festgenommen und von CNT-Militanten bis zum Generalitatspalast geführt, wo er im Rundfunk folgende Erklärung abgibt:

> „Hier spricht General Goded. Ich wende mich an das Volk mit der Erklärung, dass das Schicksal mir übel gesinnt war und ich gefangen genommen worden bin. Ich sage dies, damit all diejenigen, die nicht weiter kämpfen wollen, sich aus jeder Verpflichtung zu mir entbunden betrachten."[12]

In den Kasernen meutern die Soldaten, sie erschießen ihre Offiziere und verteilen Waffen unter die Arbeiter. Nur die Festung Atarazanas bleibt in den Händen der Armee. Die republikanische „Luftwaffe" – ein paar alte Flugzeuge – unter Diaz Sandino beginnt mit einem Bombenangriff. Dann gehen die Arbeiter zum Sturmangriff über, bei dem der bekannte

12 Aus Abel Paz, a.a.O., S. 124.

anarchistische Aktivist Francisco Ascaso getötet wird. So ist am 20. Juli nachmittags der Aufstand in Barcelona niedergeschlagen. Die Militanten der Arbeiterorganisationen haben sich aller Waffen bemächtigt, die sie in den Kasernen gefunden haben. In Lastwagen, Bussen und beschlagnahmten Personenwagen fahren bewaffnete Gruppen in die Städte und Dörfer der katalanischen Provinz – so werden die Militärs in Tarragona, Gerona und Lérida erledigt.

Und wie sieht die Lage im übrigen Spanien aus? Der Armee ist es gelungen, Brückenköpfe in Andalusien zu erobern (Cadiz, Cordoba, Sevilla), wo der von italienischen Flugzeugen transportierte Nachschub aus der spanischen Armee Marokkos landen kann. Sie hat auch eine breitere Zone besetzt, die von La Coruña (Galizien) bis zu den Städten Huesca und Saragossa (Aragon) und vom unweit der portugiesischen Grenze liegenden Caceres über Avila und Segovia bis nach Teruel reicht und so Navarra, einen großen Teil Aragons, Alt-Kastilien, Leon, fast ganz Galizien und einen Teil Extremaduras umfasst. Damit ist die republikanische Zone in zwei Teile geteilt: Im Norden sind das Baskenland, Santander und Nord-Asturien (außer Oviedo, der Hauptstadt) sozusagen zwischen dem Ozean und den „Aufständischen" eingeklemmt: Dann kommt der wichtigste Teil mit fast ganz Andalusien, Levante, Katalonien, einem Teil Aragons, einem Teil Extremaduras und Neu-Kastilien. Es muss betont werden, dass der militärische Aufstand in den am meisten industrialisierten Regionen (vor allem im Baskenland und in Katalonien), in einigen der reichsten landwirtschaftlichen Regionen (wie in Levante z.B.) und in den Großstädten wie Madrid, Barcelona, Valencia, Bilbao usw. misslungen ist; ferner, dass diese Niederlage den Massen und ihren Aktionen zu verdanken ist, da die große Mehrheit der Streit- und Polizeikräfte auf die Seite der „Putschisten" übergelaufen ist. Diese „Landkarte" entspricht übrigens ziemlich genau dem jeweiligen Einfluss der linken und rechten Kräfte im Land. Der militärische Aufstand, der wie ein einfacher „Putsch" gedacht war, der nur einige Tage dauern und auf keinen wirklichen Widerstand stoßen sollte, hat also mit Schwierigkeiten zu kämpfen, die in den Plänen der Stäbe nicht vorgesehen waren. Obwohl der Staatsstreich für die Großkapitalisten und Großgrundbesitzer – sowie für den ganzen Haufen von Militär, Klerus, Monarchisten, Falange-Mitgliedern und sonstigen Anhängern des Glaubens, der Ordnung und des Vaterlands – eine vorbeugende Maßnahme gegen die sich ankündigende soziale Revolution sein sollte, hat er im Gegenteil deren Ausbruch nur beschleunigt. In den ersten Monaten des Bürgerkriegs wird sich eine noch nie dagewesene revolutionäre Krise in Spanien abspielen. Der Faschismus wurde in Schranken gehalten und die im revolutionären Sturm mitgerissene bürgerliche Republik gesprengt. Noch einmal in der zeitgenössischen Geschichte scheinen die ausgebeuteten Massen Herr über ihr Schicksal geworden zu sein.

DIE MACHT DER BEWAFFNETEN ARBEITER[13]

Im ganzen Land ist das bürgerliche Staatsgebäude zusammengebrochen: „Es bleibt nur der Staub des Staates, seine Asche übrig", wird später ein republikanischer Jurist schreiben[14]. In der vom Militär kontrollierten Zone herrscht die generalisierte konterrevolutionäre Gewalt. Es werden nicht nur die militanten Mitglieder der Arbeiterorganisationen erschossen, sondern die Arbeiter als solche; nicht nur diejenigen, die für die Volksfront gestimmt haben, sondern auch ihre Frauen, Eltern und Kinder.

In der „republikanischen Zone" verfügt die Regierung über keine wirkliche Autorität mehr. Wie die Führerin der Kommunistischen Partei Spaniens (PCE), Dolores Ibarrurí sagt: „Der gesamte Staatsapparat wurde zerstört und die Staatsmacht ging auf die Straße über"[15]. Wie alle anderen PCE-Führer bedauert Dolores Ibarruri diese Lage, die Kommunisten werden sich übrigens schnellstens ans Werk machen, um die Macht des Staates wiederherzustellen.

> „Der staatlichen Unterdrückungsorgane beraubt, hatte die José Giral-Regierung zwar die legale – nicht aber die wirkliche Macht. Diese war in unzähligen Fragmenten zerstreut und in Tausenden von revolutionären Komitees in den Städten und Dörfern verteilt: Sie hatten die Postämter, die Rundfunkstationen und Telefonzentralen unter ihre Kontrolle gebracht, sie organisierten ihre eigene Polizei und Gerichte, Kontrollpatrouillen auf den Straßen und an der Grenze und bildeten Milizeinheiten, die an die Kriegsfronten zogen. Kurz – José Girals Regierung übte nirgends in Spanien eine wirkliche Macht aus."[16]

13 Über Arbeiter, Proletariat und „Arbeiterbewegung", vgl. Kapitel II. im Anhang.

14 Ossorio y Gallardo: „Vida y sacrificio de companys", S. 190.

15 Aus Dolores Ibarruri: „Speeches & Articles 1936-1938", International Publishers, New York and Soviet Union 1938, eine PCE-Propagandabroschüre.

16 Aus Burnett Bolloten: „La revolución española", Edition JUS, Mexiko 1961, S. 42.

Diese in der „republikanischen Zone" allgemein herrschende Situation geht in Katalonien am weitesten. Sie betrifft außerdem nicht nur die politische, militärische und Repressionsmacht, sondern auch alle sozialen und ökonomischen Beziehungen zwischen den Menschen. Alles wurde durch die große revolutionäre Flut, die der militärische Aufstand ganz unabsichtlich entfesselt hatte, erschüttert, weggetrieben und umgebildet.

In Barcelona beherrschen die bewaffneten Arbeiter die Stadt und machen sich sofort daran, deren Aussehen zu verändern: Die Kirchen werden in Brand gesteckt (außer der als „Kunstwerk" betrachtete Dom) oder in Schulen, Versammlungsräume, Markthallen usw. verwandelt. Revolutionsgerichte werden eingesetzt, während die ehemaligen abgeschafft und die reaktionärsten Richter oft hingerichtet werden; das gesamte Gerichtsarchiv wird verbrannt, und die Gefängnisse werden nicht nur für die politischen, sondern für alle Strafgefangenen geöffnet. Die Arbeiterorganisationen bilden die mit der Verproviantierung beauftragten „comités de abastos", die fast überall den Privathandel ersetzen[17]. Andere Komitees und besonders das aus militanten Mitgliedern der Arbeiterorganisationen und des Lehrkörpers bestehende „Komitee der neuen Einheitsschule" übernehmen das Bildungswesen und eröffnen in wenigen Tagen 102 neue Schulen. Die „Kontrollpatrouillen" überwachen Stadt- und Landstraßen. Auch die Grenzposten an der französischen Grenze im Norden Kataloniens werden von den Arbeitern gestellt: „...Mitglieder der antifaschistischen Miliz stehen Wache. Sie haben blaue Arbeitsanzüge an, auf denen sich die Patronentaschen deutlich abheben. Sie sind bis an die Zähne mit Pistolen und Gewehren bewaffnet. Hinter einem langen Tisch sitzen Arbeiter mit der Pistole an der Seite. Sie prüfen die Pässe und Beglaubigungsschreiben"[18]. Vor allem übernehmen Arbeitermilizen den Kampf gegen das Militär: Vier Tage nach Ende der Kämpfe in Barcelona zieht eine Kolonne bewaffneter Arbeiter mit Durruti an ihrer Spitze los, um Saragossa zu befreien. Sie rückt durch Aragon wie eine Armee der sozialen Befreiung vor, indem sie die Methode des italienischen Anarchisten Malatesta anwendet: „sich einer Stadt bzw. eines Dorfes bemächtigen, dort die Staatsvertreter unschädlich machen und die Bevölkerung dazu auf-

17 Über die Fragen der Verproviantierung und der Schule, vgl. Kapitel III. im Anhang.

18 M. Sterling in „Modern Monthly" vom Oktober 1936, zitiert von B. Bolloten a.a.O., S. 38.

fordern, sich selbst frei zu organisieren"[19]. Ich beabsichtige keineswegs, hier ein idyllisches Bild zu malen – das alles geschah nicht ohne Konflikte, Irrtümer, sogar Verbrechen, aber es wurde getan.

Die katalanischen Arbeiter haben sehr schnell eingesehen, dass der Kampf auf zwei Fronten geführt werden musste. Dass der zertrümmerte Staat (sowohl die Zentralregierung als auch die relativ autonome katalanische Regierung) zunächst auf hinterhältige Weise kämpfte, um aus seiner scheinbaren Macht wieder eine wirkliche zu machen. Anscheinend haben sie auch sehr schnell verstanden, dass die Kräfte, die sich der von ihnen begonnenen radikalen Umwandlung der Gesellschaft widersetzten, nicht alle im entgegengesetzten Lager zu suchen waren. Von den ersten Tagen an geraten übrigens die „zweideutige, dunkle, nicht greifbare, ohne bestimmte Funktionen oder ausdrückliche Autorität ausgestattete" Macht der Komitees – so der Kommunist Jesús Hernández[20] – und die Generalitat in Konflikt. So z.B. bei dem Zwischenfall in Figueras, als anarchistische Arbeiter durch die Zivilgarde entwaffnet werden, nachdem sie die Militärs besiegt hatten. Der Tatsachenbericht in „Solidaridad Obrera"[21] vom 28. Juli schließt mit der Warnung: „Genossen, lasst euch von niemandem entwaffnen, unter welchem Vorwand es auch immer sein mag!" Die revolutionäre Welle ist zu dieser Zeit zu stark, und diejenigen, die sie eindämmen, kanalisieren oder sogar brechen möchten, werden dazu gezwungen, Konzessionen zu machen. Die alten Polizeikorps werden aufgelöst: Ihre Mitglieder, die an der Seite des Volkes gekämpft haben, gliedern sich in die Arbeitermilizen ein und ziehen ihre neue Uniform, den blauen Arbeitsanzug, an.

Die seit dem 18. Juli streikenden katalanischen Arbeiter machen sich jetzt an das heran, was Marx „die Expropriation der Expropriateure" nannte. Sie werden sich also die große Mehrheit der Industrie- und Handelsunternehmen sowie die katalanische Verwaltung aneignen und sie selbst verwalten. Es soll hier betont werden, dass dies spontan durch die Massen, ohne Vorgabe oder Anweisung irgendeiner Organisation, nicht einmal der CNT, getan wurde. In den ersten Tagen nach dem Aufstand gab die CNT dem Kampf gegen die Militärs Priorität, und

19 Aus Pierre Broué und Emile Témime: „La Révolution et la guerre d'Espagne", Éditions de Minuit, Paris 1961, S. 431 (Deutsche Ausgabe: Revolution und Krieg in Spanien. Geschichte des spanischen Bürgerkrieges. Zwei Teile. Suhrkamp, Frankfurt am Main 1968, Anm. d. Setzers).

20 Aus Jesús Hernández' Progagandabroschüre der PCE „Negro y rojo: los anarquistas en la revolución española". España Contemporánea, Mexiko 1946, S. 97.

21 „Solidaridad Obrera", 28.7.1936.

sie wurde auch in diesem Punkt von ihren militanten Mitgliedern und von den Massen im Allgemeinen in der Konsequenz übertroffen. Das erste, am 26. Juli durch den Rundfunk übertragene FAI-Manifest spricht zwar von „der faschistischen Hydra", es erwähnt aber die soziale Revolution, die schon ihren Lauf nimmt, mit keinem Wort. Am 28. Juli gibt die Lokalföderation der CNT-Gewerkschaften die Parole der Wiederaufnahme der Arbeit für Kriegszwecke aus, aber ohne die geringste revolutionäre Linie. Die Arbeiter geben sich nicht damit zufrieden, „zur Arbeit zurückzukehren" – d.h. wieder im Dienst der Unternehmer zu stehen. Vom 21. Juli an, d.h. also am Tage des Sieges über die Militärs, ist die Presse voll von Berichten, die auf die neue „Stimmung" unter den Arbeitern hinweisen: Überall schreiten Gruppen bewaffneter Arbeiter zu „incautaciones" (Beschlagnahmung). Mit ihren Arbeitsanzügen (Mono de Trabajo) – auf spanisch nur „monos", d.h. „Affen" genannt –, ihren roten oder schwarzroten Tüchern um den Hals, ihren Basken- oder Feldmützen auf dem Kopf, ihrer bunt gemischten Bewaffnung, bei der Mauser-Gewehre am meisten vertreten sind, und einer gewissen Neigung zur Show und zum Spektakulären – das ist wirklich das bewaffnete und handelnde Volk. Eine Arbeitergruppe „ist in die Büroräume der Straßenbahngesellschaft Barcelonas eingedrungen, hat von dieser Besitz ergriffen, sowie von deren Kartei über die Arbeiter, die mitten auf der Straße verbrannt wurde"[22]. Alle Verkehrs- und Transportdienste und -mittel werden auf diese Weise von den katalanischen Arbeitern „beschlagnahmt". Schon am 21. Juli ergreifen die Eisenbahner von der Eisenbahn Besitz. Sie organisieren ihre revolutionären Komitees und bereiten die Verteidigung der Bahnhöfe durch die mit Gewehren und Maschinengewehren bewaffneten Arbeiter selbst vor. Die Bewegung der „incautaciones" betrifft bald alle Sektoren der katalanischen Industrie: In Katalonien waren 70% der Betriebe „incautadas" („beschlagnahmt")[23].

Durch diese Flutwelle werden selbstverständlich alle Lebensaspekte betroffen. Es ist die „große revolutionäre Fete", bei der alle Abhängigkeiten, welcher Art sie auch immer sein mögen, für einen Augenblick zerrissen werden. Es ist sicher kennzeichnend, dass weder die Politiker noch die Ideologen von der Trunkenheit vor Freude der Männer und Frauen des revolutionären Kataloniens dieser Tage sprechen. Doch fällt gerade dieses Glück, diese übermütige Freude (die auch deswegen übermütig ist, weil die faschistische Gefahr furchtbar gegenwärtig

22 Aus Peirats, a.a.O., Band I, S. 168.

23 Siehe Kapitel IV.: „Die Kollektivierungen in Katalonien".

ist und deren Tote kaum zu Grabe getragen worden sind) bestimmten Augenzeugen sofort auf. So bemerkt z.B. F. Borkenau bei seiner Ankunft in Barcelona:

> „Und plötzlich, als wir um die Ecke in die Ramblas bogen, gab es eine außerordentliche Überraschung: Wie ein Blitz verkörperte sich die Revolution selbst vor unseren Augen. Es war unfassbar. Es war, als ob wir auf einen Kontinent versetzt worden wären, der sich in allem von dem unterschied, was ich vorher gesehen hatte"[24]. „Auf allen Häusern, auf allen Mauern [schreibt Borkenau weiter] und Kleidern, auf Autos und Wagen, überall sind Parolen und Zeichnungen zu sehen, die den Kampf gegen den Faschismus und den Revolutionswillen sinnbildlich ausdrücken. Oft sind es sogar echte Bilder: Besonders die Eisenbahner scheinen eine Neigung für die Malerei zu haben"[25].

Ohne Zweifel ist es auch ein Zeichen der vor sich gehenden Umwälzung, dass die Eisenbahner ihrer „Neigung zur Malerei" freien Lauf geben können. Und Borkenau, ein politisch „Gemäßigter", der aber redlich das erzählt, was er sieht, betont weiter: „In einer solchen Stimmung der allgemeinen Begeisterung ist es überhaupt nicht schwer, mit dem Erstbesten zu reden. … Nach einer Minute kann jeder sich mit jedem befreunden"[26]. Jawohl, wie ich schon sagte, alle Schranken sind durchbrochen, der Staat liegt in Trümmern, die Polizei ist aufgelöst, die Unternehmer geflüchtet, die Fabriken gehören den Arbeitern – alles ist möglich! (Es wird aber nicht lange dauern.) Sogar das Los der Frauen, die jahrhundertelang an die Familie, den Ehemann, die Küche und die Kinderaufzucht gefesselt, durch die religiösen und sozialen Tabus im Rahmen der strengsten und grausamsten „Mittelmeer"tradition geknebelt waren, scheint plötzlich verändert: „Die Straßen sind voll von Gruppen überspannter bewaffneter Männer", sagt F. Borkenau weiter, „sowie einer gewissen Anzahl bewaffneter Frauen. Diese benehmen sich mit einer Sicherheit, die bei spanischen Frauen sonst ungewöhnlich ist, wenn sie an die Öffentlichkeit treten; so wäre es früher unvorstellbar gewesen, dass eine junge Spanierin mit langen Hosen

24 Aus Frank Borkenau: „The Spanish Cockpit. An Eye-Witness Account of the Political and Social Conflicts of the Spanish Civil War" (1937). The University of Michigan Press, Ann Arbor 1963 S. 69 (deutsche Ausgabe: Kampfplatz Spanien. Politische und soziale Konflikte im Spanischen Bürgerkrieg. Ein Augenzeugenbericht. Klett-Cotta, Stuttgart 1986, (Anm. d. Setzers).

25 Ebenda.

26 Ebenda.

herumläuft, wie die Milizionärinnen es jetzt tun"[27]. Das gleiche könnte man von den Jugendlichen sagen. Bekanntlich haben die Jugendlichen in der Revolution immer wieder die Hauptrolle gespielt, in Spanien war aber – trotz der einigermaßen starken libertären Propaganda – der Familienzwang besonders stark und bedrückend. So mussten die Söhne den Eltern praktisch bis zu deren Tod Gehorsam leisten. Die Familienhierarchie – man darf nicht vergessen, dass Spanien ein hauptsächlich landwirtschaftliches Land war – war bei den „linken" Arbeitern fast genau so streng wie in den katholischen und reaktionären Familien. Nun werden auf den Straßen, in den Fabriken oder an der Front uralte Traditionen und das „Gewicht aller toten Geschlechter auf dem Gehirn der Lebenden" von jungen Männern (von denen einige noch nicht einmal 16 Jahre alt sind) und Frauen mit dem Gewehr in der Hand munter angegriffen und in Frage gestellt. Wer ist erstaunt, wenn die Massen in einer großen spontanen Bewegung gleichzeitig und mit derselben Kraft (auch wenn sich nicht alle dessen immer völlig bewusst sind) alle Unterdrückungsformen und alle hierarchischen Strukturen der Gesellschaft angreifen, die willkürlich in die illusorisch reservierten Gebiete der „Politik", der „Ökonomie", des „Sozialen", der „Familie" und – warum auch nicht? – der „Kultur" eingeteilt und getrennt werden?

George Orwell kommt im Dezember 1936 nach Barcelona. In seinem vortrefflichen Buch „Mein Katalonien" erzählt er, wie diese Stadt ihn damals seltsam beeindruckt hat. Und doch weiß er (es wird ihm auch bestimmt gesagt), dass die Lage sich seit dem Juli stark verschlechtert hat:

> „Die Anarchisten besaßen im Grunde genommen noch immer die Kontrolle über Katalonien, und die Revolution war weiter in vollem Gange. ... Zum ersten Mal war ich in einer Stadt, in der die arbeitende Klasse im Sattel saß. Die Arbeiter hatten sich praktisch jedes größeren Gebäudes bemächtigt und es mit roten Fahnen oder der rot und schwarzen Fahne der Anarchisten behängt. Auf jede Wand hatte man Hammer und Sichel oder die Anfangsbuchstaben der Revolutionspartei gekritzelt. Fast jede Kirche hatte man ausgeräumt und ihre Bilder verbrannt. Hier und dort zerstörten Arbeitstrupps systematisch die Kirchen. Jeder Laden und jedes Café trugen eine Inschrift, dass sie kollektiviert worden seien. Man hatte sogar die Schuhputzer kollektiviert und ihre Kästen rot und schwarz gestrichen... Unterwürfige, ja auch förmliche

27 Ebenda.

Redewendungen waren vorübergehend verschwunden. Niemand sagte ‚Señor' oder ‚Don' oder sogar ‚Usted' (Sie). Man sprach einander mit ‚Genosse' und ‚du' an. ... Private Autos gab es nicht mehr, sie waren alle requiriert worden. Sämtliche Straßenbahnen, Taxis und die meisten anderen Transportmittel hatte man rot und schwarz angestrichen. ... Auf den Ramblas, der breiten Hauptstraße der Stadt, in der große Menschenmengen ständig auf und ab strömten, röhrten tagsüber und bis spät in die Nacht Lautsprecher revolutionäre Lieder. Das Seltsamste von allem aber war das Aussehen der Menge. Nach dem äußeren Bilde zu urteilen, hatten die wohlhabenden Klassen in dieser Stadt praktisch aufgehört zu existieren. Außer wenigen Frauen und Ausländern gab es überhaupt keine ‚gutangezogenen' Leute. Praktisch trug jeder grobe Arbeiterkleidung, blaue Overalls oder irgendein der Milizuniform ähnliches Kleidungsstück. All das war seltsam und rührend. ...
Vor allen Dingen aber glaubte man an die Revolution und die Zukunft. Man hatte das Gefühl, plötzlich in einer Ära der Gleichheit und Freiheit aufgetaucht zu sein. Menschliche Wesen versuchten, sich wie menschliche Wesen zu benehmen und nicht wie ein Rädchen in der kapitalistischen Maschine"[28].

(Es wird nicht lange dauern und auch Orwell wird ernüchtert werden).

Er schreibt weiter, dass viele Gebäude durch die Arbeiterorganisationen beschlagnahmt wurden, aber es muss auch darauf hingewiesen werden, dass monatelang – je nach der Stadt – keiner mehr Miete bezahlt hat, so dass die Kostenlosigkeit der Wohnung in die Praxis umgesetzt war ... Alle in Leihhäusern verpfändeten lebensnotwendigen Gegenstände werden gleichfalls obne Rückzahlung zurückgegeben, und jeder kann sich leicht vorstellen, was das für eine Bevölkerung bedeutete, der es sehr oft und nun besonders schlecht ging. Der Kampf gegen Armut und die vor der Revolution in Barcelona so verbreitete Bettelei wurde organisiert:

„Die Gastronomiegewerkschaft sorgt dafür, dass alle Bedürftigen mittags und abends zu essen bekommen. Dafür braucht man im Prinzip die Genehmigung einer Organisation oder eines Komitees, aber – wir sind doch keine Bürokraten! Auch denen, die keinerlei Ausweis vorzei-

28 George Orwell: „Mein Katalonien", Fischer Bücherei 774, S. 25-20.

gen können, wird etwas gegeben. Diese Essen werden in vielen Hotels – inklusive im Ritz – ausgegeben…"[29].

Wie Noam Chomsky richtig bemerkt hat: „In den Monaten nach Francos Aufstand fand eine soziale Revolution noch nie dagewesenen Ausmaßes in Spanien statt. Einer von jeder ‚revolutionären Avantgarde' unabhängigen spontanen Bewegung folgend, waren Arbeiter in den Städten und auf dem Land massenweise damit beschäftigt, die sozialen und ökonomischen Verhältnisse radikal umzugestalten. Ihr Erfolg war beachtlich, bis das Unternehmen mit Waffengewalt zerstört wurde."[30]

29 Ebenda.

30 Noam Chomsky: „L'Amérique et ses nouveaux mandarins", Seuil-Verlag, Paris, S. 257; (deutsche Ausgabe: Amerika und die neuen Mandarine. Politische und zeitgeschichtliche Essays. Suhrkamp, Frankfurt a. M. 1969, Anm. d. Setzers).

II. KAPITEL
DER ZERTRÜMMERTE STAAT

> Diese Revolution richtete sich also nicht gegen diese oder jene – legitimistische, konstitutionelle, republikanische oder kaiserliche – Form der Staatsmacht. Es war eine Revolution gegen den Staat selbst, diese übernatürliche Missgeburt der Gesellschaft; es war die Übernahme seines eigenen gesellschaftlichen Lebens durch das Volk und für das Volk.
>
> *Karl Marx*

DIE GENERALITAT UND DIE MACHT DER BEWAFFNETEN ARBEITER

Katalonien war die erste Region, in der die Militärs besiegt wurden, dort behauptete sich auch die „Arbeitermacht" am kräftigsten. So konnte Jaime Miratrillès, ein Führer der „Esquerra" – der Partei der linken Republikaner in Katalonien – folgendes schreiben:

> „Am Dienstag, dem 21., war die Situation in Barcelona abends wirklich tragisch. Es gab keine Armee mehr. Die Organe der Generalitat waren vollständig mit dem kämpfenden Volk verschmolzen"[1].

Tatsächlich sind die der Republik „treu" gebliebenen Polizeikräfte und Soldaten völlig in die Arbeitermilizen integriert. Während die Madrider Regierung bekannt gibt, der Aufstand sei dank der „treuen" Zivil- und Sturmgarde besiegt, weiß Companys genau, was er davon zu halten hat. Zwar beglückwünscht er „die Kräfte, die mit so viel Mut – und sogar Heldenhaftigkeit – für die republikanische Legalität und für die zivile Autorität gekämpft haben", er weiß aber recht gut, dass jene Kräfte – die des katalanischen Proletariats – dieser Legalität bzw. Autorität

1 Aus „Vu" vom 29. August 1936, zitiert von André und Doris Prudhommeaux in „La Catalogne Libertaire 1936-1937", Cahier Spartacus, Paris 1946 (deutsch: Bewaffnung des Volkes. Aufbau, Organisierung und Kämpfe der Volksmiliz im spanischen Bürgerkrieg, Karin Kramer Verlag, Berlin 1974).

jede wirkliche Macht genommen haben. Als die Schlacht um Barcelona am 20. Juli kaum beendet war, lädt er also die anarchistischen Führer in die Generalitat ein. Juan García Oliver, ein Mitglied der anarchistischen Delegation, schildert die Zusammenkunft wie folgt:

> „Die Vorstellungszeremonie war kurz. Jeder setzte sich mit dem Gewehr zwischen den Beinen. Im Wesentlichen sagte Companys uns folgendes: Vor allem möchte ich Ihnen sagen, dass die CNT und die FAI nie so behandelt worden sind, wie es ihrer wirklichen Bedeutung nach angemessen gewesen wäre. Immer wieder sind sie hart verfolgt worden. Ich selbst, der ich früher auf ihrer Seite stand[2], bin dann durch die politische Wirklichkeit dazu gezwungen worden, ihnen entgegenzutreten und sie zu verfolgen.
> Heute sind Sie die Herren über diese Stadt und Katalonien, denn Sie allein haben die faschistischen Militärs geschlagen. Ich hoffe, dass Sie nicht beleidigt sind, wenn ich Sie daran erinnere, dass es Ihnen an der Hilfe von loyalen Menschen meiner Partei, waren sie nun zahlreich oder nicht, nicht gefehlt hat, auch nicht an der der Zivilgardisten und der „Mozos de escuadra"[3]. Wahr ist aber, dass Sie, die bis vorgestern hart verfolgt wurden, Militär und Faschisten besiegt haben. Da ich Sie nun einmal so gut kenne, kann ich mit Ihnen nur aufrichtig reden: Sie haben gesiegt, und Sie haben alles in Ihrer Gewalt. Falls Sie mich nicht brauchen und als Kataloniens Präsidenten nicht wollen, sagen Sie es mir bitte sofort, und ich werde nur ein Soldat mehr im antifaschistischen Kampf sein. Falls Sie aber glauben, dass ich an dieser meiner Stelle, an der ich mich lieber töten lassen würde, als den Faschismus siegen zu lassen, mit den Männern meiner Partei, meinem Namen und meinem Ruf in diesem Kampf nützlich sein kann, der heute in Barcelona zu Ende geht, dessen Ausgang wir aber nicht kennen, da er sich auf das übrige Spanien ausdehnt, dann können Sie sich auf mich und meine Ehrlichkeit als einen Parteimenschen und -führer verlassen, der davon überzeugt ist, dass eine Vergangenheit der Schmach heute zugrunde geht, und dessen auf-

2 Als Anwalt hatte L. Companys oft militante Anarchisten verteidigt, die in Barcelona während der bewegten Periode von 1917 bis 1923, als Streiks, Schießereien und Attentate aufeinander folgten, festgenommen worden waren. Als „Esquerra"-Führer nach Maciàs Tod und später als Generalitatspräsident wurde er dann zum politischen Gegner derselben Militanten, die er früher verteidigte, wobei er sie sogar oft verhaften und verurteilen ließ.

3 „Mozos de escuadra": Polizeikräfte der Generalitat.

richtiger Wunsch es ist, dass Katalonien den auf dem sozialen Gebiet fortschrittlichsten Ländern vorangeht."[4]

Auf diese vielleicht redlichen und auf jeden Fall geschickten Worte hätten die anarchistischen Delegierten antworten können, dass es nicht um Companys Person ginge und dass sie gerne bereit seien, ihre Beschwerden gegen ihn zu vergessen, dass es aber notwendig sei, um diese „Vergangenheit der Schmach" zu beenden, radikal die Gesellschaft umzuwandeln und alle ihre hierarchischen Strukturen zu zerstören. Ferner, dass die Generalitat nur noch ein großes, leeres Gebäude sei, das dieser toten Vergangenheit angehöre und dass es jetzt den Massen selbst zustehe, über Form und Modalitäten ihrer Selbstregierung, der Selbstverwaltung der katalanischen Wirtschaft durch die Arbeiter zu entscheiden – über Form und Modalitäten ihres neuen Lebens. Wobei keinen Augenblick lang die Notwendigkeit vergessen werden dürfe, den Faschismus auf der ganzen spanischen Halbinsel niederzuwerfen. Folglich müsse den Massen das Wort erteilt werden, damit sie entscheiden, anstatt dass noch einmal bei mehr oder weniger vertraulichen „Gipfel"-Zusammenkünften in ihrem Namen entschieden werde. Dies sei der erste Schritt zu dieser Umwandlung, die offenbar alle für notwendig hielten …

Diese – doch sehr „anarchistische" – Rede wurde aber an diesem Tag von den CNT- und FAI-Führern nicht gehalten. Nach García Oliver soll in diesem Augenblick „Companys mit offensichtlicher Aufrichtigkeit gesprochen" haben. Das ist wohl möglich, sicher ist aber, dass es die einzige Sprache war, die Anarchisten dazu bringen kann, Konzessionen zu machen. Hätte Companys ihnen gerade in diesem Augenblick seinen Willen aufzwingen und von ihnen eine strenge Disziplin gegenüber dem katalanischen Staat verlangen wollen – d.h. die Sprache einer Regierung, die wirklich regiert, gesprochen – dann hätte höchstwahrscheinlich ein Zusammenstoß stattgefunden, und die Anarchisten waren stark genug, um „die ganze Macht zu ergreifen". Man musste sich also auf ihre Gefühle und die antifaschistische Einheit berufen, ihre Bedeutung anerkennen, ihnen schmeicheln und Zeit gewinnen, lavieren, um den Zusammenstoß zu vermeiden. Dieser „einzigartigen Geste der Würde und des Verständnisses" – so García Oliver – unvorbereitet gegenübergestellt, akzeptierten es die Anarchisten, die Generalitat und deren Präsidenten „fortbestehen zu lassen".

4 Aus „Dans la tourmente. Un an de guerre en Espagne", Paris, 1938 (aus einer Propaganda-Broschüre der AIT).

Nachdem er ihre Zusage bekommen hat, kommt Companys schnell zum wesentlichen Grund der Zusammenkunft – den politischen Verbindungen. Er erklärt den CNT-FAI-Delegierten, dass „die Vertreter aller antifaschistischen Kräfte Kataloniens im Nebenzimmer warten. Wenn wir also akzeptieren, dass er als Generalitatspräsident uns mit ihnen zusammenbringt, so würde er einen Vorschlag machen, um Katalonien ein neues Organ zu geben, damit der revolutionäre Kampf bis zum Sieg geführt werden kann"[5].

Die Vertreter der CNT-FAI schließen sich also im Nebenzimmer denen der „Esquerra", der „Rabassaires", der „Republikanischen Union", der POUM und der kommunistischen PSUC an. Eine rührende Vereinigung der antifaschistischen Einheit, deren latente Konflikte sehr schnell zum Vorschein kommen und zum blutigen Zusammenstoß im Mai 1937 führen werden!

> „Companys erklärte uns [berichtete García Oliver weiter], dass es ratsam sei, ein Milizenkomitee zu bilden mit dem Zweck, das gesamte, durch den faschistischen Aufstand tief erschütterte Leben in Katalonien zu strukturieren. Dieses Komitee solle sich außerdem darum bemühen, bewaffnete Kräfte zu organisieren, um die Faschisten dort bekämpfen zu können, wo sie auftreten würden, da man in diesem Augenblick der nationalen Verwirrung über die Situation der gegenüberstehenden Kräfte noch nicht Bescheid wusste."[6]

Die CNT-FAI-Delegierten wollten aber ihre Organisation zu Rate ziehen (man fragt sich nur, warum sie den Entschluss fassten, die Generalitat „fortbestehen zu lassen", ohne jemanden zu Rate zu ziehen…). Am selben Abend fand in der von den militanten Mitgliedern der Baugewerkschaft besetzten „Casa de Cambo" ein „Plenum des Regionalkomitees" statt. García Oliver legte den Milizen Companys' Vorschlag über die Bildung eines Zentralkomitees dar. Für ihn gab es in dieser Situation folgende Alternativen: Man hatte zu wählen „zwischen dem libertären Kommunismus, und das bedeutete die anarchistische Diktatur, und der Demokratie, und das bedeutete die Kollaboration". Eine seltsame, aber kennzeichnende Art, das Problem zu sehen: Im Gegensatz zu allen in Tonnen von Artikeln und Reden zum Ausdruck gebrachten Ideen wird in der Stunde der Wahrheit der libertäre Kommunismus zur „anarchistischen" Diktatur und die CNT-FAI zur *politischen Organisation*, die in

5 Ebenda.

6 Ebenda.

dieser hypothetischen Alternative allein die Macht ausgeübt hätte! Als perfekte Kehrseite wird dann die Kollaboration mit den anderen politischen Tendenzen genannt, den bürgerlich-republikanischen Behörden Kataloniens usw., das ist – Demokratie. Niemand scheint aufgestanden zu sein, um andere, in diesem Augenblick mögliche Formen der Demokratie zu verfechten, gewählte und absetzbare Delegiertenräte – kurz, eine neue Kommune. García Olivers Alternative ist eine falsche Alternative, sie sagt aber viel über die Mentalität der anarchistischen Führer, wie die später folgenden Ereignisse es zur Genüge beweisen werden. Das CNT-FAI-Regionalkomitee billigte García Olivers Scheinargumente und entschied: „Kein libertärer Kommunismus. Zuerst den Feind überall dort niederwerfen, wo er ist"[7]. Niemand gab sich Mühe zu beweisen, dass es hier einen Widerspruch gab.

Somit wurde die Bildung des Zentralkomitees der antifaschistischen Milizen Kataloniens beschlossen. In ihm hatten die PSUC und die POUM je einen Vertreter, die FAI zwei (Santillán und Aurelio Fernandez), die CNT drei (García Oliver, Asens und Marcos Alcon nach Durrutis Fortgang zur aragonischen Front), die UGT ebenfalls drei, was in keinem Verhältnis zu deren wirklichen Einfluss stand. Es scheint aber, dass die CNT-FAI, indem sie diese UGT-Vertretung befürwortete, die Gewerkschaften zum „Nachteil" der Parteien hatte begünstigen wollen. Was absurd war, da gerade die Stalinisten (welche doch wohl, gerade sie, „Parteimenschen" genannt werden können!) von Anfang an die UGT-Vertretung zu ihrem Monopol machten. Weiter gab es einen Vertreter der Rabassaires-Union und vier für die republikanischen Parteien (Esquerra und die Republikanische Aktion Kataloniens). Die Generalitat wurde innerhalb des Milizenkomitees von einem beauftragten Kommissar vertreten, und sie sorgte für die Ernennung des Militärkommandanten.

DIE IM MILIZENKOMITEE VERTRETENEN ANTIFASCHISTISCHEN ORGANISATIONEN

Die Sozialistische Einheitspartei Kataloniens (PSUC)

Im Juli 1936 war die kommunistische Bewegung in ganz Spanien sehr schwach: Sie hatte kaum 30.000 Mitglieder, was gegenüber der sozialistischen bzw. anarchistischen Strömung lächerlich war.

7 Aus „Solidaridad Obrera" vom 21. Juli 1937.

In Katalonien bereiteten schon Anfang 1936 zwei kleine, dem Stalinismus nahestehenden sozialistischen Organisationen und die von Rafael Vidiela geführte katalanische Föderation der sozialistischen Partei, die mit der Sozialistischen Arbeiterpartei Spaniens (PSOE) brach, ihre Vereinigung vor. Die beiden Kleinorganisationen sind die (aus einer Abspaltung von der „Esquerra" entstandene) Katalanische Proletarische Partei und die (nationalistisch gefärbte) Sozialistische Union Kataloniens mit Juan Comorera als Sekretär. Am 24. Juli 1936 führen die Verhandlungen zur Bildung der Sozialistischen Einheitspartei Kataloniens (PSUC), die vom selben Comorera geführt wird, über den Borkenau schreibt, er vertrete „eine politische Linie, die genau mit der der äußersten Rechten in der deutschen Sozialdemokratie vergleichbar sei. Er hatte den Kampf gegen den Anarchismus von jeher als vorrangiges Ziel einer sozialistischen Politik in Spanien betrachtet"[8]. Die PSUC tritt der Kommunistischen Internationale bei und bekommt von ihr einen Delegierten zugewiesen, der als „Pedro" (ein Pseudonym des bekannten ungarischen Stalinisten Gëroe) praktisch die gesamte Parteitätigkeit bestimmt. Die kommunistische Führerin Dolores Ibarruri definiert die politische Linie der PSUC während der ersten Revolutionstage wie folgt:

> „Von Anfang an entfaltete sie eine äußerst rege Tätigkeit zugleich gegen die Aufständischen und gegen die POUM-Mitglieder und die Anarchisten, die sich der Generalitatsregierung durch Terror aufgezwungen, des größten Teils der Waffen der katalanischen Garnison sowie der Fabriken bemächtigt hatten, die Straßen beherrschten und sich auf dem Land verbreiteten, wo sie eine Welle des Terrors und der Gewalt entfesselten, die die Bauern lähmte"[9].

Trotz der sozialdemokratischen Herkunft ihrer Führer und ihres Namens wird die neue Partei keine Autonomie gegenüber den „nationalen Führungsorganen" erlangen. Obwohl sie des öfteren dem nationalistischen Gefühl des katalanischen Kleinbürgertums (ihrer Hauptklientel) schmeichelt, wird die PSUC bloß eine KP-Föderation wie die übrigen sein, die wie die anderen dem Politbüro und selbstverständlich der Kommunistischen Internationale unterworfen bleibt.

8 Frank Borkenau, a.a.O., S. 146 der Originalausgabe.

9 Dolores Ibarruri: „El único camino" („Der einzige Weg"), Verlag für ausländische Sprachen, Moskau, S. 532.

Die Arbeiterpartei der marxistischen Vereinigung (POUM)

Die Stalinisten hassten die POUM, da sie im wesentlichen von andersdenkenden Kommunisten und „Abtrünnigen", unter denen einige der bekanntesten Kämpfer der spanischen kommunistischen Bewegung wie Andrés Nin, J. Andrade und J. Maurín waren, gegründet worden war.

Sie bezeichneten die POUM als eine „trotzkistische" (oder lieber noch „faschistisch-trotzkistische") Partei, eine Definition, die gern von den „liberalen" Journalisten und Historikern bis zu Hugh Thomas wiederaufgenommen wurde. Wenn der ehemalige Sekretär der Roten Gewerkschaftsinternationale Andrés Nin, Juan Andrade und andere zukünftige POUM-Führer die KP eigentlich verlassen haben, um die „Kommunistische Linke" auf der Plattform der Thesen der trotzkistischen Opposition zu gründen, so brechen sie auch mit Trotzki, als dieser ihnen befiehlt, die Sozialistische Partei „zu unterwandern", um in ihr einen revolutionären Flügel zu bilden. Stattdessen beschließen sie, sich mit dem von J. Maurin geführten Arbeiter- und Bauernblock zu vereinigen (der ehemaligen katalanischen KP-Föderation, die mit der KP in der Zeit der „ultralinken" Komintern-Linie gebrochen hatte, da sie vor allem in der Frage der „roten Gewerkschaften" und des katalanischen Nationalproblems nicht mit ihr übereinstimmte). An diese beiden Bewegungen schloss sich die katalanische KP an (die unter Jordi Arquers Führung immer wieder darauf bestanden hatte, unabhängig von der spanischen KP zu bleiben, vor allem da sie sich als katalanisch betrachtete), um Anfang 1936 die POUM zu gründen. Jedoch behielt die POUM in bestimmten Fragen (besonders in der Kritik des Stalinismus) eine Position, die derjenigen Trotzkis, aber auch z.B. der von Marceau-Pivert, nahestand.

Die POUM war fast ausschließlich in Katalonien verankert. Im Juli 1936 hat sie nur ungefähr 3000 Mitglieder, aber sie macht in den folgenden Monaten bedeutende Fortschritte, so dass es ihr gelingt, in katalanischen Städten wie Gerona, Tarragona und vor allem Lérida einen bestimmten Einfluss zu gewinnen. Zu Beginn der Revolution kann man die Position der POUM-Führung der radikalste Position gegenüber der Massenbewegung betrachten:

> „Arbeiter, Bauern und Matrosen kämpfen nicht, um die alte bürgerliche Republik zu verteidigen, die ihnen nichts gebracht hat, sondern um ein zukünftiges Regime herbeizuführen – und zwar die Arbeiterrepublik. Sie wissen das trotz der Propaganda der Volksfrontparteien, die be-

> haupten, die Arbeitermilizen verteidigen die aktuelle Verfassung. Wenn die Arbeiterklasse in Madrid unter der Führung der Sozialistischen Partei, der UGT und der orthodoxen Kommunisten weiter den Anweisungen der Volksfront folgt, stellt die Generalitatsregierung in Barcelona nur noch eine offizielle Fassade ohne irgendeine Macht dar... Es gibt also in Katalonien keine so genannte „Doppelherrschaft" – hier übt die Arbeiterklasse tatsächlich die Kontrolle über die ganze Gesellschaft aus. Durch die Vermittlung der Gewerkschaften sorgt das Proletariat für die Verwaltung aller öffentlichen Dienste und zahlreicher Privatunternehmen. Der Klerus und die Reaktionäre werden expropriiert, die Häuser der Reichen und die Klöster in Bildungs- bzw. Gesundheitszentren verwandelt. In den Betrieben und den Dörfern, unter den Matrosen und den republikanischen Soldaten werden Komitees gebildet. Unsere Partei, die das Mögliche tut, um mehr davon zu bilden und diese untereinander zu verbinden, betrachtet diese Komitees als die Basis der im Werden begriffenen Arbeiter-und Bauernrepublik"[10].

Trotz ihrer schönen Erklärungen kämpfte die POUM leider dann nicht für diese Arbeiter-Autonomie und diese „Basiskomitees", denen sie hier huldigt. Ganz im Gegenteil – sie wird immer wieder versuchen, so weit sie das kann, diese zugunsten illusorischer „Gipfelvereinbarungen" zwischen den verschiedenen Bürokratien preiszugeben. Wenn Trotzki und seine Anhänger (wie z.B. Felix Morrow und nach ihm Pierre Broué) die POUM als nicht leninistisch genug verurteilen, so verurteilt die ganze Geschichte des falschen Sieges oder der Niederlage der alten revolutionären Bewegung von der russischen bis zur katalanischen Revolution sie als noch *viel zu* leninistisch.

*

Die in anderen Regionen Spaniens so starke Sozialistische Partei gibt es in Katalonien nicht, da – wie wir gesehen haben – die katalanische PSOE-Föderation sich an der PSUC-Gründung beteiligt hat. Vielleicht ist die PSOE im industriellen Katalonien auch deswegen wenig einflussreich, weil ihr jakobinischer Zentralismus das Nationalgefühl der katalanischen Sozialisten verletzte. Wie dem auch sei, in Katalonien fand folgendes sonderbare Ereignis statt: Alle sozialistischen Richtungen schlossen sich entweder der POUM oder der PSUC an, um in ihnen

10 „La Revolution espagnole" Nr. 1, September 1936.

– wenigstens offiziell – zu stalinistischen (in der PSUC) oder antistalinistischen (in der POUM) Kommunisten zu werden.

Eine kurze Zeit lang kämpfen die POUM- und die PSUC-Mitglieder mit dem Zweck gegeneinander, die Kontrolle über die kümmerliche katalanische UGT zu erlangen (in Katalonien war die gewerkschaftliche Vormachtsstellung der CNT überwältigend). Der PSUC wird es aber sehr schnell gelingen, diese zu kontrollieren, indem sie aus ihr die Zufluchtstätte aller von der Revolution verschreckten Kleinbürger macht, für die folglich die POUM als allzu extremistisch gilt.

Die Nationale Arbeitskonföderation (CNT) und die Iberische Anarchistische Föderation (FAI)

Als Nachfolgeorganisation der bakunistischen Bewegung innerhalb der 1. Internationale wurde die CNT am 30./31. Oktober und 1. November 1910 durch hauptsächlich katalanische libertäre Gruppen gegründet. Ihr erster ordentlicher Kongress fand im September 1911 ebenfalls in Barcelona statt. „Mit mehr als 30.000 Mitgliedern organisiert sie einen nationalen Generalstreik gegen den Krieg in Marokko; als Gegenschlag erklärt die Regierung sie nach grausamer Unterdrückung für illegal. Als Vergeltung erschießt Manuel Pardiñas im November 1912 den Ministerpräsidenten José Canalejas, und ein anderer Anarchist versucht im April 1913, Alphons XIII. zu ermorden"[11]. Wie man sieht, ein guter Anfang!

Man kann sagen, dass die CNT als einzige anarchistische Massenorganisation des 20. Jahrhunderts in der internationalen Arbeiterbewegung einmalig ist. Offen anarchistisch und anarchosyndikalistisch zählt sie sehr schnell zwischen 600.000 und mehr als eine Million Mitglieder im Juli 1936; sie wird es 1938 sogar bis über 2½ Millionen bringen. Als Gewerkschaft im herkömmlichen Sinne (die z.B. Streiks für Lohn- und sonstige Forderungen organisiert) und revolutionäre Organisation zugleich (die wilde Streiks, Attentate und die Enteignung von Banken organisiert), besitzt die CNT eine breite und viel gelesene Presse, populäre Verlage, Kulturzentren mit Abendkursen für die Arbeiter usw. Jedes CNT-Mitglied darf jedwede soziale, kulturelle, gewerkschaftliche bzw. „politische" Tätigkeit innerhalb der Organisation entfalten. Was jeder außerhalb der Organisation machen muss, ist sein

11 César M. Lorenzo: „Les anarchistes espagnoles et le pouvoir. 1868-1969" („Die spanischen Anarchisten und die Macht. 1868-1969"), Editions du Seuil, Paris 1969, S.45.

Geld zu verdienen – wird doch in der CNT *kein* Amt *außer* dem des Generalsekretärs *entlohnt*, was gleichfalls einzigartig ist.

1927 gründen unter Primo de Riveras Diktatur spanische und portugiesische Anarchisten auf einem Strand an der Levante-Küste (bei einer als Picknick getarnten geheimen Versammlung) die FAI. Sie sollte die Reinheit der anarchistischen Theorie in den CNT-Gewerkschaften verteidigen, während diese die Arbeiter zur Übernahme der Gesellschaftsverwaltung organisieren sollte. Es ist oft von „Diktatur" gesprochen worden, die die FAI auf die CNT ausgeübt haben soll, unserer Meinung nach – und obwohl die Meinungen darüber heute noch unterschiedlich sind – ist es aber falsch, von Diktatur zu sprechen. Zwar brachten die zweideutigen Beziehungen zwischen der „reinen und strengen" (um nicht „Avantgarde" zu sagen) und der Massenorganisation Probleme mit sich, die sogar zu Konflikten geführt haben (solange diese Art von Beziehungen vorhanden ist, werden aber immer wieder Probleme entstehen), sie lassen sich aber mit der „normalen" Abhängigkeit der Gewerkschaft von der Partei – wie z.B. der PCF und CGT in Frankreich – keineswegs vergleichen. Obwohl die FAI National- und Regionalkomitees hatte, bildete sie praktisch eine Föderation autonomer Gruppen, die meistens spontan entstanden durch den Entschluss einer Handvoll sich als FAI-Gruppe konstituierender Anarchisten. Die berühmteste von ihnen war ohne Zweifel die mit Durruti, den Brüdern Ascaso, García Oliver, Jover usw., die sich selbst „Los Solidarios" („Die Solidarischen") nannte. Zahlreiche einflussreiche CNT-Führer waren gleichfalls FAI-Mitglieder, was zur Entstehung der Diktaturlegende beigetragen hat. Wenn man aber vom Einfluss redet, so war er gegenseitig, und 1936 während der Revolution gingen schließlich die FAI und die CNT, die von Anfang an eng verbunden waren (ihre Abkürzungen sah man immer zusammen), praktisch in ein und derselben Bewegung auf, was selbstverständlich weder Rivalitäten noch Konflikte ausschloss.

Die gewaltsamen sozialen Kämpfe während der Monarchie, der Diktatur Primo de Riveras und sogar der Republik; die langen Perioden der Illegalität; die ständigen bewaffneten Zusammenstöße mit Polizei, Armee, Totschlägern der um die zwanziger Jahre von den katalanischen Unternehmern gebildeten „freien Gewerkschaften" und dann später Falangemitgliedern haben diese beiden Organisationen stark geprägt. So gibt es z.B. bei jedem Regionalkomitee der CNT ein geheimes Verteidigungskomitee, das für direkte Aktionen verantwortlich ist und dazu bereit sein soll, das Regionalkomitee zu ersetzen, falls dieses verhaftet wird – was oft genug passierte. In vielen Fällen (aber nicht immer) besteht das Verteidigungskomitee aus FAI-Mitgliedern.

So entwickelt sich die FAI immer mehr von einer „Hüterin der Lehre" zum „bewaffneten Arm" der CNT. Ohne dabei jedoch auf die theoretischen Aufgaben zu verzichten: Sie gibt weiter ihre eigenen theoretischen Zeitschriften wie z.B. „Tierra y Libertad" („Land und Freiheit"), Broschüren und Bücher heraus, veranstaltet Vorträge usw.

Natürlich ist auch die CNT eine dezentralisierte Organisation, bei der die Regionalföderationen eine große Autonomie gegenüber dem Nationalkomitee genießen. Wie bei anderen Organisationen bildet ein Kongress im Prinzip ihr oberstes Organ. Der Nationalsekretär kann mehrmals ins gleiche Amt wiedergewählt werden, das passiert aber nur selten, da man es vorzieht, die Führungspositionen möglichst oft zu erneuern. Das Prestige bestimmter – „natürlich" genannter – Führer, egal ob sie verantwortliche Ämter in der Organisation bekleiden oder nicht, ist ebenfalls eine zwar ungeschriebene, aber sehr wichtige Besonderheit der CNT. So wurde Garcia Oliver z.B., der nie CNT-Nationalsekretär war, viel mehr als manchem Nationalsekretär Gehör geschenkt und Folgschaft geleistet; dasselbe gilt für Durruti, dem nach seinem Tod ein echter Personenkult „zugute" kam. Einige dieser „natürlichen" Führer waren FAI-Mitglieder, aber nicht alle.

Gerade diese dezentralisierten und antibürokratischen Organisationen werden sich nun, wo sie mit der revolutionären Wirklichkeit in Berührung kommen und wichtige öffentliche Verantwortung – vor allem in Katalonien – auf sich nehmen, mit unglaublicher Schnelligkeit bürokratisieren. Indem die Führungskaste sich auf jeder Ebene „entwurzelt", kehrt sie allzu oft nicht nur den libertären Prinzipien, sondern auch, was schlimmer ist, der revolutionären Aktion der Massen den Rücken. Immer wieder und überall werden diese Organisationen nach einem Kompromiss suchen, wenn sie in der (katalanischen und Zentral-) Regierung vertreten sind, und versuchen, in sie zurückzukehren, wenn sie aus ihr entfernt wurden[12].

Die republikanischen katalanischen Organisationen

> „Die ‚Katalanische Esquerra' ist eine Massenpartei, die im April 1931 aus der Vereinigung verschiedener republikanischer Parteien und Gruppen in Katalonien entstanden ist. Sie stützt sich auf die mächtige gewerkschaftliche Bauernbewegung, die ‚Rabassaires-Union'. Luís Companys,

12 Über die Geschichte der CNT, vgl. Anmerkung IV im Anhang.

ihr Inspirator und Förderer, der früher Salvador Ségui[13] nahestand, ist lange der CNT-Anwalt gewesen."[14]

Wir wären mit Broué und Témime, den Autoren dieser Zeilen, unter der Bedingung einverstanden, wenn der Massencharakter der „Esquerra" besser erklärt würde. Die „Rabassaires" (Pächter) als republikanisch-katalanische Bauernbewegung bildeten eigentlich das Rückgrat der „Esquerra" im Volk. Ansonsten ist die „Esquerra" bei allen in Katalonien stattfindenden revolutionären Ereignissen fast ausschließlich in der Generalitat und die anderen katalanischen Regierungs- und Gemeindeorgane tätig. Tatsächlich wurde die „Esquerra" in den Jahren vor dem militärischen Aufstand wegen ihrer Stellungnahme für die Autonomie und ihrer Erfolge auf diesem Gebiet vom Volk unterstützt. Luís Companys, der gewählte Präsident der Generalitat und der „Esquerra", erschien den katalanischen Bauern, Handwerkern, Kaufleuten und Beamten als der Vorkämpfer der katalanischen Autonomie. Diese Partei, die, wie wir sehen werden, wirksam für die Legalität und Wiederherstellung der Staatsmacht kämpfen wird, war auf sozialem Gebiet reformistisch.

Was die „Katalanische Republikanische Aktion"[15] betrifft, scheint diese kleine Partei keine andere Rolle als die eines bloßen Statisten gespielt zu haben. Sie tritt nur bei politischen Verbindungen vom Typ der Volksfront auf, wie z.B. bei der Bildung des Milizenkomitees. Sonst ist von ihr während der revolutionären Ereignisse in Katalonien, sei es an der Front oder in der Etappe, keine Spur zu finden.

DIE ZWEIDEUTIGKEIT DES ZENTRALKOMITEES DER MILIZEN

Während seiner kurzen Existenz – und zwar vom 23. Juli bis zum 3. Oktober 1936 – ist das Zentralkomitee der Milizen zugleich ein wichti-

13 Salvador Ségui: ein zu Beginn des Jahrhunderts in Katalonien sehr bekannter anarcho-syndikalistischer Kämpfer. Er wurde 1890 in Lérida (Katalonien) als Sohn eines Malers geboren und im März 1923 von den Totschlägern der „Freien Gewerkschaft, einer „gelben" Organisation der katalanischen Bosse, ermordet. Er wurde dann von Francisco Ascaso in reinster Western-Manier gerächt.

14 Broué und Témime, a.a.O., S. 36 der Originalausgabe.

15 Die „Acció Catalana Republicana" (ACR) war eine politische Partei in Katalonien mit nationalistischer und republikanischer Ideologie, die im März 1931 durch den Zusammenschluss der „Acció Catalana" und der „Acció Republicana de Catalunya" entstand. Sie setzte sich hauptsächlich aus Intellektuellen, Angehörigen der freien Berufe und des Bürgertums zusammen (Anm. d. Setzers).

ges Anhängsel der Generalitat und eine Art Koordinationskomitee der Stäbe der antifaschistischen Organisationen gewesen. Wie Companys es implizit andeutete, haben Natur und Stärke der CNT-FAI seine Bildung notwendig gemacht. Die Anarchisten haben praktisch alles in Katalonien getan, um den militärischen Aufstand niederzuschlagen, und sie haben fast die ganze „Macht" in ihren Händen. Es ist also gefährlich, sie weiter auf eigene Faust handeln zu lassen. Irgendwie muss man sie an die Mitverantwortung für die politische Macht binden und ihnen die antifaschistische Einheit aufzwingen, was sie im Übrigen akzeptieren. Da sie sich wegen ihrer antistaatlichen Gesinnung, die aber nicht länger als einige Wochen halten wird, nicht an einer Regierung beteiligen können, war am Anfang die zweideutige und temporäre Lösung des Milizenkomitees die einzige, die sie praktisch für die Regierungsmacht mitverantwortlich machen konnte, da ihre Prinzipien hier berücksichtigt wurden. In revolutionären Augenblicken wird die Macht immer wieder derart gezwungen, sich mit „Arbeiter"-klunkern zu behängen.

In den ersten Wochen werden die Befugnisse des Komitees erweitert, und die Generalitat beschränkt sich darauf, seine Beschlüsse zu billigen (hier scheint also der Anhang wichtiger als das Organ selbst zu sein). Dann werden diese beiden Regierungsorgane, die beide beanspruchen, alle antifaschistischen Organisationen zu vertreten und deren Befugnisse oft in der Praxis nicht zu unterscheiden waren, logischerweise unnütz doppelt auftreten. Eine war zuviel. Als also die CNT-FAI ihre berühmten anti-staatlichen Prinzipien über Bord warf, um in die Regierungen einzutreten, übertrug das Milizenkomitee alle seine Befugnisse auf die Generalitat und löste sich am 3. Oktober auf. Am 26. September 1936 traten die Anarchisten dem Generalitatsrat und am 4. November der Zentralregierung bei.

Auch wenn nicht alle mit García Olivers Bericht über die Entstehung des Zentralkomitees der Milizen einverstanden sind (einige sagen, den Anarchisten sei die Idee zuzuschreiben, die Companys dann gebilligt und unterstützt hätte), so gehen die Meinungsverschiedenheiten über die Rolle und den Charakter dieses Komitees noch weiter auseinander. In ihrer Geschichte des Bürgerkriegs, des wundersamen Versuchs einer Heiligengeschichte, sieht die spanische KP in der Bildung dieses Komitees die höllische und diktatorische Machtergreifung der Anarchisten in Katalonien:

„Plötzlich trat eine wichtige Gruppe anarchistischer Führer in das Empfangszimmer [den berühmten Salon, in dem die Vertreter der anderen Organisationen auf das Ergebnis der Diskussionen zwischen der CNT-FAI und Companys warteten, C. S-M.]: García Oliver, Durruti, Vázquez, Santillán, Eróles und Pórtelas mit Riemen und Pistolen, einige sogar mit Gewehren. Sie stellten ein echtes Ultimatum... García Oliver ergriff das Wort, um die Bildung eines Zentralkomitees der katalanischen Milizen zu verlangen, was auf dasselbe hinauslief, wie die ganze Macht zu ergreifen. Dieses Komitee sollte dafür sorgen, ‚die Revolution zu lenken', die Etappe zu ‚säubern' und ‚Milizen für die aragonische Front zu organisieren'. Alle bürgerlichen Parteien ‚kniffen', während die praktisch isolierten UGT- und PSUC-Vertreter nicht viel dagegen unternehmen konnten" [die PSUC wurde erst am 24. Juli offiziell gegründet, sie existierte aber tatsächlich seit einigen Wochen, C. S-M.][16].

Dieser angebliche „Putsch" und diese „Machtergreifung" der Anarchisten wird durch die oben beschriebene Zusammensetzung des Komitees als falsch widerlegt. Die winzige PSUC sollte vier Vertreter haben – darunter drei unter dem Etikett der UGT –, während die CNT-FAI, die in Katalonien über die überwältigende Mehrheit verfügte, bloß fünf Vertreter hatte. Es muss darauf hingewiesen werden, dass in dieser Situation und des öfteren danach die CNT-FAI-Führer, welche die POUM und die PSUC gleichermaßen als „autoritär-marxistische Parteien" betrachteten, deren interner Zank sie nicht interessierte, aus Opportunismus den Stalinisten den Vorzug geben werden. Alle wussten, dass die UGT-Vertreter auch Führer der im Entstehen begriffenen PSUC waren, in diesem besonderen Fall aber – wie später auch – bestand die CNT-FAI darauf, dass die Stalinisten vier Delegierte bekame, während die POUM nur einen hatte. Das scheint sogar vom Standpunkt der politischen Kombinationen aus vollkommen irrsinnig zu sein, denn die POUM stand trotz der Unterschiedlichkeit der Auffassungen der CNT-FAI viel näher als die Stalinisten.

Für Companys und seine Gesinnungsfreunde in der „Esquerra" stellte das Milizenkomitee das kleinere Übel dar, und zwar ein übergangsweises Organ, das dazu geeignet war, eine Scheinordnung zu sichern, die Abfahrt der Milizen zur Front zu organisieren und einen politischen Kompromiss zur Einheit der antifaschistischen Kräfte zu erzielen. Die bürgerlichen Republikaner, deren Ziel es war, die alte legale

16 „Guerra y revolución en España", von einem PCE-Kollektiv verfasst unter der Führung von Dolores Ibarruri, Progresso-Verlag Moskau, Band II, S. 8-9.

Macht, die Generalitat und die Gemeinderäte gegen die revolutionären Arbeiterkomitees wiederherzustellen, haben den Übergangscharakter nie aus den Augen verloren.

Für die tief in ihrem Identifizierungswahnsinn mit der russischen Revolution versunkenen Trotzkisten war das Milizenkomitee „die Arbeiterregierung der Arbeiterrevolution", um die herum – laut Felix Morrow – „sich unzählige Fabrik-, Viertelkomitees usw. gebildet hatten"[17]. Das Milizenkomitee wurde eigentlich am Rand und außerhalb der unzähligen und zumeist von den revolutionären Massen spontan gebildeten Komitees geschaffen. Seine Mitglieder werden von den Führungsorganen der politischen und gewerkschaftlichen Organisationen unter ihren eigenen Mitgliedern und frei von jeder Kontrolle und Beteiligung der Arbeiterkomitees ernannt. Schon hier muss betont werden, auch wenn das später noch einmal zur Sprache kommen wird, dass die Mitglieder des Milizenkomitees genau wie die zukünftigen Generalitatsminister (bzw. Räte, wie sie genannt wurden) nie gewählt wurden – alle wurden von den Stäben der politischen Organisationen ernannt, proportional zu ihren Kräfteverhältnissen und Verbindungen. Das war keine „Arbeiterdemokratie", sondern vielmehr die Diktatur der Führungsorgane der Arbeiterorganisationen...

Für die CNT-FAI-Führer bildete das Milizenkomitee die wirkliche Macht, die Generalitat dagegen nichts anderes als eine Pseudoregierung, die dazu bestimmt war, die westlichen Demokratien nicht zu erschrecken; das war der einzige Grund, sie weiter bestehen zu lassen. Die Macht des Milizenkomitees war natürlich gemäß der von den Führungsorganen der katalanischen Anarchisten angenommenen Linie *einheitlich*. So spricht z.B. Abad de Santillán wie folgt von der Rolle des Milizenkomitees:

> „Das Milizenkomitee wurde als die einzige effektive Macht in Katalonien anerkannt. Zwar war die Generalitatsregierung weiter vorhanden, und sie verdiente auch unsere Achtung weiter, das Volk folgte aber nur noch der Macht, die sich kraft des Sieges und der Revolution gebildet hatte. Weil der Sieg des Volkes die wirtschaftliche und soziale Revolution war..."

Das Komitee hatte sehr weitgehende Befugnisse:

17 Felix Morrow: „Revolution and Counter-Revolution in Spain", Pioneer Publishers, New York 1938, S. 63 (deutsche Ausgabe: Revolution und Konterrevolution in Spanien. Zuerst veröffentlicht 1976. Reprint: Gervinus Verlag, Essen 1986).

> „Einführung der revolutionären Ordnung in der Etappe; Organisation von mehr oder weniger gut geführten Truppen für den Krieg; Ausbildung von Offizieren; Schulen für Nachrichten- und Signalwesen; Verproviantierung und Bekleidung; wirtschaftliche Organisation und gesetzgebende und gerichtliche Tätigkeit – das Milizenkomitee war alles und sorgte für alles; Umstellung der Friedens- auf Kriegsindustrie; Propaganda; Beziehungen zur Zentralregierung in Madrid; Hilfeleistung an alle Zentren des Kampfes; Beziehungen zu Marokko; Bewirtschaftung des zur Verfügung stehenden Bodens; Gesundheit; Überwachung der Küsten und der Grenzen – so stellten sich uns die verschiedenartigsten Probleme zu Tausenden. Wir mussten die Milizionäre, ihre Familien und Witwen bezahlen – kurz, wir erfüllten mit einigen wenigen Dutzend Leuten Aufgaben, die bei jeder normalen Regierung eine kostspielige Bürokratie erfordern. Das Milizenkomitee war zugleich Kriegs-, Innen- und Außenministerium, und es übte Einfluss auf ähnliche Verwaltungsorgane auf wirtschaftlichem und kulturellem Gebiet aus."[18]

Unter der Scheinherrschaft des Zentralkomitees der Milizen wurde eine ganze Reihe von Kommissionen bzw. Unterkomitees gebildet, die mit konkreten Aufgaben beauftragt wurden – so z.B. das Versorgungskomitee, das im Prinzip mit der Kontrolle von Steuern und Preisen, Geschäften und allgemein des gesamten Lebensmittelhandels, aber auch mit der Versorgung der Milizen an der Front, der „Kontrollpatrouillen" und der Bevölkerung (Restaurants, Krankenhäuser usw.) beauftragt wurde. „Es bestand aus Delegierten der verschiedenen Parteien und Gewerkschaften (drei aus der CNT: Valerio Mas, Facundo Roca und Juan José Domenech, zwei aus der FAI: Juanel und Manuel Villar; drei aus der UGT, einem aus der POUM, drei aus der „Esquerra", einem aus der „Rabassaires-Union" und einem Techniker). Praktisch führte die CNT-FAI das Komitee und verrichtete den größten Teil der Arbeit: Zwar war der rein ehrenamtliche Vorsitz dem katalanischen Nationalisten Pujol übertragen worden, aber Juan José Domenech fungierte als allmächtiger Generalsekretär. In Barcelonas Vororten und in allen katalanischen Ortschaften wurden Kommissionen gebildet, die dem Zentralkomitee für die Versorgung unterstellt waren."[19]

18 Diego Abad de Santillán: „¿Por qué perdimos la Guerra?", („Warum wir den Krieg verloren haben?") Ediciones Imán, Buenos Aires 1940, S. 195.

19 César M. Lorenzo, a.a.O., S. 114-115.

Es wurde gleichfalls der schon erwähnte Rat der Neuen Einheitsschule gebildet, der aus Vertretern der Gewerkschaften und der Universität bestand und sozusagen für die gesamten Probleme im Unterricht inklusive der Reform der Lehrpläne verantwortlich war.

Was die so genannte „öffentliche Ordnung" und die „Justiz" betrifft, ist die Lage selbstverständlich schwieriger. Man war von der Idee ausgegangen, dass man die Missbräuche und Erpressungen vermeiden müsste, die von bestimmten Individuen bzw. „unkontrollierten" Gruppen auf eigene Rechnung vorgenommen werden könnten. Zu diesem Zweck versuchte man also – wie immer in der Geschichte allgemein und nicht nur in der Geschichte der Revolutionen –, Missbräuche und Erpressungen zu „legalisieren". Das Ergebnis konnte man voraussehen: Sie wurden weder vermieden noch verringert, es kamen zu den individuellen Abrechnungen nur die „legalen" Hinrichtungen hinzu, ganz zu schweigen von den gegenseitigen Abrechnungen zwischen den Organisationen, von denen noch zu berichten sein wird. Mit einem Wort, die Repression wurde bloß „vielfältiger", sie wurde bei weitem nicht nur gegen die Faschisten bzw. diejenigen, die man für solche hielt, ausgeübt.

Wie schon erwähnt, wurden die Polizeikräfte (Zivil- und Sturmgarde) zuerst aufgelöst, um wenig später neu gebildet zu werden. Wenigstens in dieser ersten Periode sorgten also die „Kontrollpatrouillen" für die „öffentliche Ordnung". Laut César M. Lorenzo waren sie in Barcelona 700 Mann stark: 325 aus der CNT, 145 aus der UGT, 45 aus der POUM und 185 aus der „Esquerra":

> „Sie wurden vom Zentralkomitee der Patrouillen mit 11 Sektionsdelegierten (4 aus der CNT, 3 aus der UGT und 4 aus der ‚Esquerra') geleitet; ihr Generalsekretär war der Anarchosyndikalist José Asens…"

Man bemerke dieses überhandnehmen von anarchistischen Generalsekretären!

> „… Sie arbeiteten in Verbindung mit der Ermittlungs- [oder vielmehr: Untersuchungs-, C. S-M.] kommission, die aus der Sicherheitsabteilung des Zentralkomitees der Milizen hervorgegangen war. Diese vom Anarchisten Aurelio Fernández geführte Kommission war eine Art unabhängiges Innenministerium bzw. ein Organ zur revolutionären Sicherheit … Neben der Ermittlungskommission gab es jedoch auch spezielle Polizeieinheiten, die durch jede Partei bzw. Gewerkschaftszentrale organisiert wurden und nur von ihrer jeweiligen Führung abhängig wa-

> ren – und zwar die berühmten und so sehr gefürchteten ‚Tschekas' mit ihren Geheimagenten, Privatgefängnissen und Kommandos. Die der CNT unter Manuel Escorza war die wichtigste und perfekteste von allen."[20]

Es klingt komisch genug, wenn jemand wie César M. Lorenzo, der mit den Anarchisten sympathisiert, die Polizei und die „Tschekas" lobt. Mit Verlaub gegen diesen Autor leistete außerdem nicht die CNT-Tscheka „die beste Arbeit" – das heißt, um es klar zu sagen, folterte und ermordete die meisten Leute (unter denen nur eine winzige Minderheit Faschisten waren) – sondern wie der Name es übrigens nahelegt, die „Tschekas" der sowjetischen Agenten und ihre Mitarbeiter der Komintern und der spanischen KP. Der stalinistische Terror in Spanien war bei weitem der am besten organisierte und der wirksamste (was die „republikanischen Zone" betrifft, denn „auf der anderen Seite" war er noch schlimmer).

Diejenigen, die, nachdem sie wegen erfundener oder wirklicher Delikte festgenommen worden waren, die verschiedenen „Tschekas", die standrechtlichen Erschießungen und sonstige „paseos" überstanden hatten und bis vor Gericht gelangten, wurden einer recht tiefgreifend verbesserten Gerichtsbarkeit gegenübergestellt, und zwar den

> „(in den Provinzhauptstädten Tarragona, Gerona und Lérida ansässigen) Revolutionsgerichten, in denen Gewerkschafts- und Parteidelegierte saßen. In Barcelona war der Sitz des Justizkomitees Kataloniens und des Gerichtsbüros, dem die beiden Anwälte und CNT-Mitglieder Barriobero und Àngel Samblancat vorstanden. Diese beiden Organe führten standesamtliche Trauungen und Scheidungen durch, entschieden über Zivil- und Handelsstreitfälle, verklagten Spekulanten und Schieber, besichtigten die Gefängnisse, richteten über Rebellen, Verdächtigte und Unverantwortliche usw. Zuvor waren das Verwaltungspersonal der Gefängnisse und der Richter- bzw. der Anwaltsstand sorgfältig gesäubert, das Rechtsverfahren gründlich erneuert, alle dem 19. Juli vorausgehenden Gerichtsakten für null und nichtig erklärt bzw. zerstört und schließlich die Justizkosten abgeschafft worden"[21].

Bei Broué und Témime findet man, dass die soziale und politische Zusammensetzung des Revolutionsgerichts von Lérida „ganz aus Arbeitern besteht, von denen ein Drittel von der POUM, ein Drittel von

20 Ebenda, S. 115-116.

21 Ebenda, S. 116.

der UGT-PSUC und ein Drittel von der CNT-FAI ernannt wurden. Der Vorsitzende Larroca von der CNT und der Staatsanwalt Pelegrin von der POUM sind beide Eisenbahner"[22]. Anscheinend sind tatsächlich in den ersten Wochen der Revolution im Rechtssystem beträchtliche Reformmaßnahmen durchgeführt worden, sie werden aber wie alles übrige bei der konterrevolutionären Wiederherstellung des Staates rückgängig gemacht.

Im Gegensatz zu dem, was bei anderen Revolutionen passiert ist, scheinen nicht die „Revolutionsgerichte" die Repression – im Endeffekt reaktionär, wie jede Repression – bis zum Äußersten getrieben zu haben, sondern die gleichzeitig bestehenden Polizeien der Parteien und deren grausame „Tschekas", die ihre Gefangenen tausendmal lieber „verschwinden" ließen, als sie vor die Gerichte zu stellen, die sich manchmal ihrer Parteiperspektive nicht einfach fügen wollten oder einer vagen Kontrolle der öffentlichen Meinung (ausländischen Beobachtern usw.) unterworfen waren.

Auf recht bezeichnende Weise hat man die Schuld an den in Katalonien begangenen Ausschreitungen allgemein auf die „Kontrollpatrouillen" und die so genannten „Unkontrollierten" abgewälzt. Und es wird kaum von der Strenge der seit 1937 immer mehr der politischen Kontrolle der Zentralregierung unterworfenen Gerichte gesprochen. Im Gegenteil werden, wie wir gesehen haben, die „Tschekas", ihre „Geheimagenten", Privatgefängnisse und Kommandos geradezu gelobt!

Während letzten Endes eine der grundsätzlichsten Maßnahmen der öffentlichen Sicherheit gerade darin besteht, die alten Polizeikräfte durch Patrouillen bewaffneter Arbeiter zu ersetzen, ist es grotesk, die möglicherweise blinde Gewalt von isolierten und „unkontrollierten" Elementen mit der systematisch organisierten Repression zu vergleichen, die von den politischen Organisationen und vor allem von der KP betrieben wurde.

Wie bei allen echten Revolutionen fing man in Katalonien damit an, sowohl die politischen als auch die strafrechtlichen Gefangenen aus den Gefängnissen zu entlassen. Wenn diese sich dann wieder füllen, so ist das ein Zeichen – und zwar nicht das unwichtigste – dafür, dass die Konterrevolution Fortschritte macht. Der Unterdrückungsapparat – Gerichte, Polizeikräfte, Gefängnisse, KZs, Folterungen, Hinrichtungen usw. – stellt nur den brutalsten und direktesten Ausdruck der Hierarchie in den autoritären, in Führende und Ausführende geteilten

22 Broué und Témime, a.a.O., S. 123 der Originalausgabe.

Gesellschaften dar. Hierarchie und Unterdrückungsapparat sind seit Jahrhunderten durch gleichermaßen hierarchische Wertsysteme untrennbar verbunden und geheiligt.

Es stellt sich heute wie gestern und in Katalonien wie anderswo die Frage, ob die Revolution mit der Einführung einer guten Hierarchie (Arbeiterstaat) samt ihren guten KZs, guten Hinrichtungskommandos, guten Folterungen usw. gleichbedeutend ist, oder ob nur das revolutionär ist, was darauf aus ist, die Regeln dieses gesellschaftlichen Spiels zu brechen, alle Gefängnisse zu öffnen, jede Hierarchie – und folglich jede Unterdrückung – zu zerstören. Denn aus der sozialen Hierarchie – mit welchen historischen Schattierungen sie auch immer auftreten mag und ob sie sich eine „rechte" oder eine „linke", eine „bürgerliche" oder eine „Arbeiter"hierarchie nennt – gehen immer wieder Unterdrückung, Ausbeutung und Entfremdung hervor, und es ist unmöglich, gegen das eine und nicht gegen das andere zu kämpfen.

So kann man sagen – und umso besser, wenn einige Anstoß daran nehmen –, dass es praktisch einerlei ist zu wissen, wer im Gefängnis sitzt (es sind in jedem Fall Gefangene und diejenigen, die sie bewachen, die Wärter der Gefangenen), denn *das Gefängnis selbst* ist etwas Unerträgliches. Ich spreche hier nur von der unmittelbarsten polizeilichen Unterdrückung, es liegt aber auf der Hand, dass die Hierarchie und ihre Folgeerscheinung – die Unterdrückung – genauso gut auf der gesamtgesellschaftlichen Ebene wiederzufinden sind wie innerhalb jedes sozialen Organs dieser Gesellschaft. Das gilt z.B. von der Familienzelle bis zum Industrieunternehmen, quer durch die „Avantgarde"parteien, die als hierarchische Organisationen ohne Unterdrückungsapparat, Kontroll- und Disziplinkommissionen, Bullen und Spitzel undenkbar sind; ohne das Ritual der Ausschlüsse und Prozesse, die real (wenn die betreffende Partei an der Macht ist) oder symbolisch sein können (der Ausgeschlossene *verschwindet*, sein Name, seine Photos verschwinden aus den Heiligengeschichten und Büchern usw.).

Das Fortbestehen der Unterdrückungsapparate in Katalonien beweist unter anderem recht gut, dass die hierarchischen Unterdrückungsstrukturen weiterbestanden, gegen die doch die Massen einen anfangs nicht erfolglosen Kampf auf Leben und Tod aufgenommen hatten. Logischerweise blieb diese Unterdrückung ohne praktische Wirksamkeit auf „die Verteidigung der Revolution" oder den Kampf gegen die „getarnten Faschisten". Das kapitalistische System war durch die spontane Aktion der Massen zertrümmert worden, und die politisch feindlich gesinnten Bourgeois waren entweder geflohen oder in

den antifaschistischen Organisationen versteckt, die sie gern aufnahmen – in Katalonien vor allem die UGT.

Außer einigen Hunderten von festgenommenen und erschossenen Falange-Mitgliedern und Franco-Anhängern galten die Repressionsmaßnahmen vor allem armen Kerlen, die „rechts" standen bzw. „die Messe besuchten" usw. und selbstverständlich gar nicht gefährlich waren, bevor diese Maßnahmen dann erweitert wurden und wirklich ihren vollen reaktionären Sinn bekamen, als sie den revolutionären Kämpfern bzw. denen rivalisierender Organisationen galten (als Widerspiegelung des Kampfes der politischen Bürokratien um die Machtergreifung). Darin waren, sagen wir es noch einmal, die spanischen Stalinisten unübertroffen, die sich unter der Führung sowjetischer Ratgeber gegen die POUM und einen Teil der Anarchisten ereiferten. So schließt sich der Kreis, wie wir sehen werden. Die Unterdrückung bringt immer wieder die Reaktion zum Ausdruck, welche politische Farbe oder gesellschaftliche Interessen diese *Reaktion* auch immer haben mag[23].

Nicht nur auf dem Gebiet der „öffentlichen Ordnung" und der „Justiz" stößt die politische Macht des Zentralkomitees der Milizen an eine unendliche Variation verschiedener Machtorgane. So wurden z.B. in fast allen katalanischen Städten und Dörfern die alten Gemeinderäte beiseite geschoben bzw. ordentlich entlassen und durch revolutionäre Komitees ersetzt. Diese revolutionären Komitees wurden im Allgemeinen auf der Basis der antifaschistischen Einheit gebildet, so dass sie in jeder Stadt bzw. jedem Dorf unterschiedlich waren. Bestanden sie im Prinzip aus – gewählten und absetzbaren – Delegierten der Bevölkerung, so hatte doch des öfteren in der Praxis keine Wahl stattgefunden. Manchmal fanden die Wahlen nur innerhalb einiger Organisationen statt, um zu bestimmen, ob dieser oder jener die betreffende Organisation im revolutionären Komitee vertreten sollte. Wie in

23 Deswegen ist es bei aller Lächerlichkeit der Sache selbst besonders lustig zuzusehen, wie alle Grüppchen, die sich als antiautoritär ausgeben, heute noch genüsslich eine Schein-Unterdrückung üben (da sie nicht stark genug sind, es besser zu machen). Das Ritual von Ausschlüssen, Schein-„Revolutionsgerichten", „Fertigmachen", Scheinhinrichtungen, um nicht von den Volksgefängnissen und -gerichten oder der Organisation von immer stärker militarisierten „Ordnungsdiensten" zu sprechen, die auf Befehl losschlagen genauso wie jede andere Polizei, mit der zusammen sie praktisch „die Ordnung aufrechterhalten". Das gesamte Waffenarsenal der Unterdrückung, die immer einer moralischen Ordnung folgt (auch oder vor allem dann, wenn diese moralische Ordnung revolutionär zu sein behauptet), beweist offensichtlich, wie sehr die Unterdrückungshierarchie in den Organisationsstrukturen und den Köpfen der Militanten, dieser Soldatenmönche der neueren Zeiten, weiter besteht.

fast allen Komitees – ob gewählt oder nicht, ob „Basis"komitee oder nicht – vertraten die Delegierten eigentlich nicht die gesamte Bevölkerung (bzw. deren Mehrheit) einer Stadt, eines Dorfes – oder eines Betriebs bei Verwaltungskomitees –, sondern diese oder jene Organisation in diesem oder jenem revolutionären Komitee. Ich werde noch Gelegenheit haben, auf das Monopol der Organisationen über das gesamte politische, soziale (und sogar alltägliche) Leben in Katalonien zurückzukommen. Außerhalb einer Organisation konnte kein Individuum existieren.

Praktisch verfügten die revolutionären Komitees in den katalanischen Städten und Dörfern über eine sehr breite Autonomie gegenüber dem Zentralkomitee der Milizen. Sie wollten Herren im eigenen Hause sein – und das waren sie auch meistens. Zu dieser Lokal- bzw. Regionalautonomie kam noch die jeder Organisation gegenüber dem Zentralkomitee hinzu. So folgten die Anarchisten den Befehlen des Milizenkomitees, wenn die CNT-FAI sie darum bat; mit anderen Worten, sie folgten ihren Organisationen – und das auch nicht immer.

Mit anderen Parteien ging es nicht anders. Was die großartige spontane Bewegung der Kollektivierungen betrifft, beschränkte sich das Milizenkomitee, wie alle sonstigen Machtorgane und Stäbe aller Organisationen, darauf, deren Umfang mit Verblüffung festzustellen, bevor sie versuchten, sich an ihre Spitze zu stellen und sie in ihre Gewalt zu bringen.

Meines Erachtens war also das Milizenkomitee weder „die Arbeiterregierung der Arbeiterrevolution" noch wer weiß welche originelle Form der „revolutionären Macht". Es spielte in erster Linie eine Übergangsrolle, indem es für eine Art improvisiertes Interim sorgte bis zur Rückkehr der „legalen" Macht der Generalitat – die selbst eine Delegation der republikanischen Zentralmacht war.

DIE BÜRGERLICH-STALINISTISCHE KOALITION

Der PSUC kommt in der antifaschistischen Koalition ein besonderer Platz zu. Während die CNT-FAI- und POUM-Mitglieder glaubten, die Revolution zu verteidigen, als sie mit der Generalitat zusammenarbeiteten, waren die PSUC-Führer im Gegenteil fest entschlossen, die Generalitat gegen die Revolution zu unterstützen.

Als Gegengewicht gegen die Arbeitermilizen schlägt Comorera Companys die Bildung von „Generalitatsmilizen" vor. Die bürgerlichen Politiker halten es jedoch für wichtiger, zuerst der Generalitat die ganze Regierungsautorität zurückzugeben: Am 2. August macht

Casanovas von der „Esquerra" mit Hilfe der Stalinisten einen Versuch in dieser Richtung. Er bildet eine „Volksfrontregierung" mit drei PSUC-Vertretern: Comorera als Wirtschafts-, Ruiz als Versorgungs- und Vidiella als Verkehrsminister, d.h. also aus drei der Sektoren, in denen die Autonomie sich behauptet hat und für deren Liquidierung sie sorgen wollen.

Aber die CNT-FAI, die diese Operation als ein Manöver gegen das Milizenkomitee und sich selbst betrachtet, leistet Widerstand:

> „Als die katalanische Volksregierung zu ihrer ersten Sitzung zusammenkam, meldete sich eine Delegation des FAI-Milizenkomitees mit folgendem Ultimatum: ‚Entweder wird die Regierung sofort aufgelöst oder das Milizenkomitee ergreift die Macht'"[24].

Die Regierung musste am 8. August aufgelöst werden. Aber, wie die KP-Führerin Dolores Ibarruri weiter schreibt, „ein erster Schritt war getan worden, um den anarcho-trotzkistischen Druck zu brechen"[25].

Bis die PSUC die Anarchisten und POUM-Mitglieder und über sie hinaus die revolutionären Errungenschaften selbst direkt angreifen kann, versucht sie zunächst, ihren Einfluß zu vergrößern, indem sie die Interessen des kleineren und mittleren Bürgertums verteidigt. Sie bemächtigt sich schnell der bisher wenig einflußreichen regionalen – katalanischen – UGT-Sektion. Gegenüber der CNT befürwortet die katalanische UGT die Parole der „Verteidigung des Eigentums der Kleinunternehmen", womit sie unabhängig von der von Largo Caballero kontrollierten Nationalexekutive handelt. Die katalanische Sektion übt nur einen sehr kleinen Einfluss im Proletariat aus, da sie im wesentlichen aus Bankangestellten und relativ zahlreichen Gemeinde- und Staatsbeamten besteht. Einige Tage nach dem Sieg über die Militärs sucht die CADZI, die Zentralgewerkschaft der Angestellten des Privatsektors, bei der UGT Zuflucht. Der Prozentsatz der „weißen Kragen" wird noch größer, als die Zwangs„syndikalisierung" aller Angestellten beschlossen wird: Die meisten strömen in die UGT, die ihnen ihren Interessen zu entsprechen scheint.

Andererseits organisieren die Stalinisten schnell eine andere Gewerkschaft, die GEPCI. Sie schließt sich gleichfalls der UGT an und behauptet, die Interessen der 18.000 Händler, Handwerker und Kleinunternehmer zu verteidigen, die den Kollektivierungen feind-

24 Dolores Ibarruri, a.a.O., S. 532-533.

25 Ebenda.

lich gegenüberstehen. Indem die katalanischen Stalinisten sich so mit der „Esquerra" verbünden und sich auf die durch die Revolution erschreckten mittleren Klassen stützen, versuchen sie, den revolutionären Kampf gegen das faschistische Militär in die Verteidigung der republikanischen Legalität und der bürgerlichen Ordnung umzuwandeln auf alle immer noch im Land vorhandenen konservativen Kräfte, um die stattfindenden sozialen Umwälzung zu beenden.

Solange die bürgerlich-stalinistische Koalition die Macht der Generalitat nicht wiederhergestellt hat, setzt sich das Milizenkomitee der Initiative der Massen nicht allzu offen entgegen, obwohl es auch nichts unternimmt, um die zunehmende Konterrevolution zu bremsen. Ganz im Gegenteil schlagen die revolutionären Organisationen (CNT-FAI und POUM) immer mehr den Weg der Kollaboration mit der Bourgeoisie unter dem Deckmantel der antifaschistischen Einheit ein. Der Wirtschaftsrat, der am 11. August durch alle antifaschistischen Organisationen – noch einmal! – gebildet und zwei Tage später legalisiert wird, setzt sich z.B. das Ziel, „die Probleme" zu lösen, „welche die Übernahme eines breiten Sektors der katalanischen Wirtschaft durch die Arbeiter hervorgerufen hat"[26]. Was klar ausgedrückt nichts anderes bedeutet als einen erneuten Versuch der politischen Stäbe, den Arbeitern die Verwaltungsinitiative abzunehmen. Sicherlich war das Programm dieses Rates ziemlich radikal (Siehe Kapitel IV über die Kollektivierungen), aber es konnte im August 1936 unmöglich anders sein, wollte man es nicht zum offenen Konflikt mit den Hauptagenten der Kollektivierungen – den Arbeitermassen – kommen lassen.

Vorläufig bleibt die Offensive gegen die Arbeiterautonomie samt ihren Diskussionen, Verordnungen und Kulissenmanövern leeres Gerede.

Am 9. September bestimmt ein Erlass, dass von nun an „die Generalitat die Kontrolle über die gesamte Bergbauindustrie und -produktion sowie den Import von Blei auszuüben hat." Damit aber dieser Erlass effektiv durchgeführt werden kann – und noch allgemeiner, damit die katalanische Regierung wieder wirklich regiert –, muss Companys jetzt mit seiner (zusammen mit der PSUC vorbereiteten) Operation, die Anfang August misslungen war, Erfolg haben: die Bildung einer „Volksfrontregierung", d.h. die Wiederherstellung der Macht der Generalitat, für die alle antifaschistischen Organisationen bürgen. Die CNT-FAI und die POUM, die den ersten Versuch – den der Casanovas-

26 „La Revolution espagnole", Nr. 1, September 1936.

Regierung vom 2. August – verhindert hatten (zweifellos, weil sie in der Koalition nicht vertreten waren), sind jetzt dazu bereit, eine solche Koalitionsregierung zu akzeptieren (natürlich unter der Bedingung, an ihr beteiligt zu sein).

Am 26. September wird also eine neue Regierung gebildet, in der alle antifaschistischen Organisationen vertreten sind: drei „Esquerra"-Mitglieder (Terradellas: Finanzen; Ayguadé: Sicherheit; Gassol: Kultur); drei Anarchisten (Fabregas: Wirtschaft; Domenech: Versorgung; Birlan: Gesundheit); zwei Kommunisten (Comorera: öffentliche Dienste; Valdés: Arbeit); ein „Rabassaire" (Calvet: Landwirtschaft); ein POUM-Mitglied (Nin: Justiz); ein Mitglied der „Katalanischen Aktion" (Glosas: Minister ohne Geschäftsbereich) und Oberstleutnant Sandino (Krieg). Das Programm dieser Regierung ist: „Maximale Anstrengungen, um den Krieg zu gewinnen, ohne dabei auf irgendein Mittel zu verzichten, das dazu beitragen könnte, einen schnellen Sieg zu erringen"[27]. Schon hier läßt sich die falsche Alternative zwischen Revolution und Krieg erkennen, die später eine so große Rolle spielen wird.

Wie der republikanische Jurist und Companys-Biograph Ossorio y Gallardo schreibt:

> „Die Generalitat war ein rein formelles Organ, aber Companys, der das Recht der Arbeiter zu regieren anerkannt und ihnen sogar angeboten hat, sein Amt aufzugeben, hat die Sache so geschickt gehandhabt, dass es ihm nach und nach gelungen ist, die gesetzmäßigen Machtorgane wiederherzustellen, die Aktion auf die Räte zu übertragen und die Arbeiterorgane auf ihre Rolle als Hilfs- und Ausführungsorgane zu reduzieren. Innerhalb von vier oder fünf Monaten war die normale Situation wiederhergestellt"[28].

Es ist vollkommen klar: Die „normale Situation" besteht darin, dass die Regierung regiert und die Arbeiterorganisationen Ausführende und Hilfsorgane dieser Regierung sind.

Da alle antifaschistischen Organisationen in der Generalitat vertreten sind, kommt das Interim des Milizenkomitees an sein Ende. Am 3. Oktober wird „das Zentralkomitee der Antifaschistischen Milizen"

27 Zitiert bei H. Rabassaire: „Espagne, creusel politique", Editions Fustier, Paris 1938.

28 Ossorio y Gallardo, a.a.O., S. 176.

durch Erlass „aufgelöst". Es folgen weitere, genauso bezeichnende Verordnungen:

> „Am 11. Oktober: Erlass über die Abschaffung der überall in Katalonien gebildeten Lokalkomitees, welche die Regierungstätigkeit hemmten und unmöglich machten. Zusammen mit diesem Erlass setzte ein anderer, vom Ministerium für Innere Sicherheit verordneter Beschluss die Frist fest, in der die neuen Gemeinderäte in ganz Katalonien ernannt werden sollten. Diese sollten durch die lokalen antifaschistischen Organisationen in der gleichen Zusammensetzung wie die des Generalitatsrats bestimmt werden.
>
> Am 27. Oktober: Erlass über die Rückgabe der „langen Waffen" (Gewehre und leichte Maschinengewehre).
>
> Am 28. Oktober: Erlass über die Militarisierung der Milizen. In diesem Erlass wird angekündigt, dass der Generalitätsrat ein neues Militärgesetzbuch ausarbeiten lässt, die Milizen sollten aber, bis dieses angenommen worden sei, dem bestehenden Militärgesetzbuch unterworfen sein"[29].

Wie man sieht, verliert die Generalitat keine Zeit bei ihrem Versuch, „die Dinge wieder in Ordnung" zu bringen. Was die in der katalanischen Regierung vertretenen CNT-FAI und POUM betrifft, so akzeptieren und billigen sie diese Maßnahmen. So kann man in „La Batalla" („Der Kampf") vom 28. Oktober 1936 den kommentarlos abgedruckten Wortlaut des Erlasses über die Entwaffnung der Arbeiter und Bauern lesen:

> „Artikel 1. Alle langen Waffen (d.h. Gewehre, Maschinengewehre usw.), die sich in den Händen der Staatsbürger befinden, müssen binnen 8 Tagen nach Veröffentlichung dieses Erlasses an die Gemeinden zurückgegeben bzw. von ihnen übernommen werden. Diese Waffen werden den Artilleriestäben und dem Verteidigungsministerium in Barcelona übergeben, um für die Front zur Verfügung zustehen.

29 J. G. Martín: „La transformation politique et sociale de la Catalogne pendant la révolution", Generalitat de Catalunya, 1936.

Artikel 2. Diejenigen, die nach dieser Frist immer noch solcherart Waffen tragen, werden als Faschisten betrachtet und mit aller diesem Verhalten angemessenen Strenge verurteilt."

*

Ich verweile absichtlich etwas länger bei der Rolle und dem Charakter des Zentralkomitees der Milizen – vor allem wegen der vielen Erklärungen, die von den Ideologen der verschiedenen Schattierungen der „Arbeiterbewegung" abgegeben wurden. Hier wie anderswo geraten unsere Theoretiker bei ihrer unersprießlichen Suche außer Atem, worin denn die *gute Macht* bestanden habe. Für die einen – die noch einmal vereinten Bourgeois und Stalinisten – liegt die gute Macht in der Generalitat, die die republikanische Legalität vertritt und deren Politik dem Charakter des stattfindenden Krieges entspricht und zwar eines Krieges, der die demokratischen Einrichtungen der Republik verteidigen soll, die durch die faschistische Aggression bedroht werden.

Für die anderen – letzten Endes diejenigen, die sich nach der „guten revolutionären Tradition" sehnen und für diese wie gute Archivare sorgen – lag die „gute revolutionäre Macht" für eine zu kurze Zeit in den Händen des Milizenkomitees (wenn sie nicht länger gedauert hat, dann vermutlich wegen des ewigen Problems der „revolutionären Führung"?). Für diese war es ein Verrat, das Milizenkomitee nicht zu stärken (wie weit eigentlich?) und die Billigung seiner Auflösung und praktischen Einverleibung in die Generalitat ein Kapitulation. Der Misserfolg der Revolution besteht also in der Aufgabe dieser „guten Macht".

Für alle Ideologen des „Marxismus-Leninismus" fasst die Machtfrage alles zusammen. Welches ist der „Klasseninhalt" der Macht? Welche Klasse hat die Macht? Das ist alles. Und doch ist die Antwort recht einfach: *Jede Klasse an der Macht ist eine ausbeutende Klasse,* ob sie alte „bürgerliche" oder „proletarische" Klamotten trägt. An der Sache ändert die soziale Herkunft der Genossen Minister und der politischen Staatsbürokratie nichts, da die Arbeiter weiter in entfremdeter Arbeit gefesselt und zur Rolle bloßer Ausführender verurteilt sind[30].

Sicherlich wird keiner dem Milizenkomitee etwa vorwerfen, es sei nicht aus irgendeiner „demokratischen Wahl" entstanden. In einer Situation, wie sie im Juli 1936 in Katalonien herrschte, war es schließlich normal, dass Arbeiterführer eine solche Initiative ergriffen.

30 Über diese Frage vgl. Anmerkung V im Anhang.

In den ersten Tagen nach dem Sieg über die Militärs ergriff auch das Milizenkomitee nützliche und notwendige Maßnahmen. *Aber die spontane Initiative der Massen, die von ihnen improvisierten nützlichen und notwendigen Maßnahmen gingen auf jedem Gebiet unendlich viel weiter als die der Stäbe der antifaschistischen und Arbeiterorganisationen,* die eine Zeitlang im Milizenkomitee zusammengekommen waren.

Das scheint mir letzten Endes das Wesentliche zu sein. Weder im Milizenkomitee noch später in der Generalitat lebte die Revolution, sondern in der spontanen Aktion der Massen. Das Milizenkomitee hinkte hinter der wirklichen Bewegung her und versuchte, sie zu kontrollieren und zu lenken – mit einem Wort: sie zu bremsen. Zwischen seiner Tätigkeit vom Juli bis zum 3. Oktober und derjenigen der Generalitat hat es keinen Bruch gegeben: Beide haben sich als Machtorgane gegenüber der Bewegung der Massen auf dieselbe Seite gestellt – und zwar außerhalb dieser Bewegung und zugleich über sie.

Im Juli und August 1936 war in Katalonien der Staat zerschlagen und die Macht in tausende Machtorgane versprengt. Alle politischen und gewerkschaftlichen Bürokratien haben die Gefahr gespürt – sie waren „von der Bildfläche" verschwunden und wurden allmählich unnütz. Sie haben sich vereinigt, um wieder eine zentralisierte Macht zu errichten (wobei sie untereinander um deren Kontrolle kämpften) und die hierarchische Pyramide auf politischem, militärischem, wirtschaftlichem, polizeilichem Gebiet usw. wiederaufzubauen, indem sie dabei die Bestandteile dieser Pyramide zu ihrem Vorteil modifizierten (so ersetzte z.B. die politische und gewerkschaftliche oft die ehemalige Verwaltungs- und Staatsbürokratie). Sie haben versucht – die einen bewusst, die anderen unbewusst – und es ist ihnen am Ende auch gelungen, den Staat, wenn ich so sagen darf, wiederherzustellen.

Schon das Milizenkomitee stellte einen solchen Versuch dar. Zwei Monate später war es unnütz geworden, da dieselben Organisationen und sogar oft dieselben Menschen sich mit denselben Befugnissen und in derselben Rolle in der Generalitat wiederfanden – mit der republikanischen Legitimität als Prämie.

Das eben Gesagte verschafft aber nur eine schematische Einsicht in die Wirklichkeit. Die revolutionäre Bewegung der Massen war so stark und die von ihnen spontan unternommene soziale Umgestaltung so wichtig, dass es so aussah, als ob sowohl das Milizenkomitee als auch die Generalitat eine Zeitlang lächerlich unnütz gewesen sind: So bildeten sie ein Organ nach dem anderen und verabschiedeten ein Gesetz nach dem anderen, auf die niemand – oder fast niemand – achtete. Schließlich – es gab wichtigere Dinge zu tun.

Die Autorität war „juristisch" vorhanden, aber die Beziehungen zu ihr waren keine Beziehungen der Unterwerfung – ganz im Gegenteil. So dass die – nicht anerkannte – Autorität zwischen Taumel und Wut hin- und herschwankte.

Jawohl – man kann von einer „wilden Demokratie" sprechen (wie von einem „wilden Streik"), um das neue gesellschaftliche Leben zu kennzeichnen, das von den bewaffneten Arbeitern in Katalonien eingeführt wurde.

Ich möchte jetzt nicht dem „linksradikalen" Fetischismus verfallen, es scheint mir aber, dass aus dieser wilden Demokratie, hätte sie sich weiterentwickelt, eine gesellschaftliche Organisationsform des Typs einer Räteföderation hätte entstehen können (was nur eine Andeutung sein soll, da ich hier kein Kochbuch schreibe und folglich kein Rezept zu geben habe). Dafür waren wesentliche konkrete Grundlagen vorhanden: zu 70% kollektivierte Betriebe, zahlreiche landwirtschaftliche Kommunen, Arbeitermilizen, Liquidierung der alten Polizeikräfte, revolutionäre Komitees in den Betrieben, Vierteln, Städten und Dörfern, eine antiautoritäre „neue Geistesverfassung", Umwälzungen im alltäglichen Leben und in der Lage der Frauen usw.

Wenn es nicht dazu gekommen ist, sondern zu einem monatelangen Kampf zwischen der Macht (dem Milizenkomitee und darauf folgend der Generalitat) und dieser wilden Demokratie, so liegt das an unzähligen, aus dem historisch-gesellschaftlichen Zusammenhang folgenden Ursachen – selbstverständlich am Krieg, aber auch an der Rolle, die die Arbeiterorganisationen ausnahmslos gespielt haben, und an der Treue, man könnte fast von Unterwerfung sprechen, der Kämpfenden gegenüber ihren Organisationen und Führern. Durch diese Organisationen – einschließlich der libertären CNT-FAI – wurde die Macht „wiedereingeführt", die Autorität wieder heilig gesprochen, die Disziplin aufgezwungen, die Milizen militarisiert, die soziale Hierarchie wiederhergestellt und die Revolution besiegt.

> „Wie bei allen vorherigen Aufständen von Arbeitern und armen Bauern [schreibt ‚Living Marxism' sehr richtig] bestand die wichtigste Tatsache darin, dass die spanischen Massen radikaler, ‚linker' und extremistischer waren als ihre Führer und die von diesen kontrollierten Organisationen. Nicht dass jene gegen ihre Organisationen gehandelt oder ein Hindernis zwischen ihnen und ihren Organisationen bestanden hätte, aber die Veränderung, die in der Politik stattfand, sobald die Revolution die

Zusammensetzung des neuen Regimes veränderte, zeigt deutlich genug, dass ein Abstand zwischen den handelnden Massen und ihren Organisationen vorhanden war – und zwar ein größerer, als die Arbeiter ihn überhaupt wahrnehmen konnten. Die Massenaktionen, an denen sich im Sommer 1936 und bis zum Jahresende sowohl organisierte als auch unorganisierte Arbeiter[31] beteiligten, wurden nicht von den verschiedenen offiziellen Organisationsführungen (inklusive den anarchistischen Gewerkschaften) beschlossen, geführt oder weiter entwickelt, sondern von den Arbeitern selbst und den Umständen, auf die sie – ob geführt oder nicht – reagiert haben. (...) Das wirklich Revolutionäre im spanischen Bürgerkrieg wurde durch die direkte Aktion der Arbeiter und armen Bauern bewirkt und nicht durch eine spezifische Form der Gewerkschaftsorganisation bzw. die Aktion einiger besonders glänzender Führer. Es muss aber doch gesagt werden, dass die in den nur wenig zentralisierten anarchistischen Gewerkschaften vorhandene größere Freiheit in der größeren autonomen Initiative der anarchistischen Arbeiter zum Vorschein kam. Die revolutionären Ergebnisse der spontanen Aktionen der spanischen Arbeiter in den Julitagen wurden liquidiert, als die autonome Aktion des Proletariats durch die Verordnungen, die Parteibeschlüsse und die Regierungsautorität ersetzt wurden und die gesamte erneuerte Maschinerie wieder anfing, die Massen zu kontrollieren"[32].

Ich würde nichts anderes dazu sagen.

31 Wenn eine bestimmte Schicht unorganisierter Arbeiter tatsächlich an den Kämpfen im Juli 1936 teilnahm, so wurde die Mitgliedschaft in einer Gewerkschaft später obligatorisch – und noch außerdem sie zum Beispiel notwendig, um sich mit Lebensmitteln zu versorgen.

32 „Living Marxism", Nr. IV vom 6. April 1939, Chicago.

III. KAPITEL
DIE UDSSR UND DIE SPANISCHE REVOLUTION

Die Rolle der westlichen Demokratien – besonders Frankreichs und Englands – ist, was den spanischen Bürgerkrieg betrifft, relativ gut bekannt. Bekannt sind das Zögern Blums, die Politik der Nichteinmischung und deren Folgen, die falsche Neutralität der damals regierenden britischen Konservativen, bei denen die Franco-Anhänger immer besser angesehen sind usw. Jeder weiß von der materiellen Unterstützung der Militärs durch Nazi-Deutschland und das faschistische Italien – obwohl deren Bedeutung allzu oft übertrieben wird, so dass man die militärische Hilfe dieser beiden Länder allein (oder fast allein) für die Niederlage der „Republikaner" verantwortlich macht, um nicht von ihren Irrtümern sprechen zu müssen. Dagegen ist die Rolle der UdSSR viel umstrittener – was schließlich normal ist, da ähnliches für alles gilt, was die „große stalinistische" Lüge betrifft.

Heute noch gehört der spanische Bürgerkrieg zur guten kommunistischen Legende. Das stalinistische Bilderbuch schwelgt in wunderbaren Geschichten über die „uneigennützige Hilfe des großen Brudervolkes", die Internationalen Brigaden und die hervorragenden spanischen bzw. ausländischen – aber natürlich kommunistischen – Heerführer. Die neuen Pilger auf der Suche nach einem „Sozialismus mit menschlichem Antlitz" wie z.B. Arthur London[1] oder Charles Tillou erheben einen hohen Anspruch nicht nur auf ihre persönliche Beteiligung an diesem Konflikt, sondern auch auf die Beteiligung der Kommunisten (Komintern, PCE und sogar KPdSU) *im allgemeinen* als einen ruhmvollen Augenblick ihrer Geschichte und als Rechtfertigung – zwar nur

1 Nachdem er 1956 in Prag wieder auf freien Fuß gesetzt worden war (Vgl. sein Buch „L'aveu. Dans l'engrenage du procès de Prague – Das Geständnis. Im Räderwerk des Prager Prozesses". Version française d'Artur et Lise London. Gallimard, Paris 1968), schrieb Arthur London ein Buch über den spanischen Bürgerkrieg „Španělsko, Španělsko – Spanien, Spanien" (Artis-Veriag, Prag 1965), in dem er mit einer Art Genuss noch einmal alle Lügen der stalinistischen Propaganda – zum Beispiel über die POUM-Mitglieder als „faschistische Spione", „Anarchisten", „Verrückte oder Saboteure" usw. – übernimmt. Es ist alles enthalten, so dass man das gleichzeitige Lesen von „Španělsko, Španělsko" und „L'aveu" für ein Studium der stalinistischen Psychopathologie empfehlen kann.

eine unter vielen, aber eine besonders wichtige – für ihren dreißig Jahre oder länger andauernden bedingungslosen Stalinismus. Dank diesem zugleich polemischen und heuchlerischen Argument können sie den „Schattenseiten" des Kommunismus – den Vernichtungslagern, Gefängnissen, Folterungen, vorgefertigten Prozessen, kurz, dem stalinistischen Terror – eine Helden- und Heiligengeschichte entgegensetzen, für die der spanische Bürgerkrieg eine der schönsten Zierden liefern soll. Gewiss rentiert sich eine solche Haltung: Das „Gute" in der kommunistischen Tradition wird dem „Bösen" entgegengesetzt, so dass man darauf hinweisen kann, dass das „Gute" schwerer wiegt und den Stalinismus als notwendige „historische Periode" rechtfertigt – und gleichzeitig die Haltung selbst. Aus der politischen Schlinge zieht sich jeder, wie er kann…

Um erfolgreich zu sein, verlangt aber eine solche Operation, dass man die Tatsachen total ignoriert, denn nirgends war die Tätigkeit des internationalen kommunistischen Apparats so offen konterrevolutionär wie in Spanien; nirgends außer in den sogenannten „sozialistischen" Ländern spielte die stalinistische polizeiliche Repression eine solche Rolle, nirgends verfügte sie über einen solchen Spielraum. Mit den „Verbrechen des Stalinismus" während des spanischen Bürgerkriegs könnte man Bücher füllen; das ist hier nicht mein Ziel, es muss aber gesagt werden, da die Rolle der UdSSR (und der spanischen Kommunisten) bei der Vernichtung des revolutionären Experiments in Katalonien ausschlaggebend war.

Nebenbei gesagt besteht für mich kein Widerspruch zwischen der konterrevolutionären Politik der UdSSR gegenüber Spanien und ihrer „gesellschaftlichen Natur". Auch nichts Skandalöses trotz allem, was zahlreiche „Linkskommunisten", trotzkistischer Prägung oder nicht, gesagt haben bzw. sagen werden, die bei ihrem Versuch hängengeblieben sind, „die Errungenschaften des Oktobers" aufzuhellen: Da das „sowjetische" Gesellschaftssystem eines der reaktionärsten auf der Welt ist (unterdrückend, polizeilich, streng hierarchisch), wäre es zumindest erstaunlich gewesen, wenn die UdSSR der spanischen Revolution und nicht ihren eigenen Interessen als „Großmacht" Hilfe geleistet hätte.

Im Januar 1933 ergreift Hitler die Macht in Deutschland. Am 21. Oktober 1933 scheidet Deutschland aus dem Völkerbund aus. Gegenüber den emporkommenden kriegslüsternen Mächten verhält sich die UdSSR zunächst abwartend. Bleibt Hitler dem Vertrag von Rapallo treu, so ist Stalin gern bereit, sich mit ihm zu verständigen, sowie mit Mussolini, dem einzigen Staatsmann, der in der damaligen sowjetischen Presse nie angegriffen wurde und mit dem der damalige

Volkskommissar des Auswärtigen, Litwinow, angeblich „die herzlichsten Beziehungen" unterhält.

In der „Iswestija" vom 4. März 1933 wird erklärt, die UdSSR sei das einzige Land, „das keine Gefühle der Feindseligkeit gegenüber Deutschland hegt, welches auch immer die Form und die Zusammensetzung der Regierung dieses Landes sein mag". Ende 1933 schreibt die „Prawda" noch, dass die Arbeiterklasse es nicht nötig habe, zwischen den faschistischen und pseudo-demokratischen Staaten zu unterscheiden. Die faschistischen Staaten sorgen aber selbst für den Unterschied, und am 28. Dezember 1933 bedauert Molotow bei der Sitzung des Zentralkomitees über die äußeren Angelegenheiten, dass im gerade vergangenen Jahr „gewisse führende Gruppen in Deutschland versucht haben, die Beziehungen dieses Landes mit der UdSSR zu revidieren". Nichtsdestoweniger behauptet er noch einmal, „die UdSSR habe ihrerseits keinen Grund, ihre Politik gegenüber Deutschland zu modifizieren"[2].

Als sich herausgestellt hat, dass es zu jener Zeit keine Perspektive einer Verbesserung der Beziehungen mit Nazi-Deutschland gab (sie kam erst später zum Vorschein, und die UdSSR wird sich 1939 beeilen, das deutsch-sowjetische Abkommen zu unterzeichnen), beschließt Stalin, seine Beziehungen zu den anderen westlichen Mächten zu festigen. Schon Ende 1933 war die UdSSR de jure von den Vereinigten Staaten anerkannt worden. Die im Frühjahr 1934 begonnenen Verhandlungen mit Frankreich führten sie dazu, am 18. September dem Völkerbund mit einem ständigen Sitz in dessen Rat beizutreten. Nach dem Ausscheiden Deutschlands, Italiens und Japans aus dieser Organisation – dem UNO-Vorläufer – kommt es für die UdSSR darauf an, das, was sie gestern noch „einen Bund imperialistischer Freibeuter zum Schutz des räuberischen Versailler Vertrags" nannte, in ein wirksames Element ihrer Diplomatie zu verwandeln. Andererseits werden die Verhandlungen mit Frankreich durch ein am 2. Mai 1935 in Paris unterzeichnetes französisch-sowjetisches Abkommen „der gegenseitigen Unterstützung im Falle des nicht provozierten Angriffs eines europäischen Staates" geschlossen. Laut „Petit Parisién" vom 20. Juni 1935 erklärte Laval, der Ministerpräsident, „der Absatz über die Politik der Nationalen Verteidigung der französischen Regierung sei der Initiative Stalins zu verdanken".

Es war damals die Periode der „Politik der Autarkie", die Stalin der UdSSR und der Kommunistischen Internationale erfolgreich aufge-

2 Jane Degros in „Soviet Documents and Foreign Policy", herausgegeben vom „Royal Institute of International Affairs".

zwungen hatte – und zwar der absolute Vorrang der Stärkung der wirtschaftlichen und industriellen Produktivkraft Rußlands im Innern und nach außen eine Politik der Bündnisse mit jedem, um einen ruhigen Verlauf der oben genannten Stärkung zu sichern. Kurz, gestern wie heute, sei es beim Laval- oder beim deutsch-sowjetischen Abkommen, hat die sowjetische Außenpolitik immer wieder versucht, die Interessen der Großmacht UdSSR zu verteidigen, wem immer das auch ein Nachteil sein sollte, getreu der rückschrittlichsten diplomatischen Tradition der großen imperialistischen Staaten.

Wenn einige kommunistische Parteien sich heute gegenüber bestimmten, allzu deutlich imperialistischen Eingriffen der UdSSR zieren – um dadurch zu versuchen, ihren Kollegen der politischen Klasse einen Gefallen zu tun –, so gehorchte gestern die „Weltarmee des Proletariats" voller Disziplin und folgte begeistert jedem Zickzackkurs der sowjetischen Außenpolitik. Da die UdSSR die Karte eines Bündnisses mit den westlichen Demokratien „gegen den Faschismus" ausspielte, folgten also die KPs, wie sie auch 1939 der schroffen Wendung des deutsch-sowjetischen Abkommens folgen werden.

Die Theorie des „Sozialismus in einem Lande", das ideologische Alibi für den Neo-Nationalismus der russischen Bürokratie, war aus dem VI. Kongress der Kommunistischen Internationale siegreich hervorgegangen, in dessen Beschlüssen u.a. folgendes zu lesen war: „... das internationale Proletariat, dessen einziges Vaterland die UdSSR ist, wie auch die Hochburg seiner Errungenschaften und die wesentliche Triebkraft seiner internationalen Befreiung, muss zum Erfolg des Sozialismus in der UdSSR beitragen und sie mit allen Mitteln gegen jeden Angriff der imperialistischen Mächte verteidigen"[3].

Diese Sprache eines Lehnsherren zu seinen Vasallen wird auf dem VII. Komintern-Kongress, der am 25. Juli 1935 in Moskau eröffnet wird, erneut gesprochen. Mehr denn je ist die UdSSR „das wichtigste Element der Weltgeschichte"[4].

Die „linksradikalen" Klamotten, Parolen wie „Klasse gegen Klasse", sowie die Kritik des „Sozialfaschismus" werden aufgegeben, dagegen werden Begriffe wie „Volksfront-" und „antifaschistische" Politik internationaler und nationaler Bündnisse theoretisch ausgearbeitet. Diese anspruchsvolle Theoretisierung verlangt, dass die Volksfrontpolitik und die Verteidigung der bürgerlichen Demokratie doch ein gewis-

3 Dokumente des VII. Komintern-Kongresses, zitiert bei Fernando Claudin: „La Crisis del Movimiento Comunista", Editions François Maspero, Paris 1972.

4 Ebenda.

ses revolutionäres Gütezeichen behalten. So erklärt Dimitrow: „Vor 15 Jahren empfahl uns Lenin, ‚die Übergangs- bzw. Annäherungsformen der proletarischen Revolution zu erforschen'. Es sieht so aus, als ob sich in vielen Ländern die Volksfrontregierung als eine der wichtigsten Übergangsformen zeigt"[5].

In der Schlussresolution des VII. Kongresses der Komintern werden also die KPs dazu aufgefordert, für die Bildung „einer breiten Volksfront mit den Arbeitermassen" zu kämpfen, „die heute noch vom Kommunismus weit entfernt sind, sich uns aber im Kampf gegen den Faschismus anschließen können".

In Spanien hatte die Volksfront im Februar 1936 die Wahlen gewonnen, und die revolutionäre Krise vom Juli 1936 findet mitten in der sich entfaltenden „frontistischen" Politik statt. Diese Revolution war weit über den antifaschistischen und parlamentarischen Rahmen des Volksfronttyps hinausgegangen, sie war tatsächlich wie jede echte Revolution über alle Rahmen, Programme und Voraussichten hinausgegangen. Da aber die spanische Revolution den Interessen der UdSSR entgegenwirkte – was nur logisch ist –, wird sich der kommunistische Apparat darum bemühen, sie in diese einzuzwängen, um sie im Keim zu ersticken. In dieser Hinsicht ist die Bedrängnis der spanischen KP ziemlich komisch: Als im April 1931 laut offizieller Geschichte die Partei kaum 800 Mitglieder zählte, rufen ihre Führer bei der Einführung der Republik aus: „Alle Macht den Sowjets! Nieder mit der bürgerlichen Republik!" Auf dem Kongreß von 1932 wird Bullejos' Führungsgruppe ausgeschlossen, weil sie die „opportunistische" Parole der Verteidigung der Republik gegen den Putsch von General Sanjurjo befürwortet hat (dieser Putsch missglückte zwar, aber Sanjurjo wird im Juli 1936 zusammen mit Franco und Mola an der Spitze ihres Putsches stehen). Als aber die Bewegung der Massen effektiv radikaler wird und der Asturien-Aufstand vom Oktober 1934 die Stärke der revolutionären Strömung im Land gezeigt hat, beschließen die den Anweisungen der Komintern folgenden KP-Führer, die spanische Revolution sei nicht sozialistisch, sondern einfach bürgerlich-demokratisch.

Als Largo Caballero, der Führer des linken Flügels der sozialistischen Partei und der UGT, nach dem Sieg der Volksfront bei den Februarwahlen und gegenüber dem revolutionären Druck der Massen vorschlägt, eine „Arbeiterregierung" zu bilden, aus der die Republikaner ausgeschlossen sein würden, erklärt sich die KP dagegen, und ihr Generalsekretär José Díaz schreibt im Organ der Komintern: „Wir müs-

5 George Dimitrow: „Oeuvres choisies", Editions sociales, Paris, S. 102.

sen gegen übertriebene Ungeduld jeder Art und gegen jeden Versuch kämpfen, die Volksfront frühzeitig zu zerschlagen. Die Volksfront muss weitergehen. Wir werden noch einen langen Weg zusammen mit den Linksrepublikanern gehen". Es kommt praktisch darauf an, die Bewegung der Massen zu bremsen, die immer mehr „nach links" treiben, sie in den Schranken des Antifaschismus, d.h. des Bündnisses mit der liberalen Bourgeoisie, festzuhalten, sowie den Einfluss der damals kleinen KP innerhalb der Arbeiterorganisationen zu stärken. Mit Largo Caballeros Einverständnis löst die KP die CGTU, ihre der Roten Gewerkschaftsinternationale angeschlossene Gewerkschaft, auf und „fordert" deren Mitglieder „auf", der UGT beizutreten. Das ist wegen der großen Schwäche der kommunistischen Gewerkschaft keine eigentliche Vereinigung, aber die Stalinisten werden etwas später in einigen Regionen und besonders in Katalonien die Kontrolle über die lokale UGT-Sektion übernehmen. Es folgt eine weitere, für die KP noch unmittelbarer gewinnbringende Operation, und zwar die Vereinigung der 3.000 respektive 50.000 Mitglieder starken kommunistischen und sozialistischen Jugend innerhalb der Sozialistischen Einheitsjugend. Obwohl in der Minderheit, gelingt es den Stalinisten sehr schnell, eine fast vollständige Kontrolle über diese Organisation zu bekommen, aus der sie während des Bürgerkriegs ein wirksames Werkzeug ihrer Politik machen werden. Da sie aber weitergesteckte Ziele haben, versuchen sie, dieselbe Operation auf der kommunistischen und sozialistischen Parteiebene noch einmal durchzuführen. Die Verhandlungen dafür mit dem linken Flügel der Sozialistischen Partei (der Largo Caballero-Tendenz) gehen sogar ziemlich weit, aber das Projekt missglückt (außer in Katalonien) nicht so sehr deswegen, weil sie der UdSSR zu sehr untergeordnet sind (dieses Land erfreute sich damals eines guten Rufs in breiten linkssozialistischen Schichten), sondern vielmehr wegen ihrer Auffassung von der Volksfront und der „demokratischen" Übergangsphase, in der sie den mächtigen Kampf der Massen „für eine Veränderung" eindämmen wollten. Ihre innenpolitischen Auffassungen standen denen der Rechtssozialisten – der Indalecio Prieto-Tendenz – viel näher, ja sie waren mit ihnen fast identisch, diese wollten aber von einer Vereinigung mit den Stalinisten nichts wissen. Dieser Widerspruch wurde nicht aufgehoben, und die Stalinisten schließen sich während des Bürgerkriegs den Rechtssozialisten und den Republikanern an, um gegen alle revolutionären Strömungen zu kämpfen, seien sie sozialistisch, anarchistisch oder „poumistisch".

Von der Parole „Alle Macht den Sowjets!" im Jahr 1931 zum „Kampf um die Verteidigung der demokratischen Republik" im Jahr 1936 – und noch danach – lassen sich die Wendungen der PCE nicht nur durch ihre Unterordnung gegenüber Stalins Anweisungen durch die Vermittlung der Komintern erklären – andere Beweggründe haben auch eine Rolle gespielt. Es wäre in dieser Hinsicht absurd, die in *jeder Organisation dieses Typs* vorhandene innere Logik nicht zu berücksichtigen; sie war doch 1931 bloß ein sektiererisches „Grüppchen", das in einem angeblich revolutionären „Anderswo" lebte (gestern die UdSSR wie heute China) und sich dermaßen mit diesem identifizierte, dass es dessen „Parolen" mechanisch nachplapperte und jede Vermittlung verachtete, da es sie nicht beherrschen konnte usw. Durch geschicktes Manövrieren in den Verwerfungen der Volksfront gelingt es ihm binnen weniger Jahre, den Kampfplatz des klassischen politischen Spiels zu betreten; seine Wähler kommen erst zur einfachen politischen Sichtbarkeit und werden allmählich zahlreicher, das Grüppchen gelangt ins Parlament und damit vom sektiererischen Höhlenleben in die Konferenzzimmer der politischen Verbindungen, in denen es, auch wenn anfangs in der Minderheit, ziemlich schnell – so im Fall der PCE – erfolgreich Punkte sammeln kann. Das ist ein Vorgang, der in der Arbeiterbewegung klassisch und immer noch aktuell ist – man gebe dem französischen Kommunistischen Bund (Ligue Communiste) nur zehn Abgeordnete und beobachte, was daraus wird!

In dieser Periode war die Außenpolitik der UdSSR durch Stalins Willen bestimmt, eine Verständigung Englands und Frankreichs mit Hitler gegen ihn zu verhindern. In dieser Perspektive sollten die westlichen KPs versuchen, zu den besten Verteidigern der bürgerlich-republikanischen Ordnung zu werden. In Frankreich z.B. brechen die Stalinisten die mächtige Bewegung der Fabrikbesetzungen vom Mai-Juni 1936 (genau zu der Zeit wurde Maurice Thorez mit der „Manager"-Parole berühmt: „Man muß einen Streik auch abbrechen können!"). Wenn die Stalinisten in Spanien auch nicht verhindern können, dass die Streikwelle in den revolutionären Bürgerkrieg übergeht, kämpfen sie doch verbissen darum, dass „man ein für allemal mit den Versuchen der Gewerkschaften und der Komitees Schluss macht, den Sozialismus in die Praxis umzusetzen", wie der damalige KP-Führer, Jesus Hernandez, es im Mai 1937 mit einem wunderbaren, unfreiwilligenen Humor erklärt[6].

6 Zitiert bei B. Bolloten, a. a. O., S. 106.

DIE HILFE DER UDSSR AN DIE SPANISCHE REPUBLIK

Für Broué und Témime hat die sowjetische Haltung gegenüber dem spanischen Krieg drei Phasen durchgemacht:

> „– zuerst eine tatsächliche Neutralität, die von ostentativen Sympathie- und Solidaritätsbekundungen begleitet wird,
>
> – ab Oktober 1936 eine beträchtliche militärische Hilfe, die einer energischen Stellungnahme zugunsten der Republik beim Komitee für Nichteinmischung entspricht,
>
> – schließlich vom Sommer 1938 an eine allmähliche Abnahme der militärischen Hilfe bis zur vollkommenen Preisgabe der Republik"[7].

Im Gesamtzusammenhang der sowjetischen Diplomatie bilden diese drei Phasen eine logische Reihenfolge: anfängliches Abwarten gegenüber einer unvorhergesehenen und unerwünschten Revolution, die anscheinend von den Anarchisten wenn nicht beherrscht, so zumindest stark beeinflusst wird, auch um die Reaktionen Frankreichs und Großbritanniens abzuwarten. Darauf folgende Hilfe, die aber nicht auf den Sieg der Revolution, sondern auf deren Niederschlagung abzielt und es der UdSSR ermöglichen soll, einen großen politischen Einfluss zu gewinnen, der geschickt in konterrevolutionärer Richtung eingesetzt wird. Preisgabe letztlich nicht nur einer „verlorenen Sache", sondern auch Preisgabe wegen des Bündniswechsels und der neuen Wendung der sowjetischen Diplomatie, die zum deutsch-sowjetischen Abkommen führen wird.

In seinem Buch kritisiert der ehemalige KP-Führer Fernando Claudín im selben Sinne, wenn auch auf „gemäßigtere" Weise, die Haltung der UdSSR wie folgt:

> „Die UdSSR konnte sich unmöglich ihrer Pflicht der aktiven Solidarität mit dem bewaffneten spanischen Volk entziehen, ohne vor dem Weltproletariat an Ansehen zu verlieren. Einerseits fiel diese Pflicht mit der Anti-Hitler-Orientierung der sowjetischen Außenpolitik in dieser Periode zusammen, andererseits aber geriet sie in Konflikt mit, sagen wir, taktischen Modalitäten dieser Orientierung. Auf dieser Ebene bestand das erste Ziel der sowjetischen Politik darin, das militärische Bündnis

7 Broué und Temime, a.a.O., S. 338.

> mit Frankreich zu verstärken und zur Verständigung mit England zu gelangen. Aber weder das bürgerliche Frankreich Blums noch das konservative England Chamberlains konnten den Sieg einer proletarischen Revolution in Spanien zulassen. [Diese Liste wäre etwas genauer, fügte man ihr die bürokratische Diktatur Stalins hinzu, was Claudín nicht tut, C. S-M.] Ihren Beitrag zum Sieg der spanischen Revolution zu leisten, hätte für die sowjetische Regierung einen Bruch mit diesen Mächten bedeutet. Die scheinbar einzige Möglichkeit, eine „Hilfe für Spanien" mit den obengenannten Zielen der sowjetischen Außenpolitik zu vereinbaren, bestand darin, dass das spanische Proletariat nicht weiter als bis an die Grenze des durch die französisch-englische Bourgeoisie Akzeptierbaren ging. Nun war das Äußerste, was diese akzeptieren konnten, die Existenz einer parlamentarischen, demokratischen, antifaschistischen, sogar Volksfrontrepublik in Spanien, die so weit links stehen durfte, wie man es wollte, aber … bürgerlich! vor allem bürgerlich sein musste!"[8]

Meiner Meinung nach ist die Furcht davor, ihr Ansehen vor dem „Weltproletariat" zu verlieren, bei den Entschlüssen der stalinistischen Führer nicht so schwerwiegend gewesen. Wird nicht Moskau, kaum dass der spanische Krieg zu Ende ist, seine ganze Anti-Hitler-Strategie aufgeben und das deutsch-sowjetische Abkommen (mit den „Mördern der spanischen Republik") unterzeichnen, d. h. also eine vollkommenen Wendung seiner Bündnispolitik vollziehenen, anscheinend ohne sich davor zu fürchten, durch diese erneute Verständigung mit den „schlimmsten Feinden des Weltproletariats und der gesamten fortschrittlichen Menschheit" sein Ansehen bei wem auch immer zu verlieren?

Die Hilfeleistung der UdSSR für Spanien folgt subtileren Gründen als der Furcht davor, sich vor dem „Weltproletariat" – sagen wir besser: der kommunistischen Bewegung – in Verruf zu bringen. Das „Weltproletariat" war schon daran gewöhnt, manches zu ertragen, auch wenn die Stalinisten tatsächlich diese „Hilfeleistung" (klar ausgedrückt: den Verkauf von Waffen zu hohen Preisen an die spanische Republik) in ihrer Propaganda ausgenutzt haben. Meiner Meinung nach bestand das hauptsächliche Ziel in der sich ihnen dadurch bietenden Möglichkeit, die Politik der republikanischen Regierung zu kontrollieren, zuerst um die Revolution niederzuschlagen, aber auch, um sie als eine zusätzliche Figur auf dem europäischen politischen Schachbrett und als eventuel-

8 F. Claudín, a.a.O., S. 180.

les Pfand zu benutzen – ohne dafür mit den französischen und englischen Regierungen zu brechen. So konnten sie sich gegenüber dem Faschismus usw. als die besten Verteidiger der legalen und gemäßigten spanischen Republik ausgeben. Diese Taktik bot also der sowjetischen Diplomatie zahlreiche Möglichkeiten – was nicht bedeutet, dass sie diese erfolgreich genutzt hat.

Sie bot gleichfalls Möglichkeiten auf innenpolitischem Gebiet (und sei es nur, um die Schwierigkeiten jeder Art, die wachsende Prozesswelle gegen die alte sowjetische Garde und die massiven Deportationen zu verschleiern).

Als ersten Beschluss kündigt die sowjetische Regierung am 3. August 1936 an, dass 1% der Monatslöhne (bzw. -gehälter) der in den Staatsfabriken und -verwaltungen beschäftigten Arbeiter und Angestellten zur Unterstützung der spanischen Republik eingesetzt werden soll. Selbstverständlich gelangte niemals ein Rubel nach Spanien. Solidaritätskundgebungen werden im ganzen Land veranstaltet, und die Arbeiter werden dazu aufgefordert, den Gürtel noch enger zu schnallen und die Produktion „für Spanien" zu steigern, was ein gutes Agitpropthema ist, um die Anstrengungen für die Industrialisierung noch weiter zu verstärken. Freiwillige melden sich bei den Parteiorganisationen, die vermutlich durch den ganzen Werberummel dazu bewegt wurden, am Kampf in Spanien teilzunehmen. *Sie werden festgenommen und nach Sibirien deportiert*, wie Victor Serge in seinen „Memoiren" berichtet. Als dann der Nichteinmischungspakt geschlossen wird, tritt die UdSSR ihm sofort bei, noch einmal, um den Franzosen und Engländern einen Gefallen zu tun.

In seinem Buch „La Gran Traición" (Der Große Verrat) erzählt Jesús Hernández, der ehemalige PCE-Führer und Minister der republikanischen Regierung während des Bürgerkriegs, folgendes:

> „... als Stalins Worte, die wir so schön gefunden hatten, jedem noch in den Ohren klangen – ‚Die Sache des spanischen Volkes ist keine spanische Privatsache, sondern die der gesamten fortgeschrittenen und fortschrittlichen Menschheit' –, antwortete der Kreml auf die Frage der französischen Regierung über das mögliche Verhalten der UdSSR, falls Frankreich wegen seiner Hilfe für die Madrider Regierung bedroht werden sollte, wie folgt: ‚Das französisch-sowjetische Abkommen von 1935 verpflichtet uns zwar zu gegenseitiger Hilfe, falls eines unserer beiden Länder durch eine dritte Macht angegriffen werden sollte, *aber nicht im*

Falle eines Krieges, der aus der Intervention eines unserer beiden Länder in die Angelegenheiten einer dritten Nation folgt'"[9].

Es ist unzweifelhaft, dass die vorsichtige Haltung der UdSSR – sowie diejenige Großbritanniens – zum Zögern der Regierung Blum beträchtlich beigetragen hat.

Anfang September 1936 fand in Moskau eine außerordentliche Sitzung des Politbüros statt, bei der Stalin seinen Entschluss kundtat, dem republikanischen Spanien in seinem Kampf gegen Franco zu helfen. Der damalige Chef des sowjetischen Militärspionagedienstes in Westeuropa, W. G. Kriwitzki, erzählt, wie er zwei Tage später folgenden Auftrag erhielt: „Erweitern Sie sofort Ihre Operationen, so dass Sie den spanischen Bürgerkrieg auch abdecken können. Mobilisieren Sie alle zur Verfügung stehenden Agenten und Mittel, um schnellstmöglich Waffen nach Spanien zu liefern"[10]. Es kam aber darauf an, für eine „gute Anwendung" der Waffen zu sorgen. Stalin beauftragt also Jagoda, den damaligen NKWD-Chef, eine Untergrundorganisation in Spanien zu bilden. Am 14. September beruft Jagoda eine Sonderkonferenz im Sitz der politischen Geheimpolizei in Moskau ein, dem heute noch „berühmten" Lubjanka-Gefängnis, bei der ein Veteran des NKWD – Nikolskij, der als Orlow auftreten wird – mit der Leitung der Organisation in Spanien beauftragt wird. Eine starke Solidaritätsbewegung machte sich damals breit, ausgelöst durch die Abreise von Freiwilligen nach Spanien. Diese waren bei weitem nicht alle stalinistische Kommunisten (oder auch nur einfache Kommunisten) und ihr Kontakt mit der spanischen revolutionären Wirklichkeit (sowie die Erfahrung mit der stalinistischen Diktatur für einige unter ihnen) stellte für den Stalinismus eine politische Gefahr dar. Die Agenten des NKWD mussten für einen ordentlichen Verlauf sorgen. Die „Internationalen Brigaden" mussten also unterwandert und kontrolliert werden mit dem doppelten Ziel, aus ihrem – oft tatsächlichen – Mut zum alleinigen Vorteil des Stalinismus Kapital zu schlagen und alle wirklichen bzw. „potentiellen" Opponenten zu *liquidieren*. Ein Mann wie André Marty war dem NKWD bei dieser letzteren Aufgabe

9 Jesús Hernández: „La Grande Trahison, S.47-48", Ed. Fasquelle, Paris 1953, S. 34 (Spanischer Originaltitel „Yo fui un ministro de Stalin", Editorial América, México 1953, Anm. d. Setzers).

10 Walter Germanovic Kriwitzki: „In Staline's Secret Service", Harper Brothers, New-York 1939 (deutsche Ausgabe: „Ich war in Stalins Dienst", Amsterdam 1940. Neuherausgabe: Walter Germanovic Krivitzky: „Ich war Stalins Agent". Hrsg. Hellmut G. Haasis mit zeitgenössischen Dokumenten und einem Nachwort. Trotzdem-Verlag, Grafenau-Döffingen 1990, Anm d. Setzers).

so wirksam zu Diensten, dass er sich dabei den Beinamen „Schlächter von Albacete" verdiente.

Die militärische Hilfe der UdSSR geschah nicht kostenlos. Bekanntlich wurden die Waffen durch die Republik im voraus und in Gold bezahlt. Das Gold der Spanischen Bank wird am 25. Oktober 1936 in Cartagena nach Odessa verladen. Diese Operation wird vom damaligen spanischen Finanzminister Negrín im Einverständnis mit seinen Kollegen der republikanischen Regierung durchgeführt. Man streitet sich über die genaue Summe dieses Goldes, es wurde aber behauptet, es seien ungefähr 510 Millionen Gramm Gold gewesen. Genauso wenig weiß man, wie viele Waffen durch die Sowjets geliefert wurden. Laut einem Dokument des US-Außenministeriums, das von Cattell[11] zitiert und von Broué und Témime übernommen wird, „... waren am 25. März 1937 von den 460 republikanischen Flugzeugen 200 Jagdflugzeuge, 150 Bomber und 70 Aufklärungsflugzeuge russischer Herkunft. Es waren hauptsächlich ‚Katjuscha'-Bomber und I-15 bzw. I-16 Jagdbomber, die den ersten deutschen zwar überlegen, den Messerschmidt-Maschinen aber weit unterlegen waren. Fast alle Panzer sind ebenfalls russischer Herkunft – und zwar 12 und 18 Tonnen schwere, schnelle und gut ausgerüstete Panzer"[12].

Das mit spanischem Gold gekaufte Material war laut dem baskischen Ministerpräsident Aguirre und Kriwitzki selbst zum großen Teil veraltet und manchmal sogar unbrauchbar – „es stammt noch aus dem Krimkrieg", sagte Aquirre. Da die UdSSR dem Nichteinmischungskomitee angehörte, bildeten die Komintern und der NKWD eine ganze Reihe von Gesellschaften zum Kauf und Transport von Waffen in die republikanische Zone, um die sowjetische Regierung jeder Verantwortung zu entheben (diese dagegen gab kein einziges Gramm des empfangenen Goldes wieder her).

> „... Fast überall in Europa, in Paris, London, Amsterdam und Zürich hatten sich Unternehmen gebildet, die damit beauftragt waren, uns unter der Kontrolle Moskaus Waffen zu liefern, als ob es sich um einen normalen Handel von Land zu Land gehandelt hätte. Natürlich waren diese Unternehmen mit dem Geld des spanischen Staates aufgebaut. Obwohl wir nicht mehr ausschließlich von der russischen Versorgung abhingen, blieben wir an Moskau gebunden, da all diese Verteilungsstellen von

11 David T. Cattell: „Communism and the Spanish Civil War". Berkeley 1955, Anm. d. Setzers.

12 Broué und Témime, a.a.O., S. 341.

Kreml-Leuten kontrolliert wurden, die den Transport jeglicher Waren immer wieder nach Belieben ausdehnen bzw. einschränken konnten."

Wir haben schon gesehen, wie Kriwitzki sich persönlich mit diesen Verteilungsstellen beschäftigte, die vor allem bestimmten kommunistischen Parteien zugutekamen:

„Die französische KP erwarb unter anderem eine kleine Flotte von 12 Frachtschiffen, die im Auftrag der Gesellschaft ‚France-Navigation' die Küsten abfuhren. Ebenfalls erwarb sie das ‚Haus der Partei' und Wagen für ihre Führer, gründeten Zeitungen wie z.B. ‚Ce Soir' – all das mit den zum ‚Waffenkauf' bestimmten Geldern, die Negrín in die Hände der französischen KP-Führer hatte legen lassen und die sich laut Prieto auf zweieinhalb Milliarden Francs beliefen."[13]

Bei ihrem raffinierten diplomatischen Spiel interessierte sich die UdSSR nicht für einen schnellen Sieg der Franco-Militärs und ihrer nazistischen und faschistischen Verbündeten. Dadurch wäre das faschistische Lager in Europa zu sehr verstärkt, die westlichen Demokratien verschreckt worden, während die UdSSR selbst der Gefahr der Isolation ausgesetzt worden wäre. Sie interessierte sich aber auch nicht für einen zu schnellen Sieg der Republikaner wegen der Bedeutung der revolutionären Kräfte in Spanien zu Beginn des Bürgerkriegs, die sich im Falle des Sieges verzehnfacht hätten und womöglich auf eine unkontrollierte soziale Revolution hinausgelaufen wären, die das diplomatische Spiel der UdSSR und der anderen Mächte gestört hätte bzw. hätte stören können. Selbstverständlich fürchteten sich alle bestehenden Regierungen vor den möglichen Folgen einer solchen Revolution. Es war also gleichzeitig notwendig, dass die revolutionären Kräfte niedergeworfen wurden und dass die Republik sich wehren konnte; dass sie, falls es ihr gelingen sollte, den Sieg davonzutragen, als die gemäßigteste aller Republiken siegt, als solche von den westlichen Demokratien anerkannt wird und gegenüber der UdSSR vor Dankbarkeit zerfließt. Ein Kompromiss zwischen den beiden Lagern war also auch nicht ganz zu verwerfen.

Am 28. Oktober 1936 kommen die ersten russischen Waffen in Spanien an. Sie werden sofort der PCE anvertraut und für die Verteidigung des damals fast gänzlich von den Faschisten eingekesselten Madrid eingesetzt. Mit der Ankunft der Waffen werden die Kommunisten und die sowjetischen Ratgeber lauter: Sie erteilen

13 J. Hernández, a.a.O., S. 47-48.

Befehle, verlangen und ihnen wird gehorcht. Die Erpressung hat fast immer Erfolg: „Tut, was wir sagen, oder ihr bekommt keine Waffen!" In Madrid z.B. legen die Stalinisten ein absolutes Veto gegen den Beitritt von POUM-Delegierten in die Verteidigungsjunta ein, die theoretisch durch alle antifaschistischen Organisationen gebildet wird. Obwohl bereits alle – außer der PCE – ihre Einwilligung zu diesem Prinzip gegeben hatten, mussten Gorkin und Andrade, die beiden POUM-Delegierten, erfolglos nach Barcelona zurückkehren. Dann veröffentlichten sie im POUM-Organ „La Batalla" darüber einen Artikel. Am folgenden Tag erwidert der sowjetische Generalkonsul in Barcelona mit einer Mitteilung an die Presse, in der er „die faschistischen Manöver der POUM" denunziert.

> „Einige Tage später [so erzählt Gorkin] hatte ich die Gelegenheit, mich in Valencia mit einigen Ministern der Republik zu unterhalten." Dabei macht ihm der Propagandaminister „freundschaftliche Vorwürfe": „Man darf zur Zeit keine Polemik gegen die Russen anfangen: Sie liefern uns doch Waffen! – Gut, antwortete ich, aber für diese Waffen, die, so nehme ich an, gebührend mit Gold bezahlt wurden, sollen wir jetzt dulden, dass Stalin uns von Moskau aus seinen Willen diktiert? Mir scheint, Sie sind sich nicht über die Gefahr im Klaren, die der Stalinismus und die Politik darstellen, die er in Spanien praktizieren will. An den Interessen des spanischen Volkes ist Stalin wenig gelegen: Er ordnet alles den Notwendigkeiten seiner Außenpolitik unter. Ich teilte dem Untersekretär des Ministers meine Überzeugung mit, der Stalinismus bereite unsere physische Liquidierung vor, und ich fügte hinzu: Und passen Sie auf! Uns werden alle diejenigen folgen, die seine Diktatur nicht akzeptieren! Dann gab er zu: Sie haben sich überall eingerichtet, sie schalten sich in alles ein. Der Präsident der Republik selbst ist durch das, was sie sagen und tun, sehr beunruhigt. Aber was soll man dagegen tun? Sie liefern die Waffen."[14]

So nutzen die Kommunisten ihre Machtstellung optimal aus, die ihnen durch die sowjetische Hilfe verschafft wird und rechtfertigen alle Befürchtungen Gorkins bis zur „physischen Liquidierung" der revolutionären Opposition. Kriwitzki schreibt dazu: „Wollte Stalin aus Spanien eine Figur in seinem Spiel um ein starkes Bündnis mit Frankreich und Großbritannien machen, so musste er jede Opposition im republi-

14 Julián Gorkín: „Caníbales políticos: Hitler y Stalin en España", Ediciones Quetzal, Mexico City, 1941, S. 91.

kanischen Spanien beseitigen. Das Bollwerk dieser Opposition war Katalonien. Stalin war also entschlossen, nur die Gruppen in Spanien mit Menschen und Material zu unterstützen, die bereit waren, vorbehaltlos seine Führung zu akzeptieren. Er war entschlossen, es nicht zu erlauben, dass unsere Flugzeuge in die Hände der Katalanen fallen, mit denen sie einen militärischen Sieg hätten erkämpfen können, durch den ihr Ansehen und ihre politische Macht im republikanischen Lager verstärkt worden wären".[15]

Bevor sie die Waffen schickten, hatten die Sowjets stark darauf gedrängt, dass in der republikanischen Zone eine vollständige Wiederherstellung der Zentralmacht stattfindet. Rosenberg, Moskaus Botschafter in Madrid, unternimmt viele Schritte für die Liquidierung der revolutionären Experimente und der Autonomie der Arbeiterkomitees sowie für die Bildung einer starken Regierung. Zu dieser Zeit konnte eine solche Regierung nur „links" orientiert sein, sonst hätten ihr die Massen genauso wenig Glauben wie der Girals geschenkt. Am 4. September wird also in Madrid eine Volksfrontregierung gebildet. Der neue Ministerpräsident Largo Caballero, der auch das Kriegsministerium für sich behalten hat, erklärt, dass er sich „als der direkte Vertreter aller Kräfte" betrachtet, „die an den verschiedenen Fronten für die Aufrechterhaltung der demokratischen Republik kämpfen." Tatsächlich besteht die neue Regierung aus Vertretern aller antifaschistischen Organisationen und Parteien außer der CNT-FAI, die ihr erst am 4. November beitreten wird, sie aber vorläufig völlig unterstützt.

Trotz relativer Inkohärenz vertritt Largo Caballero eine politische Linie, die viel weiter links steht als die, welche die Stalinisten jeder Nationalität wünschen. Sicherlich sieht er den Mangel an Waffen und zeigt sich zu Konzessionen bereit, um welche zu beschaffen, gegenüber den sowjetischen „Ratschlägen" aber ist er manchmal zurückhaltend und sogar geradezu offen ablehnend. So greift Stalin selbst zur Feder und schreibt einen persönlichen Brief an den Arbeiter-Tribun in der Überzeugung, dieser würde beim Lesen weich werden:

> „Es wäre ratsam", schreibt Stalin, „die kleine und mittlere Bourgeoisie auf die Seite der Regierung zu ziehen oder ihr zumindest Mittel zu geben, eine Haltung der Neutralität gegenüber der Regierung einzunehmen, indem man sie vor jedem Versuch der Beschlagnahme ihres

15 W. Kriwitzki, a.a.O., S. 196.

Besitzes schützt und dafür sorgt, dass ihr die Handelsfreiheit nicht genommen wird ... Die Führer der republikanischen Parteien dürfen nicht abgestoßen, sie müssen im Gegenteil angezogen werden; man muss sich ihnen annähern und sie an den gemeinsamen Anstrengungen der Regierung teilnehmen lassen. Es ist besonders notwendig, dafür zu sorgen, dass Azaña [der Präsident der Republik, C. S-M.] und seine Gruppe die Regierung unterstützen, und das Mögliche zu tun, um sie nicht zögern zu lassen. Das ist auch darum notwendig, um zu vermeiden, dass Spaniens Feinde das Land für eine kommunistische Republik halten, und um damit einer offenen Intervention vorzubeugen, welche die größte Gefahr für das republikanische Spanien ist. Man könnte z.B. eine Gelegenheit finden, öffentlich in der Presse bekanntzumachen, dass die spanische Regierung es nicht dulden wird, dass das Eigentum und die legitimen Interessen der in Spanien ansässigen Ausländer und Staatsbürger der Länder, welche die Faschisten nicht unterstützen, von welcher Seite auch immer, angetastet werden."[16]

So lautet also das politische Programm, das Stalin im Landpfarrerstil den spanischen antifaschistischen Kräften für seine militärische Hilfe vorschreibt. Trotzki bemerkt dazu richtig – einmal ist keinmal – :

„Diese Erpressung wurde als Alibi für ihre konterrevolutionäre Politik nicht nur von den Republikanern eingesetzt, sondern auch von den Sozialisten und sogar von den Anarchisten, die dadurch ihre von den Stalinisten verlangte Mitarbeit in der Regierung rechtfertigten... Mit seinen Waffen und seinem konterrevolutionären Ultimatum war Stalin für all diese Gruppen der Retter. Er sorgte für das, worauf sie hofften – und zwar für den militärischen Sieg über Franco – und befreite sie gleichzeitig von jeder Verantwortung für den weiteren Verlauf der Revolution. Sie haben sich beeilt, ihre sozialistische und anarchistische Maske über den Haufen zu werfen, in der Hoffnung, sie würden sie wieder gebrauchen können, wenn Moskau die bürgerliche Demokratie für sie wiederhergestellt hätte. Um ihnen das ganz bequem zu machen, konnten diese Herren ihren Verrat gegenüber dem Proletariat durch die Notwendigkeit der militärischen Verständigung mit Stalin rechtfertigen. Stalin seinerseits rechtfertigt seine konterrevolutionäre Politik durch die Notwendigkeit der Verständigung mit der republikanischen Bourgeoisie."[17]

16 „Guerra y revolución en España", Band II, S. 101-102.

17 L. Trotzki: „Écrits", Éd. IV.Internationale, Bd.II, S. 538-539.

Alle Stalinisten, ob Spanier oder nicht, ob „Politiker", „Militärs" oder „Polizisten", werden die durch den Kreml festgelegte konterrevolutionäre Linie mit brutaler Wirksamkeit durchführen. Weisen wir nebenbei darauf hin, dass die große Mehrheit der sowjetischen Techniker jeder Art, Geheimagenten, militärische Berater und andere (nur einige unter ihnen werden in diesem Buch erwähnt, es waren aber Tausende) schon bei ihrer Rückkehr in die UdSSR hingerichtet wurden. Eine übliche Methode der stalinistischen „Justiz" besteht eben darin, in regelmäßigen Abständen die Scharfrichter hinzurichten.

Selbstverständlich kommt der PCE die „Hauptarbeit" zu. Mit Hilfe der militärischen, politischen und polizeilichen Berater aus der Komintern und des NKWD bemüht sie sich nicht ohne Erfolg, die Regierungspolitik – sowie die der Volksfrontparteien – in die gewünschte Richtung zu lenken, die Milizen zu militarisieren, das Privateigentum zu verteidigen, die Macht des zentralisierten Staates wiederherzustellen, kurz, die stattfindende Revolution zu bremsen. Sie wird gleichfalls damit beauftragt, den Massen theoretisch zu beweisen, dass diese konterrevolutionäre Politik die einzige auf dieser „Stufe des Kampfes" mögliche revolutionäre Politik sei. (In diesem Punkt stehen die Komintern-Delegierten – vor allem Ercoli-Togliatti und Codovila – auf ihrer Seite.)

So wird im März 1937 ein kommunistischer Führer von der „fixen Idee der Sozialisierung und der Beschlagnahme" sprechen und sagen können: „Warum sind denn die Arbeiter auf diese Irrtümer verfallen? Zuerst durch die Verkennung des politischen Moments, in dem wir uns befinden, was sie dazu gebracht hat zu glauben, wir seien mitten in einer sozialen Revolution."[18] Hier treibt der Unsinn der bürokratischen Lüge eine seiner schönsten Blüten: Die Arbeiter glauben, eine soziale Revolution zu erleben – sogar so stark, dass sie sie machen –, aber zum Glück ist die „Arbeiterpartei" da, um sie eines Besseren zu belehren, wenn nötig mit Waffengewalt. Die Partei ist *die Besitzerin der Revolution,* und sie beschließt gegen die Massen, gegen die Tatsachen und gegen die Revolution selbst, dass ... die bürgerliche Revolution auf der Tagesordnung steht! Dolores Ibarruri erklärt das in der kommunistischen Zeitung „Mundo Obrero" („Arbeiterwelt") vom 30. Juli wie folgt:

> „Die bürgerlich-demokratische Revolution, die in anderen Ländern wie z.B. Frankreich vor mehr als einem Jahrhundert stattgefunden hat, geht

18 Aus „Frente Rojo" („Rotfront") vom 30. März 1937.

jetzt in unserem Land vor sich, und wir Kommunisten sind die Kämpfer der Avantgarde in diesem Kampf gegen die Kräfte, die das Dunkel des Aberglaubens der vergangenen Zeiten vertreten … In diesen historischen Stunden steht die Kommunistische Partei, getreu ihren revolutionären Prinzipien und in Ehrfurcht vor dem Willen des Volkes, an der Seite der Regierung, die diesen Willen zum Ausdruck bringt, an der Seite der Republik, an der Seite der Demokratie"[19].

19 Rede vom 25. Mai 1937, zitiert von B. Bolloten, a.a.O.

IV. KAPITEL
DIE KOLLEKTIVIERUNGEN IN KATALONIEN

Meines Erachtens sind die Kollektivierungen in der „republikanischen Zone" und ganz besonders in Katalonien und Aragon die wichtigste Erscheinung der verwickelten revolutionären Ereignisse dieser Periode.[1] Die Kollektivierungen, die von ihren kommunistischen Gegnern an der Spitze heftig verleumdet, lange Zeit von den Historikern praktisch ignoriert oder auch von den meisten anarchistischen Berichterstattern idealisiert wurden, bilden eine widersprüchliche Wirklichkeit, in der noch deutlicher als auf dem „militärischen" bzw. „politischen" Gebiet des stattfindenden Kampfes zum Vorschein kommt, was auf dem Spiel steht. Die gesamte gesellschaftliche Ordnung wird durch die Umwälzung der Produktionsverhältnisse angegriffen, das ganze wirtschaftliche Leben erschüttert, die ganze hierarchische Gesellschaftspyramide bricht zusammen. Nicht nur mit den „sakrosankten" Grundsätzen des Privateigentums wird aufgeräumt, sondern auch mit denen – von den so genannten „Avantgarde"-Parteien für genauso „sakrosankt" gehaltenen –, die die Trennung zwischen Führenden und Ausführenden rechtfertigen.

Wir werden aber sehen, wie die Arbeiter im Laufe ihres Experiments gezwungen werden, nicht nur gegen die z.B. mit dem Krieg verbundenen Schwierigkeiten und gegen die erklärten Gegner der Kollektivierungen zu kämpfen – und sie nicht wirksam bekämpfen können –, sondern auch gegen die neuen, aus diesem Experiment selbst entstandenen Hindernisse.

Zuerst muss der spontane Charakter der Kollektivierungsexperimente betont werden. Ohne Zweifel lässt sich meine Behauptung über die Bedeutung der *autonomen Bewegung* der Arbeitermassen in Katalonien am besten mit der massenhaften und spontanen Bewegung

1 Zu den Kollektivierungen in Katalonien und Aragon siehe: „Kollektivismus und Freiheit. Quellen zur Geschichte der Sozialen Revolution in Spanien 1936-1939", herausgegeben von Walther L. Bernecker; Augustin Souchy: „Bei den Landarbeitern von Aragon. Der freiheitliche Kommunismus in den befreiten Gebieten", Verlag Edition AV, Lich 2012 (Anm. d. Setzes).

der Kollektivierungen begründen – sonst wäre sie nur „linksradikales" Geschwätz.

Tatsächlich gaben am 18. Juli die Führungskomitees der CNT-FAI die Losung für einen revolutionären Generalstreik aus, um der militärischen Erhebung in Nord-Afrika entgegenzutreten. „Genau am 28. desselben Monats gaben dieselben Komitees lediglich die Anweisung, die Arbeit wieder aufzunehmen."[2] Nun finden schon am 21. Juli die ersten „incautaciones" (Beschlagnahmungen) statt. Die Bewegung beginnt im öffentlichen Dienst. An diesem selben Tag kollektivieren die katalanischen Eisenbahner die Bahn. Am 25. werden das städtische Verkehrswesen, am 26. die Elektrizitätswerke kollektiviert. Und so weiter und so fort.

„Bis zu den ersten Augusttagen kümmert sich die CNT nicht darum, auf offizielle und organisierte Weise die Kollektivierungen zu lenken."[3] Ihre erste offizielle Stellungnahme ist übrigens einschränkender Art: Die CNT-Führer intervenieren, damit die ausländischen Unternehmen nicht kollektiviert werden, was die Konsulate lautstark verlangt hatten.

In einer großen Bewegung der Begeisterung stürzten sich die Arbeiter, frei von jeder „Bevormundung", in die Kollektivierung von Industrie, öffentlichem Verkehrswesen und den Öffentlichen Diensten, des Handels und sogar der Vergnügungsstätten und -industrie, Cafés, Hotels, Friseursalons usw.! Von Anfang an waren die Kollektivierungen jeweils ein besonderer Fall, sie können aber in drei Hauptsektoren eingeteilt werden (abgesehen von der Landwirtschaft, die ich später behandeln werde):

1. Die Unternehmen, in denen der Besitzer theoretisch seine Stellung behält, die Arbeiter aber ein Komitee zur Arbeiterkontrolle wählen, dessen Befugnisse – jedenfalls am Anfang – genauso real wie weitgehend sind (es handelt sich dabei vor allem um ausländische Betriebe).
2. Die Unternehmen, in denen der Besitzer ganz einfach durch ein gewähltes Komitee ersetzt wird.
3. Die sozialisierten Unternehmen.

Der wesentliche Unterschied zwischen kollektivierten und sozialisierten Betrieben besteht darin, dass in den letzteren alle Betriebe einer Branche zusammengelegt werden. Als bestes Beispiel dafür kann vermutlich die Holzindustrie gelten, die unter der Schirmherrschaft der CNT-

2 Vgl. José Peirats in „Presencia" Nr. 5, September-Oktober 1966.

3 Ebenda.

Holzgewerkschaft alle mit Holz zusammenhängenden Aktivitäten vom Bäumefällen bis zum Verkauf vereinigte und Werkstätten und Läden von Grund auf reorganisierte. Die sozialisierten Betriebe bilden jedoch die Minderheit. Die kollektivierten wissen allzu oft nichts voneinander – sogar wenn sie sich im selben Industriesektor befinden, sei es nun in der Textil- oder der Metallindustrie.

Die Kollektivierungen waren in ganz Katalonien sehr weit verbreitet, wo mehr als 70% aller Industrie- und Handelsunternehmen schon einige Tage nach dem Militäraufstand vom 19. Juli von ihren Arbeiter beschlagnahmt waren. In einigen Kleinstädten bzw. größeren Dörfern der katalanischen Provinz und vor allem in Aragon wurden eigene Formen entwickelt, bei denen Industrie- und Landwirtschaftskollektivierungen innerhalb *einer libertären Gemeinde* vereinigt wurden.

Die Hauptakteure dieser antikapitalistischen Welle waren unbestreitbar die anarchistischen und anarcho-syndikalistischen CNT-Arbeiter. Sicherlich folgten sie dabei keiner Losung „von oben", da ihre Führer, die völlig damit beschäftigt waren, „Politik zu treiben" (und auch den Krieg zu organisieren), anfangs dazu schwiegen. Das konnte den Arbeitern aber keine ernsthaften Probleme machen, da sie nichts anderes taten, als die libertären Ideen – insbesondere die des kurz zuvor veranstalteten Saragossa-Kongresses – umzusetzen. Sie unterschieden sich von ihren Führern dadurch, dass sie beschlossen, es sei jetzt an der Zeit, diese Ideen in die Praxis umzusetzen, während ihre Führer ihrerseits beschlossen, das „Programm des libertären Kommunismus" müsse der antifaschistischen Einheit zum Opfer fallen.

Es soll weiter darauf hingewiesen werden, dass die Kollektivierungen objektiv durch die Flucht zahlreicher Unternehmer, Betriebsverwalter bzw. -direktoren ins Ausland oder ins Franco-Lager begünstigt wurden. In seinem Buch „Por qué perdimos la guerra" („Warum wir den Krieg verloren haben") enthüllt Diego Abad de Santillán, dass in den 14 Tagen vor dem Franco-Aufstand 90 Millionen Peseten von den katalanischen Banken abgehoben wurden. Selbstverständlich wollten die Kapitalisten nicht mit leeren Händen abhauen. Die Unternehmer, die geblieben waren, „nicht aus der sozialen Sphäre beseitigt" wurden und das neue Regime akzeptierten, konnten gemäß ihrer fachlichen Qualifikation Arbeit in ihrer ehemaligen Fabrik finden (man bezifferte ihre Zahl auf 10%). Sie wurden zu Ingenieuren, Buchhaltern, Handelsvertretern oder sogar zu einfachen Hilfsarbeitern. Zu Recht weist Daniel Guérin darauf hin, dass die katalanischen Arbeiter gegenüber ähnlichen Experimenten das Glück hatten, auf die Mitarbeit einer relativ großen Zahl von Ingenieuren und Technikern rechnen zu können. „Mehr als vier Monate lang wurden die Unternehmen in Barcelona, über denen die schwarz-roten Fahnen der CNT wehten, von den Arbeitern geführt, die in revolutionären Komitees gruppiert waren."[4]

Allerdings traten in einigen Industriesektoren sehr schnell ernste Schwierigkeiten auf, die unter anderem aus dem Mangel an Rohstoffen und den durch den Krieg reduzierten Absatzmärkten entstanden waren. „Die Lage in der [zu dieser Zeit in Katalonien wichtigen, C. S-M.] Textilindustrie ist wie folgt: Wegen Mangel an Rohstoffen wird in vielen Fabriken nur noch zwei bis drei Tage in der Woche gearbeitet, während die Löhne aber für vier Tage bezahlt werden. Auf Dauer schwächt eine solche Lage diese Unternehmen. Das Einkommen der Arbeiter, die nur für vier Tage Lohn bekommen, ist ungenügend. Dies ist keine Konsequenz der Kollektivierung, sondern die des Krieges. Die Textilindustrie Kataloniens hat ihre Hauptabsatzmärkte verloren. Ein Teil Andalusiens, Extremadura, Alt-Kastilien und ganz Nordspanien mit der stark bevölkerten und industrialisierten Gegend von Asturien befinden sich in den Händen der Faschisten."[5]

Der Verfasser sagt aber nicht, dass die katalanische Regierung den Stoff für die Uniformen der neuen Armee im Ausland bestellte, so sehr misstraute sie – um nicht noch deutlicher zu werden – den Kollektivierungen. Anfang 1937 verbesserte sich die Situation dadurch, dass die katalanische Textilindustrie für die republikanische Armee arbeitete.

Die Arbeiter begingen jedoch mehrere schwerwiegende Fehler. So ließen sie z.B. die Banken unberührt und folgten damit noch einmal dem Irrtum ihrer berühmten Vorgänger der Pariser Kommune. Die Generalitat übte die Kontrolle über alle katalanischen Banken aus, was ihr Schwierigkeiten mit der Bank Spaniens und folglich mit der Zentralregierung machen sollte, wie wir sehen werden, ihr aber zugleich ermöglichte, einen sehr wirksamen Druck gegen die kollektivierten Betriebe auszuüben, die Finanzierungs- oder auch nur Zahlungsschwierigkeiten hatten.

4 Daniel Guérin: „*l'Anarchisme*", Édition Gallimard, Paris 1965 (deutsch: *Anarchismus. Begriff und Praxis*, Edition Suhrkamp, Frankfurt am Main 1969, S. 136).

5 A. Souchy: „*Collectivisations: L'Oeuvre constructive de la Révolution Espagnole (1936-1939) (a compilation of documents)*, Ediciones de la CNT, Toulouse, neuaufgelegt 1965, S. 21 (deutsch in: Erich Gerlach/Augustin Souchy: „Die soziale Revolution in Spanien. Kollektivierung der Industrie und Landwirtschaft in Spanien 1936-1939", Karin Kramer Verlag, Berlin 1974. Anm d. Setzers).

DIE BESCHLAGNAHMUNGEN

Am 27. Juli kamen die Angestellten der Schiffsagenturen, Mitglieder der UGT, in ihre Büros und beschlagnahmten die Transatlantische Gesellschaft. Das gleiche geschah mit den Mittelmeergesellschaften Ibarra, Ramos usw. Diese Beschlagnahme ist praktisch das einzige Beispiel, in dem die UGT die Initiative vor der CNT ergreift. Erinnern wir daran, dass die UGT eine in Katalonien vollkommen unbedeutende Organisation war und trotzdem einige Sektionen unter den Angestellten, niederen Beamten und sonstigen Proletariern „mit weißem Kragen" hatte. Von Anfang an beteiligte sich die CNT jedoch am Zentralkomitee für die Kontrolle der Transatlantischen Gesellschaft, das aus drei CNT- und drei UGT-Mitgliedern und zwei Regierungsdelegierten – einem für die Generalitat und einem für die Zentralregierung – bestand.

Diese Gesellschaft besaß eine Flotte von 100.000 Tonnen. Als erste Maßnahme setzte das Zentralkomitee, das die Tätigkeit der Schiffs-, Lager-, Bürokomitees usw. leitete, den Geschäftsverwalter sowie dessen Gehilfen und die meisten Verantwortlichen der früheren Verwaltung ab. Die Bezahlung der Aktionäre wurde ebenfalls eingestellt.

In Barcelona bestand das öffentliche Verkehrswesen – Straßenbahnen, U-Bahn und Busse – aus einem einzigen Privatunternehmen. Schon am 19. Juli beschloss die „Sindicato Único del Transporte" (Einheitsgewerkschaft Transport) die Beschlagnahme. Das Unternehmen wurde in drei Sektoren – Straßenbahn, U-Bahn und Busse – aufgeteilt und an die Spitze jeder Branche ein Komitee gewählt. Auch hier ernannte die Generalitat einen Delegierten, dessen Rolle aber – zumindest am Anfang – rein symbolisch war. Die vom Straßenbahnsektor geschaffene Organisationsstruktur galt als Modell für die anderen. Man wählte ein Betriebskomitee mit einem Delegierten aus jeder Branche bzw. Arbeitssektion. Jede Sektion hatte ein Komitee, das ihre Arbeit zusammen mit dem Betriebskomitee organisierte. Eine der wichtigsten Maßnahmen war die Angleichung der Löhne: So wurden z. B. die der Ingenieure und Techniker, die weiter im Betrieb arbeiteten, gesenkt und die niedrigsten Löhne angehoben. Die Arbeit wurde reorganisiert, bürokratische, für unnütz gehaltene Stellen abgeschafft. Vom Juli 1936 bis zum Ende des Krieges blieb das Verkehrswesen der Stadt Barcelona in den Händen der Arbeiter und funktionierte laut vielen Zeugenaussagen besser als vorher.

Am 21. Juli übernahmen die Eisenbahner das gesamte katalanische Eisenbahnnetz – M. Z. A. (Madrid – Saragossa – Alicante) und Norte (Nord). Sofort wurden revolutionäre Komitees gebildet, die gleichzeitig für die Verteidigung der Bahnhöfe und Knotenpunkte sorgten. Hier wie beim Stadtverkehr und in 99% der Fälle ergriffen die CNT-Militanten die Initiative, aber die UGT-Mitglieder – Angestellte und Techniker – beteiligten sich dann an den revolutionären Komitees gleichberechtigt und ohne Rücksicht auf den Mitgliederproporz. So wurden alle katalanischen Eisenbahnnetze von den in Bahnhofs-, Depotkomitees usw. organisierten Arbeitern kollektiviert. Den früheren Abteilungsleitern wurde gesagt, sie seien entlassen. Einige kamen jedoch weiterhin und arbeiteten nicht mehr als Direktoren – diese Rollen hatten jetzt die Komitees übernommen –, sondern als Techniker.

In Katalonien war die Telefongesellschaft Privateigentum eines amerikanischen Konzerns. Die Gewerkschaften folgten den Anweisungen der Generalitat und ihrer eigenen Führer und kollektivierten dieses Unternehmen nicht, sondern führten eine strenge Arbeiterkontrolle ein, die in jeder Zentrale in ganz Katalonien durch CNT-UGT-Komitees ausgeübt wurde. Für die amerikanischen „Bosse" bzw. ihre spanischen Vertreter blieb nichts anderes zu tun, als die „Ein- und Ausgänge" zu erfassen. Sie mussten unter anderem die Entlassungen von für unnütz oder zu hoch bezahlt gehaltenen Direktoren und Abteilungsleitern hinnehmen.

Es würde zu lange dauern, eine Liste der Kollektivierungen aufzustellen. Bevor wir einige konkrete Fälle genauer betrachten, wollen wir darauf hinweisen, dass die „Kollektivierungswelle" fast den gesamten Produktionssektor Kataloniens überrollte – selbst die Friseursalons, deren gewerkschaftlich organisierte Friseure die Chefs entließen und ihre Salons selbstverwalteten, indem sie Trinkgelder abschafften und Einheitspreise einführten. Dasselbe geschah in einigen Cafés und Hotels. Um den „Kollektivierungswahnsinn" der Anarchisten zu beweisen, haben die Kommunisten gesagt, dass die berühmten Bordelle des nicht weniger berühmten „barrio chino" („chinesischen Viertels") in Barcelona ebenfalls kollektiviert wurden. Wir haben aber keine Spur dieser Initiative in den Dokumenten und Büchern zu diesem Thema finden können...

Dagegen ist Material über die Kollektivierungen vorhanden, die von der CNT-Schauspielergewerkschaft durchgeführt wurden. Der gesamte Theater- und Filmbetrieb, Ballett und Variété wurden kollektiviert. Produzenten, Unternehmer und sonstige Besitzer wurden entlassen, und die Gewerkschaft verwaltete den ganzen Schauspielbetrieb direkt, indem sie sich sowohl um die Programme als auch um die Gagen der Künstler, die Preise der Plätze usw. kümmerte.

DIE HOLZGEWERKSCHAFT

Wie bereits erwähnt, führte die Holzgewerkschaft die „Sozialisierung" dieser Industrie durch. Sie gilt als Musterbeispiel für das, was die CNT damals unter *Sozialisierung* verstand, d.h. die Vereinheitlichung aller Betriebe und Tätigkeiten einer Industriebranche innerhalb einer einzigen sozialisierten und direkt durch die entsprechende Gewerkschaft verwalteten Einheit. Hier ändert sich die „Natur" der Gewerkschaft – und selbstverständlich nicht nur die der Holzgewerkschaft. Aus einem Organ des „revolutionären und wirtschaftlichen Kampfes des Proletariats" – was die CNT vor 1936 wirklich in hohem Maße war – wird sie zum Organisator und Verwalter von wesentlichen Wirtschaftszweigen, nachdem „die Expropriateure expropriiert" worden sind. Im revolutionären Katalonien wird also die Gewerkschaft (CNT) eine in der Geschichte der internationalen Arbeiterbewegung praktisch einmalige Rolle spielen. In wenigen Tagen wird sie zur ersten politischen Macht des Landes (sie spielt vom Zentralkomitee der Milizen bis zum unbekanntesten Revolutionskomitee eines Stadtviertels eine entscheidende Rolle), zur wichtigsten militärischen Kraft – und sei es nur wegen der Zahl der Milizionäre – und zugleich zum bedeutendsten Element in der katalanischen Wirtschaft, von der drei Viertel *von den Arbeitern* selbst kollektiviert worden sind. Durch diese einmalige Lage wird eine ganze Reihe von Problemen und Widersprüchen entstehen. In erster Linie und am offensichtlichsten entstand eine *Arbeiterbürokratie*, die durch die Niederlage schnell wieder liquidiert wird.

*

Am 6. Oktober 1936 veröffentlicht die „Sindicato Único del Ramo de la Madera" (Holzarbeitergewerkschaft, CNT) einen Bericht über ihre Tätigkeit, der wie folgt beginnt:

> „WIR WOLLEN ALLES. In einem früheren Artikel haben wir gesagt, dass alles genommen, alles Bestehende umgestaltet und alle Infektionsherde liquidiert werden müssen. Wir müssen den Eindruck der Stabilität geben, indem wir erkennen, dass für das bourgeoise Regime die Stunde geschlagen hat.
>
> Wir müssen das Vertrauen unter den Arbeitern wiederherstellen. Wir müssen ihnen sagen und wir sagen ihnen: Arbeiter der Holzindustrie, es gibt keine Bosse mehr, und damit ihr euch dessen bewusst werdet, stellen wir euch folgende Bilanz auf: Die Bosse der Tischler, die unter dem

> Schutz der ‚Fomento-trabucaires'[6] im Trockenen saßen, gibt es nicht mehr, und an ihrer Stelle hat die Holzgewerkschaft eines ihrer Büros eingesetzt. Das Kunsttischlerpack, das seinen Sitz in der Gewerbeschule hatte, ist heute vollständig desorganisiert und zerstört: Es gibt sie nicht mehr, und wir wachen über Räume und Archive. Auch die ‚Patronal Embaladora y Tapicera' [der Unternehmerverein für Verpackung und Polsterungen] ist verschwunden, und ihre Räume und Dokumente sind in unseren Händen. Wir wollen alles, und es ist unsere Pflicht, uns durchzusetzen, und wir setzen uns als revolutionärer Sektor durch. Wir wollen die kleinen Unternehmen in großen Werkstätten neu organisieren, um dann die gesamte Produktion zu kontrollieren. Indem wir konföderierte Werkstätten bilden, müssen wir unsere Aktivitäten in Schwung bringen. Wir wollen die gesamte Produktion kontrollieren – und das sagen wir, weil wir sicher sind, dass wir es binnen kurzem schaffen werden. Alle Arbeiten müssen durch die Vermittlung der Gewerkschaft gemacht werden: Da die Gewerkschaften Kampforgane gegen das Kapital gewesen sind, müssen sie heute die Produktion verwalten."[7]

Im folgenden, am 25. Dezember 1936 im CNT-FAI-Bulletin veröffentlichten Text herrscht der gleiche scharfe Ton – nur richtet er sich jetzt nicht mehr nur gegen die Unternehmer:

> „... Anstatt echte Beschlagnahmungen durchzuführen und die Forderungen des Volkes ganz zu erfüllen, zwingt man die Bosse dazu, Wochenlöhne zu zahlen, steigert die Löhne und verringert die Arbeitsstunden. Das alles mitten im Krieg!
>
> Nachdem die Generalitat alle Werte beschlagnahmt hat, nimmt man Anleihen auf erfundene Bestände auf und gewährt fabelhafte Darlehen, was man später bereuen wird, wenn man nach Bilanzerstellung beweisen kann, wie viele Millionen für nichts ausgegeben wurden und wie sehr dieser Aderlass der Wirtschaft geschadet hat.
>
> Man hat eine riesige Menge von *bürokratischen Parasiten* [von C. S-M. hervorgehoben] geschaffen, um deren Verringerung die Holzgewerkschaft sich in den von ihr kontrollierten Aktivitäten bemüht hat. Es gibt zu viele Kontrollkomitees, die nicht produzieren, und das ist unerträglich...
>
> (...)
>
> Wir von der Holzgewerkschaft, die wir uns unserer Verantwortung und der augenblicklichen Forderungen sehr wohl bewusst sind, wollten nicht

6 „Fomento-trabucaires": die Banditen des Unternehmervereins (Fomento).

7 Persönliches Archiv.

nur im Gleichschritt mit der Revolution gehen, sondern diese auch mit Rücksicht auf unsere Wirtschaft, auf die Wirtschaft des Volkes, lenken. So haben wir uns um die Kleinbesitzer, die ruinierten Kleinunternehmer ohne eigene Existenzmittel gekümmert, wir haben uns der winzigen Werkstätten mit unbedeutender Arbeiterzahl angenommen, *ohne sie nach ihrer Gewerkschaft zu fragen*, da wir sie nur als Arbeiter betrachtet haben, deren Untätigkeit der Wirtschaft Schaden zugefügt hat. Nun – aus diesen winzigen Werkstätten haben wir mit unseren eigenen Hilfsmitteln und den Geldbeiträgen der Arbeiter konföderierte Werkstätten mit 200 Arbeitern und mehr organisiert, wie es sie in Barcelona noch nie und in ganz Spanien höchstens einige wenige gegeben hat."

Nachdem die Verfasser über die Verständnislosigkeit berichtet haben, die durch diese Reorganisation der Holzindustrie hervorgerufen wurde, sowie über die Sabotageversuche gegen sie, beschweren sie sich über das Verhalten der Kontrollkomitees der Regierung ihnen gegenüber. Diese haben ihnen die benötigten Rohstoffe zu unerschwinglichen Preisen verkauft. Nur dadurch, heißt es im Text weiter, dass sie ihre Schulden, wie hoch sie auch immer sein mochten, zum festgesetzten Termin beglichen haben – etwas, das damals in Katalonien vermutlich keiner tat – wurden sie allmählich ernst genommen! Was beweist, dass ein paar Willenserklärungen nicht genügen, um *den Geist der Ware* aus den gesellschaftlichen Beziehungen zu beseitigen. Der Text endet wie folgt:

„Es ist ein Missverständnis, wenn man behauptet, wir akzeptieren das Kollektivierungsdekret nicht. Im Gegenteil, wir akzeptieren es, aber in der Praxis geben wir ihm eine andere Bedeutung. Was leicht und für einige logisch ist, das ist diese Art von Kollektivierungen, die eigentlich nur Genossenschaften sind, in denen allein die prosperierenden Unternehmen fortbestehen können, während die anderen – diejenigen, die mit Schwierigkeiten zu kämpfen haben – ihrem Schicksal überlassen werden. Das läuft auf die Bildung zweier Klassen hinaus – der Neureichen und der Armen von jeher: eine Ungleichheit, die auf keinen Fall akzeptiert werden kann!
Wir akzeptieren die Kollektivierung aller Industriezweige – aber mit einer einzigen gemeinsamen Kasse, um eine gerechte Verteilung durchzusetzen. Wir akzeptieren dagegen nicht, dass es arme und reiche Kollektivitäten gibt. Das ist das wirkliche Problem der Kollektivierung: Entweder werden alle Produktionszweige im Allgemeinen kollektiviert,

oder man lässt jedem die Freiheit, praktische Experimente vorzunehmen..."[8]

Tatsächlich ist das wirkliche Problem der Kollektivierungen das der Ungleichheit, die aus verschiedenen Gründen – Mangel an Geld, an Absatzmärkten, Rohstoffen – zwischen den kollektivierten Unternehmen entsteht, die größtenteils unabhängig waren und isolierte, für sich selbst handelnde Einheiten bildeten.

Das Problem der Koordinierung zwischen den kollektivierten Unternehmen wurde sehr schnell von vielen CNT-Abteilungen und nicht nur von der Holzgewerkschaft wahrgenommen. Im Oktober 1936 wird in Barcelona ein Gewerkschaftskongress veranstaltet, der 600.000 Arbeiter vertritt und sich mit der Sozialisierung der Industrie (im oben erwähnten Sinn) befassen soll. Eine ganze Reihe von praktischen Maßnahmen wurde beschlossen, die dahin tendierten, alle Betriebe derselben Industriebranche zusammenzufassen und die Aktivitäten verschiedener Branchen zu koordinieren – das alles unter der Schirmherrschaft und Kontrolle der Gewerkschaften. Aber diese Maßnahmen, die wirklichen Schwierigkeiten entgegenarbeiten wollten, wurden nie umgesetzt. Danach stellte das Kollektivierungsdekret vom 24. Oktober eine andere Organisation vor, bei der selbstverständlich der Staat den gesamten Apparat der Gewerkschaften und der verschiedenen Komitees vereinnahmen sollte.

Um dem Problem der „reichen" Kollektivbetriebe zu Leibe zu rükken, die sich gegenüber ihren „armen Schwestern" gleichgültig zeigten, unternahmen alle – sowohl die Generalitat als auch die Gewerkschaften – viele administrative und bürokratische Schritte und vervielfältigten die Kontrollorgane (die von der Holzgewerkschaft denunzierten *bürokratischen Parasiten!*), denen zwar keine echte „demokratische Planung" gelingen sollte, die aber die mit dem Arbeiter-Bürokratismus verbundenen Konflikte und Missbräuche weiter wuchern ließen.

Die Holzgewerkschaft ihrerseits scheint es nicht allzu schlecht fertig gebracht zu haben, das Koordinierungsproblem zu lösen. Wie wir sahen, wurde sie die Unternehmer schnell los und führte die kleinen Tischler und sonstigen Handwerker mit den Arbeitern in großen Werkstätten zusammen, die auch für den Verkauf ihrer Produkte sorgten. Der Übergang von den *mikroskopisch kleinen* und zersplitterten Betrieben

8 Persönliches Archiv.

zu konföderierten Werkstätten, in denen die verschiedenen Aktivitäten der Holzindustrie konzentriert waren, ermöglichte die Planung der Produktion und die Reduzierung der unproduktiven Bürokratie, sowie die *Angleichung der Arbeiterlöhne,* eine Maßnahme, die in der großen Mehrheit der Kollektivierungsexperimente zu finden ist. Theoretisch scheinen alle Bedingungen für eine echte Arbeiterverwaltung der Produktion vorhanden zu sein, aber der „Verwalter" wurde ausdrücklich genannt – *die Gewerkschaft.* Wenn die Verlautbarungen der Holzgewerkschaft behaupten, jetzt würden die Gewerkschaften „die Produktion verwalten", so bleiben sie streng der CNT-Orthodoxie treu. Da ich persönlich gegenüber jeder Orthodoxie sehr misstrauisch bin, wäre ich gern ein wenig über die Worte selbst hinausgegangen und hätte auf konkretere Weise erfahren, was unter *gewerkschaftlicher Verwaltung* in der Holzindustrie verstanden wurde. Leider fehlen die Dokumente darüber oder ich konnte sie nicht ausfindig machen. Für mich liegt es auf der Hand, dass man die *Holzgewerkschaft* und die *Arbeiter* dieser Industrie absolut nicht verwechseln darf. Nehmen wir ein banales Beispiel: Der Generalsekretär und seine Amtsgehilfen können sowohl durch die Gewerkschaft ernannt werden als auch durch alle der CNT angehörenden Arbeiter – also von der Mehrheit, die dadurch ihr Recht demokratisch ausüben und auf tatsächliche und kollektive Weise die Verwaltung der Produktion verwirklichen. Im ersten Fall können die Gewerkschaftsführer den Arbeitern gewisse Maßnahmen „im Namen der Gewerkschaft" aufzwingen, Versammlungen und Abstimmungen manipulieren und letzten Endes das Monopol über Wissen und Macht zum Vorteil der „Leitung" wiederherstellen. So geht der bekannte – und hier von mir kurz zusammengefasste – Mechanismus vor sich, der zur bürokratischen Hierarchisierung führt. Im zweiten Fall wäre es interessant gewesen zu prüfen, wie die Arbeiterdemokratie und -verwaltung sich durch die Gewerkschaft praktisch hätte verwirklichen lassen und welche Beziehungen sich zwischen der CNT und der UGT-Minderheit sowie den nicht gewerkschaftlich organisierten Arbeitern hergestellt hätten – zumindest in den ersten Wochen, bevor die Mitgliedschaft in einer Gewerkschaft obligatorisch wurde. Die Ideologie der CNT erschwert aber die Analyse: Da ihr gemäß die Gewerkschaft die höhere Form der sozialen Organisation und der Arbeiterdemokratie ist, kann die Verwaltung einer Industrie durch die entsprechende Gewerkschaft nur wirkungsvoll und demokratisch sein! So verschleiert das magische Wort „Gewerkschaft" die damals eventuell vorhandenen Konflikte.

DIE TEXTILINDUSTRIE

Traditionell ist die Textilindustrie eine der wichtigsten Industrien Kataloniens. Ihre Struktur war aber zu der Zeit archaisch, es wimmelte z.B. von kleinen Werkstätten.

Hier folgen einige Aspekte der offiziellen Bilanz der Kollektivierungen in der Textilindustrie nach dem Bericht der Sindicato Único – CNT (CNT-Einheitsgewerkschaft) Barcelonas, der undatiert in der CNT-Broschüre „La obra constructiva de la revolución española" („Das konstruktive Werk der spanischen Revolution") veröffentlicht wurde:

> „Eine der wichtigsten Industrien Kataloniens – um Sabadell und Terrassa konzentriert – ist die Textilindustrie. Die Einheitsgewerkschaft kontrolliert allein in Barcelona vierzigtausend Arbeiter der CNT. Insgesamt werden von den beiden großen Gewerkschaftszentralen 230.000 Arbeiter kontrolliert, von denen 170.000 unserer Konföderation angehören. Von den gewerkschaftlich organisierten Arbeitern gehören 70% der CNT und 30% der UGT an.
>
> *Tageslohn* – Vor der Bewegung erhielten die Arbeiter im Bereich Färberei einen Wochenlohn von 68 Peseten. Heute bekommen sie 78,20 Peseten: Das ist eine Erhöhung um 15%. Einen gleich hohen Lohn erhalten auch die Arbeiter des Reinigungsbereichs.
>
> *Strickwaren* – Vor dem 19. Juli wurden die Arbeitenden dieses Bereichs nach Stückzahl entlohnt. Sie arbeiteten durchschnittlich zehn Stunden täglich und erreichten so einen Wochenlohn von circa 175 Peseten. Heute arbeiten sie vierzig Stunden in der Woche und erhalten 135 Peseten Tageslohn.
>
> Die im Stücklohn bezahlten Arbeiterinnen, die auf „Standard" arbeiteten und 60 bis 70 Peseten wöchentlich erhielten, haben heute einen festen Wochenlohn von 65 Peseten. Der Lohn der Maschinentechniker ist von wöchentlich 250 bis 300 Peseten auf 200 bis 250 gesenkt worden, derjenige des Verwaltungspersonals von 125 auf 125 bis 130 Peseten festgesetzt.
>
> Nach diesen Zahlen scheinen die Löhne gesenkt worden zu sein. Tatsächlich ist es jedoch so, dass diese Veränderungen für die Arbeitenden den Vorteil haben, dass sie jetzt einen festen und fortdauernden Lohn zugesichert bekommen, die Bezahlung pro Stück ist abgeschafft. Ein weiterer Faktor, der zu beachten ist, sind die Arbeitszeiten.

Vor dem 19. Juli wurde auf ‚Cotton' oder ‚Standard' gearbeitet, um die oben erwähnten Löhne zu erreichenen. Oft musste wöchentlich 80 Stunden gearbeitet werden. Heute wird wegen des bestehenden Mangels an Rohstoffen auch in den Fabriken, die sich der Arbeitszeitverkürzung nicht angeschlossen haben, nur 40 Stunden pro Woche gearbeitet. Der Koeffizient des Stundenlohns ist also jetzt bei weitem höher als unter dem bürgerlichen Regime. [Alle diese Argumente sind meiner Meinung nach nur wenig überzeugend, C. S-M.]

Die Milizen an der Front – Die Zahl der CNT-Mitglieder, Sektion Textilarbeit, die ihre Arbeit in den durch unsere Konföderation kontrollierten Fabriken und Werkstätten verlassen haben, um an die Front zu gehen, ist sehr hoch. Wir können sagen, dass die Arbeitskräfte in diesem Industriezweig zur Zeit stark reduziert sind. In Barcelona sind 20 bis 25.000 CNT-Mitglieder als Freiwillige an die Front gegangen; für die UGT waren es nur 3.000. (...)

Spenden für die Opfer des Faschismus – Die SUFT [Sindicato Único Fabril y Textil, Einheitsgewerkschaft der Textilfabriken] hat bis heute dem Komitee für die Opfer des Faschismus 2.500.000 Peseten gespendet. Nach der Produktionssenkung [aus Mangel an Rohstoffen] sind die Spenden von wöchentlich 110.000 Peseten auf 55.000 Peseten gesunken."[9]

Nachdem darauf hingewiesen worden ist, dass die Textilarbeiter 5 bis 15% ihres Lohns – je nach Höhe – dem Milizenkomitee für Kriegsbelange überlassen, wird im Bericht auch die Organisationsstruktur der kollektivierten Textilfabriken beschrieben. Man kann die ungenaue Formel „fast die gesamte Textilindustrie ist in Katalonien kollektiviert worden" bedauern, die weder den Prozentsatz der privat gebliebenen Industrie angibt, noch etwas über die Beziehungen zwischen der kollektivierten Industrie und den Kontrollkomitees in der Privatindustrie sagt. Doch scheint der zweite Teil dieses Berichts, der mit folgendem Satz beginnt: „Nachdem sie die Kollektivierung eingeführt haben, werden die Kontrollkomitees zu technischen Verwaltungskomitees", anzudeuten, dass die Kollektivierung zu der Zeit, als der Bericht verfasst wurde (die Hinweise auf das Milizenkomitee deuten auf September bzw. Oktober 1936), bei weitem noch nicht abgeschlossen war.

9 Aus A. Souchy: „*Collectivisations…*". a.a.O., S. 48-50. Es muss auf ein „reaktionäres Überbleibsel aus der Vergangenheit" hingewiesen werden, nämlich darauf, dass die Lohndiskriminierung gegenüber den Frauen – zweifelsohne die Widerspiegelung einer generellen Diskriminierung – sowohl in den industriellen als auch in den landwirtschaftlichen Kollektivitäten fortbesteht.

Vom CNT-Standpunkt aus ist die Organisationsstruktur klassisch. Es handelt sich um eine Komiteepyramide: das Betriebskomitee, das die Delegierten der lokalen Fabrikkomitees vereinigende Lokalkomitee, das Gebietskomitee, das Regionalkomitee (für die CNT ist Katalonien immer eine „Region" gewesen) und das nationale Textilkomitee. In den Texten wird der demokratische Aspekt der Organisationsstrukturen betont, nicht nur weil alle diese Komitees gewählt werden, sondern auch weil im Falle eines Konfliktes beschlossen wird, sich an die Vollversammlung der Arbeiter eines Betriebs oder sogar eines Ortes zu wenden, die dann entscheidet. Findet der Konflikt auf einer „höheren" Ebene – auf der eines Gebiets, einer Region oder auf nationaler Ebene – statt, entscheiden selbstverständlich Delegiertenversammlungen oder Kongresse.

Auf dem Papier scheint durch die Vermittlung der gewählten Komitees eine Koordinierung zwischen allen katalanischen Textilbetrieben vorhanden zu sein, die es ermöglichen konnte, die von mir schon erwähnten Ungleichheiten zu bekämpfen. Allerdings beschränkt sich der Bericht darauf festzustellen, dass die Arbeitenden einiger Betriebe wegen Reduzierung von Arbeit und Löhnen nur noch einen geringeren Beitrag für den Kriegsbedarf leisten konnten. Über mögliche Gegenmaßnahmen wird nichts gesagt. Ist diese Koordinierung wirklich über die Stufe des frommen Wunsches hinausgegangen? Man weiß auch nicht, was von ihr übrigblieb, nachdem durch das Kollektivierungsdekret eine andere staatlich-gewerkschaftliche Struktur eingeführt wurde.

Man hätte auch gern etwas mehr über die Tatsache erfahren, dass jedes Komitee, das selbst in vier bis fünf Abteilungen aufgeteilt war, „das zur Ausführung seiner Funktionen nötige technische und bürokratische (sic!) Personal" ernennen durfte.

DIE METALLINDUSTRIE

Auch in der Metallindustrie liegen die Dinge nicht ganz einfach. Vor allem muss darauf hingewiesen werden, dass eine bestimmte Anzahl von bedeutenderen metallverarbeitenden Fabriken in ausländischem Besitz waren und folglich nicht kollektiviert wurden. Einige, die doch kollektiviert worden waren, mussten von der Kollektivierung zur Arbeiterkontrolle zurückkehren – so z.B. die „Barret AG", nachdem das belgische Konsulat bekanntgegeben hatte, 80% des Betriebskapitals sei belgisch.

Selbstverständlich wurde die gesamte katalanische Metallindustrie – oder fast – zur Kriegsindustrie, die man unter die direkte Kontrolle zunächst des Milizenkomitees, dann der Generalitat und schließlich der Zentralregierung zu bringen bemüht war, wie wir später sehen werden. Doch entwickelte sich auch hier wie überall die Initiative der Arbeiter. Hier als Beispiel das „Hispano-Suiza"-Werk:

> „Die Betriebsstätten dieses wichtigen Unternehmens zählen zu denen, die am intensivsten und in den verschiedensten Zweigen für die Versorgung der Arbeitermilizen arbeiteten. Die gewerkschaftlichen Organisationen beschäftigten sich sofort nach der Beschlagnahme der Fabrik mit der Organisierung der Arbeit unter der Leitung der von den Arbeitern gegründeten Organe. Die Produktion musste den vom Bürgerkrieg aufgezwungenen Verhältnissen angepasst werden. Nirgends wurden die notwendigen Veränderungen für eine Umstellung der Friedens- auf eine Kriegsproduktion so vollständig und schnell durchgeführt wie in diesem Werk.
>
> Alle Arbeiten der Metallindustrie für die Kriegsproduktion unterstehen dem Milizenkomitee, das speziell für die Durchführung der notwendigen Kontrollen einen Delegierten beauftragt hat. Dieser Genosse, der eine so komplizierte und wichtige Aufgabe zu erfüllen hat, ist Mitglied der Einheitsgewerkschaft der Metallindustrie (CNT). Er hat sein Büro inerhalb der Hispano-Suiza-Fabrik. Die Leitung der Metallverarbeitung für den Krieg ist also hier zentralisiert.
>
> 1.000 Arbeiter sind in diesem kollektivierten Unternehmen beschäftigt. Die Gesamtsumme der Wochenlöhne beträgt 110.000 Peseten.
>
> Die interne Leitung der Fabrik obliegt einem Betriebskomitee, das aus einem Vertreter jeder Sektion gebildet wird, mit Delegierten der Techniker, Büroangestellten, Ingenieure etc.
>
> Folgendes wird in der Fabrik hergestellt: gepanzerte Lastwagen, Handgranaten, Krankenwagen, Stützen für Maschinengewehre, Riemen und Tornister.
>
> An der Produktion von Kriegspanzern und Granaten wird geforscht. Neben der laufenden Kriegsproduktion werden auch weiterhin Kraftwagen und Flugzeugmotoren hergestellt. Etliche sind schon an den Flughafen von Prat und die Regierung in Madrid geliefert worden.
>
> Die Stimmung unter den Arbeitern ist bewundernswert. Alle arbeiten äußerst gewissenhaft bei der Herstellung von Produkten, die für den antifaschistischen Kampf besonders notwendig sind. In den ersten sieben Tagen wurden fünfzehn Lastwagen mit doppelter Metallwand und

isolierender Korkeiche gepanzert. Das ist ein wirklicher Rekord. Diese Lastwagen wurden in das Kampfgebiet nach Aragon geschickt.
Pro Tag werden 500 Handgranaten produziert, die sofort nach Fertigstellung ausgeliefert werden. Es ist überflüssig zu betonen, dass diese Handgranaten leicht zu bedienen sind und absolut tödlich wirken.
Es ist im Augenblick unmöglich, einen Vergleich zwischen der jetzigen und der früheren Produktionsleistung des Werkes anzustellen. Unterschiede in der Arbeitsweise und die durch den Bürgerkrieg hervorgerufenen Umstände würden das Bild verfälschen. Es kann nur soviel gesagt werden, dass die neue Arbeitsordnung und die finanzielle Lage des Werkes ein vielversprechender Anfang sind. Dies hier ist eine der augenfälligsten Verwirklichungen der Möglichkeiten des Proletariats und der neuen Organisation, voller Versprechen für die Zukunft."[10]

DAS KOLLEKTIVIERUNGSDEKRET UND SEINE KONSEQUENZEN

Die wenigen, hier angeführten Kollektivierungsbeispiele vermitteln nur eine kurzgefasste und vielleicht abstrakte Vorstellung von dem, was die Bewegung der Kollektivierungen wirklich war. Man kann sich eigentlich gut vorstellen, was diese Bewegung bedeutete: Hunderttausende von Arbeitern befinden sich von einem Tag auf den anderen in einer Lage, die sie sich zwar erträumt, die sie aber nie erlebt haben. Die Bosse sind liquidiert, das Privateigentum abgeschafft – sie sind die Herren. Fast vier Monate lang – vom Juli bis zum 24. Oktober 1936 – wagt es keine Macht, sei es die der Unternehmer oder des Staates, sich diesem eroberten Gebiet zu nähern. Alles muss erst erfunden werden. Sicherlich lassen sie sich durch die diesbezüglichen libertären Ideen beeinflussen, aber diese Ideen geben eine allgemeine Richtlinie vor und liefern keine Lösung für konkrete Probleme. Und die konkreten Probleme jeder Art – leere Kassen, Rohstoffknappheit, Mangel an Absatzmöglichkeiten usw. – machten den Alltag aus, und der Bürgerkrieg machte ihre Lösung noch schwieriger.

Es muss wiederholt werden, dass jede Kollektivierung ein Sonderfall ist. Im Aufruhr der ersten Periode – bis zum Kollektivierungsdekret – müssen von einem Tag auf den anderen Lösungen gefunden werden. Die direkte Demokratie scheint in dieser Zeit am vollständigsten ge-

10 Ebenda.

wesen zu sein: Die Betriebs- (bzw. Kontroll-)komitees werden von den Arbeiterversammlungen gewählt, welche ebenfalls über alle wichtigen Fragen entscheiden.

In den öffentlichen Diensten (Eisenbahn, städtische Verkehrsmittel, Elektrizität usw.) verband die Art ihrer Arbeit die Arbeiter einer Stadt oder bis zu einem gewissen Grad sogar ganz Kataloniens miteinander. Das Gleiche galt auch für die fast vollständig zur Kriegsindustrie gewordene Metallindustrie (hier stellten sich aber besondere Probleme, von denen wir noch sprechen werden). Versuche einer Koordinierung zwischen den Betrieben eines Industriezweigs wurden erfolgreich unternommen (vgl. z.B. die Holzgewerkschaft) oder auch die der gesamten Industrie einiger katalanischer Städte. Sehr oft bildete aber jeder selbstverwaltete Betrieb eine selbstständige Einheit, eine Festung, die zugleich isoliert – in finanziellen oder sonstigen Problemen – und doch mit der gesamten Bewegung durch tausendfache Bande verbunden war. Was übrigens leicht verständlich ist: Die Arbeiter jedes Betriebes kümmern sich zunächst darum, ihr Leben und ihre Arbeit innerhalb ihres Betriebes zu reorganisieren. Sehr schnell aber wird diese Situation wirtschaftliche Probleme aufwerfen (obwohl die rein ökonomischen Probleme nur eine Täuschung sind). Der Krieg und die Bedürfnisse der Bevölkerung verlangten, dass die Produktion in diese oder jene Richtung gelenkt wurde, und einige Betriebe, die weiter ihre Produkte wie vor dem Krieg herstellten, konnten sie nicht absetzen. Hier kann ein pittoreskes Beispiel angeführt werden: In der allgemeinen Begeisterung dafür, ein „neues Leben", eine „proletarische" Gesellschaft aufzubauen, wurde eine – übrigens spontane – großangelegte Kampagne gegen die bürgerliche Bekleidung geführt (sogar die Bourgeois kleideten sich wie Arbeiter, um nicht aufzufallen). Als Symbol der damaligen bürgerlichen Bekleidung kam der Hut ganz außer Gebrauch. Nun aber protestierten die Menschen der Hutfabriken durch ihre Gewerkschaft gegen diese „Diskriminierung". Ihr Leben lang hätten sie Hüte hergestellt und wollten sie jetzt folglich weiter herstellen, da aber keiner mehr einen Hut tragen wollte, wie sollten sie diese verkaufen? Sie befänden sich in einer ausweglosen Situation… Dieses als eines unter vielen ausgewählte Beispiel á la Charlie Chaplin zeigt, dass eine Umstellung gewisser Industriebranchen notwendig war. Es genügte nicht, weiter zu produzieren, man musste auch und vor allem anders produzieren. „Anders produzieren" verlangt aber auch zu wissen, wer darüber *entscheidet*, was und wie produziert wird. Die „Produktion um der Produktion willen" kann auf keinen Fall das Ziel einer selbstverwalteten Wirtschaft sein. Das Ziel wäre eine Produktion gewesen, die immer mehr die *frei formulierten Bedürfnisse* der Massen befriedigt hätte. Natürlich war sich die große Mehrheit der Katalanen über einige durch den Krieg erzwungene Prioritäten einig – Schaffung einer Kriegsindustrie, Versorgung der Milizen usw. Aber nicht alle Probleme waren damit gelöst.

Die Koordinierung, die Umstellung einiger Industrien, die notwendige Neuorientierung der Produktion, die *Gleichheit* der Lebens- und Lohnbedingungen und zwar nicht nur innerhalb jedes Betriebes, sondern für die ganze katalanische Arbeiterschaft usw. – verlangten, dass Brücken zwischen den Inseln des riesigen Archipels der kollektivierten Betriebe gebaut wurden. Während der vier Monate der ersten Periode bildeten die Gewerkschaften – und vor allem die CNT – die einzige Verbindung zwischen den Arbeitenden verschiedener Betriebe, Städte und Industriebranchen (so wird die CNT sogar einen Wirtschaftsrat mit rein beratenden Befugnissen schaffen). Diese Verbindung, wir haben es schon gesagt und werden noch darüber sprechen, wurde mit der Zeit immer bürokratischer, was den Arbeitern aber ganz normal zu sein schien, deren Mehrheit CNT-Mitglieder waren und die weitgehend die CNT-Ideologie billigten, nach der die Gewerkschaften – nach der Revolution – zu den Organen der Produktionsverwaltung werden.

Wir wissen aber, dass die CNT-Führungsstäbe nicht nur die Kollektivierungen nicht organisiert haben, sondern dass diese *gegen sie* durchgeführt wurden. Als dieses Phänomen einen solchen Umfang angenommen hatte, wurden die CNT, aber auch die UGT und sogar die Generalitat aktiv. Dass die katalanische Wirtschaft praktisch in den Händen der Arbeiter lag, konnte nicht länger ignoriert werden. Natürlich wird die Übernahme der Kollektivierungen durch den katalanischen Staat mit den teils wirklichen, teils erfundenen Mängeln und Unvollkommenheiten dieser Experimente begründet. Auch hier haben die so genannten „Erfordernisse der wirtschaftlichen Rationalisierung" die tiefliegenden Absichten der politischen Bürokratien verdeckt. Wer *leitet* die katalanische Wirtschaft, nachdem die Bosse enteignet wurden? Niemand – das ist der Skandal, den die Bürokraten nicht weiter dulden konnten. Nach diesen vier Monaten der Kreativität, der Arbeiterdemokratie, der tastenden Versuche und, warum nicht, der Irrtümer, konnte man verschiedene Lösungen ins Auge fassen, um entweder noch weiterzugehen oder um „die Ordnung wiederherzustellen". Gewählt wurde die, gemessen an der revolutionären Entwicklung Kataloniens, *autoritärste* Lösung.

*

Am 24. Oktober 1936 institutionalisierte die katalanische Regierung die Kollektivierungen durch ein Dekret. Dieser Schritt wurde oft – sogar von zahlreichen Interpreten der libertären Tendenz – als einfache Anerkennung dessen dargestellt, was von den Arbeitern selbst durchgeführt worden war. Es handelt sich aber eigentlich *genau um das Gegenteil*: Der Staat übernimmt die Kollektivierungen, zunächst um sie einzuschränken, aber auch und vor allem um, seinen eigenen Einfluss und seine eigene Kontrolle über sie zum Nachteil der Arbeiterautonomie auszuweiten. Im Laufe der Zeit und wegen der vielen Probleme, die sich unvermeidlich durch die radikale Veränderung des wirtschaftlichen Lebens mitten in einem Bürgerkrieg stellten, konnten verschiedene Lösungen gefunden werden. Kein Wunder, dass diejenigen gewählt wurden, die das Dekret vorsah. Die Frage der Kollektivierungen kann man nicht von den anderen Problemen getrennt betrachten, die tagtäglich durch die revolutionäre Situation gestellt wurden. Auch hier, wie wir sehen werden, wählen die anarchistischen Führer die Autorität, so wie sie die „antifaschistische Einheit" gegen die Revolution, die Armee gegen die Milizen usw. gewählt haben oder wählen werden.

Das Dekret war vom Wirtschaftsberater der katalanischen Regierung, Juan P. Fábregas, vorbereitet worden, der übrigens erst im Juli 1936 der CNT beigetreten war. Als früherer Direktor des Instituts für Ökonomische Wissenschaft in Barcelona stand er den bürgerlich-nationalistischen „Lliga"-Kreisen politisch nahe. Anscheinend wurde das Dekret von den verschiedenen in der Generalitat vertretenen politischen Tendenzen heftig diskutiert, bevor es gebilligt wurde – einige hielten es für zu revolutionär…

DAS DEKRET UND DIE ORGANISATION DER WIRTSCHAFT

„Artikel 1

In Übereinstimmung mit dem vorliegenden Dekret werden die Industrie- und Handelsunternehmen Kataloniens unterteilt in

A) *kollektivierte Unternehmen*, in denen die Leitung den im Betrieb beschäftigten Arbeitern, vertreten durch einen Betriebsrat, übertragen wird;

B) *private Unternehmen*, in denen die Leitung von dem Besitzer oder Geschäftsführer unter der Mitwirkung und Kontrolle des Arbeiterkontrollkomitees wahrgenommen wird.

A) *Kollektivierte Unternehmen:*

Artikel 2
Alle Industrie- und Handelsunternehmen, die am 30. Juni 1936 mehr als hundert Lohnempfänger beschäftigten, und Betriebe mit einer geringeren Anzahl von Arbeitern, deren Eigentümer jedoch zu Aufrührern erklärt wurden oder geflohen sind, werden kollektiviert. Ausnahmsweise können Betriebe mit weniger als hundert Arbeitern kollektiviert werden, wenn die Mehrheit der Arbeiter und der oder die Eigentümer sich einverstanden erklären. Betriebe mit mehr als fünfzig und weniger als hundert Arbeitern können mit Einverständnis von drei Vierteln der Belegschaft kollektiviert werden. Der Wirtschaftsrat [der katalanischen Regierung, C. S-M]) kann andere Industriebetriebe kollektivieren, die wegen ihrer Bedeutung für die nationale Wirtschaft oder aus anderen Gründen der privaten Leitung entzogen werden sollen."

Diejenigen, die sich dazu veranlasst fühlen, diese Artikel als den Kollektivierungsgedanken begünstigend zu betrachten, müssen daran erinnert werden, dass alles, was hier festgesetzt wird, schon seit vier Monaten von den Arbeitern verwirklicht worden ist und dass es noch dazu politisch unmöglich war umzukehren. Übrigens kann man hier einen ersten Einschränkungsversuch erkennen, denn die Betriebe mit weniger als 100 Arbeitern sollten von den Kollektivierungen ausgenommen bleiben. Nun bildeten 1936 in Katalonien aber gerade diese Unternehmen *die Mehrheit* und, nebenbei bemerkt, waren die meisten schon kollektiviert. Nach dem Dekret hätte die Holzgewerkschaft z.B. dem Privatsektor die vielen Werkstätten zurückgeben müssen, die am 30. Juni 1936 weniger als 100 Arbeiter beschäftigten. Selbstverständlich tat sie das keineswegs.

Sogar vom Standpunkt der Produktivität aus ist es unsinnig, die Menge winziger Handels- und Industrieunternehmen kümmerlich weiterbestehen zu lassen, die es im Gegensatz zu den europäischen Industrieländern im sehr rückständigen Spanien gab. Ihr Zusammenschluss und ihre Verschmelzung waren dagegen eine notwendige Bedingung des Wirtschaftsaufschwungs – wie man heutzutage sagt. Diese Verordnung widerspricht also der von allen politischen Führungsstäben unterstützen „Philosophie" des Dekrets, dessen Anspruch es war, die Wirtschaft so zu organisieren, dass sie den Produktionsanforderungen nachkommen konnte.

Nicht den angeblichen „Produktionszwängen" wurde Folge geleistet, sondern der Politik, um sich bei den Mittelschichten nicht unbeliebt zu machen, indem man etwa die sakrosankten Grundsätze des Privateigentums angriff, an denen diese bekanntermaßen so stark festhält.

Das Bündnis mit den „mittleren Klassen" – Bauern, Kaufleuten und Industriellen – war ein Teil des Programms der Stalinisten, es war sogar Hauptangelpunkt ihrer so genannten Strategie der „bürgerlich-demokratischen" Revolution. Auch die POUM hielt dieses Bündnis auf der imaginären Entwicklungsstufe für notwendig, auf die sie den Kampf festlegte – die sozialistisch-demokratische. Sogar breite Kreise der CNT-Führung waren für diese Argumente empfänglich, und zwar nicht in der Perspektive der absurden „Stufen"theorie des vulgären Marxismus-Leninismus, sondern in der der antifaschistischen Einheit, die angeblich nötig war, um den Krieg zu gewinnen. Was die „bürgerlichen" und nationalistischen Parteien der Volksfront betrifft, neigten sie von Natur aus dazu, ihr Recht auf Eigentum zu verteidigen.

Außer den Unternehmen mit weniger als 100 Lohnarbeitern war ein Privatsektor vorgesehen, der tatsächlich neben dem kollektivierten Sektor weiterbestand. Es handelte sich praktisch hauptsächlich um ausländische Unternehmen bzw. um solche, an denen ausländisches Kapital beteiligt war, die von allen Führungsstäben der politischen und gewerkschaftlichen Organisationen einhellig geschont wurden, um den westlichen Demokratien nicht zu missfallen. Großbritannien, Frankreich und Belgien gehörten zu den Ländern, die die größten Interessen in Spanien hatten.

Im Privatsektor wurde also die „Arbeiterkontrolle" eingeführt. Laut Dekret hatten die Komitees der Arbeiterkontrolle folgende Befugnisse (Artikel 22):

> „a) Kontrolle der Arbeitsbedingungen, d.h. strikte Durchführung der gültigen Bestimmungen über Löhne, Arbeitszeit, Sozialversicherung, Arbeitshygiene und -sicherheit usw. sowie die Sicherung der Arbeitsdisziplin. Alle für die Belegschaft bestimmten Nachrichten und Bekanntmachungen des Betriebsleiters gehen über die Komitees.
> b) Verwaltungskontrolle, d.h. Überwachung des baren und bargeldlosen Zahlungsverkehrs (Ein- und Auszahlungen), um ihn den Bedürfnissen des laufenden Geschäfts anzupassen, und aller anderen geschäftlichen Vorgänge.
> c) Kontrolle der Produktion in enger Zusammenarbeit mit dem Unternehmer und mit dem Ziel, die Produktion zu steigern. Das Komitee der Arbeiterkontrolle unterhält bestmögliche Beziehungen zu den Technikern, um einen guten Arbeitsablauf sicherzustellen.

> Artikel 23:
> Die Unternehmer legen den Komitees der Arbeiterkontrolle die Bilanzen und jährlichen Geschäftsberichte vor, die dem Generalrat der betreffenden Industrie übersandt werden."

Wie man sieht, würde es dieses Dekret sowohl einem geschickten und geschäftstüchtigen Boss ermöglichen, dem Arbeiterkomitee die gesamte lästige Arbeit zur Aufrechterhaltung einer „strengen Disziplin" und „Entwicklung der Produktion" aufzubürden, als auch entschlossenen Arbeitern, eine wirkliche Kontrolle auszuüben. Vermutlich ist es aber das Schicksal von Gesetzestexten, zweideutig zu sein und zu versuchen, die wirklichen Konflikte zu verschleiern. Auch hier gab es eine mit dem allgemeinen politischen Geschehen Kataloniens verbundene Entwicklung: Anfangs wurden die Unternehmer gegenüber der revolutionären Welle kleinlaut und beugten sich den Arbeiterforderungen; dann aber versuchten sie überall ein wenig, ihre Macht mit Hilfe der Regierungsbehörden zurückzugewinnen.

(Wie dem auch sei, der Begriff „Arbeiterkontrolle" selbst ist auch zumindest zweideutig, denn er bezeichnet allzu oft mit anderen Worten, das die Arbeiter ihre eigene Ausbeutung selbst kontrollieren sollen!)

Im Dekret wurde gleichfalls bestimmt, dass die Kontrollkomitees aus Delegierten aller Sektoren – Arbeitern, Technikern, Angestellten und Verwaltungskadern – bestehen sollten. Sie wurden gewählt, aber jede Gewerkschaft sollte im Verhältnis zur Anzahl ihrer jeweiligen Mitglieder im Betrieb vertreten sein. Das sicherte automatisch die Vorherrschaft der CNT, da sie innerhalb der katalanischen Arbeiterschaft den zahlenmäßig größten Einfluss ausübte.

Kommen wir aber zu den kollektivierten Unternehmen und zu den Maßnahmen zurück, die die in den ersten Monaten vorherrschende Selbstverwaltung einschränkten:

> „Artikel 15:
> In allen kollektivierten Unternehmen muss es einen Beauftragten der Generalitat geben, der dem Betriebsrat angehört. Er wird vom Wirtschaftsberater im Einvernehmen mit den Arbeitern ernannt."

Solange der Wirtschaftsberater ein CNT-Mitglied war, kann man sich denken, dass bei der Stimmung dieser Epoche der Beauftragte es in den meisten Fällen auch war. Dadurch ist er zwar nicht automatisch von bürokratischem Geist – oder Unfähigkeit – befreit, zumindest aber sollte er nicht prinzipiell den Kollektivierungen feindlich gegenüberstehen. Das änderte sich sehr bald, und nach den Mai-Tagen von 1937 und der darauf folgenden Wiederherstellung der staatlichen Macht auf fast jedem Gebiet wurden in vielen Unternehmen die „Beauftragten" zu den wirklichen Direktoren – vor allem in Betrieben, die als für die Kriegsindustrie notwendig betrachtet wurden. Wie dem auch sei, verfügten diese „Beauftragten", da sie von Anfang an die Vertreter der höchsten Autorität Kataloniens – der autonomen Regierung – waren, über eine große politische Macht, die mit offensichtlichem Druck und Erpressung durch Genehmigung oder Verweigerung von Krediten verbunden war, da zahlreiche Unternehmen in finanziellen Schwierigkeiten steckten und die Generalitat die Banken kontrollierte.

> „Artikel 14:
> Um den Ablauf des Betriebsgeschehens ständig zu überwachen, ernennt der Betriebsrat einen Direktor, *dem er alle oder einen Teil seiner eigenen Funktionen überträgt* [hervorgehoben von C. S-M.].
> In den Betrieben mit mehr als fünfhundert Arbeitern oder einem Kapital von mehr als einer Million Peseten oder in Betrieben, in denen kriegswichtiges Material hergestellt, verarbeitet oder verkauft wird, muss die Ernennung des Direktors vom Wirtschaftsrat genehmigt werden."

Dieser kleine Artikel ist bedeutungsvoll, denn er erklärt praktisch die Ausübung der direkten Demokratie für null und nichtig, die auf gewählten und absetzbaren Delegiertenräten beruht (obwohl wir über keine genauen Einzelheiten ihrer Absetzbarkeit verfügen und sie anscheinend nur in den äußersten Fällen akzeptiert wurde, in denen die Vollversammlung der Fabrik entscheiden musste). Hier wird die Produktionshierarchie in ihrem herkömmlichsten und rückschrittlichsten Aspekt wiedereingeführt: An der Spitze eines Betriebs – sowie an der Spitze einer Partei, einer Armee und warum nicht eines Landes? – muss *ein* Chef stehen. Unermüdlich kommt dasselbe Schema wieder zum Vorschein. Trotz aller Reden über Demokratie und sogar über Anarchie setzt man in der Praxis nur eine vermeintlich gute Hierarchie einer anderen, für schlecht gehaltenen, entgegen. Dabei sind Anarchisten, die unerbittlichen Gegner jeder Hierarchie, die Hauptverfasser dieses Dekrets!

Die staatliche Kontrolle geht aber noch weiter. Das Dekret sieht ebenfalls die Bildung von Generalräten der Industrie vor:

„Artikel 24:
Die Generalräte der Industrie setzen sich wie folgt zusammen: vier Vertreter des Betriebsrates des jeweiligen Industriezweiges; *über die Art ihrer Wahl wird zu gegebener Zeit Genaueres bekanntgegeben* [hervorgehoben von C. S-M.]; acht Vertreter der verschiedenen Gewerkschaftszentralen, die nach einem Verhältnisschlüssel bestimmt werden; vier Techniker, die vom Wirtschaftsrat ernannt werden. Den Vorsitz über die einzelnen Generalräte führt jeweils *der Vertreter dieses Industriezweiges* im Wirtschaftsrat [hervorgehoben von C. S-M.].

Artikel 25:
Die Generalräte der Industrie sind zuständig für die Arbeitsplanung der Industrie, sie regulieren die Produktion ihres Wirtschaftszweiges und regeln alle diese Branche betreffenden Fragen.

Artikel 26:
Die von den Generalräten der Industrie beschlossenen Entscheidungen sind verbindlich. Weder der Betriebsrat noch der Privatunternehmer kann deren Umsetzung verweigern. Sie können nur eine Beschwerde an den Wirtschaftsberater richten, *gegen dessen Entscheidung es kein Rechtsmittel gibt.* "

Diese Generalräte der Industrie teilten mit der Betriebsvollversammlung zusammen das Vorrecht, Betriebsräte bzw. Teile davon absetzen zu können. Wenn aber der Generalrat der Industrie die Absetzung eines Betriebsrates beschlossen hatte, so hatte letzterer keine anderen Rechtsmittel – wenn er von der Vollversammlung unterstützt wurde –, als sich an den Wirtschaftsberater, d.h. an den Minister, zu wenden, „dessen Entscheidung" aber „nach Bericht an den Wirtschaftsrat dann endgültig ist" (Artikel 20).

Außerdem bestimmten die Generalräte der Industrie den „allgemeinen Produktionsplan" für die Betriebsräte. „Hinsichtlich der Gewinnspanne, der Bestimmung der allgemeinen Verkaufsbedingungen, des Ankaufs von Rohstoffen, der Amortisation, des flüssigen Kapitals, der Reservefonds und der Verteilung von Gewinnen gelten die Anordnungen des Generalrats der Industrie." (Artikel 12)[11].

Es sei nebenbei darauf hingewiesen, dass nach dem durch die katalanische Regierung vorgesehenen Statutenmuster der kollektivierten

11 Der vollständige Text des Dekrets ist in Baldomcro Cerdi y Richarts Buch „Empresas colectivizadas e intervenidas", Ed. Bosch, Barcelona 1937, sowie in Peirats obengenanntem Buch, Band I zu finden.

Unternehmen 50% des Gewinns der Industriekreditkasse Kataloniens (d.h. der Generalitat) und 15% verschiedenen sozialen Einrichtungen kollektiver Art zufiel; weitere 15% sollten den Arbeitern zur Verfügung gestellt werden, damit diese in ihrer Vollversammlung über deren Verwendung frei entscheiden konnten. Die übrigen 20% waren für den Rücklagefond, Maschinenamortisation usw. bestimmt.

So wird die Macht von oben nach unten wiederhergestellt und die Arbeiterautonomie praktisch auf null reduziert. Die bürokratische Pyramide in den Betrieben wird wieder auf die Füße gestellt: der Regierungs„kontrolleur" und der Direktor an der Betriebsspitze, über ihnen die Generalräte der Industrie und über allen, wie es sich in der bürokratischen Welt gebührt, der Minister und sein Wirtschaftsrat.

Beim flüchtigen Lesen des Dekrets könnte man glauben, dass die Arbeiterdemokratie innerhalb dieser Generalräte der Industrie automatisch garantiert wird, da sie theoretisch von den Vertretern der Arbeiter beherrscht werden. Das hieße aber noch einmal, die Bürokratie mit der Arbeiterklasse zu verwechseln, eine besonders zur damaligen Zeit übliche Verwechslung. Wir wollen uns also die Sache etwas gründlicher ansehen: Nicht nur sind die einzigen Delegierten der Arbeiter, die vier Vertreter der Betriebsräte, in der Minderheit, sondern noch dazu *wird die Art ihrer Wahl nicht angegeben*. Warum, wenn nicht aus dem Grund, dass sie nicht direkt durch Arbeiterversammlungen gewählt werden können? Die acht Vertreter der Gewerkschaftszentralen sind praktisch „unproduktive" Gewerkschaftsfunktionäre, die von den CNT- und UGT-Führern abhängig sind und ihnen gehorchen, folglich also der katalanischen Regierung, denn die Führer dieser Gewerkschaften sind ihre Vertreter sowohl in der autonomen katalanischen als auch in der Zentralregierung.

Schließlich gibt es vier „Techniker", die direkt durch die katalanische Regierung ernannt werden. Das wenigste, was man sagen kann, ist, dass die katalanische Regierung eine ausschlaggebende Rolle in diesen Generalräten spielt, die dadurch verstärkt und behauptet wird, dass im Fall eines Konflikts letzten Endes immer wieder der Minister die Entscheidung fällt.

Das wurde übrigens wörtlich in dem Abkommen bestätigt, das am 22. Oktober 1936 (zwei Tage vor der Veröffentlichung des Dekrets) in Barcelona durch die CNT-FAI und die UGT-PSUC unterzeichnet wurde:

„1) Wir verpflichten uns ausdrücklich dazu, die Abmachungen und Beschlüsse des Rats der Generalitat einzuhalten, indem wir unseren

> ganzen Einfluss und die ganze Macht unserer Organisationen einsetzen, um ihre Durchsetzung zu erleichtern.
> 2) Wir befürworten die Kollektivierung der Produktionsmittel, d.h. die entschädigungslose Enteignung der Kapitalisten und die Übertragung dieses Eigentums auf die Kollektivität. Wir befürworten die Kollektivierung all dessen, was für den Krieg notwendig ist.
> *Wir sind einstimmig der Meinung, dass diese Kollektivierung nicht zum gewünschten Ergebnis führen würde, wenn sie nicht durch ein Organ als dem Vertreter der Kollektivität gelenkt und koordiniert würde, das in diesem Fall nur der Rat der Generalitat sein kann* [hervorgehoben von C. S-M.].
> Was die Kleinindustrie betrifft, befürworten wir die Kollektivierung nicht, außer im Fall aufrührerischer Elemente oder unvermeidlicher Kriegserfordernisse."[12]

In diesem Text wird die gesamte Philosophie des Dekrets zusammengefasst.

Die Kriegsindustrie bildet einen besonderen Fall bei den Kollektivierungen. Während Katalonien eine der industrialisiertesten Regionen Spaniens war, waren Rüstungsbetriebe dort doch äußerst selten. Die erste Aufgabe war es also, eine echte Kriegsindustrie zu schaffen. Das wurde getan, und natürlich war die CNT-Metallarbeitergewerkschaft am meisten darum bemüht.

> „Am 21. Juli (1936) bestimmte die Gewerkschaft der Metallindustrie, im Einverständnis mit García Olíver, Vallejo dazu, die Fabriken für Kriegsmaterial zu organisieren. Schon am 19. Juli hatten mehrere Unternehmen aus Barcelona spontan mit mehr gutem Willen als technischem Können mit der Herstellung von Panzern begonnen. Vallejo besuchte alle Arbeitsplätze, um die Produktion zu organisieren und die Genossen zu bestimmen, die fähig waren, diese Arbeit durchzuführen. Sechs Tage später wurden den Milizenkomitees die ersten Panzer zur Verfügung gestellt"[13].

In den meisten Fällen waren diese „Panzer" einfache gepanzerte Lkws. Wie dem auch sei, es wurde eine vollständige – und zwar meist handwerkliche – Kriegsindustrie geschaffen.

12 Zitiert nach Juan Andrade, „Les syndicats dans la révolution espagnole", Confrontation Internationales, No. 3 (1949).

13 Aus „Solidaridad Obrera" von Peirats zitiert, a.a.O., Band II, S. 133.

Die ersten Maßnahmen ergriffen die CNT-Metallarbeiter und Vallejo als Delegierter. Sowohl innerhalb des Milizenkomitees (mit Isgleas als Delegiertem der Verteidigung und Diego Abad de Santillán als dem der Wirtschaft, beide aus der CNT) als auch in der Generalitat waren die Verantwortlichen für die Kriegsindustrie anarchistische Führer. Das änderte sich erst nach den Mai-Tagen, als die Zentralregierung Verteidigung und Polizei in Katalonien direkt übernahm, wie wir noch sehen werden.

Die Verantwortung der Anarchisten für die nagelneue katalanische Kriegsindustrie konnte den Stalinisten nur missfallen, die wiederholt Pressekampagnen gegen die „Sabotage" und „Nachlässigkeit" der CNT auf diesem Gebiet lancierten. Die CNT führte dann in ihrer eigenen Presse eine heftige Gegenoffensive, und am 15. April 1937 wies José Terradellas, der damalige Erste Generalitatsrat, die Andeutungen und Angriffe der PSUC-Presse zurück, indem er die Bemühungen um eine katalanische Kriegsindustrie verteidigte. Nach dem Mai wandten sich die Stalinisten durch Comorera direkt an den Verteidigungsminister der Zentralregierung, den Rechtssozialisten Indalecio Prieto, und erhoben erneut ihre Beschuldigungen. Prieto schrieb an Companys, den Generalitatspräsidenten, der mit einem langen Brief antwortete, in dem er die unternommenen Anstrengungen u.a. wie folgt verteidigt: „Unter Berücksichtigung der industriellen und wirtschaftlichen Lage Kataloniens haben unsere Arbeitermassen die Notwendigkeit, sich der gesamten Industrie zu bemächtigen, als eine geschichtliche Forderung empfunden. Diese Beschlagnahmung erfolgte aber, vor allem was die Metallindustrie betrifft, nicht nur aus dem Wunsch, diese in Händen zu halten, denn man muss anerkennen, dass sogleich an ihre Umstellung in Richtung der Herstellung von Kriegsmaterial gedacht wurde..."[14]. Companys gibt dann zu, dass es zwischen der katalanischen Regierung und den Arbeiterkomitees in der Frage der Organisation und der Leitung dieser Kriegsindustrie zu Konflikten kam, die aber zum Vorteil der Generalitat „gelöst" wurden. Er erstellt die Bilanz der Kriegsproduktion und erinnert an all die Kriegsfabriken und -materialien, die der Zentralregierung zur Verfügung gestellt wurden, wie Prieto selbst es nach den Mai-Ereignissen angeordnet hatte.

Wir sehen also, wie sich auch hier das klassische Schema wiederholt. Die CNT-Gewerkschaften ergreifen die Maßnahmen, um eine vollständige Kriegsindustrie zu schaffen. Companys segnet diese kühne Initiative ab, hält es aberselbstverständlich für zu gefährlich, diese

14 Aus Ossorio y Gallardo, a.a.O., S. 210.

Industrie in den Händen der Arbeiterkomitees zu lassen. Es gelingt ihm, sie unter die Kontrolle der Generalitat zu stellen. Nach dem Mai wird die Autonomie Kataloniens eingeschränkt, weil sie zu revolutionär ist und weil die jakobinische Strömung, die in der Zentralregierung wie auch in den diese unterstützenden Organisationen vorherrscht, die Rückkehr zum staatlichen Zentralismus verlangt. Allmählich übernimmt dann die Zentralregierung den größten Teil der katalanischen Kriegsindustrie. Die Verleumdungskampagne der Stalinisten hatte nur das eine Ziel, die Enteignung der Arbeiterkomitees voranzutreiben.

*

Wie verhielten sich die Arbeiter gegenüber den Maßnahmen des Kollektivierungsdekrets? In den meisten Fällen scheinen sie sich lediglich geweigert zu haben, sie umzusetzen. Juan Andrade beschreibt die Situation:

> „Am 17. Mai 1937 [d.h. einige Tage nach der ‚blutigen Woche' in Barcelona, C. S-M.] veröffentlichte eine durch die Lokalföderation der CNT-Gewerkschaften Barcelonas ernannte Kommission eine Erklärung ‚über die wirtschaftliche Reorganisation Kataloniens', in der es über die Ursachen der Unruhe heißt: ‚Als erstes muss hervorgehoben werden, dass das in Kraft getretene Kollektivierungsdekret jedes Mal dann *nicht strikt umgesetzt* wurde, wenn breite Arbeiterkreise Wort und Geist des Dekrets ignorierten und sich in Kollektivierungen stürzten, die keine wirtschaftliche oder wissenschaftliche Grundlage hatten. Durch das übermäßige Bestreben, alles zu kollektivieren und vor allem die Betriebe, die Geldvorräte hatten, ist unter den Massen ein unverantwortlicher utilitaristischer oder kleinbürgerlicher Geist geweckt worden. Indem jede Kollektivität den kollektivierten Betrieb als ihr Eigentum und nicht als bloße Nutznießung betrachtete, haben sie die Interessen der übrigen Kollektive missachtet, sich eigennützig und unmenschlich verhalten und Vorgehensweisen praktiziert, die zum Erbe des kapitalistischen Regimes gehören. Anstatt schnell zur Bildung von Generalräten der Industrie überzugehen, haben diese gewerkschaftlichen Organisationen die Dinge hinausgezögert und den durch das Dekret bestimmten Entwicklungs- und Perfektionierungsprozess gestört… Die kollektivierten Betriebe haben sich nur um ihre Passiva gekümmert und dadurch das Gleichgewicht der Betriebsfinanzen gestört, was andere Störungen nach sich zog. Auch ein Faktor der sozialen Disziplinlosigkeit ist vorhanden: *Es fehlt der moralische Anreiz, der jeden einzelnen zu der für seinen*

> *Lebensunterhalt unerlässlichen Leistung zwingt* [hervorgehoben von C. S-M.}, die darüber hinaus eine Gewinnspanne für die sonstigen Ausgaben an der Front und in der Etappe schafft'."

Als Maßnahmen, die dazu geeignet sein sollten, dieser Lage abzuhelfen, empfahl die Kommission der Lokalföderation der CNT-Gewerkschaften Barcelonas:

> „Genaue und strenge Anwendung des in Kraft getretenen Kollektivierungsdekrets ohne die geringste Abweichung. Konzentration der Industrie und innerhalb jeder Industrie Reduzierung des Personals gemäß den genauen Bedürfnissen der augenblicklichen Produktion. Alle Kollektivitäten werden gezwungen, ihre Passiva zu liquidieren. Alle Löhne werden mit einer Kriegssteuer belegt, um ihre Angleichung zu erreichen und das Vorhandensein von Handarbeitern erster, zweiter und dritter Klasse aufzulösen, sowie von Beamten mit Gehältern, die die höchsten Arbeiterlöhne drei-, vier- und fünfmal übersteigen. Die Gewinne aller Unternehmen, ob kollektiviert oder nicht, werden mit einer hohen Kriegsanleihe belegt, damit sie während des Krieges auf ein Minimum reduziert werden.
> Eine Finanzpolitik schaffen, die es den Behörden ermöglicht, den ganzen Ertrag der Steuern einzuziehen, und der Generalitatsregierung, ihre Regierungsfunktion vom wirtschaftlichen Standpunkt aus zu erfüllen."

Die Erklärung endete wie folgt:

> „Die Kommission ist der Meinung, dass diese Maßnahmen schnell durchgeführt werden müssen, wenn wir den Zusammenbruch innerhalb der nächsten Wochen verhindern wollen, der der Wirtschaft unserer Region droht. Eine wohlgesinnte Reaktion muss erzielt, die soziale Ordnung gesichert, Moral und Strenge in der Etappe erzwungen werden. Es ist ratsam, die notwendige Wirtschaftspolitik erneut festzulegen, um das Experiment zu retten, das wir zur Zeit verwirklichen. Die Kommission betont noch einmal nachdrücklich die Tatsache, dass der Kredit bzw. Misskredit des geltenden Kollektivierungsdekrets aufs engste mit der CNT verbunden ist, die es befürwortet, durchgefochten und hauptsächlich für dessen Durchsetzung gesorgt hat. Die Kommission ist der Meinung, dass unsere eigenen Genossen der Durchsetzung des Dekrets die größten Schwierigkeiten entgegengesetzt haben, indem sie seine

> Anweisungen ständig ignoriert und es dadurch in eine in Katalonien und anderswo kritische Lage gebracht haben"[15].

Auffallend ist der *autoritäre* und *bürgerliche* Geist dieses Textes mit seinem heftigen Appell an die Regierungsautorität und der Betonung der als vorrangig betrachteten Prinzipien der Disziplin, Rentabilität und Produktivität. Von den libertären Ideen bleibt nur die durchaus richtige Erinnerung an die Notwendigkeit einer Angleichung der Löhne übrig. Und das alles einige Tage nachdem die stalinistische Konterrevolution zum Teil erfolgreich versucht hatte, die katalanische Revolution zu liquidieren.

Ich habe die Fehler und Mängel des Kollektivierungsexperiments in der katalanischen Industrie (und auch die Schwierigkeiten jeder Art) nicht verschwiegen, es ist aber zumindest seltsam, den Widerstand gegen die Durchsetzung des Dekrets nur für ein „Wiederauftauchen des kapitalistischen Geistes" zu halten, während es sich hauptsächlich um den Widerstand der Arbeiter gegen Maßnahmen handelte, die praktisch ihre Autonomie und die Selbstverwaltung der ersten Monate liquidierten. Es gab selbstverständlich auch spezielle, eigennützige Interessen einiger „reicher" Kollektivitäten, die ihre Autonomie und den Status Quo weiter bestehen lassen wollten, was es ihnen ermöglichte, relativ hohe Gewinne zu erzielen. Unter Berücksichtigung der allgemeinen Schwierigkeiten der katalanischen Industrie aber waren solche Fälle sehr selten; auf dem Spiel standen eigentlich zwei radikal verschiedene Auffassungen der Kollektivierung – einerseits die *demokratische,* die sich auf Autonomie und Selbstverwaltung stützte, und andererseits die *staatliche,* die die bürokratische Hierarchie wieder in die Wirtschaft einführen wollte. Noch einmal stand die CNT in beiden Lagern gleichzeitig.

DIE KOLLEKTIVIERUNGEN IN DER LANDWIRTSCHAFT

Experimente landwirtschaftlicher Kollektivierungen fanden in allen Regionen statt, in denen der faschistische Franco-Aufstand besiegt worden war. Ich will hier nur diejenigen behandeln, die in Katalonien und in Aragon stattgefunden haben, da Aragon sowohl militärisch als auch gesellschaftlich, zumindest während der hier behandelten Periode,

15 Aus Juan Andrade: „L'intervention des Syndicats dans la révolution espagnole", in „Confrontation Internationale", September-Oktober 1949, S. 43.

so eng mit Katalonien verbunden war, dass sie sich nur schwer trennen lassen. Die Kollektivierungen in der Levante (Valencia, Alicante usw.) lasse ich unberücksichtigt, ohne Zweifel aus landwirtschaftlicher Perspektive die reichste Region Spaniens, in der die Kollektivierungen auch sehr weit getrieben wurden.

In Katalonien waren im Gegensatz zu anderen Regionen Spaniens (wie z.B. auch in dem von der CNT beherrschten Aragon) die Landwirtschaftssektionen der CNT- und UGT-Gewerkschaften nicht die einzigen wichtigen Bauernorganisationen. Es gab auch eine mächtige, spezifisch katalanische Bauernorganisation, die „Rabassaires-Union", die zugleich die soziale und politische Hauptkraft der „Esquerra" war. Sie bestand hauptsächlich aus Pächtern und Kleinbauern. Den „Rabassaires" widerstrebte das Prinzip der Kollektivierung, sie befürworteten die Aufteilung des Bodens, die Abschaffung der Halbpacht und die Bildung von landwirtschaftlichen „Familien"betrieben – was übrigens verwirklicht wurde. Schon im Juli 1936 verbrannten die katalanischen Bauern die Eigentumsurkunden der Großgrundbesitzer, und die Pächter wurden zu Besitzern des – mehr oder weniger großen – von ihnen bestellten Grundstückes. Während des Regional-Kongresses der katalanischen Bauern im Januar 1937 versuchte die CNT jedoch, eine „gemeinsame landwirtschaftliche Politik" mit den anderen Landwirtschaftsgewerkschaften auszuarbeiten. Die „Rabassaires" und die CNT-Landwirtschaftsgewerkschaften einigten sich auf ein „Abkommen" mit folgenden Hauptpunkten:

> „1. Jede Familie erhält das Grundstück, das ihr zugewiesen wird, als Besitz.
> Die übrigen Grundstücke sowie die Gemeindeländereien können kollektiviert werden unter der Bedingung, dass es durch verantwortliche Organisationen kontrollierte Individuen gibt, die sie aus freiem Antrieb kollektivieren wollen.
> 2. Die Größe der Familienbetriebe wird in jedem Dorf gemäß den besonderen Eigenschaften und der Qualität des Bodens bestimmt.
> 3. Die Erzeugnisse des Bodens gehören denen, die ihn bebauen, und diese können nicht enteignet werden, solange sie ihn ordentlich bebauen.
> 4. Um die Kollektivitäten in den Dörfern bzw. Orten, in denen sie entstehen, zu organisieren, legen die Kollektivierenden die Grundstücke, die sie besitzen, sowie alle anderen, nicht individuell bestellten Grundstücke zusammen, wobei selbstverständlich als unerlässliche Bedingung für den Beitritt zu einer Kollektivität gelten muss, dass

alle Grundstücke und Arbeitsinstrumente, die jemand besitzt, an diese abgetreten werden."

Weitere Punkte betreffen die Konzentration von Grundstücken, die Zusammenarbeit zwischen den Kollektivitäten und den individuellen Bauern innerhalb einer Landwirtschaftsgewerkschaft im jeweiligen Ort; das Recht der besitzlosen Landarbeiter darauf, einer Kollektivität mit denselben Rechten und Pflichten wie die anderen beizutreten, auch wenn sie nur ihre „Arbeitskraft" einbringen.

Es kam also darauf an, den individuellen und den kollektivierten Sektor koexistieren zu lassen und zur Zusammenarbeit zu bewegen. Unter verschiedenen Vorwänden beteiligte sich aber die UGT nicht an diesem Kongress, so dass sie also die Vereinbarung nicht unterzeichnete. Da die „Rabassaires" die Unterschrift der UGT als unerlässlich für die Durchsetzung betrachteten, fand eine zweite Zusammenkunft statt, bei der aber die UGT erklärte, sie könne das Abkommen nicht unterzeichnen, da sie „nicht aus Prinzip, wohl aber unter diesen Umständen" gegen die Kollektivierungen sei. Diese Weigerung der UGT beendete die Beziehungen zwischen den drei Organisationen, was den Versuch betraf, eine gemeinsame landwirtschaftliche Politik zu koordinieren.[16]

Selbstverständlich waren aber schon im Juli und August 1936 Kollektivitäten in der Landwirtschaft sowie in der Industrie gebildet worden. In den meisten Fällen waren sie spontan und hin und wieder durch den Druck oder die Anregung der CNT entstanden. Als die Kolonne Durruti einige Tage nach der Niederschlagung des militärischen Aufstands in Barcelona nach Aragon vorrückte, wurde sie zum ansteckenden Keim der Kollektivierungen und des „libertären Kommunismus" in der Region.

Trotz der verschiedenartigen Experimente und der zum Teil bewaffneten Konflikte zwischen den Kollektivisten und den individuellen Bauern (oder vielmehr zwischen den die eine oder andere Lösung favorisierenden Organisationen) können die allgemeinen Prinzipien für die Schaffung und Tätigkeit der Kollektivitäten wie folgt zusammengefasst werden:

Die Kollektivierung sollte freiwillig und frei geschehen. In einem bestimmten Dorf kamen alle Bauern und Landarbeiter, die es wollten, zusammen, um eine selbstverwaltete landwirtschaftliche Kollektivität zu gründen. Sie brachten alles in die Kollektivität ein, was sie besaßen – Grundstücke, Arbeitsinstrumente, Zugvieh und andere Tiere.

16 Vgl. Peirats, a.a.O., S. 46-48.

Selbstverständlich brachten die Landarbeiter, wie schon gesagt, nur ihre Arbeitskraft ein. Die der Kollektivität übergebenen Güter wurden in ein Register eingetragen, damit diejenigen, die sie eingebracht hatten, sie zurücknehmen konnten, wenn sie austreten wollten, was prinzipiell jederzeit möglich war. Ein Kollektivitätsmitglied konnte nur mit Zustimmung der Vollversammlung aller Mitglieder ausgeschlossen werden, und nachdem diese Versammlung ihn einmal – bzw. mehrmals – verwarnt hatte. Alle Grundstücke der Kommune wurden kollektiviert – selbstverständlich die ihrer Mitglieder, aber auch die der Großgrundbesitzer, sowie die Gemeinde- und Kommunalländereien. Die einzigen nichtkollektivierten Grundstücke gehörten individuellen Bauern, die sie mit ihren Familien bestellten, die aber keine fremde Arbeit ausbeuten, d.h. also keine Landarbeiter anstellen durften. Selbstverständlich stießen diese allgemeinen Normen oft auf Schwierigkeiten und führten zu Konflikten. Andererseits war ihre Bedeutung je nach Region unterschiedlich: Überall in Katalonien, wo die „Rabassaires" in der Mehrheit waren, herrschte die Bodenverteilung unter individuellen Bauern vor; in Aragon dagegen waren durch den Einfluss der libertären Ideen die Kollektivitäten sehr zahlreich. Oft sind die Anarchisten (vor allem natürlich von den Stalinisten) beschuldigt worden, die Bauern durch Terror gezwungen zu haben, Kollektivitäten zu bilden. Diese verleumderischen Beschuldigungen, die einer politischen Voreingenommenheit entsprechen, werden durch zahlreiche Zeugnisse (von denen einige hier zitiert werden) widerlegt. Es ist übrigens vollkommen lächerlich von Terror zu sprechen, da die libertären Kommunen in Aragon – gerade dort, wo die angeblichen anarchistischen Exzesse am verbreitesten gewesen sein sollen – selbstverwaltet waren, und die Arbeiterversammlungen nicht nur die Komitees wählten und absetzten, sondern auch in ihren regelmäßig stattfindenden Sitzungen direkt über alle wichtigen Fragen entschieden. Wer übt Terror aus und gegen wen, wenn die große Mehrheit einer Gemeinde (bzw. eines Weilers, Dorfes oder größeren Fleckens) direkt an deren Verwaltung beteiligt ist? Sicherlich haben in Katalonien Zusammenstöße – und manchmal sogar bewaffnete – stattgefunden zwischen Befürwortern und Gegnern der Kollektivierungen, CNT-Mitgliedern und „Rabassaires" oder Mitgliedern der von der UGT gebildeten und von den Stalinisten beherrschten Landwirtschaftsgewerkschaft. Es handelt sich aber um isolierte Fälle, und auch wenn es zu Ausschreitungen gegen Minderheiten kam, die den Kollektivierungen feindlich gegenüberstanden, bleiben der massenhafte Charakter, die Kreativität, die Spontaneität die auffallendsten Merkmale der landwirtschaftlichen (wie auch der industriellen) Kollektivierungen. Übrigens werden die kommunistischen Truppen unter der Führung des unsäglichen Lister, wenn sie im Sommer 1937 in Aragon eindringen, um die libertären Kommunen *durch Terror zu liquidieren*, es nicht schaffen (wie wir im letzten Teil dieses Buchs sehen werden), da der Widerstand der Land- und sonstigen Arbeiter so stark war. Die Kommunisten mussten dann einlenken und die „Reorganisation der Landwirtschaft" (d.h. die Liquidierung der Kommunen) unter dem Vorwand unterbrechen, „die Ernte nicht zu stören". Natürlich bremste, begrenzte und reduzierte die Intervention der Lister-Truppen oft die Bewegung der landwirtschaftlichen Kollektivierungen in Aragon. Um den erfundenen anarchistischen „Terror" zu liquidieren, wurde diese Region durch rohe Waffengewalt unterdrückt, und trotzdem konnte das gewünschte Ziel nicht erreicht werden – eine unbeabsichtigte und blutige Beweisführung für die Übereinstimmung der Bauernmassen mit den Kollektivierungen.

*

Hier folgen einige Beispiele für landwirtschaftliche Kollektivierungen – zunächst in Katalonien:

> „*Pla de Cabra:* 2.000 Einwohner, von denen ein Teil in der Marti-Llopart-Textilfabrik beschäftigt war. Im Juni 1937 bestand die Kollektivität aus ca. 270 Mitgliedern, die ca. 5.000 Hektar bewirtschafteten. Die Produktivität steigerte sich um 75%. Es gab keinen festen und obligatorischen Stundenplan für die Arbeit (was eine ziemlich verbreitete Norm in den vorwiegend libertären Kollektiven ist). Als Lohn galt der Familienlohn: Jeder Kollektivist bekam fünf Peseten pro Tag, plus 2 Peseten pro Familienmitglied ohne Rücksicht auf das Alter. Angebaut wurden Getreide, Frühgemüse, Wein und Obst. Der Überschuss wurde nach außerhalb verkauft oder z. B. gegen Fertigwaren eingetauscht. 500 Hühner für die Eierproduktion, 9 Kühe, 6 Kälber und ein Stier. Die Kollektivisten haben einen Lagerraum in der Küche eingerichtet und Genossenschaftsläden für die Versorgung eröffnet. Es fehlte ihnen an landwirtschaftlichen Maschinen. Die gleichfalls kollektivierte Textilfabrik steckte aus Mangel an Rohstoffen und chemischen Produkten in einer Krise. Die Arbeiter waren Mitglieder der CNT und UGT.
> *Hospitalet de Llobregat:* Der durch die Kollektivität bewirtschaftete Boden war 15 Quadratkilometer groß. Mehr als 1.000 Kollektivisten beiderlei Geschlechts. Pro Woche wurden ungefähr 90.000 Peseten Löhne ausgezahlt. 1937 wurden 555.000 kg Bohnen geerntet. Die Felder waren in 38 Zonen aufgeteilt, von denen 35 aus ‚regadío' (‚bewässertem Boden')

und die drei übrigen aus ‚secano' (‚unbewässertem Boden') bestanden. Seit ihrer Gründung gab die Kollektivität 7.000 Peseten pro Woche für gemeinnützige Arbeiten aus. Innerhalb von zehn Monaten wurde landwirtschaftliches und sonstiges Material im Wert von 180.000 Peseten gekauft. Hier folgt eine Bilanz, die diese Verwaltung recht gut veranschaulicht:

September 1936 – August 1937

	Einnahmen	Ausgaben
1. Quartal	432.710,37 pst	416.973,09 pst
2. Quartal	910.756,81 pst	794.628,51 pst
3. Quartal	1.655.045,20 pst	1.312.305,10 pst
4. Quartal	2.007.992,80 pst	1.643.773,05 pst
	5.006.505,18 pst	4.167.679,75 pst

An die Front schickte die Kollektivität ungefähr acht Eisenbahnwagen Artischocken im Wert von 30.000 Peseten und mehrere Lastwagen Gemüse [das waren selbstverständlich kostenlose Lieferungen, C. S-M.]. Sie leistete auch solidarische Hilfe für andere, mit Schwierigkeiten kämpfende Kollektive. Alle drei Monate kam die Vollversammlung zusammen, um die erzielten Ergebnisse zu prüfen und auf neue Bedürfnisse hinzuweisen. Vor jeder Versammlung legte der Verwaltungsrat den Kollektivmitgliedern eine detaillierte Bilanz vor. Dieser Verwaltungsrat bestand aus fünf gewählten Mitgliedern, unterstützt von zwei Bezirksdelegierten, einem gewerkschaftlichen und einem technischen. Die technischen Delegierten kamen alle 14 Tage zusammen, um die Erfordernisse der Arbeit zu überprüfen. Gemäß ihren Informationen bestimmte der Verwaltungsrat täglich das, was auf die Märkte von Hospitalet oder Barcelona gebracht werden sollte. Die Kollektivisten hatten den Plan, am Ufer des Llobregat-Flusses Dämme zu bauen, damit die Gemeinde nicht mehr so oft überschwemmt würde. Außer ungefähr 60 waren alle Kollektivisten CNT-Mitglieder. Die Grundstücke waren hier alle kollektiviert worden. Zum Transport der Kollektivprodukte wurde ein Lastwagen gekauft."

Durch diese beiden, Peirats Buch[17] entnommenen Beispiele ist es möglich, sich die Art und Weise vorzustellen, wie die landwirtschaftlichen Kollektive in Katalonien funktioniert haben. Die Grundsätze dieser Experimente waren durch anarchistische Theorien beeinflusst. Nachdrücklich sei auf die Aspekte der Demokratie und der Selbstverwaltung in den Kollektivitäten hingewiesen – die Vollversammlung als „höchstes Machtorgan" und den gewählten und absetzbaren Verwaltungsrat, sowie die absolute Gleichheit aller Mitglieder, was Rechte und Pflichten betrifft. In den meisten Fällen wurde kein strenger Arbeitsstundenplan aufgezwungen, sondern die Aufgaben unter Gruppen von fünf bzw. zehn Leuten verteilt. Gleichfalls sei auf die Rationalisierung und Erhöhung der Produktion hingewiesen, auf den Beitrag zum Krieg durch Naturalien (und Menschen!) usw. Wichtig sind auch die großen sozialen Anstrengungen der Landwirtschaftskollektive auf dem Gebiet des Bildungs- und Gesundheitswesens. In allen Berichten wird auf die Einrichtung neuer Schulen, auf Alphabetisierungs- oder Fortbildungskurse für Erwachsene, die Eröffnung von Kliniken und Krankenhäusern und auch die Einrichtung von Bibliotheken und Kulturklubs aufmerksam gemacht.

In den Dörfern, in denen die Mehrheit der Bevölkerung in Kollektivitäten zusammengeschlossen war, waren Kollektivitäts- und Gemeindeverwaltung, wenn nicht rechtmäßig, so zumindest praktisch verschmolzen. In den anderen gab es eine von allen antifaschistischen Organisationen gebildete Gemeindeverwaltung, und es kam je nach dem politischen Kräfteverhältnis zu Spannungen und Reibereien. Man kann aber als allgemeine Regel formulieren, dass vom Juli 36 bis zum Sommer 37 die Revolutions- und Kollektivierungskomitees in den meisten Fällen die Organe der lokalen Macht waren, so dass die Gemeinderäte entweder in sie eingingen oder parallel zu ihnen weiter bestanden – aber nur als Staffage oder Überbleibsel einer außer Kraft gesetzten Vergangenheit. Vom Sommer 1937 an versuchten die Regierungsbehörden, den Gemeinderäten ihre legalen Befugnisse zurückzugeben, was ihnen hin und wieder auch gelang. Diese von der Regierung unterstützten Gemeindräte *wurden nicht neugewählt*, sondern innerhalb der Volksfrontorganisationen kooptiert.

Was die Landkollektivierungen in Katalonien und anderswo betrifft, muss auf die unglaubliche Diskriminierung beim Frauenlohn hingewiesen werden, die auch in der Industrie der Fall war. Obwohl das Lohnsystem nicht überall gleich war (es wurde in jeder Kollektivität

17 Vgl. Peirats, a.a.O., S. 304.

gemeinsam bestimmt, ob Familien-, individueller oder aus beidem zusammengesetzter Lohn ausgezahlt werden sollte), wurden Frauen niedriger bezahlt als Männer. Unter welchem Vorwand das auch immer geschehen mochte, ist es ein reaktionäres Erbe der Vergangenheit, das sich mit dem tief emanzipierenden Experiment der Kollektivierungen nur schlecht vereinbaren lässt.

Aragon: Am 14. und 15. Februar 1937 fand in Caspe – der Hauptstadt des revolutionären Aragon und dem Sitz des Rats von Aragon – der Kongress zur Gründung der Föderation der aragonesischen Kollektivitäten statt. Es waren dort 25 Bezirksföderationen – d.h. 275 Dörfer und 141.430 Familien – vertreten. Einige Monate später gab es 450 aragonesische Kollektivitäten und 433.000 Arbeiter.

Natürlich war es das Ziel der Föderation der Kollektivitäten, die Tätigkeit aller Kollektive bei gleichzeitiger Beachtung der Autonomie jedes einzelnen zu koordinieren und zu planen:

> „Der vierte Punkt der Tagesordnung war die Feststellung eines Generalstatutes mit den gesamten Richtlinien für die Kollektivitäten Aragons, dessen Inhalt wie folgt lautet:
> 1. Unter dem Namen ‚Föderation landwirtschaftlicher Kollektivitäten' wird in Aragon eine Assoziation gegründet, die bezweckt, die Interessen der Arbeiter zu verteidigen, die diese Kollektivitäten bilden.
> 2. Diese Föderation hat folgende Aufgaben:
> a) das Wissen um die Vorzüge des auf der Praxis der gegenseitigen Hilfe beruhenden Kollektivismus intensiv zu verbreiten,
> b) die experimentellen Höfe und Versuchsstandorte zu kontrollieren, die an den geeignetesten Stellen eingerichtet werden,
> c) die Ausbildung der begabtesten jungen Leute durch die Organisation technischer Fachschulen zu fördern,
> d) einen Stab von Technikern zu bilden, die die besten Erträge der Arbeit in den verschiedenen landwirtschaftlichen Spezialgebieten erforschen werden,
> e) zu untersuchen, wie die Tauschbeziehungen außerhalb der Region angeknüpft und verbessert werden können,
> f) den Tauschhandel auf internationaler Ebene zu organisieren durch Aufstellung von Statistiken, die die Produktionsüberschüsse der jeweiligen Region ausweisen. Eine Widerstandskasse wird eingerichtet, damit nach jeweiliger Abstimmung mit dem Regionalrat von Aragon für die Bedürfnisse der föderierten Kollektivitäten gesorgt werden kann."

Die Föderation kümmert sich auch darum:

> „a) den Kollektivitäten alles zu liefern, was die Freizeitgestaltung fördern und zur Entwicklung der Kultur einer jeden beitragen kann,
> b) Konferenzen zu organisieren, die zur Fortbildung der gesamten Bauernschaft beitragen, sowie Kino- und Theaterabende, Ausflüge und Wanderungen sowie alle möglichen propagandistischen und kulturellen Aktivitäten.
> 3. Es ist auch notwendig, in jeder Kollektivität Einrichtungen für Viehzucht aufzubauen, um eine Auswahl von Tieren verschiedener Rassen dank den Errungenschaften der modernen Wissenschaft zu treffen und bessere Resultate als bisher zu erzielen... All diese Aktivitäten sollen von qualifizierten Technikern angeleitet werden... Andererseits soll jede Landwirtschaft beides, Ackerbau und Viehzucht, betreiben... Wir stellen den Kollektivitäten verschiedene Pläne von Versuchshöfen zur Verfügung."[18]

Die Föderation sorgte gleichfalls dafür, die Planung des Anbaus je nach Art des Bodens und des Verhältnisses mit den Privatbauern usw. zu unterstützen. Das „politische" Organ der Föderation war der Rat von Aragon mit dem CNT-Führer Joaquin Ascaso als Vorsitzendem, der den ehemaligen Gouverneur (oder Präfekten) abgelöst hatte.

Schließlich nahm derselbe Kongress in Caspe Stellung zum Regierungsdekret, nach dem überall die Gemeinderäte wiedereingeführt werden sollten. In Anbetracht dessen, „dass die Gemeinderäte eine andere Rolle als die Kollektivitäten spielen" und „eine andere Funktion als die Verwaltungskomitees der Kollektivitäten" ausüben, beschloss der Kongress, das Dekret anzunehmen. Er empfahl der CNT jedoch – die natürlich überall vertreten war –, dafür zu sorgen, dass Eintracht zwischen den beiden Organen herrschte, sowie die Gemeinderäte politisch zu kontrollieren. Obwohl diese doch die gesamte Bevölkerung vertreten sollten – nicht jeder war Mitglied einer Kollektivität – scheint das Dekret in den *libertären Gemeinden,* in denen die große Mehrheit der Bevölkerung einer Kollektivität angehörte, nicht wirklich umgesetzt worden zu sein. In diesen Städten und Dörfern wurden die nicht gewählten Gemeinderäte während des militärischen Angriffs der Stalinisten gegen die Landkollektivitäten Aragons mit Gewalt eingeführt. Hier war auch eine sehr verbreitete libertäre Demokratie

18 Gaston Leval, „Espagne Libertaire" S. 83-88 (Deutsche Ausgabe: „Das libertäre Spanien, konstruktive Werk der Spanischen Revolution (1936-1939)", Verlag Association, Hamburg 1976).

gleichzeitig mit der „republikanischen Legalität" vorhanden, bevor sie durch diese brutal angegriffen wurde. Dadurch wird noch einmal bestätigt, dass der Angriff die beste Verteidigung ist und dass man radikal Mitglieder, Methoden und Befugnisse der – auf diese Weise ernannten oder nicht – Gemeinderäte hätte erneuern müssen, und zwar auf demokratische Art, d. h. durch freie Wahlen und nicht durch Feilschen zwischen den Parteien. Wie dem auch sei, das ist unserer Meinung nach nicht die Hauptsache – das Wesentliche ist die Größe und der Erfolg der landwirtschaftlichen Kollektivierungen Aragons.

Hier der Bericht des sozialistischen Journalisten Alardo Prats über die Kollektivität Graus, die er im Mai 1937 besucht hat:

> „… Hier ist alles kollektiviert worden: Kollektivschmieden, Kollektiveisenhütten, Kollektivlagerräume, die Mechaniker-Werkstatt der Kollektivität, Kollektivmühle.
>
> Alle materiellen, moralischen und wirtschaftlichen Mittel des Dorfes gehen als Ganzes in der Kollektivität auf. Die Arbeit wird geteilt. Jeder Arbeitssektor entscheidet in seinen Versammlungen über die Arbeit, die jeder Kollektivist verrichten soll. Man könnte meinen, diese Sektor- bzw. Branchenversammlungen seien endlose Diskutierklubs – das stimmt überhaupt nicht. Es wird sehr wenig gesprochen, denn jeder kennt seine Pflicht und weicht ihr nicht aus.
>
> Männer über 60 Jahre dürfen nicht arbeiten. Am Anfang hatten sie Angst vor der Initiative der Jugend, die die Mehrheit bildete und folglich die zu befolgenden kollektivistischen Arbeitsnormen festsetzte. Sie hatten Angst davor, mit Arbeit überlastet zu werden. Nun, sie sind statt dessen freigesetzt worden (…) Dann sind die Alten zusammengekommen und haben beschlossen, doch zu arbeiten. Sie hielten es für notwendig, um den übrigen Kollektivisten keine zu schwere Last zu sein und dazu beizutragen, das Dorf aus seiner schwierigen Lage herauszuholen, damit es an die Spitze aller umliegenden Dörfer komme. Wollte man dabei helfen, den Krieg zu gewinnen, so könnten weder Alter noch körperliche Einschränkungen ausreichende Argumente sein. So beschlossen die Alten von Graus, eine Stoßbrigade zu bilden, sie wurde die ‚Internationale Brigade' genannt… Die Kollektivität hat überraschende Erfolge gehabt. Jeden Samstag gehen die Kollektivisten zur Kollektivitätszentralkasse, um ihre Quittung zu unterzeichnen und ihren Lohn in Empfang zu nehmen. Sie finden alle lebensnotwendigen Gegenstände und Nahrungsmittel in den Kollektivgenossenschaften.
>
> Heiratet ein Kollektivitätsmitglied, so bekommt er eine Woche bezahlten Urlaub. Man sucht ihm ein Haus aus (alle Häuser sind kollektiviert wor-

den) und verschafft ihm durch die entsprechende Genossenschaft Möbel, deren Wert er dann langfristig und ohne die geringste Schwierigkeit abzahlen kann.

(...)

Die Kinder erhalten ganz besondere Aufmerksamkeit. Bis 14 Jahre dürfen sie nicht arbeiten – was eine unübertretbare Regel ist. Frauen nach der Entbindung und schwangeren Frauen wird viel geholfen, sie arbeiten nicht.

Alle jungen Mädchen arbeiten, sei es in Werkstätten, in denen sie Kleidung für Milizsoldaten nähen, auf dem Feld oder in Büros. Graus ist einem Bienenkorb vergleichbar, voll Betriebsamkeit der Arbeitenden, deren Tagesarbeit durch Sirenen geregelt wird, die für alle Bewohner Arbeits- und Ruhestunden ankündigen. (...)[19]

Als der Genosse Portella, der Generalsekretär der Kollektivität, mich zur Statistikabteilung führte und eine Akte zur Hand nahm, um mir genauere Einzelheiten über die Entwicklung der Arbeit und die Produktionszahlen für das ganze Dorf mitzuteilen, wollte ich meinen Augen nicht trauen! Jedes Staatsorgan mit den qualifiziertesten und in der Abrechnung genauesten Beamten wäre froh, eine der Graus-Kollektivität vergleichbare Organisation zu erreichen – wer daran zweifelt, sollte sich schnellstens vergewissern.

Alles wird gemäß einem systematisch entworfenen Plan organisiert. Jeder Produktionszweig hat eine Kartei, in die Tag für Tag und sogar Stunde für Stunde die genauen Angaben über seine Entwicklung und seine Möglichkeiten eingetragen werden. (...) Eine solche Organisation hat alle von der Kollektivität durchgeführten Verbesserungen erleichtert: So wurde z. B. in der Nähe des Dorfes ein Stall gebaut, in dem zur Zeit 2.000 Schweine verschiedener Rassen gezüchtet werden (...) Im nächsten Winter kann jede Familie in Graus ihr Schwein schlachten. Dieser Stall ist hochmodern eingerichtet. Die Tiere werden geduscht und gemäß den Erfordernissen einer wissenschaftlichen Zucht gepflegt. Ich fragte die Genossen, die diesen Hof bewirtschaften, woher sie das Modell für einen derart modernen Stall hatten. Ohne große Wichtigtuerei erklärten sie mir, dass sie, nachdem sie beschlossen hatten, den Hof zu gründen, die verschiedenen Modelle geprüft und diskutiert hätten, bevor sie schließlich ein amerikanisches, an die Schweinemästereien in Chicago angelehntes Modell ausgewählt hatten.

19 Im Gegensatz zu anderen Kollektivitäten scheint in Graus der Stundenplan sehr streng zu sein.

An einem anderen Ort in der Nähe des Dorfes ist ein sehr gut organisierter und mit einem ultramodernen Laboratorium ausgestatteter Geflügelhof eingerichtet worden. (…) In den verschiedenen Hofabteilungen sind die verschiedensten Geflügelarten zu sehen. Für den nächsten Herbst rechnet man mit mehr als 10.000 vollwertigen Tieren, zur Zeit sind es 6.000. Hier ist alles neu und sieht prächtig aus. Alles ist nach den Anforderungen und Erfahrungen der hochentwickelten Technik eingerichtet. Der Leiter des Hofes hat eine Brutmaschine mit besserer Leistung als alle bisher bekannten erfunden. Tausende von Kücken quirlen durch die beheizten Zellen. Es gibt Hunderte von Enten und Gänsen, sowie Hunderte von Hähnchen und Hühnern. Wie beim Schweinestall ist hier alles vollkommen durchdacht und gelungen. Aus allen Ecken Aragons kommen Leute, um diese Umsetzungen zu besichtigen – so ist Graus zu einem Wallfahrtsort der aragonesischen Arbeiter und einer Schule des Wiederaufbaus unseres Landes geworden.
Die Dorfwohner haben ihren kreativen Ideen freien Lauf gelassen. Es gibt prächtige Schulen – die nach Joaquín Costa[20] benannt wurden – und eine mit den verschiedensten Büchern recht gut ausgestattete Bibliothek. Die Kollektivität hat ihre eigene Druckerei und eine Buchhandlung. Eine Gewerbeschule ist eröffnet worden, die von mehr als 60 Dorfjugendlichen besucht wird und in der sich alle fortbilden können. In demselben Gebäude ist ein Museum für Malerei und Skulptur eingerichtet worden.
Graus hat eine Siedlung für Flüchtlingskinder eingerichtet. Sie haben sich zusammen mit ihren Lehrern unweit vom Dorf in einem großen Schloss mit einem Garten rundum eingerichtet. (...) Dort sind auch mehr als 50 erwachsene Flüchtlinge aufgenommen worden.
Graus steht an der Spitze aller aragonesischen Dörfer, was den Beitrag zu den Kriegskosten betrifft. Straßen und Wege sind verbessert worden. Die Ausbeutungsmöglichkeiten einiger kohle- und kiesreicher Zonen in der Gegend werden geprüft. Alle Industrien haben eine Maximalleistung erreicht. Eine neue Mühle mit hochmoderner Einrichtung ist gebaut, und neue landwirtschaftliche Maschinen – vor allem eine hochmoderne Dresch- und Bindemaschine – sind gekauft worden. Die Tierprodukte sind industrialisiert worden – kurz, es hat durch die kollektivistischen Normen eine Veränderung stattgefunden. Das Dorfleben ist verändert

20 Joaquín Costa (1846-1911): katalanischer Schriftsteller und Politiker.

worden, und durch dieses Beispiel fängt das Leben aller umliegenden Dörfer an, sich zu verändern. Man hat die Revolution gemacht."[21]

Der Verfasser dieses Berichts weist darauf hin, dass Graus sozusagen eine Musterkollektivität ist und andere gleichfalls von ihm besuchte Kollektivitäten nicht so befriedigende Resultate erzielt haben. Handelt es sich doch um ein kleineres Dorf – mit 700 Einwohnern, von denen bis auf 170 alle zur Kollektivität gehören. Es sei darauf hingewiesen, dass dort das Geld nicht abgeschafft wurde. Jeden Samstag zahlte die kollektive Zentralkasse den Kollektivisten ihre Löhne aus. Der Verfasser sagt nicht genauer, ob es sich um einen individuellen oder Familienlohn handelte. Es gab in Graus eine Bank, die aufgegeben wurde, nachdem ihre Akten verbrannt worden waren. Ihre Angestellten arbeiteten weiter als Buchhalter der Kollektivität, deren Zentralkasse für alle inneren und äußeren Operationen sorgte.

In den libertären Kommunen, in denen das Geld abgeschafft wurde, wurden die Löhne nach dem Prinzip des Familienlohns mit Gutscheinen bezahlt. „Typisch für die Mehrheit der CNT-Kollektivitäten ist der Familienlohn. Die Löhne werden nach den Bedürfnissen der Mitglieder und nicht auf der Basis der Arbeit jedes Arbeiters ausgezahlt".[22] Wenn in einer Kollektivität beispielsweise Wein, Brot oder Öl im Überfluss vorhanden waren, wurden kostenlos Rationen zugeteilt, während die anderen Bedarfsartikel mit Gutscheinen gekauft werden konnten, die praktisch als „innere Währung" benutzt wurden, da das Geld wieder zur Geltung kam, sobald man außerhalb kaufen bzw. verkaufen musste, abgesehen vom Tauschhandel, den zwei anarchistische Kollektivitäten untereinander betrieben. Kaminski hat zum Beispiel die Alcora-Kollektivität wie folgt geschildert:

> „Jeder bekommt das, was er braucht. Von wem? Natürlich vom Komitee. Es ist aber unmöglich, 5.000 Leute mit einem einzigen Verteilungszentrum zu versorgen. Es gibt also Läden in Alcora, in denen jeder wie früher seinen Bedarf decken kann." Diese Läden aber, so Kaminski weiter, sind nur noch Verteilungszentren: „Sie gehören dem ganzen Dorf, und ihre ehemaligen Besitzer verdienen nicht mehr an ihnen. Es wird überhaupt nicht mehr mit Geld, sondern mit Gutscheinen bezahlt; sogar der Friseur

21 Aus Alardo Prats Brochüre: „Vanguardia y Retsguardia en Aragon" („Avantgarde und Nachhut in Aragon") S. 85-93.

22 Augustin Souchy in „Tierra y Libertad" („Land und Freiheit") vom 6. August 1938.

> rasiert nur gegen Gutschein. Diese Bauern wollen ‚alles gemeinsam' haben, wie die Bibel von den Einsiedlern berichtet. Und sie meinen, das sicherste Mittel, die allgemeine Gleichheit zu verwirklichen, sei die Abschaffung des Geldes."

In Alcora wie in mehreren anderen libertären Gemeinden Aragons wird das Geld durch Gutscheine ersetzt, die das Komitee verteilt. „Die Theorie, nach der die Bedürfnisse jedes Einwohners befriedigt werden sollen, wird nur ziemlich unvollkommen verwirklicht, da man von dem Prinzip ausgeht, dass alle dieselben Bedürfnisse haben. Es werden keine individuellen Unterschiede gemacht oder genauer gesagt, das Individuum wird kaum anerkannt – nur die Familie wird anerkannt. Nur die Junggesellen werden als Individuen betrachtet." Eine seltsame Haltung bei Anarchisten!

Kaminski schreibt weiter: „Jede Familie wie auch jede alleinlebende Person bekommt eine Karte. Diese wird jeden Tag am Arbeitsplatz kontrolliert, so dass sich niemand der Arbeit entziehen kann. Als Basis für die Verteilung der Gutscheine gelten die Karten. Hier liegt aber der große Mangel des Systems: Da man bisher keine andere Maßeinheit gefunden hat, musste wieder zum Geld gegriffen werden, um das Äquivalent der geleisteten Arbeit zu errechnen. Alle – ob Arbeiter, Kaufleute oder Ärzte – bekommen pro Arbeitstag Gutscheine im Wert von 5 Peseten". Es sei hier nebenbei gesagt, dass die Ärzte, Lehrer, ausgebildete Lndwirte, Krankenschwestern usw. in den meisten Kollektivitäten zu Lohnempfängern wurden, so dass ihre Dienste für die Kollektivitätsmitglieder kostenlos waren.

> „Ein Teil der Gutscheine zum Beispiel trägt die Aufschrift Brot und jeder Gutschein gilt für 1 kg. Andere stellen einen Geldgegenwert dar. Trotzdem können diese Gutscheine nicht als Banknoten betrachtet werden. Man kann sie nur gegen Konsumgüter eintauschen, und noch dazu in beschränktem Maß. Auch wenn der Gesamtbetrag dieser Gutscheine größer sein würde, wäre es unmöglich, damit Produktionsmittel zu erwerben und so zum Kapitalisten zu werden, wäre es auch nur auf der bescheidensten Ebene, da nur Konsumgüter gekauft werden können. Alle Produktionsmittel gehören der Gemeinschaft."

Auch hier, schreibt Kaminski weiter, ist das Komitee das gewählte Vertretungsorgan der gesamten Gemeinschaft. Es behält das ganze Geld von Alcora – ungefähr 100.000 Peseten. „Das Komitee tauscht die Dorfprodukte gegen andere, die fehlen, und kauft alles, was es nicht durch Tausch erwerben kann. Geld wird aber für bloßen Notbehelf gehalten, der nur so lange gelten soll, bis die übrige Welt Alcoras Beispiel gefolgt ist."

Das Komitee sorgt für alles, lenkt alles und besitzt alles wie eine Art Familienvater. „Jeder spezielle Wunsch" – so Kaminski weiter – „muss ihm unterbreitet werden. Es entscheidet allein als letzte Instanz. Man kann einwenden, dass die Komiteemitglieder zu Bürokraten oder sogar Diktatoren werden können. Das entging auch den Bauern nicht, die bestimmt haben, dass das Komitee nach kurzer Zeit erneuert werden muss, so dass jeder Einwohner sich eine Zeitlang an ihm beteiligen wird."

Das galt auch für die meisten Kollektivitäten Aragons oder Kataloniens.

> „Dieser ganzen Regelung haftet in ihrer Naivität etwas Rührendes an. Es wäre ein Irrtum, in ihr mehr als den Versuch von Bauern zu sehen, den libertären Kommunismus einzuführen, und es wäre verkehrt, ihn zu ernsthaft zu kritisieren. Man darf vor allem nicht vergessen, dass die Landarbeiter und auch die kleinen Kaufleute eines solchen Dorfes bisher einen äußerst niedrigen Lebensstandard hatten. Ihre Bedürfnisse sind kaum differenziert. Vor der Revolution war schon ein Stück Fleisch Luxus für sie, und nur einige unter ihnen lebende Intellektuelle entwickelten Wünsche, die über die unmittelbaren, allernotwendigsten Bedürfnisse hinausgingen. Dieser libertäre Kommunismus geht tatsächlich vom aktuellen Zustand aus. Das beweist die Tatsache, dass die Familienkarte das in Spanien am meisten unterdrückte Wesen – die Frau – weiter der vollständigen Abhängigkeit vom Mann preisgibt".[23]

Tatsächlich enthüllt sich der von der CNT als ein großer gesellschaftlicher Fortschritt befürwortete Familienlohn – und die Familienkarte – als etwas zutiefst Rückschrittliches, da nicht nur die Frau als das tatsächlich in Spanien am meisten unterdrückte Wesen dem Mann, sondern auch die Kinder dem Familienvater unterworfen sind. Sogar die jungen Männer und umso mehr die jungen Frauen von 18 bis 20 Jahren und vermutlich noch weiter bleiben der väterlichen Autorität unterworfen. In Alcora konnte man sich gewiss nicht sexuell emanzipieren!

Das Prinzip der Familie und das in ihr Konservativste und Traditionellste wird paradoxerweise als ein Wert des Fortschritts behauptet. „Der aktuelle Zustand", den Kaminski zu Recht erwähnt, das

23 E.H. Kaminski, a.a.O. S. 118-121.

ist eigentlich der Rückstand, in dem Spanien damals steckte, vor allem auf dem Land und sogar mitten in den revolutionären Umwälzungen in Katalonien und Aragon und im Bewusstsein der Hauptträger dieser Umwälzungen selbst.

Um zur „Abschaffung des Geldes" zurückzukommen, muss außer der von Kaminski erwähnten rührenden „Naivität" die äußerste Kompliziertheit des Gutscheinsystems betont werden. Mit Humor erzählt der Verfasser, wie sich ein junger Arbeiter aus Alcora an das Komitee wenden musste, um seine Gutscheine für eine Busfahrt in Geld umzutauschen, wenn er seine in einem nahegelegenen Dorf wohnende Verlobte besuchen wollte; desgleichen, wenn man in die Stadt fahren, ins Kino gehen oder einen Verwandten besuchen wollte. Das Komitee hatte das Recht, die Bitten abzuschlagen und über die Zahl der Besuche bei der Verlobten bzw. der Kinogänge der Kollektivisten zu entscheiden! Man kann sich leicht vorstellen, welche Übergriffe ein kleinliches und sittenstrenges Komiteemitglied sich erlauben konnte. Über ähnliche Übergriffe berichten übrigens auch andere Augenzeugen wie Borkenau oder Bolloten, die über die Kollektivierungen sehr unterschiedlicher Meinung sind.

Offensichtlich war die Abschaffung des Geldes in Alcora und in anderen libertären Gemeinden eine *fetischistische*, quasi magische Operation. Da das Geld das absolute *Böse* darstellte, hieß dessen Abschaffung das Böse abschaffen und das Gute wiederherstellen. So holte man in einigen Gemeinden die Geldscheine aus den Banktresoren und verbrannte sie mitten auf der Straße in großen *Freudenfeuern*. Gewiss waren das echte Freudenfeuer, sie waren aber leider nicht imstande, die „Herrschaft des Geldes" zu liquidieren. Es ist unmöglich, das Geld in den Kollektivitäten abzuschaffen, während es innerhalb der Gesellschaft rundherum die sozialen Beziehungen weiter beherrscht, für Kauf und Verkauf notwendig ist und gebraucht wird, um ins Kino zu gehen, mit dem Bus zu fahren usw., während selbst die benachbarten Kollektivitäten, die oft genauso libertär sind, die Löhne mit Geld bezahlen und Gutscheine also nicht anerkennen.

Wenn das Geld zu Recht als Ausdruck relativen Mangels (Überfluss: Kostenlosigkeit) und sozialer Ungleichheit betrachtet werden kann, so *könnte* die Abschaffung des Geldes nur aus der Abschaffung der Ungleichheit und des Mangels folgen – und nicht umgekehrt.

*

Auch für die Kollektivierungen in der Landwirtschaft erließ die autonome katalanische Regierung ein Dekret, dessen Wortlaut am 4. und 6. November 1937 in „Solidaridad Obrera" veröffentlicht wurde. Dieses von Präsident Luís Companys und José Calvet y Móra, Landwirtschaftsminister und Führer der Union der „Rabassaires", signierte Dekret ist weniger interessant als das über die Industrie, handelt es sich doch nur um die Anerkennung einer vollendeten Tatsache. Selbstverständlich beansprucht das Dekret, um seine Existenz zu rechtfertigen, allgemeine und obligatorische Normen für den Betrieb der landwirtschaftlichen Kollektivitäten festzusetzen. Bemerkenswert erscheint uns dabei der Wunsch der Regierungsbehörden nach Einblick in die Tätigkeit dieser Kollektivitäten sowie nach einem Recht auf Auflösung und auf die Einführung eines „privaten Sektors". Es wird zum Beispiel bestimmt, dass die Kollektivitätsmitglieder wie in den sowjetischen Kolchosen einen eigenen Gemüsegarten, Geflügel und Kleinvieh (Ziegen, Schweine und Schafe) besitzen dürfen. Es scheint uns jedoch für den Umfang und die wirkliche Bedeutung der Landkollektivitäten bezeichnend zu sein, dass die katalanische Regierung dieses Dekret nach den Mai-Tagen von 1937 erlässt, dass sie sie anerkennt und Normen festsetzt, die seit mehr als einem Jahr für deren Aktivitäten ausschlaggebend sind.

VERSUCH EINER BILANZ

„Das Experiment erwies sich als ein beachtlicher Erfolg", schreibt Noam Chomsky, „bis es durch Waffengewalt vernichtet wurde". Es ist tatsächlich beachtlich zu sehen, wie Industrie- und Landarbeitermassen die bestehende soziale Ordnung so tief umwandelten. Sie folgten keiner Parole „von oben", sie mussten im Gegenteil gegen Befehle und Druck jeder Art kämpfen, die aus den Stäben *aller* politischen und gewerkschaftlichen Organisationen kamen – und dies mitten in einem revolutionären Krieg gegen „die Armee der Großkapitalisten und Großgrundbesitzer".

Auf diese oder jene Weise waren praktisch alle außer den Arbeitern selbst gegen die Kollektivierungen. Sicherlich – die CNT-FAI nimmt die Kollektivierungen als „ihre" Schöpfung in Anspruch, und meistens ergriffen militante Mitglieder dieser beiden Organisationen die Initiative dazu. Aber das Dekret, das diese begrenzt und entstellt, ist auch zum großen Teil das Werk der CNT. Ebenso werden alle aus dem Dekret folgenden verwaltungsmäßigen und bürokratischen

Maßnahmen, die die Liquidierung der Arbeiterautonomie bezwecken, unter aktiver Beteiligung der CNT-FAI ergriffen. Und als während der Mai-Tage gewaltsam versucht wird, wie wir später sehen werden, die Kollektivierungen und Arbeiterdemokratie im allgemeinen zu liquidieren, wird die CNT diese auf den Barrikaden verteidigen, während dieselbe CNT gleichzeitig – ihre Minister, Führer und Bürokraten, ob klein oder groß – den Kompromiss, den Burgfrieden, kurz die Kapitulation befürwortet. Vom Anfang bis zum Ende der hier analysierten Ereignisse wird die CNT sich *zweideutig* verhalten. Zu sagen, dass die Führer den revolutionären Schwung der „Basis" verraten haben, ist zwar nicht falsch, erklärt aber nichts. Denn warum folgte man ihnen in einer Organisation, die aus Prinzip weder die „eiserne Disziplin" noch den „Führerkult" duldete?

An der „Basis" kollektivieren die libertären Arbeiter und Bauern *alles* – Transportmittel, öffentliche Dienste, Handel, Industrie und Landwirtschaft – schon in den ersten Tagen der Revolution. Überall, oder fast überall, wird die Selbstverwaltung verwirklicht. Neben ausgezeichneten Erfolgen habe ich auf einen Mangel an Koordination und Solidarität zwischen „reichen" und „armen" Kollektivitäten hingewiesen. Das war nicht der einzige Mangel: Man kann auch auf die Nicht-Umstellung überholter Industriezweige und die ungenügende Änderung der Ausrichtung der Produktion selbst hinweisen. All das ist, wenn man so sagen darf, in der ersten Zeit normal, deren – sehr wichtiger – allgemeiner Sinn darin liegt, dass die Arbeiter ihre Betriebe in ihre Hände nehmen. So wie es normal ist, dass die am weitesten geführten Experimente der direkten Demokratie in den mehr oder minder großen Dörfern Aragons und Kataloniens stattgefunden haben, in denen die Arbeiter regelmäßig zusammenkommen und dann über alle notwendigen Maßnahmen entscheiden konnten. In der Industrie ist das Problem komplizierter, nicht nur wegen der Zahl der Arbeiter; es stellt sich die Frage der „Delegation der Befugnisse", die Gewerkschaften greifen ein (die gewerkschaftliche Bürokratie tritt mit ihren eigenen Zielen auf) usw. All diese Phänomene werden sehr wichtig, sobald man aus einem Betrieb nach draußen geht. Innerhalb jedes einzelnen Betriebes ist selbstverständlich die direkte Demokratie möglich und sogar leicht – genauso leicht wie in einer libertären Gemeinde Aragons. Dadurch lässt sich ohne Zweifel viel erklären.

In den CNT-Führungskreisen wird mit dem Dekret vom 24. Oktober 1936 eine Organisation vorgeschlagen, die den Fehlern entgegenwirken und die Kollektivierungen „schützen" soll – in Wirklichkeit aber, um sie zu führen. Das Dekret beschränkt die Kollektivierungen durch Ausschluss der ausländischen Unternehmen (um den westlichen Demokratien einen Gefallen zu tun) und der Betriebe mit weniger als 100 Arbeitern. Damit wäre ein beträchtlicher Industriesektor dem Privatsektor zurückgegeben worden (wegen der damaligen schwachen Konzentration der katalanischen Industrie), was aber tatsächlich nicht passierte – von den ausländischen Unternehmen abgesehen. Außerdem stellt das Dekret die hierarchisierte Produktionspyramide wieder her, an deren Spitze der Staat steht, der in Spanien zum ersten Mal eine ausschlaggebende Rolle in der Wirtschaft bekommt (dieses Phänomen geht in unterschiedlichem Maß über den Rahmen Kataloniens hinaus). Parallel zum Versuch der Errichtung einer Staatsautorität „neuen Typs" versuchen die anarchistischen Führungskreise, eine *gewerkschaftliche Autorität* über die Kollektivitäten einzurichten. Das Dekret bestimmt, wie wir gesehen haben, die sehr wichtige Rolle, die die Gewerkschaften in der neuen Wirtschaftsorganisation spielen sollen. Der katalanischen Regierung kommt allerdings nur eine untergeordnete Rolle zu, obwohl sie zumindest auf dem Papier die höchste Autorität darstellt, denn die Zentralregierung hat die Autonomie Kataloniens nie ganz akzeptiert, und es ist ihr vom Juni 1937 an sogar gelungen, diese praktisch zu liquidieren. Es gab aber in der CNT immer eine starke Tendenz, nach der die Gewerkschaften die Wirtschaft direkt, ohne Einmischung des Staates, verwalten sollten. Es erübrigt sich zu betonen, dass diese Tendenz sich in den Perioden verstärkte, in denen die CNT in der katalanischen und Zentralregierung nicht vertreten war, während sie schwächer wurde, wenn sie stark in der Regierung vertreten war – wie es gerade bei Erlass des Dekrets der Fall war. Diese, sagen wir, „syndikalistische" Tendenz, die nie ausschlaggebend war, wird die bürokratische Erscheinung nicht bekämpfen, obwohl man das annehmen könnte, sondern auf eigene Art und Weise dazu beitragen.

*

Die Position der KP gegenüber den Kollektivierungen ist „kohärenter": Sie ist unter dem Vorwand dagegen, dass diese der nicht der „bürgerlich-demokratischen Stufe" entsprechen, auf die sie die Revolution begrenzen will. Noch tiefgreifender aber ist sie gegen die Arbeiterselbstverwaltung und Arbeiterautonomie, wie sie es immer gewesen ist und sein wird. Ihre Position fasst der Generalsekretär José Diaz in seiner Rede vom 2. Februar 1937 anlässlich einer Versammlung zu Ehren von Maurice Thorez im Olympia-Theater in Valencia wie folgt zusammen:

„Wir müssen das kurieren, was wir die Epidemie der Beschlagnahmungen nennen könnten, dieser Beschlagnahmungen der Güter von Kleinunternehmern, der „Sozialisierungen" von Kleinunternehmen und ähnlicher Übergriffe. Und indem wir das machen, müssen wir gleichzeitig das Problem aufdecken und das Mögliche tun, um die Verstaatlichung der Großindustrie zu erkämpfen, damit die grundlegende Industrie in die Hände des Staates übergeht, wie es notwendig ist, und die Verstaatlichung der für die Kriegsführung wichtigen Industrie angeordnet wird (...)
In den Betrieben müssen Arbeiter und Gewerkschaften die Kontrolle organisieren. Das ist richtig; die Gewerkschaften ihrerseits dürfen aber auch nicht vergessen, dass es im gegenwärtigen Augenblick ihre Pflicht ist, die Produktion um jeden Preis unter der Führung der Regierung zu organisieren und zu steigern und jedes nötige Opfer zu bringen, um den Krieg zu gewinnen".[24]

Also – Rücksicht auf die kleinen und mittleren Unternehmer, die „natürlichen Verbündeten" des Proletariats während der bürgerlich-demokratischen Revolution; „Arbeiterkontrolle" über die Produktion, um Disziplin und Produktivität unter der Regierungsautorität zu verstärken, und Verstaatlichung zur Verstärkung der wirtschaftlichen Rolle des Staates –, alles, was den fruchtbaren Boden zur Entwicklung der Bürokratie als herrschender Klasse ausmacht. Jeder weiß heutzutage, dass die Verstaatlichung – das übliche Allheilmittel der kommunistischen Propaganda – keineswegs zur Liqudierung der Ausbeutung der Arbeiter beiträgt, sondern ganz einfach den Staatskapitalismus stärkt. Was genauso für die sogenannten kapitalistischen Länder gilt (als ob es Länder gäbe, die es nicht sind!), in denen der staatliche mit dem privaten Sektor (der immer weniger privat wird) koexistiert, wie für die so genannten sozialistischen Länder, in denen alles verstaatlicht und die totale Konzentration des Kapitals verwirklicht worden ist – das heißt in den Ländern des bürokratischen Staatskapitalismus.

Auf dem Land betätigt sich die KP noch stärker als Verbündete der kleinen und mittleren Besitzer (alle großen, sowie die wenigen Großindustriellen und Bankiers, sind auf Francos Seite oder ins Ausland geflohen). Der KP-Führer und Landwirtschaftsminister Vicente Uribe bietet sogar die Waffen der Partei an, um das Bauerneigentum gegen die Kollektivisten zu verteidigen:

24 Aus einer Broschüre der nationalen Agitpropkommission der PCE, Valencia 1937.

„Für gewisse Leute war es in der ersten Zeit nicht das wichtigste Problem, die Basis für eine neue landwirtschaftliche Ökonomie zu schaffen, sondern eine Art wahnsinnigen Versuch zu unternehmen, der nur im Kopf von Leuten ersonnen werden konnte, die jeden Sinn für die Wirklichkeit komplett verloren haben. Sie wollten das landwirtschaftliche Problem mit dem Mittel der Kollektivierungen lösen!"[25]

Die Empörung des Ministers ist kaum zu übersehen! Sein Kollege in der katalanischen Regierung und Führer der gemäßigten „Rabassaires"-Union, Calvet y Móra, der die katalanischen Landkollektivitäten anerkannt hat und sein politischer Freund und Generalitatspräsident Companys sind neben dem Kommunisten Uribe gefährliche Revolutionäre. Tatsächlich erkannte die Zentralregierung sowohl die Industrie- als auch die Landkollektivierungen nie an. Landwirtschaftsminister Uribe beschränkte sich darauf, einige von den Bauern bereits durchgeführte Umverteilungen von Großgrundbesitz zu legalisieren und die Kollektivierungen energisch zu bekämpfen.

War im übrigen Spanien die UGT eher für die Arbeiterkontrolle, so wurde sie anfangs in Katalonien durch die mächtige Bewegung der Kollektivierungen mitgerissen. Nachdem aber die Stalinisten in der katalanischen UGT die Oberhand gewonnen hatten, machten sie aus ihr sehr schnell eine Verbündete der PSUC in ihrem Kampf gegen die Arbeiterverwaltung und Arbeiterautonomie.

*

Die POUM hat auch in dieser Frage keine eindeutige Position. Am 11. August 1936 wurde vom Wirtschaftsrat, der immer noch vom Zentralkomitee der Milizen abhing und Santillán (CNT) und Andrés Nin (POUM) als Mitglieder hatte, ein Wirtschaftsplan mit folgenden 11 Punkten veröffentlicht:

1) Regelung der Produktion gemäß den Konsumbedürfnissen.

2) Monopol für den Außenhandel.

3) Kollektivierung des Großgrundbesitzes, der durch die Bauerngewerkschaften bewirtschaftet wird, und Zwangsbeitritt der individuellen Bauern zu einer Gewerkschaft.

25 Ebenda.

4) Partielle Entwertung des städtischen Eigentums durch Steuern und Verkürzung der Pachtzeit.

5) Kollektivierung der Großindustrie, der öffentlichen Dienste und des Transportwesens.

6) Beschlagnahme und Kollektivierung der von ihren Besitzern verlassenen Betriebe.

7) Ausdehnung des genossenschaftlichen Systems auf die Verteilung der Produkte.

8) Arbeiterkontrolle über die Bankoperationen bis zur Verstaatlichung der Banken.

9) Gewerkschaftliche Arbeiterkontrolle über alle Unternehmen, die weiter privat betrieben werden.

10) Schnelle Wiedereingliederung der Arbeitslosen.

11) Schnelle Abschaffung verschiedener Steuern, um zu einer einzigen Steuer zu gelangen.

Nach W. Solano[26] wurden diese 11 Punkte von Andrés Nin selbst verfasst, so dass sie als offizieller POUM-Standpunkt gelten können. Wie man sieht, ist diese Position viel radikaler als die der KP und entspricht ihrer Auffassung des demokratisch-sozialistischen Charakters der Revolution – die Revolution sollte die Aufgaben der unvollendeten demokratisch-bürgerlichen Revolution zuendeführen und gleichzeitig die Voraussetzungen der sozialistischen Transformation verwirklichen. Wie die Kommunisten wollen sie Rücksicht auf das kleine und mittlere Eigentum nehmen. Zum Unglück aber für die Schemata der einen und der anderen war die „autonome Bewegung der Massen" viel weiter in der radikalen Transformation der Gesellschaft gegangen. Im Hinblick auf diese Tatsache unterscheidet sich die Haltung der POUM grundsätzlich von derjenigen der KP. Mit dem unverwüstlichen guten Gewissen, das einem durch die bürokratische Lüge verliehen wird, wurden die Stalinisten zu erbitterten Feinden der Kollektivierungen und der

26 Wilebaldo Solano (1916-2010): Sekretär der POUM im Exil. Während des Bürgerkrieges Sekretär der POUM-Jugend *Juventud Comunista Ibérica* (JCI).

Arbeiterdemokratie. Obwohl die POUM durch die Arbeiterinitiative überholt wurde und ihre Leistungen unterschätzte, stand sie doch in wichtigen Augenblicken wie zum Beispiel in den Mai-Tagen auf der Seite der Arbeiter. Was sie aber nicht daran hinderte, besonders unter Federfühhrung von Juan Andrade, die „spontan und ohne einen Gesamtplan" entstandenen Errungenschaften der Arbeiterklasse im allgemeinen und insbesondere der Anarchisten zu verurteilen. Auch hier wurde sie durch ihre zentralistisch-leninistische Auffassung dazu gezwungen, ein reiches und lebendiges Experiment im Namen von Dogmen zu unterschätzen, die behaupteten, so etwas sei unmöglich, solange es nicht unter der Führung einer Arbeiter- und Bauernregierung und unter der Fuchtel der Avantgardepartei stattfände.

*

Wie sehr die Naiven, die immer noch glauben, die Kommunisten würden extrem links stehen, sich auch darüber wundern mögen, nahmen die nationalistischen katalanischen Kräfte – die „Esquerra" und die „Rabassaires" – gegenüber den Kollektivierungen eine nuanciertere Position als die Kommunisten ein. Das erste, was Luís Companys schon bei den sofortigen Enteignungen am Tag nach dem 19. Juli festzustellen scheint, ist die Tatsache, dass die katalanische Industrie wieder in Gang gebracht wurde. Zwar liegt sie in den Händen der Arbeiter, was aber besser ist als eine totale Stilllegung, die zum wirtschaftlichen Chaos führen würde. Dann wird man allmählich und ohne allzu große Eile dafür sorgen, „wieder Ordnung zu schaffen" – das heißt, die Autorität des Staates wiederherzustellen.

Die einzige Macht der Generalitat während der ersten Revolutionsmonate war die finanzielle. Ich habe schon darauf hingewiesen, dass die Banken weder beschlagnahmt noch enteignet wurden – war das eine Folge der anarchistischen Verachtung des Geldes? Was die Generalitat betrifft, beeilte sie sich, eine strenge Kontrolle über alle Bankoperationen auszuüben.

> „Das Regulierungsamt für die Auszahlung der Löhne bewilligte den unter Arbeiterkontrolle stehenden Betrieben Darlehen in Höhe von 44 Millionen Peseten, während die Regierungskasse für Abrechnungen und Anleihen zwischen Juli und November 1936 35 Millionen Peseten vergab. (…) Die katalanische Regierung, die gezwungen war, den Kampf in Aragon erfolgreich weiterzuführen, der Zentralregierung militärisch zu helfen, sich selbst Munition und Waffen zu verschaffen und

für den Bedarf einer Bevölkerung und eines Landes zu sorgen, dessen Exporthandel auf Null gesunken war, meinte, dass es gerecht sei, von der Zentralregierung die Erlaubnis zu verlangen, 180 Millionen Peseten auf ihr Konto bei der Bank Spaniens zu überweisen. Anstatt diese Bitte zu gewähren, befahl die Staatskasse der Finanzdelegation in Barcelona, ihr 373 Millionen Peseten zu zahlen. Damit entbrannte der alte regionalistische Streit im August 1936 erneut.
Da sich die Arbeitermacht zu dieser Zeit immer noch im Anfangsstadium befand, waren die Generalitat und ihre Regierung die einzige Autorität, die imstande war, den Konflikt zu lösen. Am 27. und 28. August erklärte der Finanzrat die katalanische Zweigstelle der Bank Spaniens für beschlagnahmt. (...) Nachdem die Zentralregierung zunächst als Vergeltungsmaßnahme 36.000 Pfund Sterling, die Katalonien in Paris besaß, konfisziert hatte, gab sie nach und erklärte die Operationen der Generalitat für legal. Andererseits wurde aber in dem zwischen den beiden Regierungen getroffenen Abkommen festgesetzt, dass es nur für diese einzige Generalitatsregierung gültig sei!"[27]

Diese letzte Einschränkung ist nicht ohne Bedeutung, da sie das bis zur Sabotage gehende Misstrauen der Zentralregierung gegenüber dem damals amtierenden Zentralkomitee der Milizen und allgemeiner gegenüber den Arbeiterkomitees und den Kollektivitäten beweist. Als einzige Finanzmacht in Katalonien wird die Generalitat dieses Mittel benutzen, um ihre zunehmende Kontrolle über das gesamte wirtschaftliche Leben des Landes auszuüben.

„Die Kreditfrage als echter ‚Engpass' der Kollektivitäten wird auch nicht gemäß der Vorstellung der Revolutionäre geregelt. Diese Krise (...) droht sogar, die kollektivierten Betriebe funktionsunfähig zu machen. Der Rat der Generalitat weigert sich, die von der CNT und der POUM geforderte Bank für Industrie und Kredit zu gründen. (...) Die Banken können ihre Kredite den wenigen Privatunternehmen vorbehalten und sogar übermäßige Gebühren für die von der Regierung angewiesenen Überweisungen erheben. Juan Peiró schlägt die Gründung einer Industrie-Bank zur Finanzierung der kollektivierten Fabriken vor, aber Finanzminister Negrín ist dagegen (...). So wird die Bewegung der Kollektivierungen zuerst begrenzt und dann gestoppt, und die Regierung kann durch die Vermittlung der Banken weiter über die Unternehmen herrschen. Sie kräftigt nach und nach ihre Autorität so-

27 H. Rabassaire, a. a. O., S. 228-229.

wohl in den ‚incautadas' (kollektivierten) als auch in den ‚intervenidas' (unter Arbeiterkontrolle stehenden) Betrieben, indem sie Kontrolleure und Direktoren wählt. Aus Effektivitäts- und politischen Gründen stellt sie oft ehemalige Besitzer oder Werkmeister wieder ein".[28]

Diese Zeilen aus dem Buch von Broué und Témime könnten die totale Liquidierung der Kollektivierungen noch vor der republikanischen Niederlage nahelegen. Das ist allerdings keineswegs der Fall gewesen. Besonders in Katalonien bleiben immer noch wichtige Sektoren der Industrie und des öffentlichen Dienstes, trotz aller Schwierigkeiten, bis zum Kriegsende weiter in den Händen der Arbeiter. Sicherlich verstärkten die katalanische und die Zentralregierung in einer ganzen Reihe von Industrie-Sektoren ihren Einfluss in der erwähnten Richtung. Außer der finanziellen Sabotage ergriffen die Regierungsbehörden übrigens auch eine ganze Reihe gesetzmäßiger Maßnahmen, um die Kollektivitäten „aufzulösen". So machte zum Beispiel im Mai nach den Barrikadentagen die Zentralregierung das Kollektivierungsdekret vom 24. Oktober 1936 unter dem Vorwand rückgängig, die Generalitat sei dafür nicht zuständig: Laut Artikel 44 der Verfassung verfüge nur der Staat über das Recht zur Enteignung und Sozialisierung, und die Generalitat könne nicht an Stelle des spanischen Staates handeln.

Durch ein anderes Dekret – vom 28. August 1937 – bekam die Zentralregierung das Recht zur Intervention und absoluten Kontrolle über die Bergwerke und die gesamte Metallindustrie. Im Oktober desselben Jahres deckt „Solidaridad Obrera" einen Beschluss der Einkaufsstelle des Verteidigungsministeriums auf, nach dem dieses Kaufverträge nur mit solchen Betrieben schließen will, die „unter der Führung ihrer ehemaligen Besitzer bzw. unter gleichwertigen, durch die Kontrolle des Finanz- und Wirtschaftsministeriums gewährleisteten Regime stehen".[29]

Aber, wir wollen es hier wiederholen: Weder der finanziellen Sabotage noch all den gesetzmäßigen Bestimmungen und politischen Druckmitteln ist es gelungen, die Kollektivierungen zu liquidieren. Als die kommunistischen Truppen im August 1937 versuchten, die libertären Gemeinden Aragons, die ihnen ein rotes Tuch waren, zu liquidieren, mussten sie, wie wir sahen, einlenken. Gleichfalls müssen die Regierungsbehörden und die antikollektivistischen politischen Parteien vor dem Druck der Industriearbeiter zurückweichen, die diese

28 Broué und Témime, a.a.O., S. 204.

29 Morrow, a. a. O., S. 98.

Rückkehr zum Kapitalismus – und wäre es zum Staatskapitalismus – nicht akzeptieren. Es hilft zum Beispiel nichts, mit Vollmachten ausgestattete Direktoren zu ernennen, wenn die Arbeiter sich weigern, ihnen zu gehorchen und weiter ihre eigenen Vertreter wählen – dann ist der Direktor weiter nichts als der machtlose Hampelmann der Regierung. So werden eingeschränkte und von allen Seiten belagerte Industrie- und Landkollektivitäten dessen ungeachtet bis zum Einmarsch der Franco-Truppen in Aragon und Katalonien durchhalten, die die Rückkehr zur Ordnung – die schon von den republikanischen Behörden, zum Teil auch blutig – begonnen war, durch ein Blutbad vollenden.

Über das Wesentliche bei diesem Kampf mit den vielfältigen Kampflinien, von denen einige – und nicht die unwichtigsten – dem Imaginären angehören, *ist nie berichtet worden*. Man hat wohl- oder übelwollend von den Kollektivitäten gesprochen und dabei Zahlen, Tatsachen usw. zitiert. Man hat vom Dekret und seiner Wirkungsweise, von der gewerkschaftlichen Organisation, von den gesetzmäßigen Bestimmungen – für oder gegen sie – gesprochen. Mit einem Wort, man hat sich viel damit beschäftigt, die *Institutionen* zu studieren, und sei es, um sie zu loben und als Beispiele für die Welt darzustellen (sagt man nicht voller Stolz, dass Jugoslawien von ihnen beeinflusst wurde? Es wird manchmal sogar Algerien angeführt, was der Gipfel des schwarzen Humors ist!) oder um sie zu kritisieren und aufzuzeigen zu versuchen, dass die Selbstverwaltung nur eine Täuschung sei, während man tatsächlich von dem spricht, was gegen die Selbstverwaltung getan wurde. Niemals aber hat man wirklich von der Stimmung der Arbeiter, von ihrem *Verhältnis zur Autorität* gesprochen. Ich will dieses Vakuum hier nicht mit einigen Sätzen ausfüllen, es muss aber trotzdem darauf hingewiesen werden. Das ist meines Erachtens viel wichtiger als die sehnsüchtige Suche nach den „guten Institutionen", die „eine bessere wirtschaftliche Entwicklung" ermöglichen sollen. Denn es gibt keine guten Institutionen!

Durch Texte und Zeugnisse kommt leider nur allzu undeutlich und verschleiert, um damit in Einzelheiten gehen zu können, ein massives Verhalten des „zivilen Ungehorsams" zum Vorschein. Natürlich findet diese wilde Demokratie, die ich schon erwähnt habe (wie die ebenso genannten Streiks behauptet sie sich zugleich gegen den Staat, die Bosse und die „Arbeiter"-Bürokraten, und *sie wird nicht institutionalisiert*), in keinem Gesetzestext ihren Ausdruck, im Programm keiner Organisation und in der Analyse keines Theoretikers. Denn wer sie *anerkennen* würde, würde sich selbst dadurch als „Gesetz", als „führende Avantgarde" und oft sogar als „Theoretiker" verleugnen. Und doch wurde diese wilde Demokratie durch die revolutionäre und libertäre Stimmung der Arbeiter ermöglicht, dieselbe Stimmung, die sie gegen Militärs und Faschisten marschieren ließ, bewegte sie dazu, alles oder fast alles zu kollektivieren und ihrer großartigen Ablehnung der Autorität Nahrung zu geben. Sicherlich – kaum ist die alte Welt zusammengebrochen, beeilen sich sämtliche Apparate, die „neue" aufzubauen, die wie zufällig die *wesentlichen* Werte der alten übernimmt! In ihnen werden die kaum geschminkten guten, alten Prinzipien der zeitgenössischen Knechtschaft für heilig erklärt – Autorität und Disziplin, Armee und Vaterland (jawohl, sogar das Vaterland!), Produktivität und Ordnung usw.

All das ist nicht neu. Im Gegensatz dazu ist aber das Verhältnis der Massen zur Autorität im damaligen Katalonien wenn nicht neu, so zumindest unüblich. Die Autorität versucht doch überall, sich nicht nur durch die geduldige und heimtückische Neuschaffung eines *totalitären* Staates wiederherzustellen, sondern auch durch die raffinierte Produktion von Trugbildern – so das Spektakel der Helden und der Führer, dieser jungen, mit Leder und Patronentaschen ausgerüsteten Generäle, die geradlinig vom französischen Jahr II[30] mit dem unvermeidlichen Umweg über die bolschewistische Ikonenwelt daherkommen. Kleber[31] und Boudienny[32] heißen jetzt Lister oder Durruti (aber erst als letzterer gestorben ist, was in seinem Fall vorsichtiger war). Das Bild der verehrten Führer (in deren erster Reihe natürlich Stalin, der nicht nur von den Stalinisten angebetet wurde), diese „Heiligenbilder" schmücken wie Blumen alle Mauern der zerbombten Städte und die Lokale aller politischen Organisationen. Jede Autorität hat die ihrigen, mit denen sie die Massen füttert, damit diese voller Frömmigkeit folgsamer werden. Ein strafender Finger zeigt auf den leseunkundigen Bauern oder den sich drückenden Arbeiter, der sich unvorsichtig mitten in diesem wundervollen „Heldenepos" in ein Abenteuer ohnegleichen gestürzt hat – er hat ganz einfach versucht, sein Leben zu ändern. Da war aber nicht *sein Platz*. Er wird also beschuldigt, den Krieg zu sabotieren. Er wird gleichfalls beschuldigt – denn die Heldentat ist zwar etwas sehr Gutes und sogar Unerlässliches, sie ist aber nicht *alles* –, die Produktion und selbstverständlich die Ordnung zu sabotieren, die verlangt, dass jeder an seinem Platz bleibt und die ihm durch die Autorität gestellten Aufgaben erfüllt. Es ist unvorstellbar, sagt die Autorität aus

30 Das 2. Jahr im Kalender der Großen Französischen Revolution (Anm. des Übers.).

31 Berühmter General der französischen Revolution (Anm. des Übers.).

32 Berühmter General der russischen Revolution (Anm. des Übers.).

der Sicht ihrer vielfältigen Blickwinkel – dem kommunistischen, republikanischen oder anarchistischen –, es ist unvorstellbar, dass die Fabriken „in den Händen der Arbeiter" sind. Das bedeutet nichts. Um eine Fabrik zu führen, braucht man einen *Direktor*, das versteht sich doch von selbst. Um die Wirtschaft zu organisieren und zu planen, braucht man Organisatoren, Spezialisten und Techniker, die über Wissen und Können verfügen. Dann schiebt jede Organisation „ihre" Spezialisten vor, die manchmal, wie wir sahen, die früheren Bosse sind, was auf eine gewisse Art logisch ist: Haben sie nicht ihre Fähigkeit, Bosse zu sein, gerade dadurch bewiesen, dass sie Bosse waren? Aber der Arbeiter, „Drückeberger", der sogar beschuldigt wird, „kapitalistische Interessen" zu haben (wie vor kurzem in China während der blutigen, schamhaft „Kulturrevolution" genannten Auseinandersetzungen zwischen den Fraktionen der Bürokratie), und der leseunkundige Bauer setzen allen Versuchen der Autorität einen großartigen Widerstand entgegen. Diese Autorität *erkennen* sie ganz einfach nicht an. Sie arbeiten und kämpfen – was die bürokratische Lüge auch immer sagen mag –, wie könnten sie sich übrigens anders verhalten? Sie lehnen die Anforderungen der Technik und der Kultur nicht ab, im Gegenteil – sie würden vielmehr dazu neigen, sie allzusehr zu respektieren, aber sie wollen selbst *entscheiden*, sie wollen Herren über ihr Leben und ihre Arbeit sein, wie hart und sogar erbärmlich diese auch sein mögen. Wenn das keine revolutionäre Haltung ist – was ist dann die Revolution?

Wie konnte also bei dieser rebellischen Stimmung und dieser von den Arbeitern erzwungenen wilden Demokratie der autoritäre Staat wiederhergestellt werden – besonders wenn ihm so schlecht gehorcht wurde? Wie konnte die Bewegung der Kollektivierungen eingeschränkt – wenn nicht liquidiert werden? Gerade durch eine besondere Art, die Klassensolidarität zu leben, die Treue zur Organisation und eine besondere Auffassung des Militantismus konnte die Autorität wieder „in die Köpfe" der Kämpfenden, sogar der rebellischsten, gebracht werden; durch diese *Kinder*treue zur Organisation – in dem Fall zur CNT-FAI – wurde letzten Endes bis zu einem gewissen Grad die außerordentliche Bedeutung dieser großen Verweigerung begrenzt. Das führt uns dazu, vom Phänomen der Bürokratisierung innerhalb der Bewegung der Kollektivierungen zu sprechen.

*

Immer wieder fehlt die Untersuchung dieses Phänomens in den Texten, die für oder gegen die Kollektivierungen berichten. Ich will hier von der bürokratischen Transformation der CNT-FAI am „Feuer" der Macht sprechen. Es wäre nur verlorene Zeit, wollte ich die bekannten Tatsachen wie die stalinistische Bürokratie betonen oder die der von ihr beherrschten Gewerkschaften wie zum Beispiel die UGT in Katalonien beschreiben.

In seiner Broschüre „Ne Franco, ne Stalin: L'attività sindacale nella transformazione sociale" („Weder Franco noch Stalin: Die Arbeit der Gewerkschaften in der sozialen Transformation")[33] nimmt Gaston Leval die Anschuldigungen einer wichtigen Schicht der CNT-Führer gegen den „Neokapitalismus der Arbeiter" (sic) in den Industrie- und Handelsbetrieben wieder auf, die allein und mit eigenen Mitteln handelten: diejenigen, die nach dem 19. Juli ihre Kassen voll und dann Absatzmärkte für ihre Produkte gefunden haben und zu den so genannten „reichen Kollektivitäten" wurden, die sich gemäß Leval nicht mehr für das öffentliche Wohl interessierten. Aber selbst die „armen Kollektivitäten" werden des Neokapitalismus beschuldigt, weil sie weder Rohstoffe noch Absatzmöglichkeiten hatten und Geld von der katalanischen Regierung leihen mussten, um die Arbeiter dafür zu bezahlen, „nichts zu tun". Was für ein unglaublicher Skandal! (Der Genosse Gaston hat anscheinend noch nicht verstanden, dass es wenig gebräuchlich ist, dass Kapitalisten Arbeiter dafür bezahlen, „nichts zu tun"...)

Für Leval wie für eine ganze CNT-Schicht ist die Lösung dieses Problems darin zu finden, was sie „Sozialisierung" (was für ein zweideutiges Wort!) nennen, das heißt die Verwaltung der integrierten Industriezweige durch die entsprechenden Gewerkschaften. Nun, gerade in der gewerkschaftlichen Verwaltung besitzt die bürokratische Ausprägung in Katalonien einen gewissermaßen originellen Aspekt. In dieser Epoche, so stellen wir fest, hat sich im Gegensatz zu dem, wie es vor der Revolution in der CNT aussah – wo die einzige bezahlte Stelle innerhalb einer Organisation mit über einer Million Mitgliedern die des Generalsekretärs war und dieser nie lange im Amt blieb, mit einem Wort: einer Organisation, die eine panische Angst vor dem Bürokratismus hatte und dieses mit jeder Organisation verbundene Phänomen bekämpfte – eine neue Schicht von *Gewerkschaftsfunktionären* in allen staatlichen bzw. rein gewerkschaftlichen Organen stark vergrößert, die sich mit der Verwaltung, Koordinierung, Planung und Kommerzialisierung der Produktion der kollektivierten Betriebe be-

33 Aus Gaston Leval, a.a.O., Mailand 1948, S. 36-38 und 40-41.

schäftigten oder beschäftigen wollte. Diese neue, von der produktiven Arbeit getrennte Schicht gewerkschaftlicher Verantwortlicher verfügte über eine reale Macht, die gleichzeitig wirtschaftlicher, politischer, militärischer und sogar *polizeilicher* Art war. In den Gemeinderäten, in der Staatsverwaltung – einschließlich der Regierungen – in den rein anarchistischen (CNT- FAI-FIJL)[34] bzw. zur antifaschistischen Allianz gehörenden politischen Organen, innerhalb der Verbände der Industrie- und Landkollektivitäten, in der aus Überbleibseln der Milizen gebildeten neuen Armee (wir werden weiter unten diese Frage behandeln), in der eigentlichen Polizei, die parallel zu der „legalen" agierte –, überall dort also, wo sich die neue Macht befindet, an der Spitze der neuen Hierarchie, findet man dieselbe Führungsgruppe wieder, diese Schicht von Gewerkschaftsverantwortlichen mit umfangreichen und vielfältigen Befugnissen, deren Erneuerung durch Wahlen immer mehr durch Kooptation ersetzt wird – der Krieg zwingt schließlich dazu, nicht wahr? Täuschen wir uns nicht, trotz ihrer schwarz-roten Fahne und des Geredes über die Freiheit haben wir es hier mit einer echten Bürokratie zu tun, das heißt mit einer *getrennten* Führerschicht, die sich aus den spezifischen Interessen einer Macht entwickelt, selbstverständlich einer ökonomischen und politischen Macht, und die „im Namen" des Proletariats – das heißt an seiner Stelle – spricht, während das Proletariat selbst immer weniger zu Wort kommen darf, bevor es ganz geknebelt wird!

„Für uns", schreibt Claude Lefort, „ist die Bürokratie eine Gruppe, die danach strebt, eine bestimmte Organisationsweise durchzusetzen, die sich unter bestimmten Bedingungen entwickelt und aufgrund einer bestimmten Lage von Wirtschaft und Technik entfaltet, die aber das, was sie ihrem Wesen nach bedeutet, nur kraft einer sozialen Tätigkeit ist. Jeder Versuch einer Erklärung der Bürokratie, der keine spezifische Verhaltensgrundform deutlich zum Vorschein bringt, scheint uns folglich von vornherein zum Scheitern verurteilt. Nur durch die Bürokraten existiert die Bürokratie, durch ihre gemeinsame Absicht, eine getrennte Welt abseits der Beherrschten zu bilden, an einer vergesellschafteten Macht teilzunehmen und sich gegenseitig gemäß einer Hierarchie zu bestimmen, die jedem entweder einen materiellen Status oder den eines Prestiges garantiert".

Aber – so Claude Lefort weiter – die Bürokratie kann nicht auf eine Summe gleicher Verhaltensweisen reduziert werden. Das Verhalten eines isolierten Individuums ist „unverständlich": „Nur wenn man

34 FIJL: Iberische Föderation der Libertären Jugend.

es in den Rahmen der Gruppe stellt, hat es einen Sinn. Denn die Bürokratie bildet sich durch eine unmittelbare Vergesellschaftung der Tätigkeiten und Verhaltensweisen. Hier ist die Gruppe keine Kategorie der Tätigkeit oder des sozio-ökonomischen Status – sie ist ein konkretes Milieu, aus dem jeder seine eigene Bestimmung schöpft. Durch diese Beobachtung kommt außerdem die Verbindung der Bürokratie mit der Masseninstitution deutlich zum Vorschein: Gerade in ihr – ob Ministerium, Gewerkschaft, Partei oder Industrieunternehmen – findet sie die ihr angemessene Form. Denn durch die Einheit des Rahmens, die gegenseitige Verflechtung der Aufgaben, die Zahl der Ämter, die Nähe der Menschen innerhalb jeden Sektors, die Perspektive einer zunehmenden Entwicklung der Institution und den Umfang des investierten Kapitals wird ein soziales Feld der Macht umrissen. Daher kommt es, dass die Identifizierung des Bürokraten mit dem Unternehmen, mit dem er verbunden ist, eine natürliche Vermittlung in dem Bewusstsein ist, zu dem die Gruppe über ihre eigene Identität gelangt. Diese Identifizierung (…) soll aber nicht verdecken, dass das Schicksal der Bürokratie ihr nicht strikt durch die technische Struktur der Masseninstitution aufgezwungen wird, sondern dass sie auch ihr eigenes Schicksal gestaltet. Als Agent einer ganz besonderen Strukturierung vervielfacht sie Ämter und Dienste, stellt Wände zwischen die verschiedenen Tätigkeitssektoren, schafft künstlich Kontroll- und Koordinationsaufgaben und reduziert eine zunehmende Menge an Arbeitern auf die Funktion der bloßen Ausführung, um ihnen auf jeder Ebene eine Autorität entgegenzustellen, die danach strebt, ihren maximalen Umfang durch die Schaffung eines möglichst differenzierten Systems von Abhängigkeitsbeziehungen zu erreichen".[35]

Gewiss konnte mitten im Bürgerkrieg und in den gewaltsamen sozialen Konflikten die Bürokratie in Katalonien nicht ihre endgültigen Merkmale erlangen – es handelte sich sozusagen um einen „Entwurf". Aber Leforts Definition passt perfekt. Diese „gewerkschaftliche" Bürokratisierung ist auch nicht monolithisch. Manchmal mit dem Staatsapparat verbunden, fließt sie mit ihm zusammen und tritt ihm zugleich entgegen. Gewerkschaftsfunktionäre, die die politische Situation in den ökonomischen Staatsapparat bringt, geraten in Konflikt mit Funktionären, die zwar eine bloß gewerkschaftliche Verantwortung haben, dennoch aber eine Verwaltungsmacht ausüben. Ohne weiter suchen zu müssen, kann man die „Industrieräte" als Beispiel anführen,

35 Claude Lefort, „Éléments d'une critique de la bureaucratie", Droz, Genève-Paris, S. 306-307.

in denen von der katalanischen Regierung delegierte CNT-Mitglieder und Mitglieder derselben Organisation, die durch die entsprechende Industriegewerkschaft delegiert worden waren, zusammen kamen. Die einen sollten die Staatsautorität und die anderen die Autonomie der Gewerkschaften und ihre Herrschaft über die Wirtschaft verteidigen (wobei beide in jedem Fall auf den Widerstand der „Basis" stießen). Ich spreche natürlich nicht von der noch schärferen Rivalität auf diesem wie auf anderen Gebieten zwischen der CNT und der UGT.

Die verschiedenen Ebenen der Bürokratie vorhandenen CNT-Verantwortlichen mussten sich auf die „Organisationsdisziplin" berufen, indem die einen verlangten, dass man die Autorität des Genossen Ministers (die in Katalonien am längsten von Anarchisten besetzten Ministerposten waren die der Wirtschaft und der Verteidigung) und die anderen die des Genossen Generalsekretärs der entsprechenden Gewerkschaft respektieren müsse. Es handelt sich dabei um etwas Wichtigeres als einen bloßen Streit zwischen Personen und Befugnissen, um viel mehr als nur um Unordnung und Amtsschimmel, die aus diesen wuchernden Komitees und Kommissionen folgten, die die von allen Zeugen erwähnten Kontrollen jeder Art – staatlicher, gewerkschaftlicher oder parteimäßiger Natur – ausübten, sich überlagerten und miteinander stritten. Es handelt sich um den Kampf um die Vormachtstellung zwischen zwei Tendenzen der Bürokratie: der einen, die ich eine „gewerkschaftliche" genannt habe und die in Katalonien fast ausschließlich durch die CNT-FAI vertreten war, und der anderen, der Staatsbürokratie, in der alle politischen und gewerkschaftlichen, antifaschistischen Organisationen – inklusive der CNT – vertreten waren, in der aber der Einfluß der Stalinisten mit jedem Tag stärker wurde.

Eine interessante theoretische Erklärung der erstgenannten Tendenz ist der in „Solidaridad Obrera" veröffentlichte Artikel von Juan Peiró, einem der einflussreichsten anarcho-syndikalistischen Führer (und Nicht-Mitglied der FAI) und damals Minister der Zentralregierung – was die Komplexität dieses Phänomens recht gut veranschaulicht. Während er nicht ohne Scharfblick den Mangel an einem die komplette Industrie der republikanischen Zone umfassenden Gesamtplan der Wirtschaft kritisiert, erklärt Peiró über die gewerkschaftliche Verwaltung:

> „Immer wieder schon wollte ich sagen und ich wiederhole es heute, dass man, bevor man Kollektivierungen und Sozialisierungen ins Auge fasst, die heute den ganzen üblen Beigeschmack von Zunftgeist haben, der Schaffung von Organen den Vorrang geben muss, die dazu fähig sind, die neue Wirtschaft *zu führen und zu verwalten* [von mir, C.S-M, hervor-

> gehoben], ohne dabei eine Vormundschaft irgendeiner Art vom Staat und seinen Institutionen zu brauchen. Aber die Organe schaffen, die wir dann benutzen werden, um die Kollektivierung und Sozialisierung des sozialen Reichtums zu strukturieren, das bedeutet auch eine Revolution. Denn Stellungen erobern und uns in ihnen entwickeln, damit wir fähig sind, wenn der Krieg einmal zu Ende ist, die neue Wirtschaft zu organisieren, das ist auch eine tief revolutionäre Aufgabe. Und zwar eine viel revolutionärere, als eine Wirtschaft zu zerstören, indem man Industrien expropriiert, kollektiviert oder sozialisiert – eine Aufgabe, auf die niemand vorbereitet war, unter anderem aus Mangel an passenden und spezifischen Organen, die für so eine ehrwürdige und erhabene politisch-soziale Aufgabe notwendig sind".[36]

Ein schönes Beispiel bürokratischer Sprache: die Kollektivierungen, die *nicht von oben beschlossen worden sind,* zerstören die Wirtschaft. Nach unserem Theoretiker soll die Schaffung der Führungs- und Verwaltungsorgane den Vorrang haben. Selbstverständlich wird die Bürokratie nicht genannt, aber gerade um sie handelt es sich, unter dem Mantel der Effektivität. Es ist also verboten, zu sozialisieren, zu expropriieren und zu kollektivieren, solange die neue Hierarchie nicht im Amt ist. Wobei der Genosse Minister als Vertreter der „gewerkschaftlichen" Tendenz jede „Einmischung" des Staates in die „neue Wirtschaft" zurückweist.

Der Sieg dieser Tendenz hätte den Sieg der CNT erfordert (dieser „anarchistischen Diktatur", die die Führer auf dem Altar der antifaschistischen Einheit geopfert haben). Wir wissen, dass es zu diesem Sieg nie gekommen ist, sogar als die CNT-FAI-Führer einen Augenblick lang *einen Putsch* ins Auge fassten![37] Die bürokratische Umwandlung der CNT-FAI lässt als denkbar erscheinen, dass die spanischen Anarchisten, auch wenn sie beabsichtigt hätten, die Macht zu ergreifen und wenn es ihnen gelungen wäre, *nichts anderes getan hätten*. Das heißt, dass sie die rivalisierenden Fraktionen der politischen Bürokratie (Kommunisten, Sozialisten und Republikaner) von der Macht beseitigt hätten, ohne dabei die „Macht" selbst zu zerstören. Vermutlich wäre am Ende dieses „Sieges" ein als „Zentraler Arbeiterrat" verkleideter bürokratischer Staat entstanden.

Wenn die bürokratische Tendenz, die während des gesamten Bürgerkriegs um die Vorherrschaft im Staat gekämpft hat (einem Staat,

36 Aus „Solidaridad Obrera" vom 26. Januar 1937.

37 Vgl. zu dieser „Affäre" die Anmerkung VI im Anhang.

der sich als legal, republikanisch und demokratisch darstellte, der aber schon die Zeichen einer „Volksdemokratie" in sich trug), den Sieg davongetragen hätte, hätte sie die Gewerkschaften wieder an den gebührenden Platz gestellt – sie wären zu einem bloßen Rädchen im Dienste des Staates geworden. Trotz seiner ständigen Stärkung konnte der Staat aber die CNT-Gewerkschaften und die Arbeiterautonomie nie ganz unterwerfen. Der PSUC-Führer Comorera musste bei einer Versammlung seiner Partei im Januar 1938 in Lérida diese Niederlage zugeben, von der er aber hoffte, sie würde nur vorübergehend sein:

> „Man kann die Gewerkschaften nicht von der wirtschaftlichen Führung des Landes ausschließen. Erstens, weil die Regierung noch immer nicht über einen gut genug ausgestatteten wirtschaftlichen Apparat verfügt, um die ganze Verantwortung für die Führung allein zu übernehmen. Zweitens ist Katalonien ein Land mit einer alten, tief verwurzelten gewerkschaftlichen Tradition. Wir können also nur stufenweise vorgehen (…) Es ist heute absolut notwendig, dass alle Gewerkschaftszentralen an der wirtschaftlichen Führung des Landes beteiligt sind".[38]

Man darf nicht vergessen, dass alle Organisationen, einschließlich der CNT, innerhalb der „staatlichen" Tendenz vertreten waren und dass eine Organisation bzw. ein Block von Organisationen zuerst die übrigen hätte beherrschen und die ganze Macht im Staatsapparat und dann im Land hätte übernehmen müssen, um die Teilung der Verantwortung für die Wirtschaftsführung mit den Gewerkschaften zu ihrem Vorteil abzuschaffen. Die Stalinisten und ihre Verbündeten erzielten gute Erfolge auf diesem Weg, ohne sich jedoch ganz durchsetzen zu können.

Der Konflikt wurde durch Francos Sieg negativ gelöst, die Vorstellung, dass im Falle eines republikanischen Sieges der Kampf zwischen den verschiedenen Tendenzen der Bürokratie durch Waffen geschlichtet worden wäre, ist allerdings keineswegs absurd. Das sei hier nicht gesagt, um mit historischen Hypothesen zu jonglieren, sondern nur um zu zeigen, wie vielfältig die Wege sind, die zum bürokratischen Staatskapitalismus führen können.

*

Was die Arbeiter betrifft, die das letzten Endes beispielhafte Werk der Kollektivierungen verwirklichten und tausenden von Schwierigkeiten

38 Zitiert von G. Munis: „Jalones de derrota, promesa de victoria", Ed. Lucha Obrera, Mexiko 1948, S. 348.

und den Angriffen aller Bürokratien ausgesetzt waren, so gelang es ihnen nicht, den Gegenangriff zur Verteidigung und Vertiefung ihrer Errungenschaften zu organisieren. Sie übten passiven Widerstand: Sie wandten die Dekretsbestimmungen nicht an und gehorchten den Befehlen und Anweisungen der CNT-Führer nicht. Wenn sie wegen dringenden Geldmangels einen durch die Generalitat ernannten Direktor akzeptieren mussten, gehorchten sie ihm nicht, sobald er seine Stellung eingenommen hatte – und so weiter und so fort. Durch diesen „defensiven" Widerstand wurde die Isolierung jedes einzelnen Betriebes verstärkt und sogar gerechtfertigt. Innerhalb jeden Betriebs (wenn sich auch manchmal eigennützige Motivationen daruntermischten) waren die Arbeiter *die Herren.* Sobald sie diesen Rahmen überschritten und ein lokales bzw. regionales Projekt entwarfen, rissen die Gewerkschafts- und Staatsbürokraten es im Namen der Rationalität, der Planung, des Krieges oder der Staatsräson an sich. Da sie sich enteignet fühlten, flüchteten die Arbeiter in ihre Betriebe wie in belagerte Festungen. Nur in kleinen Städten und Dörfern Kataloniens und Aragons war, wie schon gesagt, eine direkte Demokratie möglich – also ein von allen diskutierter und gebilligter lokaler Gesamtplan, der Industrie- und Landbetriebe, kulturelle und sonstige Aktivitäten umfasste.

Und doch stellten die Arbeiter nie die gewerkschaftliche Struktur in Frage, und sie scheinen sich des bürokratischen Phänomens nicht gänzlich bewusst geworden zu sein. Den militanten CNT-Mitgliedern war ihre Organisation heilig, auch wenn einige ihrer Führer es nicht waren. Dadurch lässt sich vermutlich erklären, warum niemals ernsthaft versucht wurde, die Hierarchisierung innerhalb der CNT zu brechen und den Stimmen der Arbeitermassen Gehör zu verschaffen, sowie eine wirkliche demokratische Koordination zu organisieren. In einem bestimmten Augenblick wäre es möglich gewesen (was natürlich nur so eine Redensart ist: Da die Arbeiter sich die Frage gar nicht gestellt haben, bleibt diese *Möglichkeit* abstrakt), den Gewerkschaftsfunktionären die gewählten – und jederzeit absetzbaren – Delegierten der Arbeiter entgegenzusetzen. Diese Delegierten, die ihre Arbeit in ihren Betrieben nicht aufgegeben hätten, hätten bei jeder zwischenbetrieblichen Zusammenkunft andere sein können. Als von den Betriebsvollversammlungen ständig neu bestimmte Delegierte hätten sie selbstverständlich eine praktische Koordination und Solidarität zwischen den verschiedenen katalanischen Industrieunternehmen und -zweigen schaffen können. Hätte eine solche Initiative stattgefunden, so hätte sie den ersten Schritt der Arbeiteroffensive gegen die Bürokratie bilden können. Angesichts des *Abhängigkeits*verhältnisses der revolutionären

Arbeiter und ihrer Organisation (der CNT in diesem Fall) konnte aber nicht nur die widerstandleistende und sich weigernde „Basis" – die nie zur offenen und generalisierten Gegenoffensive gegen die Bürokratie überging –, sondern auch die Bürokratie eine solche Initiative nur für ein Sakrileg halten. Nebenbei gesagt hätte die Bürokratie nicht gezögert, jeden als faschistischen Saboteur festzunehmen, der offen die gewerkschaftliche Struktur und die Organisation „von Gottes Gnaden" angezweifelt hätte.

*

Das Problem der Bürokratie ist kein zweitrangiges Problem der zeitgenössischen Gesellschaft im allgemeinen und auch nicht des revolutionären Katalonien im besonderen. Es handelt sich keineswegs um eine Randerscheinung, die durch man weiß nicht welche positive Entwicklung der „demokratischen Institutionen" oder das „Recht auf Tendenz" reduziert werden kann. Das Problem der Bürokratie ist ein zentrales Problem unserer Zeit. Gewiss sind seit der spanischen Revolution die bürokratischen Experimente vielschichtiger geworden – sowohl durch den Sieg der totalitären Bürokratien in zahlreichen und großen Ländern als auch durch die Bürokratisierung des modernen Kapitalismus. Und es sollte heute für alle vollkommen klar sein, dass die eventuellen Unterschiede zwischen den beiden Systemen – dem „sozialistischen" und dem „kapitalistischen" – den gemeinsamen, aus Ausbeutung und Lüge bestehenden Stamm nicht mehr verbergen können.

Denn die bürokratische Verwaltung gründet sich ebenso wie die kapitalistische – und manchmal sogar *mehr* – auf Ausbeutung und Entfremdung der Arbeiter. Es wäre notwendig, ein für allemal mit den alten staubigen Mythen Schluss zu machen, nach denen die bürokratische Verwaltung (dieses so genannte „sozialistische Eigentum an den Produktionsmitteln") einen großen Schritt in Richtung auf die richtige Gesellschaft darstellt, da sie das „Privateigentum an den Produktionsmitteln" abgeschafft hat. Der Beweis ist heute vorhanden – und mit welcher offensichtlichen Deutlichkeit durch die Erfahrung all der Arbeitslager, die mit großer, schwungvoller Paranoia „sozialistische Länder" getauft werden! –, dass das Privateigentum an den Produktionsmitteln weder „die Entwicklung der Produktivkräfte hemmt" – gemäß der marxistischen These – noch die einzige moderne Ausbeutungsform ist.

Aber 1936-1937 war das einzige Vorbild einer bürokratischen Gesellschaft selbstverständlich die UdSSR. Die spanischen Stalinisten strebten über den Umweg der republikanischen Legalität nach diesem Vorbild des „Sozialismus". Auch die POUM-Mitglieder und zahlreiche Linkssozialisten schielten auf die sowjetische Gesellschaft, bloß mit einigen Verbesserungen. Damals sah niemand die Gefahr, keiner war sich dessen voll bewusst, was bei dem in Katalonien geführten Kampf auf dem Spiel stand, noch wurde das wirkliche Wesen der sowjetischen Gesellschaft klar erkannt. Sogar die ihren Ideen treu gebliebenen anarchistischen Schichten, die sozusagen instinktiv dem diktatorischen Aspekt des sowjetischen Regimes und der KP misstrauten, hatten die Bedeutung seiner bürokratischen Erscheinung nicht analysiert und nur eine verschwommene und oberflächliche – wenn auch nicht falsche – Vorstellung der Klassenverhältnisse in der UdSSR.

„Die russische Gesellschaft ist eine in Klassen geteilte Gesellschaft", schreibt Pierre Chaulieu[39] richtig, „von denen die beiden Hauptklassen die Bürokratie und das Proletariat sind. Die Bürokratie spielt die Rolle der im vollen Sinne des Wortes herrschenden und ausbeutenden Klasse. Nicht nur dadurch, dass sie die privilegierte Klasse ist und durch ihren unproduktiven Konsum einen Teil des Sozialproduktes absorbiert, der dem vergleichbar (und vermutlich größer) ist, der durch den unproduktiven Konsum der Bourgeoisie in den privatkapitalistischen Ländern absorbiert wird, sondern auch dadurch, dass sie selbstherrlich die Nutzung des gesamten Sozialproduktes bestimmt. Das tut sie, indem sie zunächst die Verteilung in Löhne und Mehrwert bestimmt (wobei sie gleichzeitig versucht, den Arbeitern möglichst niedrige Löhne aufzuzwingen und aus ihnen die größtmögliche Arbeitsquantität herauszupressen) und dann die Verteilung dieses Mehrwerts zwischen ihrem eigenen unproduktiven Konsum und den Investitionen in die verschiedenen Produktionssektoren diktiert.

Aber die Bürokratie kann die Verwendung des Sozialproduktes nur deshalb bestimmen, weil sie die Produktion bestimmt. Da sie die Produktion auf Fabrikebene *verwaltet*, kann sie die Arbeiter ständig dazu zwingen, für denselben Lohn mehr zu produzieren; da sie außerdem die Produktion auf Gesellschaftsebene verwaltet, kann sie die Produktion von Kanonen und Seide statt Wohnungen und Baumwollstoffen beschließen. Man stellt also fest, dass Wesen und

39 Pierre Chaulieu ist ein Pseudonym des in Griechenland geborenen Philosophen und Ökonomen Cornelius Castoriadis (1922-1997) (Anm. d. Setzers).

Grundlage der Bürokratie in der russischen Gesellschaft in der Tatsache liegen, dass sie über die Produktionsbeziehungen herrscht; zugleich stellt man auch fest, dass dieselbe Funktion zu jeder Zeit der Herrschaft einer Klasse über die Gesellschaft zugrunde lag. Mit anderen Worten macht in jedem Augenblick die antagonistische Teilung derjenigen, die an der Produktion teilnehmen, in zwei feste und beständige Kategorien – Führer und Ausführende – das aktuelle Wesen der Klassenbeziehungen in der Produktion aus. Das übrige betrifft die soziologischen und juristischen Maßnahmen, die die Stabilität der herrschenden Schicht garantieren – so zum Beispiel das Feudaleigentum an Boden, das kapitalistische Privateigentum oder diese seltsame Form des nicht-persönlichen Privateigentums, die den aktuellen Kapitalismus kennzeichnet, und in Russland zum Beispiel die totalitäre Diktatur des die allgemeinen Interessen der Bürokratie ausdrückenden Organs, das heißt der ‚Kommunistischen Partei', und die Tatsache, dass die Mitglieder der herrschenden Klasse durch eine auf die Ebene der globalen Gesellschaft ausgeweitete Kooptation geworben werden."[40] (Selbstverständlich gilt das heute sowohl für Russland als auch für China, Rumänien, Kuba usw. und es ist genau das, was beim Klassenkampf im revolutionären Katalonien auf dem Spiel stand.)

Es ist keineswegs neu zu behaupten, der gordische Knoten der Ausbeutung sei in den Produktionsbeziehungen zu finden. Diese werden durch den Antagonismus Führer-Ausführende beherrscht, was bedeutet, dass der Arbeiter, der im Produktionsprozess die Rolle eines bloßen Ausführenden spielt, jeder Entscheidung über seine Arbeit und jeder Interventionsmöglichkeit beraubt und zum einfachen Rädchen in einer Tätigkeit wird, die von anderen – den Führern – beschlossen und organisiert wird, die sich den „Ertrag" aneignen und selbstherrlich über dessen Verwendung entscheiden. Es liegt auf der Hand, dass die Produktionsbeziehungen auf dieser Ebene identisch sind, ob die Fabrik nun einem kapitalistischen Konzern (mit seinen an der Börse gehandelten Effekten) oder einem Staatskonzern gehört. Die eventuell vorhandenen Unterschiede zwischen beiden Systemen – die in der hier von uns behandelten Epoche viel deutlicher waren, seitdem aber dazu tendieren, durch die beschleunigte Bürokratisierung des Kapitalismus verwischt zu werden – ändern nichts Wesentliches an der Ausbeutung und Entfremdung des Lohnarbeiters in den modernen Gesellschaften.

40 Pierre Chaulieu: „Sur le contenu du socialisme" („Über den Inhalt des Sozialismus"), in „Socialisme ou Barbarie", Nr. 17, S. 6-7.

Die Ausbeutung und Entfremdung des Arbeiters wird hier deshalb von mir betont, weil sie eins der Lieblingsthemen der bürokratischen Lüge ist (nach der die Arbeiter, *sie selbst*, die bürokratische Verwaltung vorziehen! Ein echter Witz!). Offensichtlich aber müssen die gesamte Gesellschaft, die gesamten menschlichen Tätigkeiten und das gesamte alltägliche Leben unter der Ausbeutung, der Entfremdung und der hierarchisierten Aufteilung in Führer und Ausführende leiden und gegen sie kämpfen. Denn der enteignete Arbeiter – wie alle anderen auch – kann natürlich nicht als Staatsbürger wirksam eingreifen und wirklich an den Beschlüssen der Staaten über die Verwendung des Ertrags seiner Arbeit oder sogar über sein eigenes Leben beteiligt sein. Hier wirkt sich der Vergleich noch deutlicher zum Nachteil der totalitären Regimes aus (ob „sozialistisch" oder nicht). All die kleinen „revolutionären" Pfaffen können sich noch so sehr über die – bürgerlich genannten, demokratischen Freiheiten lustig machen, schafft man sie ab, ist es noch schlimmer.

All das scheint mir dazu geeignet, den Inhalt des Klassenkampfes in Katalonien zu erhellen. Hinter der Propaganda der Linksparteien und ihren mehr oder weniger gemäßigten („Für die Beibehaltung wichtiger Sektoren des Privatkapitalismus aus politischen Gründen!") oder „revolutionären" Programmen („Für die Beschleunigung der *Verstaatlichung* der Wirtschaft!") flammt der Kampf zwischen der Arbeiterselbstverwaltung und der bürokratischen Verwaltung auf (mit ihrer einigermaßen neuartigen, durch führende Kreise der CNT vertretenen Version). Die Herrschaft des Staates über die Ökonomie – und das soziale Leben im allgemeinen – scheint mir aus der politischen und sozialen Entwicklung der spanischen Republik während des Bürgerkriegs deutlich herauszulesen zu sein. (Aber Francos Sieg stellte auch *auf seine Art* eine Verstaatlichung der Gesellschaft und der Wirtschaft mit ihrer bürokratischen Folgeerscheinung dar, die sich heute nicht ohne Mühe dem annähert, was einige Soziologen die „Industriegesellschaften" nennen).

Die Arbeiter, die monatelang die Selbstverwaltung zahlreicher Industrie- und Landwirtschaftssektoren (und auch der Kultur, des Bildungswesens usw.) verteidigt haben, hatten also nicht nur die Militärs und Faschisten zum Feind, die die herrschenden Klassen der Bourgeoisie und der Großgrundbesitzer vertraten, sondern „objektiv" auch die neuen bürokratischen Sektoren, die, obwohl sie unter denselben Fahnen standen, sich darauf vorbereiteten – und schon damit angefangen hatten – in zum Teil neuen Formen die alte Ausbeutung der

Lohnarbeit und die totalitäre Hierarchisierung des gesellschaftlichen Lebens wiederherzustellen.

Man muss hier also noch einmal die subtile Herstellung von Mechanismen in der Gesellschaft hervorheben, die immer wieder, wenn auch nicht immer identisch, darauf hinwirken, auf der Ebene der Produktion sowie der gesamten Gesellschaft die Teilung in Führer und Ausführende wiederherzustellen. Die Rolle, die hier (wie anderswo) in diesem Prozess durch die politischen und gewerkschaftlichen Organisationen „der Arbeiterklasse" gespielte wird, liegt so deutlich auf der Hand, dass man sich die Frage stellt, welche neuen Beweise noch nötig sind, um zu zeigen, dass Parteien und Gewerkschaften – schon seit langem – zu den spezifischen Werkzeugen des generalisierten Zwangs in den modernen Gesellschaften gehören.

V. KAPITEL „MILIZIONÄRE – JA! SOLDATEN – NIEMALS!"

Nach den Juni-Tagen von 1936 gab es keine Armee und keine Polizeikorps mehr – in der Etappe wie an der Front verteidigten die Arbeitermilizen die Revolution. Auch hier war die Generalitat gezwungen, die revolutionären Initiativen anzuerkennen, bis „bessere Tage" kommen würden: So gründete Companys am 21. Juli 1936 per Dekret die Arbeitermilizen, die den militärischen Aufstand in Katalonien schon in den vorangegangenen Tagen niedergeworfen hatten. Durch dieses Dekret wurde den Milizen eine provisorische und defensive Rolle zugeteilt. Enrique Pérez Farràs wurde zum „militärischen Befehlshaber der Milizen" und Luís Prunes i Sato zum Verteidigungskommissar bei der Generalitat ernannt, „mit allen für die Organisation dieser Milizen notwendigen Befugnissen".

Praktisch haben die Arbeiterorganisationen die Milizkolonnen gebildet, bewaffnet und kontrolliert; jede Organisation hatte ihre Kolonne. Das von der Generalitat gebildete Verbindungskomitee legalisierte nur bereits ergriffene Initiativen und notwendige Beschlagnahmungen für die Bewaffnung, Verproviantierung und den Transport der Milizen.

> „Die anti-faschistischen Milizen Kataloniens waren wie folgt zusammengesetzt: CNT-FAI: 13.000 Mann; UGT: 2.000; POUM: 3.000; Polizei und Generalitat: 2.000"[1].

Die Mehrheit der Milizmitglieder kam also aus der CNT-FAI. Dieselbe Organisation hatte die Initiative für den Marsch auf Saragossa ergriffen, einer Stadt, in der der Anarcho-Syndikalismus tief verwurzelt war und die sich in den Händen der Militärs befand. Vier Tage nach Beendigung der Kämpfe in Barcelona drang diese Kolonne in Aragon ein. Die Eisenbahner stellten den Milizionären einen eilig gepanzerten Zug zur Verfügung; diese hatten ihrerseits Personen- und Lastwagen

1 André & Doris Prudhommeaux, *La Catalogne Libertaire, 1936-1937*, Ed. Cahiers Spartacus, 1940, S. 6. (deutscher Ausgabe: „Bewaffnung des Volkes: Aufbau, Organisierung und Kämpfe der Volksmiliz im spanischen Bürgerkrieg", West-Berlin 1974)

beschlagnahmt. Sie rückten in der Begeisterung der ersten Siege vor und befreiten zahlreiche Städte und Dörfer Aragons. Aber die bestens bewaffneten Militärs, die sich in der Stadt und den umliegenden Bergen verschanzt und aus dem Fluss (Ebro) ein unüberschreitbares Hindernis gemacht hatten, stoppten den Vormarsch der Milizionäre. Die Stadt wurde nie erobert.

Man kann sich darüber wundern, dass es niemandem einfiel, um die Stadt herumzugehen, hinter den feindlichen Linien anzugreifen und den Feind zu überrumpeln. Man hätte sich nur der Taktik des Guerillakrieges gegen Napoleon in Spanien zu erinnern brauchen[2]. So aber stellt, wie wir weiter unten sehen werden, die Niederlage von Saragossa nur ein Beispiel von vielen für die Unfähigkeit der Milizen und vor allem der einige Monate später gegründeten so genannten „Volks"armee dar, einen wirklichen Guerillakrieg zu führen.

Der Führer dieser Kolonne war Buenaventura Durruti, einer der populärsten Militanten in der anarchistischen Bewegung und einer dieser „natürlichen Führer", die oft mehr Gehör als die Sekretäre fanden (die große Mehrheit dieser „natürlichen Führer" bekleiden während des spanischen Bürgerkrieges die höchsten *offiziellen* Ämter im Staatsapparat, in den Gewerkschaften, der Armee usw. und verlieren damit ihre „natürliche" Spezifität). Der Berufsoffizier Perez Farras ist ihr militärischer Ratgeber. Für die anarchistische Literatur ist Durruti das Symbol der sozialen Umwälzungen geworden, die den Vormarsch seiner Kolonne begleiteten. Für andere ist er ein „Totschläger", der den libertären Kommunismus in Aragon durch Terror aufgezwungen hat.[3] Man neigt immer dazu, Ereignisse mit der Gestalt eines „Helden" zu verbinden. Nun war Durruti weder ein „Totschläger" noch der Erzengel der sozialen Revolution. Zweifellos ließ sich seine Kolonne Übergriffe zuschulden kommen, sie wirkte aber bei der Bildung der „libertären Gemeinden" wie ein Gärungsmittel. Die anarchistischen Bauern warteten jedoch nicht auf seine „Befehle", um die Kollektivierungen durchzuführen: Francos Aufstand und der revolutionäre Gegenschlag, der Einmarsch der Milizkolonne in Aragon – all das betrachteten diese Bauern als *Zeichen* dafür, dass die Stunde der sozialen Revolution geschlagen hatte. Wie bei den Industriekollektivierungen ist die Bewegung auf dem Land durch ihre *Spontaneität* gekennzeichnet. Gewiss förderte

2 Der napeolischen Feldzug auf der iberischen Halbinsel dauerte von 1807 bis 1814 (Anm. d. Setzers).

3 Über diese Erschießungen siehe Anmerkung VII im Anhang.

die *Anwesenheit* der anarchistischen Milizionäre die Bildung der libertären Gemeinden, aber sie *schufen* sie nicht.

Durruti beschreibt die Aktion „seiner" Kolonne wie folgt:

> „Wir machen Krieg und Revolution zugleich. Die revolutionären Maßnahmen werden nicht nur in Barcelona ergriffen, sie erstrecken sich bis zur Front. Jedes von uns zurückeroberte Dorf fängt an, sich revolutionär zu organisieren. Eine Niederlage meiner Kolonne wäre etwas Entsetzliches, denn unser Rückzug wäre anders als der jeder Armee: Wir müssten mit allen Bewohnern der Dörfer zurückmarschieren, durch die wir gezogen sind. Von der Front bis nach Barcelona. Auf dem Weg, den wir gegangen sind, gibt es nur noch Kämpfer. Alle arbeiten für den Krieg und für die Revolution. Das macht unsere Kraft aus".[4]

Das ist eine Strategie des revolutionären Krieges, die der Situation recht gut entspricht, aber leider nicht ausreichend entwickelt wurde. Durruti war nicht der einzige dieser berühmten Führer von anarchistischen Kolonnen – wie zum Beispiel Domingo Ascaso, Cipriano Mera, Ricardo Sanz usw. –, die zu Kriegsbeginn aus ihren Kolonnen die Speerspitze der sozialen Revolution machen wollten. Er fand aber in Aragon, wie gesagt,, die begeisterte Unterstützung der armen Bauern und der Arbeiter, die sich in das außerordentliche Abenteuer der „libertären Gemeinden" stürzten. Doch akzeptierten all diese zu Kolonnenführern gewordenen „natürlichen Führer" einschließlich Durruti die Militarisierung, und ihr Beispiel und Prestige war schwerwiegend. Die Rolle dieser Führer ist zweideutig gewesen: Da sie eine „Vergangenheit voller Kämpfe" hatten, stellten sie sich mit großem Mut an die Spitze der Kämpfe in Barcelona (ich spreche hier weiter von den anarchistischen Führern), konnten die Massen mitreißen, Ideen vortragen und Initiativen ergreifen, haben sie Gehör gefunden und sich Gehorsam verschafft. Gerade deswegen, weil sie Gehör gefunden und sich Gehorsam verschafft haben, konnten sie sich von den Massen trennen und die spezifische Rolle von führenden Bürokraten spielen, je mehr die Herausbildung neuer sozialer Schichten voranschritt. Dies gilt für die allgemeine Entwicklung der Revolution, und auch für die Frage der Militarisierung der Milizen, denn aus der ursprünglichen „Armee der sozialen Befreiung" werden sich die ersten Milizkolonnen in eine schlechte Armee „preußischen" Typs umwandeln.

4 Peirats, a.a.O., Band I, S. 220.

Am 20. November 1936 wurde Durruti in Madrid getötet – auf geheimnisvolle Weise, über die allerlei Hypothesen aufgestellt worden sind[5] –, wohin seine Kolonne nach der faschistischen Offensive gegen die Hauptstadt zur Verstärkung geholt worden war. Man weiß zwar, dass er die Militarisierung akzeptiert hatte, man kann aber nicht wissen, ob er all ihre reaktionären Auswirkungen akzeptiert hätte. Aber was nützt es, Vermutungen darüber anzustellen?

*

In den ersten Kriegsmonaten waren die Milizen durch ihren antiautoritären Geist gekennzeichnet.

> „…Es gab weder Dienstgrade, Orden, Embleme noch Unterschiede in Ernährung, Bekleidung und Unterbringung. Die wenigen Berufsmilitärs, deren Dienste man akzeptierte, waren nur Ratgeber. Die Basiseinheit war die Gruppe, die im allgemeinen aus zehn Mann bestand; jede Gruppe wählte einen Delegierten, dessen Funktionen denen eines Unteroffiziers untersten Grades ähnelten, aber ohne die entsprechende Autorität. Zehn Gruppen bildeten eine Hundertschaft, die gleichfalls ihren eigenen Delegierten wählte, und eine bestimmte Anzahl von Hundertschaften bildeten eine Kolonne, an deren Spitze ein Kriegskomitee stand. Dieses Komitee wurde auch gewählt und je nach Bestimmung der Kolonne in verschiedene Sektionen aufgeteilt. Das Amt eines Gruppen- bzw. Hundertschaftsdelegierten und das eines Mitglieds des Kriegskomitees hatten nicht das Vorhandensein eines ständigen Stabs mit speziellen Vorrechten zur Folge, da alle Delegierten abgesetzt werden konnten, sobald sie mit der Interpretation der Wünsche derer, die sie gewählt hatten, schlechten Erfolg hatten".[6]

Einen solchen, für die Anarchisten typischen antiautoritären Geist gab es nicht in allen Milizkolonnen, aber meistens ersetzten die „Verteidigung eines Ideals" und die Begeisterung die militärische Disziplin. Alle anfänglichen Kämpfe gegen Armee, Polizei und faschistische Freiwillige, sei es in den Städten oder auf offenem Gelände, wurden mit Erfolgen und Rückschlägen durch diese Milizkolonnen getragen. Aber der Mangel an einer typisch militärischen Disziplin wurde von allen Führern als der

5 Über Durrutis Tod vgl. Anmerkung VIII. im Anhang. (Siehe auch das Kapitel *Die Tode Durrutis* in Abel Paz: *Durruti. Leben und Tode des spanischen Anarchisten*, Verlag Edition AV, Bodenburg 2021 S. 551-588, Anm. d. Setzers).

6 Aus B. Bolloten, a. a. O., S. 2.19.

hauptsächliche und oft als einziger Grund für diese Rückschläge gehalten. Der Schlüssel zum Sieg bestände – so sagten sie – in der Einführung einer eisernen Disziplin und folglich in der *Militarisierung* der Milizen.

*

Um den Arbeitermilizen ein Gegengewicht gegenüberzustellen, mobilisierte schon Ende Juni 1936 die damals von José Giral geführte Zentralregierung zwei Jahrgänge. Diese Maßnahme blieb zuerst ohne praktische Wirkung, da die große Mehrheit der eingezogenen Männer bereits an der Front war, in den Milizen, und da die Regierung damals über keinerlei Zwangsmittel gegen die wenigen „Drückeberger" verfügte. Am 3. August wurde ein neues Dekret erlassen, das die Bildung von „Freiwilligenbataillonen" ankündigte.[7] Aber die Freiwilligen gingen weiter zu den Arbeitermilizen.

Die Regierung, die fest entschlossen war, „ihre" Armee aufzustellen, um den Arbeitermilizen nicht weiter das Monopol über die Kriegsführung zu überlassen, gab nicht nach und zwei Wochen später, am 18. August 1936, veröffentlichte Giral mit der Unterstützung der Stalinisten (wie er selbst es B. Bolloten erklären sollte) „eine ganze Reihe neuer Dekrete mit dem Zweck, mit den Soldaten der 1. Reserve und Offizieren und Unteroffizieren, für deren Treue eine Volksfrontpartei bzw. -gewerkschaft hätte bürgen sollen, eine ‚Freiwilligenarmee' zu bilden"[8]. All diese Dekrete treten aber nie in Kraft, nicht nur weil die Freiwilligen schon kämpften, sondern auch wegen des großen Misstrauens der CNT-FAI und der sozialistischen Linken – und das waren immerhin sehr viele – gegenüber José Giral und seiner für allzu bürgerlich gehaltenen Regierung. Diese Organisationen, die den größten Teil der Milizen kontrollierten, wollten ihre militärische Autorität nicht an eine Regierung abtreten, die sie nicht wirklich *akzeptierten*. Erst später, als mit der Regierung Largo Caballero eine Art „Arbeiter"regierung gebildet wurde, gelang es der Zentralregierung und dann der Generalitat vor allem durch die Manöver der Stalinisten und der Erpressung mit den russischen Waffen gegen Francos Armee eine republikanische Armee *gleicher Art* zu schaffen. Was ganz offensichtlich und an und für sich ein Misserfolg war.

7 Vgl. Fernando Diaz-Plaja: „El Siglo XX. La Guerra 1936-39" („Das 20. Jahrhundert. Der Krieg 1936-39"), Ed. Faro, Madrid 1963, S. 194-195.

8 B. Bolloten, a.a.O., S. 208.

In Katalonien stößt der Versuch, die alte hierarchische Armee klassischen Typs wiederherzustellen, auf einen besonders entschlossenen Widerstand. „Bei einem militärischen Mobilisierungsversuch der Madrider Regierung und der Generalitat fand auf den Straßen Barcelonas eine Invasion der jungen Rekruten aus den Jahren 33/34 und 35 statt, die sich weigerten, zu ihren Einheiten zu gehen, da sie den Offizieren nicht vertrauten und sich von der alten militärischen Auffassung der Kasernierung befreit glaubten. Viele von ihnen meldeten sich bei den Milizen; einige wollten sogar sofort nach Saragossa gehen." Bei einer großen Versammlung, zu der 10.000 junge Männer zusammengekommen waren, wurde folgende Tagesordnung gebilligt:

> „Wir weigern uns nicht, unsere staatsbürgerliche und revolutionäre Pflicht zu erfüllen. Wir wollen unsere Brüder in Saragossa befreien. Wir wollen Milizionäre der Freiheit und keine uniformierten Soldaten sein. Die Armee hat sich als eine Gefahr für das Volk erwiesen; nur die Volksmilizen schützen die öffentliche Freiheit; Milizionäre, ja! Aber Soldaten, niemals!"[9]

Damals unterstützt die katalanische CNT-FAI-Föderation diese Haltung, indem sie erklärt: „Wir können weder die Existenz eines stehenden Heeres befürworten noch die Notwendigkeit eines solchen mit Uniformen und Arbeitsdiensten einsehen. Diese Armee muss durch Volksmilizen ersetzt werden, durch das bewaffnete Volk als die einzige Garantie dafür, dass die Freiheit mit Begeisterung verteidigt wird und keine neuen Verschwörungen im Schatten vorbereitet werden".[10] Schließlich billigt das Zentralkomitee der Milizen am 6. August eine Kompromisslösung, nach der beschlossen wird, „dass die Soldaten der Rekrutierungsjahre 1934/1935 und 1936 sofort zu ihren Kasernen stoßen und sich den dem ZK unterstehenden Milizenkomitees zur Verfügung stellen"[11].

Die Offensive gegen die Milizen und für eine reguläre Armee wird verstärkt, und schon im September 1936 macht sie erste Fortschritte. Am 4.September ist mit der Bildung von Largo Caballeros Regierung[12] eine wichtige Stufe im Wiederaufbau des Staates erreicht. Tatsächlich nimmt die neue Regierung, die sich auf einen wichtigen Sektor der kom-

9 Prudhommeaux, a.a.O., S. 9-10.

10 Peirats, a.a.O., S. 195.

11 Ebenda.

12 Über die Bildung dieser Regierung vgl. Anmerkung IX im Anhang.

munistischen und sozialistischen Arbeiterorganisationen stützen kann und der Anarchisten und Republikaner trotz allem gewogen sind, das in Angriff, was der Regierung Giral trotz stalinistischer Unterstützung – vor allem, was die Armee betrifft – nicht gelungen war, und sie setzt es allmählich durch.

Am 10. Oktober wird per Dekret die Volksarmee gegründet und die Milizen werden militarisiert. Am 15. Oktober wird das „Comisariado General de Guerra" („Generalkommissariat des Krieges") gebildet, dem die politischen Kommissare der Armee unterstehen (es gab selbstverständlich schon ein Kriegsministerium, dem Largo Caballero selbst vorstand, der diese Funktion und die des Ministerpräsidenten gleichzeitig erfüllte). Am 22. Oktober wird die Bildung der Internationalen Brigaden gebilligt usw.

Am 4. November 1936 kommen vier anarchistische Führer in die Zentralregierung (Vgl. Anhang IX).

*

Die Generalitat – der die Anarchisten (am 27. September) beigetreten sind – folgt treu der Zentralregierung, was die Maßnahmen zur Bildung einer Armee angeht. Am 1. Oktober: Dekret zur Mobilmachung der Offiziere, Unteroffiziere und höheren Offiziere. Am 4. Oktober: Mobilmachung aller wehrtauglichen Männer von 18 bis 40 Jahren. Gleichzeitig wird am 3. Oktober das Zentralkomitee der Milizen aufgelöst, wie wir schon gesehen haben, und alle seine militärischen Befugnisse werden der Verteidigungsabteilung der Generalitat übertragen. Diese Abteilung wird von Díaz Sandino, einem Berufsoffizier, geleitet.

Der „theoretische" Gesinnungswechsel der anarchistischen Führer ging – wie wir jetzt sehen werden – äußerst schnell vor sich, nicht nur was ihre eigene Beteiligung (an der Regierung), sondern auch was die gesellschaftliche Rolle der Regierung betrifft. So veröffentlicht am Tage der Bildung der Regierung Largo Caballero – am 4. September 1936 – „Solidaridad Obrera" einen Artikel mit dem Titel „Die Nutzlosigkeit der Regierung", in dem zu lesen ist:

> „(...) Weit davon entfernt, ein unerlässliches Element im antifaschistischen Kampf zu sein, entspricht das Vorhandensein einer Volksfrontregierung eigentlich einer lächerlichen Nachahmung dieses Kampfes.
> Der in Spanien stattfindende Krieg ist ein sozialer Krieg.

> Die Bedeutung einer mäßigenden, auf Gleichgewicht und Aufrechterhaltung der Klassen beruhenden Macht kann unmöglich eine bestimmte Haltung in diesem Kampf aufzwingen, in dem die Grundfesten des Staates selbst erschüttert werden, dem es ganz und gar an Festigkeit mangelt. Es ist also richtig zu sagen, dass die Volksfrontregierung in Spanien nichts anderes ist als die Widerspiegelung eines Kompromisses zwischen dem Kleinbürgertum und dem internationalen Kapitalismus."[13]

Diese starken – und außerdem richtigen – Worte hindern die CNT-FAI nicht daran, kurz danach in die – eigentlich als Generalitatsrat getarnte – katalanische Regierung einzutreten. Schon vor diesem Beitritt hatte ein Feilschen stattgefunden, von dem die Militanten praktisch nichts erfahren haben. Mitte September wurde bei einem CNT-Plenum die Idee der Bildung eines „Nationalen Verteidigungsrates" mit Largo Caballero als Vorsitzendem eingebracht, ein bloßes Tarnungsmanöver, das der CNT-FAI ermöglichen sollte, unter einem anderen Namen an der Regierung mitzuarbeiten. Zu dieser Zeit kam es den anderen Parteien darauf an, die CNT in die Zentralregierung zu bekommen, um sie zum Komplizen bei der Liquidierung der Arbeiterautonomie im allgemeinen und der Milizen im besonderen zu machen. Und das wird ihnen gelingen.

Sobald die Anarchisten der Regierung beigetreten sind, ändern sie den Ton und machen sich die „verantwortliche" Ministersprache zu eigen. So ruft (zum Beispiel) der zum Justizminister avancierte Extremist García Oliver am 4. Dezember 1936 bei einer Versammlung in Valencia aus:

> „Haben wir ein Interesse daran, den Krieg zu gewinnen? Wenn ja, müssen die Arbeiter, welche Ideologie und welchen ‚Glauben' sie auch haben und zu welcher Organisation sie auch gehören, *dieselben Methoden wie der Feind* [von mir hervorgehoben, C. S-M.] und vor allem Disziplin und Einheit einsetzen, um zu siegen. Mit Disziplin und einer wirksamen militärischen Organisation werden wir mit Sicherheit siegen. Disziplin für diejenigen, die an der Front und an ihrem Arbeitsplatz kämpfen, Disziplin überall – das ist die Grundbedingung des Triumphes! "[14]

13 Peirats, a.a.O., S. 208.

14 Aus Vernon Richards: „Lessons of the Spanish Revolution 1936-1939" („Die Lehren der spanischen Revolution"), Freedom Press, London 1953.

Wie weit entfernt sind all die Reden über die Kreativität der Massen, die dieselben anarchistischen Führer so gerne hielten! García Olivers Sprache ist mit derjenigen der Stalinisten identisch geworden.

> „Diese Entwicklung der legalistischen und bürokratischen Positionen (innerhalb der CNT-FAI)", schreibt Vernon Richards, „war mit einer Auflösung der Organisationsmethoden verbunden, mit denen die CNT-Beschlüsse üblicherweise gefasst wurden. Mit anderen Worten: Es bildete sich eine – nicht nur aus Politikern und einflussreichen CNT-Mitgliedern, sondern auch aus zahlreichen Mitgliedern, die wichtige Ämter innerhalb der Verwaltung und der militärischen Führung bekleideten, bestehende – Führungsschicht, die durch Komitees und Regierungsabteilungen funktionierte, die unteren Stufen der Organisation nur selten zu Rate zog und sie genauso selten über ihre Tätigkeit unterrichtete".[15]

Am Tage nach dem Beitritt der CNT-FAI zur Zentralregierung schrieb der italienische anarchistische Theoretiker Camillo Berneri in der von ihm in Barcelona veröffentlichten Zeitung „Guerra di Classe" den Artikel „Cuidado con la curva peligrosa" („Vorsicht vor der gefährlichen Kurve"), in dem er u.a. erklärt:

> „Bedauerlich ist es außerdem, einen Fortschritt der Bolschewisierung innerhalb der CNT feststellen zu müssen, der durch die Tatsache zum Vorschein kommt, dass die Mitglieder der Basis immer weniger eine wachsame, aktive und direkte Kontrolle über die Arbeit der Organisationsvertreter in den Regierungskomitees bzw. den Räten ausüben können. Man sollte eine Reihe von Kommissionen bilden, die durch die Basis von CNT und FAI gewählt und dafür sorgen würden, das Werk unserer Vertreter im Kriegs- und Wirtschaftsrat zu erleichtern und nötigenfalls auch zu korrigieren".[16]

Es handelt sich hier nicht um eine abstrakte Polemik zwischen den Befürwortern der traditionellen Armee – und folglich eines starken Staates – und denen der Arbeitermilizen – und folglich der revolutio-

15 Ebenda.

16 Der Artikel erschien am 5. November 1936. Er erschien auch 1946 in der Broschüre „Entre la Revolución y las Trincheras. Barcelona 1936-37" („Zwischen der Revolution und den Schützengräben"). S. 9-13. Einige Artikel von Camillo Berneri wurde in französischer Sprache veröffentlicht; „Guerre de classe en Espagne", Ed. AIT, siehe auch: Camillo Berneri: „Klassenkrieg in Spanien 1936-1937", Hamburg 1974.

nären Demokratie. Konkrete und ernste Probleme stellen sich, denn die militärische Lage ist alles andere als glänzend. Nach den ersten Siegen der bewaffneten Arbeiter, Siegen der Improvisation und des Mutes, durch die der militärische Aufstand in den wichtigsten Städten und Industrieregionen niedergeworfen wird, scheint Francos Armee sich wieder zu erholen: Sie hat in Andalusien Boden gewonnen und ist durch die Eroberung Estremaduras mit der Nord-Armee zusammengekommen. Am 27. September fällt Toledo in ihre Hände; das belagerte Madrid scheint nicht lange durchhalten zu können – es wird tatsächlich bis zum Ende durchhalten –, Irun wird am 13. September eingenommen.

Der Mangel an Disziplin, die Unordnung und „Anarchie" in den Milizen werden für die erlittenen Rückschläge verantwortlich gemacht. Die anarchistischen Führer, die zuerst die Aufrechterhaltung der Milizen befürwortet hatten, verwandeln sich nach und nach in Anhänger der Militarisierung. Diese Bekehrung wird durch ihren Eintritt in die Regierungen noch beschleunigt, wie wir gesehen haben.

Was die Kommunisten betrifft, so waren sie von Anfang an energische Anhänger einer hierarchischen, disziplinierten Armee mit einer eisernen Führung. Schon am 18. August verlangen sie in einem Manifest die Bildung einer „neuen, heldenhaften Volksarmee", die mit „dem notwendigen inneren Halt und der notwendigen Disziplin"[17] ausgestattet werden soll. Am 21. August wird in ihrer Zeitung „Mundo Obrero" erklärt, man müsse „möglichst kurzfristig eine Armee schaffen, mit der ganzen, zur modernen Kriegsführung notwendigen technischen Wirksamkeit (...) Gegenüber der durch italienische und deutsche Truppen unterstützten Armee Francos muss man eine Armee *nicht nur gleichen Typs* [von mir hervorgehoben C. S-.M.: das heißt wohl eine genauso heldenhafte Volksarmee?], sondern möglichst eine noch modernere haben. Das ist die Garantie des Sieges".[18]

Man sollte nicht glauben, dass die Anhänger der Milizen sich weigern, die militärischen Schwierigkeiten im Allgemeinen und im besonderen die Fehler der Milizen zu sehen. So schreibt zum Beispiel Kaminski, der doch der sozialen Revolution ganz und gar gewogen ist:

> „Man braucht es kaum zu sagen, dass diese Truppen alle nur denkbaren Fehler begangen haben. So wurde zum Beispiel nachts unter revolu-

17 Aus „Guerra y Revolution" („Krieg und Revolution"), S. 309.

18 Bolloten, a.a.O., S. 210.

tionärem Geschrei angegriffen, und die Artillerie schoss auf die eigene Infanterie. Es kam manchmal zu wirklich grotesken Zwischenfällen. Eines Tages erzählte mir ein Milizionär, dass die ganze Abteilung in ein naheliegendes Feld ging, um Weintrauben zu essen; als sie zurückkam, war die Stellung vom Feind besetzt worden".[19]

Es gibt zahlreiche Augenzeugenberichte über „groteske Zwischenfälle" dieser Art. Es passierte zum Beispiel nicht selten, dass die Milizionäre, wenn die Front nah an ihren Dörfern lag, abends weggingen, um „zu Hause zu schlafen". Ab und zu weigerten sie sich, diese oder jene Operation durchzuführen – aus oft komischen Gründen. Man darf nicht denken, dass Angst der übliche Grund dafür war, da dieselben Berichte Mut und Trotz der Milizionäre betonen, die sich ab und zu sogar weigerten, Schützengräben auszuheben, da „ein Revolutionär sich nicht vor dem feindlichen Feuer versteckt". Außer den Beispielen für das „schlechte Benehmen" der Milizionäre, die allzu oft von den Pseudotheoretikern der modernen Armee als Soldatenschüler betrachtet werden, hat man letzten Endes ernstere Fehler bemerken können – so zum Beispiel das Verhältnis der Milizenkolonnen zur politischen und gewerkschaftlichen Mutterorganisation, von der sie meist abhängig waren. Als zum Beispiel Kolonnen von Milizionären mit verschiedener politischer – bzw. gewerkschaftlicher – Zugehörigkeit nebeneinander an derselben Front standen, wie es in Aragon der Fall war, zog zuerst jede Kolonne ihre eigene Organisation zu Rate, bevor sie eine Operation billigte oder ablehnte, die von dem so gut es ging auf die Beine gestellten „Stab" beschlossen worden war (in dem, nebenbei gesagt, die berufsmilitärischen Ratgeber berechtigterweise beargwöhnt wurden). Außerdem herrschte eine offensichtliche Rivalität zwischen Kolonnen mit unterschiedlicher Ideologie, die manchmal dazu führte, sich gegenseitig Waffen zu stehlen – und natürlich noch mehr, einer weniger gut ausgerüsteten rivalisierenden Kolonne keine abzugeben; bei ernsteren politischen Konflikten kam es sogar zum Schusswechsel.

Dem Milizensystem wurde auch das Fehlen eines Generalstabs vorgeworfen, also eines einzigen Kommandos traditionellen Typs oder eines Koordinationsorgans auf nationaler Ebene, das dazu da gewesen wäre, die Situation an allen Fronten zu kennen, einen Gesamtplan zu entwerfen und über Waffen- und Munitionsversorgung sowie Transportmittel zu entscheiden.

19 E. H. Kaminski, a. a. O., S. 244.

Da der Krieg sich fortsetzte und sogar festfuhr und die feindliche Armee in bestimmten Regionen wieder die Initiative ergriffen hatte, war sicherlich eine neue Gesamtstrategie nach der Improvisationsperiode der ersten Wochen notwendig. Sagen wir es gleich, dass diese Strategie für mich nichts mit dem zusammenhanglosen, kunterbunten Aufbau einer Armee zu tun hatte, die mit Francos Armee *identisch* sein sollte – mit der Uniformmythologie, dem Salutieren und den Dienstabzeichen, dem Recht der Offiziere darauf, Soldaten erschießen zu lassen, dem hierarchisierten Sold und der hierarchisierten Kleidung, Ernährung und Unterbringung, dem Gleichschritt und der blinden Disziplin. Durch dieses „preußische" Ritual, das schließlich mit Erfolg erzwungen wurde, wurde nur das Wesentliche verhindert – und zwar die Durchsetzung einer Strategie, die im Verhältnis zur stattfindenden sozialen Revolution gestanden hätte, das heißt einer Strategie der revolutionären Guerilla. Wir werden aber auf diese Frage noch zurückkommen.

DIE KOMMUNISTEN UND DIE NEUE ARMEE

Als erste schlugen die Kommunisten vor, ihre Milizen zugunsten einer regulären Armee aufzulösen. Sie taten es auch sofort, nachdem das Dekret zur Militarisierung der Milizen erlassen wurde. Darüber schreibt B. Bolloten:

> „Um mit gutem Beispiel voranzugehen, löst die KP stufenweise ihr 5. Regiment auf, dessen Bataillone zusammen mit anderen Kräften in den ‚Gemischten Brigaden' des entstehenden Heeres zusammengeschlossen waren. Als Kommandant der ersten Einheiten wird der bisherige Führer des 5. Regiments, Enrique Lister (unter Hinzuziehung eines sowjetischen Offiziers), ernannt. Da die Kommunisten selbst die Initiative ergreifen, ihre eigenen Milizen aufzulösen, sichern sie sich die Kontrolle über fünf der sechs ersten Brigaden der neuen Armee".

Während sie die Kontrolle über diese ersten Einheiten übernahmen, vergaßen die Kommunisten nicht die Stellen der Befehlshaber. Bolloten erinnert daran, dass sie sich schon in den ersten Wochen, als Largo Caballero Kriegsminister war, eine beneidenswerte Position gesichert hatten:

> „Das war ihnen zum Teil deshalb gelungen, weil ihre Beziehungen zum Kriegsminister immer noch tolerierbar waren (obwohl dieser zahl-

> reiche Gründe zur Unzufriedenheit ihnen gegenüber hatte), so dass zwei ihrer Militanten, Antonio Cordón und Alejandro García Val, zur Operationsabteilung des Zentralstabs berufen werden; vor allem aber, weil es in den Schlüsselpositionen im Kriegsministerium Leute gab, die zwar im Prinzip Largo Caballero bedingungslos treu waren – so wie Oberstleutnant Manuel Arredondo, dessen Adjutant, Hauptmann Eleuterio Díaz Tendero, der Führer der sehr wichtigen Informations- und Kontrollabteilung [einer Art Bundesnachrichtendienst, C. S-M.] und Kommandant Manuel Estrada, Chef des Zentralstabs – die aber eigentlich schon zu kommunistischen Sympathisanten geworden waren oder dabei waren, es zu werden"[20].

So sicherten sich die Kommunisten die Kontrolle über zahlreiche Schlüsselsektoren im militärischen Apparat. Sie beherrschten das Generalkommissariat des Krieges, das am 15. Oktober 1936 gebildet worden war, um die politische Kontrolle über die Streitkräfte durch die Kommissare zu sichern. Denn Alvarez del Vayo, der Generalkommissar (und Außenminister), sowie Felipe Bretel, der Generalsekretär des Kommissariats, die im Prinzip Largo Caballero-Anhänger waren und dessen Vertrauen besaßen, agierten praktisch für die KP. Andererseits fungierten einige KP-Führer wie zum Beispiel Antonio Mije, Mitglied des Politbüros, und José Lain, einer der JSU-Führer, als Vize-Kommissar der Organisation bzw. als Direktor der Schule für politische Kommissare.

Als die Milizkolonnen zugunsten der neuen Volksarmee aufgelöst wurden, sorgte man andererseits dafür, dass in den neu zu bildenden Brigaden – und Regimentern – Milizionäre aus verschiedenen politischen und gewerkschaftlichen Organisationen „gemischt" wurden. Nun wurden seltsamerweise durch diese „Mischungen" die kommunistischen Militärchefs und die der KP nahestehenden Berufsoffiziere begünstigt, so dass ihnen die obersten Befehlshaberposten anvertraut wurden. Vom Standpunkt der *Einheit des Kommandos* aus war diese Mischung logisch, da sie eine einzige Autorität, einen Generalstab, anstrebte, wodurch zwangsläufig die relative Autonomie der Kolonnen und der Partei- und Gewerkschafts„stäbe" liquidiert werden sollte. Gleichzeitig wurde versucht, das Prinzip eines über den Parteien stehenden Staates durchzusetzen – während jede Partei gleichzeitig erbittert um die Kontrolle des Staates kämpfte. Anscheinend haben hier auch die Kommunisten ihre Unterwanderungsmanöver einigermaßen erfolgreich geführt. Diese „Unterwanderung" sollte später von einigen

20 B. Bolloten, a.a.O., S. 231.

ihrer ehemaligen Verbündeten denunziert werden – unter anderen von Largo Caballero, Luis Araquistáin und Indalecio Prieto. Dass die KP so wichtig wurde, verdankt sie nicht nur ihrer Geschicklichkeit im Manövrieren und der Ausnutzung der sowjetischen Hilfe, sondern auch der Tatsache, dass ihre Methoden und Ideologie der neuen Wendung des Kampfes angepasst waren – denn die Revolution wurde durch den „nationalen Unabhängigkeitskrieg" zurückgedrängt.

Tatsächlich war keine andere soziale Einheit (die wenigen, der Republik treu gebliebenen Offiziere waren zahlenmäßig zu schwach, als dass man sie hier in Betracht ziehen könnte) so gut darauf vorbereitet wie die KP, sich in ein „Armeekorps" umzuwandeln. Die in ihren Reihen vorhandene strenge Hierarchie und der widerspruchslose Gehorsam bildeten die objektiv günstigste Grundlage zur Umwandlung des Parteiapparates in den der neuen Armee. Durch diese disziplinierte und wirksame Struktur und ihre konservative und zentralistische Politik konnte die KP Mitglieder gewinnen und einen immer schwerwiegenderen Einfluss ausüben. So zog sie viele konservative Berufsmilitärs in ihre Reihen bzw. auf ihre Seite. Einer von ihnen sagte zum Beispiel zu José Martin Blasquez: „Ich habe mich den Kommunisten angeschlossen, weil sie diszipliniert sind und alles besser machen als die anderen".[21]

Noch deutlicher kommt der zunehmende Einfluss der KP als einer Ordnungspartei in der folgenden Erklärung eines jungen, zum politischen Kommissar gewordenen republikanischen Journalisten an Frank Borkenau zum Ausdruck:

> „Die Kommunisten sind in der Organisationsarbeit die Besten gewesen, und sie sind noch dazu bei weitem *die konservativste Fraktion der Bewegung* [von mir hervorgehoben, C. S-M.] sehe nichts,, was mich daran hindern sollte, Kommunist zu sein, und ich werde mich vermutlich eines Tages der Partei anschließen".[22]

Es wäre gleichfalls interessant, die außergewöhnliche Anziehungskraft zu analysieren, die die KP auf zahlreiche „kleinbürgerliche" Intellektuelle (um ihren Jargon zu gebrauchen) ausgeübt hat. Die Erklärung dafür muss unserer Meinung nach im Dualismus der KP gesucht werden – als „Erbin" der „großen bolschewistischen Revolution" und als spanische Sektion der Partei der Weltrevolution, deren ruhm-

21 José Martin Blasquez: „I Helped to Build an Army", Secker and Warburg, London 1939, S. 49.

22 Frank Borkenau, a.a. O., S. 156 der spanischen Ausgabe.

reiche Führer – gestern Lenin und heute Stalin – ihren kleinmütigen Geistern als das Äußerste an revolutionärem Extremismus erscheint. In dieser für die politische Bildwelt der damaligen Zeit ultra-revolutionären Partei (so wie der Maoismus bzw. Guevarismus es imaginär im Jahre 1973 schienen) oder an ihrem Rockzipfel zu hängen, und eine konservative, „demokratische", wenn nicht reaktionäre Politik und Praxis zu betreiben – das war selbstverständlich die ideale Lösung, die sowohl ihre Komplexe als „Fortschritts- und Kulturmenschen" als auch ihre schwindelerregende Angst vor der Revolution zutiefst befriedigte.

Sicherlich trug die revolutionäre Bildwelt und besonders die der Oktoberrevolution, die von den spanischen Stalinisten geschickt eingesetzt wurde, bei bestimmten einfachen Seelen ihre Früchte, die viel eher wegen Tschapajews[23] Lederjacke (dieser sowjetische Film wurde in der Propaganda reichlich eingesetzt) als wegen der konterrevolutionären Politik der KP in die Partei eintraten.

In seinem Vorwort zu José Martin Blasquez' Buch „I helped to Build an Army" schreibt Frank Borkenau:

> „Mit der Belagerung Madrids im November 1936 und in der Zeit danach übernahmen die Kommunisten die militärische Führung. Als revolutionäres Programm entwickelten diese einen Plan zur Konzentrierung der Macht. Die Grundgedanken der kommunistischen Militärpolitik waren folgende: keine Revolution während des Krieges; strenge Disziplin einschließlich der Anwendung terroristischer Methoden in den Reihen der Armee, strenge politische Kontrolle über die Armee durch das System der politischen Kommissare, um eine dieser Politik angepasste Ideologie zu schaffen, eine Ideologie, der eigentlich vor allem das nationale Gefühl zugrunde lag".[24]

Es soll trotzdem bemerkt werden, dass diese „Konzentrierung der Macht" und die Errichtung eines starken, bürokratisch-militärischen Staates für die stalinistischen Führer und Kader der spanischen KP – soweit es ihnen gelang, ihn zu unterwandern (und wir haben schon

23 *Tschapajew* ist ein sowjetischer Spielfilm unter Regie von Sergei (1900-1959) und Georgi Wassiljew (1899-1946) nach einer Vorlage von Dmitri Furmanow (1891-1926). Der am 7. November 1934 in der Sowjetunion veröffentlichte Film ist Wassili Iwanowitsch Tschapajew (1887–1919) gewidmet, ein Kommandeur der Roten Armee im Russischen Bürgerkrieg. In der Sowjetunion galt er als Held. Die deutsche Uraufführung der DEFA-Synchronisation fand am 14. März 1946 statt (Anm. d. Setzers).

24 F. Borkenau. Vorwort zu: J. Martin Blasquez: „I Helped to Build an Army", a.a.O., S. 7.

gesehen, wie weit es eben der Fall war) – mit der Vorbereitung zur „Revolution" identisch war. Gemäß ihrer bürokratischen Auffassung konnte die Tatsache, dass die Partei die Schlüsselstellen im Staatsapparat und besonders in der Armee und der Polizei innehatte, das Vorspiel zur Ergreifung der ganzen Macht durch diese Partei bilden – was bekanntlich das oberste revolutionäre Ziel der Kommunisten ist. Diese bürokratische Revolution bzw. diesen Putsch führten sie nur deshalb nicht zu Ende, weil ihre eigenen Interessen in diesem Punkt denen der sowjetischen Bürokratie widersprachen, die Spanien weiter als bürgerliche Republik sehen wollte. Mit diesem einzigen Unterschied war das, was in Spanien entworfen wurde, und die dort von den Sowjets gespielte Rolle nur das Konzept dessen – wie G. Munis bemerkte[25] –, was später in den osteuropäischen „Volksdemokratien" verwirklicht werden sollte.

DER WIDERSTAND DER ANARCHISTISCHEN MILIZEN GEGEN DIE MILITARISIERUNG

Ich habe schon darauf hingewiesen, wie die anarchistischen Führer – einmal in die Zentralregierung eingetreten – zu entschlossenen Anhängern der Militarisierung wurden und folglich der Verunglimpfungskampagne gegen die Milizen ihre eigene Kritik hinzufügten. So ruft zum Beispiel Federica Montseny in einer Versammlung aus:

> „Das Kommando beschloss eine Operation, und die Milizionäre kamen zusammen, um darüber zu diskutieren. Die Diskussion dauerte fünf, sechs oder sieben Stunden, und als die Operation endlich gestartet werden sollte, entdeckte das Kommando, dass der Feind sie schon zu seinen Gunsten umgesetzt hatte. Das sind Sachen, die einen zwar zum Lachen, aber auch zum Weinen bringen können".[26]

Innerhalb der CNT-FAI gibt es hartnäckige Verteidiger der Milizen. Sie betonen nicht nur die libertären Prinzipien, die ihrem Wesen nach der Armee, der militärischen Disziplin, den Dienstabzeichen und dem Kadavergehorsam entgegengesetzt sind, die von den Anhängern der so genannten Volksarmee befürwortet werden, sondern sie betonen auch

25 G. Munis, a.a.O., S. 348.

26 In „Solidaridad Obrera" vom 1. Dezember 1936.

den Mut, die Kühnheit und den Opfergeist der Freiwilligen, die keine für Sold dienende Armee je erreichen wird.

So erklärt zum Beispiel ein Delegierter der Eisernen Kolonne auf einem CNT-Kongress im November 1936:

> „Es gibt Genossen, die meinen, die Militarisierung werde alles lösen – wir sagen, dass sie nichts löst. Gegen Feldwebel, Unteroffiziere und aus Kriegsakademien stammende Offiziere, die für die Probleme des Krieges total ungeeignet sind, stellen wir unsere eigene Organisation und lehnen die militärische Struktur ab".[27]

Diese an der Teruel-Front kämpfende, 3.000 Mann starke Kolonne verteidigt eine kohärente anarchistische Position, in deren Namen sie die Militarisierung wie auch die neue Regierungspolitik der CNT-FAI verurteilt. So erklärte ihr Delegierter in der oben genannten Rede weiter:

> „... Unsere ganze Aktion soll nicht darauf hinauslaufen, den Staat zu stärken, im Gegenteil müssen wir ihn nach und nach zerstören. Wir müssen die Regierung vollkommen nutzlos machen. Wir akzeptieren nichts, was unserer Auffassung des Anarchismus widerspricht, die zu einer Wirklichkeit werden muss – denn man kann nicht etwas predigen und genau das Gegenteil tun".[28]

Jedoch übt die von Largo Caballero geführte Zentralregierung mit der Unterstützung der anarchistischen Minister einen immer stärkeren Druck gegen die Milizen aus. Ab Dezember 1936 werden die Milizkolonnen, die die Militarisierung ablehnen, nicht mehr mit Waffen versorgt und durch ein Dekret vom 31.12. wird beschlossen, dass ab sofort nur noch den Bataillonen der regulären Armee Sold gezahlt wird.

Auch wenn die CNT-FAI-Kolonnen u.a. an der Madrider Front zu dieser Zeit akzeptierten, sich in Divisionen zu verwandeln und sich den strengen und autoritären Armeeregeln zu fügen (während sie gegen ihre Integrierung in die „gemischten Brigaden" Widerstand leisten), sieht es in Katalonien und an „seiner" aragonesischen Front etwas anders aus. Dort, wie wir schon sagten, bildet zu dieser Zeit die CNT-FAI die Mehrheit, sowohl an der Front als auch in der Etappe. An der „Basis" kommt das durch einen stärkeren Widerstand zum Ausdruck und an der „Spitze" wollen die anarchistischen Führer – besonders die Minister

27 Aus „Fragua Social" vom 14. November 1936.

28 Ebenda.

in der Generalitat und der Zentralregierung –, auch wenn sie wie anderswo die Militarisierung akzeptieren, doch das Kommando über ihre allmählich in Divisionen zu verwandelnden Kolonnen sowie die Herrschaft über die Organisation und Versorgung der Front behalten. Diese „Autonomie" der aragonesischen Front wird von Largo Caballero akzeptiert, der aus Sorge um die Machenschaften der spanischen und russischen Stalinisten versucht, der CNT-FAI näherzukommen. Ende Oktober 1936 greifen die Milizen an der aragonesischen Front an und nehmen die Stellungen von Monte Aragon und Estrecho Quinto ein, so dass sie Huesca umzingeln. Wenn sie diese Stadt einnehmen würden, könnten sie Saragossa von der Flanke aus zu fassen bekommen. Aber zur Fortsetzung der Offensive fehlt es den Milizen tragischerweise an Waffen. Die bürgerlich-stalinistische Koalition in der Zentralregierung schickt ihnen keine Waffen aus dem einfachen Grund, dass sie keinen Sieg der revolutionären Kräfte will. Ich habe schon Kriwitskij zitiert, der berichtete, wie er damit beauftragt wurde, um jeden Preis zu verhindern, dass sowjetische Waffen in die Hände der katalanischen Revolutionäre fallen. Durch diesen von George Orwell in „Mein Katalonien" genauestens beschriebenen Mangel an Waffen wird jede größere Operation verhindert. Dann begann der riesige Propaganda-Apparat der KP, die Frage aufzuwerfen: „Warum greift die aragonesische Front nicht an?", und mehr oder weniger offen die anarchistischen Milizionäre der Sabotage und sogar des Verrats zu beschuldigen. Heute noch wird in der von einer PCE-Kommission unter dem Vorsitz von Dolores Ibarruri verfassten, ziemlich offiziellen Geschichte des spanischen Krieges folgendes behauptet:

> „Die aragonesische Front war zu einer Art ‚gepachtetem Jagdgebiet' der Anarchisten geworden, die als die Hauptverantwortlichen für die vollständige Passivität dieser Front angesehen werden müssen. Diese Passivität war eine große Hilfe für die faschistischen Rebellen".[29]

Der von den anarchistischen Führern am meisten genannte Grund zur Rechtfertigung ihres Beitritts zu den verschiedenen Regierungen war gerade der, dass sie dann besser für eine gerechte Waffenverteilung sorgen könnten. Sie opferten sozusagen ihre „anarchistische Ehre", um die aragonesische Front besser mit Waffen versorgen zu können. Ihr

29 aus „Guerra y Revolutión en España" („Krieg und Revolution in Spanien"), Bd.II, S. 24.

„Opfer" war aber unnütz, und ihre Beteiligung an der Regierung nützte nur den Interessen der Konterrevolution.

Natürlich wurden die sowjetischen Waffenlieferungen ebenfalls als Erpressungsmittel benutzt, um die Vorstellungen der Stalinisten auf militärischem – wie auf anderem – Gebiet durchzusetzen. Darüber schreibt z.B. der amerikanische Historiker David T. Cattell:

> „Auf verschiedene Art und Weise wurde die sowjetische Militärhilfe gegen die revolutionären katalanischen Kräfte eingesetzt. Aus der Folge der Ereignisse kann man zu Recht schließen, dass die Sowjetunion Katalonien ihre Hilfe nur unter folgenden Bedingungen zugesichert hat: Die abtrünnigen POUM-Kommunisten sollten keine Vertreter mehr in der Generalitat haben und die Lokalregierung sollte das von der Zentralregierung ausgearbeitete Programm billigen. Kaum hatten im Dezember die Hilfsmaßnahmen für Katalonien begonnen, sahen sich die POUM-Vertreter aus der Generalitat entfernt, die katalanischen Milizen mussten sich einem langen Organisationsprozess innerhalb einer regulären Armee unterwerfen und die Zentralregierung fing allmählich an, die katalanische Industrie zu kontrollieren".[30]

Das katalanische stehende Heer wird am 6. Dezember per Dekret eingeführt, und am 18. wird eine neue Generalitatsregierung gebildet, aus der die POUM ausgeschlossen wird.

Der Widerstand der „Basis" gegen die Militarisierung der Milizen sowie auf dem wirtschaftlichen und politischen Gebiet kommt in Katalonien und Aragon besonders heftig zum Ausdruck. Die CNT-FAI wird gezwungen, ihre „schwere Artillerie", das Prestige ihrer „natürlichen" Führer, einzusetzen und Druckmittel jeder Art zu einzusetzen, damit ihre Truppen das genaue Gegenteil von dem akzeptieren, was sie selbst in einer noch ganz nahen Vergangenheit befürwortet hatte.

So antwortet zum Beispiel der CNT-Nationalsekretär Mariano Vázquez auf Fragen von „Nosotros" („Wir"), dem Organ der Eisernen Kolonne:

> "*Nosotros* – Sollen die Kolonnen jetzt abgeschafft werden?
> *M. Vázquez* – Ja, sie müssen abgeschafft werden, das ist notwendig. Als wir in das Nationalkomitee kamen, war man schon dabei, Maßnahmen

30 David T. Cattell: „I Communisti e la Guerra civile spagnola" („Die Kommunisten und der spanische Bürgerkrieg"), Feltrinelli, Mailand 1962, S. 140.

zu ergreifen, damit unsere Kolonnen sich wie alle anderen in Brigaden – der Name spielt hier keine Rolle – umwandeln, indem sie mit allem versorgt werden, was nötig ist, um ihre Arbeit effektiv zu machen. Darüber hinaus hat diese Umwandlung, wenn man sie näher betrachtet, keine grundsätzliche Veränderung zur Folge, da diejenigen, die in den Kolonnen das Kommando hatten, dies auch in den Brigaden weiter innehaben sollen. Man kann also sagen, dass die Genossen, die den Verantwortlichen für die Operationen zugeteilt sind, sicher sein können, dass man ihnen nicht durch eine launenhafte Veränderung Menschen aufzwingen wird, deren Ideologie und persönliche Haltung ihnen nicht passen würden. Außerdem werden die politischen Kommissare, die die wirklichen Chefs – haben wir doch keine Angst vor solchen Worten! – der Brigaden sind, von der CNT ernannt, die sie jederzeit zur Verantwortung ziehen kann, auch wenn sie gezwungen sind, in der zu diesem Zweck gegründeten Militärschule einen Vorbereitungskurs zu machen".[31]

Wegen des Widerstands der anarchistischen Milizionäre verlief die Militarisierung in „zwei Stufen": Um das Projekt akzeptieren zu lassen, versuchte man, für eine bestimmte Kontinuität zu sorgen, in der die Kolonnen zwar zu Brigaden wurden, aber weiterhin aus denselben Personen bestanden und von denselben Männern geführt wurden. Das hatte den Vorteil, so wurde gesagt, Sold und Bewaffnung sowie die notwendige größere Disziplin und eine größere Effektivität zu garantieren. War das einmal akzeptiert, so wurde die Autonomie der zu Brigaden gewordenen Kolonnen weiter eingeschränkt – sie mussten immer mehr den Befehlen aus den Stäben der neuen Armee gehorchen und wurden zum Teil in die berühmten „gemischten Brigaden" eingegliedert. So wurde zum Beispiel die „Herrschaft" der Anarchisten über die aragonesische Front im August 1937 liquidiert (vgl. letztes Kapitel).

Vorläufig aber konnte der anscheinend auf Betreiben der sowjetischen „Ratgeber" angenommene Plan zur Militarisierung der Milizen – nach dem die libertären Kolonnen in gemischte Brigaden verteilt werden sollten, die von durch das Kriegsministerium ernannten sicheren, das heißt konterrevolutionären Offizieren geführt wurden – nicht auf einmal durchgesetzt werden. Diese Aufschub- und Übergangsfrist machte Largo Caballero möglich, den die Unterwanderung des neuen militärischen Apparats durch die spanischen und russischen Stalinisten beunruhigte – er musste sogar mit ansehen, wie seine treue-

31 Aus „Nosotros" vom 11. Februar 1937.

sten Anhänger in der Sozialistischen Partei zu KP-Anhängern wurden – und der jetzt nach einem politischen Gegengewicht bei der CNT-FAI suchte. Deswegen verhandelte er mit den CNT-FAI-Führern über einen Kompromiss, nach dem die anarchistischen Brigaden homogen bleiben und die Führung der militärischen Operationen in Aragon beibehalten sollten. Darüber schreibt B. Bolloten:

> „Die damit hergestellten neuen Beziehungen zwischen Caballero und seinen ehemaligen CNT-FAI-Gegnern[32] bildeten ein wichtiges Element in seiner Wendung zur Versöhnungspolitik gegenüber den Anarcho-Syndikalisten. So verlangte er zum Beispiel trotz des ständigen kommunistischen Drucks nicht die vollständige Militarisierung der anarcho-syndikalistischen Brigaden auf der Basis von gemischten Brigaden – einen Schritt zur Bildungder regulären Armee, das von den Anarchisten, wie er wusste, als ein Sakrileg betrachtet wurde".[33]

Nebenbei gesagt wollen wir darauf hinweisen, dass es nur noch für die Milizionäre selbst ein *Sakrileg* war, da ihre Führer ihre diesbezügliche Meinung ganz und gar gewechselt hatten. Dank Largo Caballeros neuer Haltung ist García Oliver durch den Obersten Kriegsrat mit Organisation und Leitung einer der Militärschulen beauftragt worden (während ihm weiter das Justizministerium untersteht – unsere „natürlichen" Führer, die noch vor kurzem Stellen und Ehren verachteten, schrecken nicht davor zurück, verschiedene Ämter gleichzeitig zu bekleiden!) Er erklärt also in einer Rede an die Offizierschüler folgendes:

> „Sie, als Offiziere der Volksarmee, müssen eiserne Disziplin wahren und sie von Ihren Soldaten erzwingen. Wenn diese einmal in den Armeereihen stehen, müssen sie aufhören, Ihre Genossen zu sein, und zum Räderwerk der militärischen Maschinerie unserer Armee werden".[34]

32 Largo Caballero war der Vorsitzende der UGT, der mit der CNT rivalisierenden Gewerkschaft sozialistischer Tendenz. Es war zu zahlreichen Reibereien zwischen den beiden Gewerkschaften und ihren jeweiligen Führern gekommen; außerdem hatten sich die Anarchisten der Beteiligung Largo Caballeros an der Regierung unter der Diktatur Primo de Riveras energisch entgegengesetzt, die er zu dem Versuch benutzt hatte, die UGT zum Nachteil der damals praktisch im Untergrund bestehenden CNT zu verstärken. Dann war er Arbeitsminister in der republikanischen Regierung Azañas. Als Reformist und Befürworter der Zusammenarbeit der Sozialisten mit den bürgerlichen Parteien in der Regierung war er ab 1934 plötzlich „Revolutionär" geworden und führte den linken Flügel der Sozialistischen Partei an.

33 B. Bolloten, a.a.O., S. 245.

34 „L' Espagne Nouvelle" („Das neue Spanien"), Nr. 14/15 vom 31. Juli 1937.

Es ist also völlig klar, dass die anarchistischen Führer, wenn sie „ihre" Kolonnen behalten wollten, diese dafür vollständig militarisieren mussten. Sogar im Kampf gegen die Faschisten an der Basis ranglos gewordene „Chefs" waren jetzt Anhänger einer strengen militärischen Orthodoxie. So erklärte zum Beispiel der anarchistische Maurer Cipriano Mora, der General werden und von 1937 an ein Armeekorps befehligen sollte, einem Journalisten von „Solidaridad Obrera":

> „Ich bin davon überzeugt, dass unser Kampf durch den italienisch-deutschen Überfall einen anderen Charakter bekommt. Es ist nicht mehr möglich, sich wie in einem Bürgerkrieg gegen aufständische Militärs zur Wehr zu setzen. Wir müssen den Krieg so führen, wie er uns durch ein mit allen modernen Kampfmitteln ausgestattetes Heer aufgezwungen wird. Es gibt keinen anderen Weg, als jeden Unterschied zwischen denen, die zusammen kämpfen, zu vergessen. An meiner Seite will ich nur Kämpfer sehen. Ich will gar nicht wissen, wer in meiner Division von der CNT und wer von der UGT ist, wer von einer republikanischen oder von einer marxistischen Partei. Die Situation verlangt eine eiserne Disziplin – und ich werde sie von nun an erzwingen – und zwar eine Disziplin, die so viel wert ist wie das, was freiwillig akzeptiert wird. Ab heute spreche ich nur noch Hauptleute und Unteroffiziere an". [35]

Aber trotz all dieser „offensiven Propaganda" und der verschiedenen Druckmittel (Sold, Bewaffnung usw.) leisteten die anarchistischen Milizionäre weiter aktiven Widerstand gegen diesen bornierten Militarismus.

> „Als die führenden CNT-FAI-Komitees", schreibt José Peirats, „sich für die allgemeine Militarisierung der Milizen entschieden, die heftig von den CNT-Ministern in der Regierung verlangt wurde, entstand eine schwerwiegende Verwirrung an allen Fronten, an denen die CNT-Milizen kämpften. Es kam in den Versammlungen zu heftigen Wortwechseln zwischen den Kämpfern und den Delegationen der Führungskomitees, die mit diesem schwierigen Auftrag an die Front kamen. Viele unbeugsame Milizionäre, die sich freiwillig zur Front gemeldet hatten, fühlten sich nicht mehr verpflichtet und verließen die Front".[36]

35 „Solidaridad Obrera" vom 23. März 1937.

36 Peirats, a.a.O., Band II, S. 38.

Von all diesen „heftigen Wortwechseln" habe ich einen Auszug aus der Versammlung vom 9. März 1937 ausgewählt, in der Milizionäre – unter ihnen zahlreiche Ausländer (denn nicht alle ausländischen Kämpfer waren Kommunisten!) – mit CNT-FAI-Führern über die Militarisierung diskutierten:

„*Georges Bougard* (Milizionär) erklärt, er ergreife nicht das Wort als Delegierter, sondern in seinem eigenen Namen. Er behauptet, eine bestimmte Disziplin sei nötig, da die uns gegenüberstehende Armee furchtbar gut organisiert sei... Die Militarisierung sei bloß eine ordentliche Selbstdisziplin... Wir stehen vor der Alternative: Militarisierung oder vollständige Beseitigung der Milizen...
Lovi (Milizionär) erklärt, man könne die Frage des Krieges nicht isoliert betrachten. Man solle sich auch ein bisschen mit der Frage der Revolution beschäftigen... Es gäbe zwei Arten von Kapitalismus, die versuchten, jede revolutionäre Bewegung zu beseitigen: den durch die Generalitat vertretenen inneren Kapitalismus und den von Blum, Frankreich, England, Amerika usw. vertretenen äußeren Kapitalismus. Für ihn bestehe die CNT nicht nur aus den Leitern, den ‚Führern' – wir vertrauen auch der Meinung der CNT. Der Offiziersberuf sei immer ein entehrender Beruf. Wenn militärische Berater nötig seien, müssen sie von den politischen Gewerkschaftsdelegierten kontrolliert werden. Es sehe aber schon so aus, als ob man genauso wie in Russland die Gewerkschaften beseitigen wolle. Man will die Revolution zerschlagen, aber da das nicht möglich ist, bemüht man sich darum, sie zu unterdrücken...
Raoul Tarrou (Milizionär) bekräftigt, er wird nicht als Antifaschist, sondern als Anarchist sprechen. Er sei eindeutig gegen jede militärische Autorität. ‚In Geisa', sagt er, ‚hat man uns schon seit zwei Monaten das Ultimatum gestellt. Wir wollen aber nur technische Delegierte, keine Ehrenbezeigungen, keinen Drill, keinen Gleichschritt usw. Falls unser Vorschlag, Freikorps zu bilden, nicht angenommen werden sollte und wenn es unmöglich ist, zu einem Einverständnis zu kommen, bin ich bereit, nach Frankreich zurückzukehren'.
Moneck Krsech (Milizionär): In diesem Augenblick sei die Barrikadenrevolution vorbei. Das spanische Volk könne und solle nicht weiter mit dem Heldentum spielen. Es sei ein echter Krieg und er müsse um jeden Preis gewonnen werden. Man wolle mit den Theorien und dem Geist der Anarchisten spielen, um sie entwaffnen zu können. Unsere Militarisierung sei nicht die Militärparade, genau so wenig wie der militärische Gruß. Was wir brauchen, sei ein gutes Kommando an der Front. Nicht mehr so phantastische Sachen zu sehen wie unsere Artillerie, die

auf unsere eigene Infanterie schießt! Wir von den Durruti- und Ascaso-Kolonnen haben übrigens Offiziere, die wirkliche Genossen sind. Man solle auch nicht mit dem Wort Militarisierung spielen…

Domingo Ascaso (von der Division Ascaso): Wir spanischen Anarchisten sind nicht weniger empfindlich als unsere französischen Genossen. Wir stehen aber einem vollständig militarisierten Feind gegenüber. Der Genosse Ascaso erklärt, die Milizen seien nicht für die Kriegskunst organisiert (falls man das eine ‚Kunst' nennen kann). All das kann ein Anarchist nur mit großer Mühe akzeptieren – trotzdem haben wir sogar Militärschulen geschaffen, um das Kommando über die Milizen in der Hand zu haben. Die spanischen Anarchisten haben die Notwendigkeit der Disziplin und der Verantwortung erkannt. Was die Techniker [Militärberater, C. S-M.] betrifft, so werden wir 75% und die Regierung in Valencia 25% von ihnen ernennen, und sie werden echte militärische Techniker sein. Wir sind an einem besonders kritischen Wendepunkt angelangt. Zeitweise konnte der Feind nach Belieben voranmarschieren… Wir haben Ämter und Ministerien angenommen – die Militarisierung akzeptieren wir unter der Bedingung, dass wir selbst diese 75% bestimmen. Das müssen wir akzeptieren, um in den Kampf gehen zu können; außerdem haben wir dann unsere Armee. Vergesst nicht, dass ihr eure Leutnante ‚an die Luft setzen' könnt, wenn ihr wollt. Der Augenblick ist sehr kritisch. Die spanischen Genossen haben das akzeptiert – jetzt können sie nicht zurück. Ihr werdet wohl verstehen, dass wir genauso gute Anarchisten sind wie ihr.

Sacha Pietra: ‚Ich bin kein Milizmitglied, ich war aber in Rußland, wo ich die Revolution erlebt habe und die Art und Weise beobachten konnte, wie man dort die Anarchisten loswurde'. Nachdem er die Geschichte der Machno-Bewegung kurz zusammengefasst hat, erinnert dieser Genosse daran, dass er schon seit acht Monaten in Spanien ist und er betont, dass ‚die Revolution immer noch fortbesteht', solange wir Waffen haben. Hier sei immer noch Revolution, das wirkliche Leben. Das Wichtige sei der Geist, durch den die Dinge in Bewegung gebracht werden. Wir seien nicht verloren, hier stehe die Sache der Weltrevolution auf dem Spiel. ‚Ich glaube, einige Genossen kritisieren allzu leicht. Es kommt vor allem darauf an, den anarchistischen Geist zu bewahren. Es handelt sich auch darum, die Mittel und Kräfte dazu zu finden.'

A. Souchy: ‚Einige Genossen haben die Militarisierung und eine maßlose Disziplin akzeptiert. Unser Militarismus hat mit dem der faschistischen Länder nichts zu tun. Wir haben einen Putschversuch erlebt und die darauffolgende Revolution hat sich in einen Krieg verwandelt. Nun – wenn wir die Revolution wollen und sie akzeptieren, müssen wir sie samt allen Folgen akzeptieren. Eine revolutionäre Kraft hat sich gegen den Faschismus erhoben. Eine militärische Kraft erhebt sich gegen uns, und dieser militärischen Kraft müssen wir eine andere militärische Kraft entgegensetzen. Wir brauchen etwas mehr Disziplin, etwas mehr Ordnung –

Blumenthal (Milizionär): … ‚Mit der Auffassung ‚Zuerst den Krieg gewinnen!' wird ein Ablenkungsmanöver versucht. In Barcelona sehe ich widerliche Sachen – sogar Dienstabzeichen und Ordenssterne! Wir werden so nicht siegen. Ganz Anarchist, wie ich es bin, weigere ich mich, nicht nur Soldat, sondern auch Knecht des Kapitalismus zu werden'.

Máximo (Milizionär): ‚Auch ich bin Antimilitarist, aber die Genossen sollten ein wenig so wie ich überlegen: Unser Kampf ist nicht nur ein Kampf zwischen Spaniern, es ist ein internationaler Kampf. Wenn wir in Alarmbereitschaft bleiben, wird uns nichts passieren. Wenn wir unseren Hauptleuten und Leutnanten nicht mehr vertrauen, so fordern wir sie auf, abzutreten. Unser Militarismus hat mit dem der Bourgeois nichts gemein… (…)'

Fortín ergreift das Wort. Er meint, wir kommen ein wenig vom Thema ab. Es handele sich nicht darum, darüber zu diskutieren, ob die Militarisierung etwas Gutes oder Schlechtes sei (das würde zu weit führen) – *die Militarisierung ist vorhanden, sie ist eine vollendete Tatsache*. Diese Versammlung sei organisiert worden, um darüber zu entscheiden, was aus den Genossen werden solle, die vor kurzem von der Front zurückgekommen und ziemlich ratlos seien. Er meine persönlich, dass diese Genossen in drei Kategorien eingeteilt werden können: 1. Diejenigen, die jede Art von Militarisierung ablehnen und nichts anderes tun können, als in ihr jeweiliges Land zurückzukehren. 2. Die Deserteure, Dienstverweigerer oder in ihrem Land Verurteilten, die selbstverständlich nicht den Behörden ausgeliefert werden dürfen. Die CNT-FAI sucht nach einer Arbeit in der Etappe für sie. 3. Diejenigen, die kämpfen wollen: Entweder akzeptieren sie die Militarisierung und ihre Folgen oder sie versuchen, ein ‚Freikorps' zu bilden, sofern es möglich ist.

Danach gefragt antwortet *Domingo Ascaso*, der die Position der CNT-FAI-Führung vertritt (er wird von Jaquín Cortés vom CNT-Regionalkomitee begleitet), folgendes, was die Diskussion beendet: ‚Dies hieße, etwas Unmögliches von uns zu verlangen. Am 19. Juli haben die spanischen Anarchisten eigentlich keine Revolution gemacht – wir haben vielmehr eine Konterrevolution gemacht, als wir uns gegen den Aufstand der Faschisten erhoben haben [*sic*! C. S-M.]. Die CNT und die FAI haben damit angefangen, verantwortliche Posten einzunehmen, und wir haben sogar die Militarisierung akzeptiert. Das hindert uns nicht daran, uns für genauso gute Anarchisten wie ihr alle zu halten (...) Diejenigen, die nicht mehr kämpfen wollen, dürfen sich zurückziehen, aber die anderen müssen die Militarisierung akzeptieren. Folglich können wir die Bildung eines Freikorps nicht dulden'".[37]

Trotz ungeschickter Niederschrift und Übersetzung zeigt diese Diskussion recht gut die Verwirrung und den Zorn der Milizionäre, denen die Militarisierung, sowie die autoritäre Heuchelei der Führer aufgezwungen wurde (eine kleine Anzahl von ihnen wird durch diese Verwirrung und diesen Zorn dazu gebracht, lieber Deserteur als Soldat zu sein).

Unter den anarchistischen Kernen, die am längsten gegen die Militarisierung Widerstand leisteten, finden wir die berühmte „Eiserne Kolonne". Diese „unbeugsame" Kolonne hatte sich lange Zeit der neuen zentralistischen und autoritären Politik der führenden CNT-FAI-Kreise widersetzt, so dass sie sich einer sehr heftigen Verleumdungskampagne ausgesetzt sah. Der am meisten benutzter Vorwand für diese Kampagne war, dass die anarchistischen Militanten, die sich in Valencia zusammengetan hatten, die Gefängnisse dieser Stadt geöffnet und sowohl die politischen als auch die gemeinrechtlichen Gefangenen befreit hatten. Einige jener letzteren meldeten sich als Freiwillige in der Eisernen Kolonne, die damals an der Teruel-Front in Süd-Aragon kämpfte. An der Anwesenheit ehemals gemeinrechtlicher Sträflinge in der Kolonne konnten selbstverständlich alle Anhänger der bürgerlichen Ordnung nur Anstoß nehmen. Doch es Taschendieben, Zuhältern usw. zu ermöglichen, revolutionäre Kämpfer zu werden, ist das nicht eine Art, „das Leben zu verändern", die genauso viel wert ist wie jede andere auch?

Am 1. Oktober 1936 kam die Eiserne Kolonne von der Front zurück nach Valencia, um sich mit Waffen und Munition – was sie wie die meisten Milizen dringend brauchte – zu versorgen; sie entwaffnete die Polizeieinheiten der Stadt und verwirklichte damit – in revolutionärem Sinne – die demagogische Parole der Stalinisten: „Alle Waffen an die Front!" Außerdem berichtet Santillán, wie diese Kolonne, um den Boykottmaßnahmen der Zentralregierung entgegenzuwirken, den Plan eines „bewaffneten Überfalls" auf die Bank Spaniens entwarf, der aber von den CNT-FAI-Führern abgelehnt wurde. Eine solche Aktion hätte natürlich einen riesigen Skandal sowie die Empörung der „Vernünftigen" hervorgerufen, sie hätte es aber vermutlich ermöglicht, die finanziellen

37 Französischsprachige Beilage zum Boletín de Información CNT-FAI (19. Juni 1937).

und materiellen Sabotageakte der Zentralregierung sowohl gegen die Milizen als auch gegen die Kollektivierungen zu vereiteln. Man hätte zumindest über die Rückgabe des Goldes und des Geldes gegen eine gerechtere Verteilung der Hilfeleistungen verhandeln können (wie dem auch sei, der größte Teil dieses Goldes wurde am 25. Oktober in die UdSSR verschifft).

Letzten Endes werden der bürgerliche Staat und die ihn unterstützenden Parteien – sowie die CNT-FAI-Führung über die Revolutionäre der Eisernen Kolonne sowie der anderen Milizkolonnen siegen. Im März 1937 erklärt das Kriegskomitee der Eisernen Kolonne:

> „Wir kennen die Nachteile der Militarisierung. Dieses System passt weder zu unserem Temperament noch zu dem all derer, die immer eine richtige Auffassung der Freiheit hatten. Wir kennen aber auch die Schwierigkeiten, auf die wir stoßen, wenn wir weiter vom Kriegsministerium unabhängig bleiben wollen. Man muss die traurige Tatsache anerkennen: Es bleiben nur zwei Lösungen: Auflösung der Kolonne oder Militarisierung".[38]

Am 21. März 1937 akzeptierte eine Vollversammlung der Mitglieder der Eisernen Kolonne, sich zu militarisieren und zur 83. Brigade der Armee zu werden. Als letzte Kolonne fügte sie sich in die militärische Täuschung.

KRIEG ODER REVOLUTION

Aus all diesem Ballast und dieser Konfusion treten einige Punkte deutlich hervor, über die wir wegen der Wirkungen, die der Krieg und die Theorien über seine Führung und Rolle auf das haben, was uns hier interessiert – die soziale Revolution in Katalonien – genauer sprechen sollten.

Der erste Punkt ist die zunehmende Rolle der spanischen und russischen Stalinisten, für die ich nur einige Beispiele angeführt habe. Natürlich befürworteten die Kommunisten von Anfang an eine disziplinierte Armee klassischen Typs – das entsprach sowieso ihrer Ideologie und ihrer autoritären, zentralistischen und hierarchisierten Praxis. War das große Beispiel, ihr Bezugspunkt – die sowjetische Armee – nicht genau so? Und hatte sie nicht deshalb gesiegt? Außer

38 Aus „Nosotros" vom 16. März 1937.

diesem für jede Zeit, jeden Erdteil und jede Situation geltenden Prinzip allgemeiner Art entsprach aber die Befürwortung und Schaffung einer traditionellen Armee vollkommen der politischen Situation Spaniens, wie die Stalinisten sie sahen. Ein legaler und demokratischer republikanischer Staat setzte sich mit seiner Armee, seiner Polizei usw. gegen einen faschistischen Aufstand zur Wehr. Folglich musste das Bild – und die Wirklichkeit – von Banden bewaffneter und Revolution machender Arbeiter – die Anarchie! – einer disziplinierten, hinter ihren orden- und goldtressenbehängten Offizieren marschierenden Armee weichen, die für die republikanische Legalität und gegen die „bewaffneten Banden" kämpfte. Das ist vollkommen logisch und durch ihre Hartnäckigkeit auf diesem Weg eroberten sich die Kommunisten, wie wir gesehen haben, die Sympathie unzähliger „Kleinbürger" jeden Schlags.

Ihre militaristische Aktion stellte auch – und das ist vermutlich nicht der unwichtigste Aspekt – ein riesiges politisches Manöver dar, das ihnen Schlüsselpositionen, besonders polizeiliche und militärische, im Staatsapparat sichern sollte, die sie vielleicht sonst nicht hätten erobern können. Diese Aktion wurde durch die Erpressung mit den russischen Waffen und deren kontrollierte Verteilung erheblich erleichtert, sowie durch die Rolle der militärischen, diplomatischen und sonstigen russischen Berater. Diese herrschten wie Vize-Könige und erteilten nicht selten den Regierungen, den Stäben usw. ihre Befehle. Bevor sie zum Beispiel der legalen katalanischen Regierung Waffen lieferten, verlangten sie, dass der POUM-Minister hinausgeschmissen wurde – was auch so geschah; noch mehr – sie beteiligten sich direkt und aktiv am Sturz der Regierung Largo Caballero und ersetzten ihn durch Negrín (der vermutlich ihr Vertrauensmann war, noch bevor er zum Verbündeten der spanischen KP wurde). Ähnliche Beispiele könnte man seitenlang anführen, ich werde übrigens noch einige erwähnen, wenn ich die entfesselte konterrevolutionäre Repression nach dem Mai 1937 näher untersuchen werde.

Natürlich waren die – von ihrem doppelten Prestige als „Techniker" und „Revolutionäre" wie mit einem Heiligenschein umgebenen – sowjetischen Militärberater die Hauptachse in der Schaffung der neuen Armee.

Aber nicht nur die spanischen Kommunisten – die von den Sowjets sehr genau beraten wurden – befürworteten eine Armee traditionellen Typs. Alle stimmten in diesem Punkt überein – außer breiten Schichten der anarchistischen „Basis". Gegenüber den immer bedrohlicheren Truppen Francos sowie der deutschen und italienischen Intervention fiel es niemandem ein, eine andere globale Strategie vorzuschlagen als die der Identifizierung mit dem Feind – das heißt der Bildung einer noch disziplinierteren, wirksameren und „preußischeren" Armee als die gegenüberstehende. Natürlich führte das zum Misserfolg – und konnte nur zum Misserfolg führen.

Abgesehen von dieser Übereinstimmung in der Unfähigkeit zur Innovation sind die Meinungsverschiedenheiten bzw. -nuancen über die Probleme des Kriegs und der Revolution und ihre Wechselwirkungen vielfältig. Außer den Republikanern und Rechtssozialisten, die überhaupt nicht von einer Revolution, sondern nur von Demokratie sprachen, teilten sich die „Revolutionäre" in zwei Strömungen – diejenigen, deren Position mit dem Satz „Zuerst den Krieg gewinnen!" zusammengefasst werden kann, und diejenigen, die weiter behaupteten, Krieg und Revolution seien eng miteinander verbunden. „Zuerst den Krieg gewinnen!" ist die große Losung der Stalinisten, die vollkommen zu ihrer gesamten Strategie passte, die sich selbst in den Rahmen des „großen Kampfes auf Weltebene gegen den Faschismus" eingliedern sollte. Diese Taktik aber, die sie – ihren Gewohnheiten gemäß – sehr weit führten und die aus ihnen wie in anderen Zeiten und Erdteilen die *große Partei der Ordnung* machte, hinderte sie nicht daran – ganz im Gegenteil – sehr ernsthaft den Staatsapparat zu unterwandern, was für sie die Vorbereitung zur Machtergreifung war. Auf der Ebene der Propaganda zeigte die KP jeweils relativ wichtige Nuancen ihrer Generallinie – „Zuerst den Krieg gewinnen!" –, je nach dem Publikum, das sie ansprechen wollte. Gegenüber dem Ausland und den gemäßigten republikanischen Kräften sollte das Regime, das dem republikanischen Sieg folgen würde, „vom spanischen Volk demokratisch gewählt werden". Gegenüber den sich als revolutionär bzw. radikal bezeichnenden Kräften wurde der Sieg gegen den Faschismus als der erste Schritt und unerlässliche Zwischenstufe zur zukünftigen sozialistischen Revolution dargestellt. Mit einigen Variationen war diese Position weit über die Reihen der spanischen KP hinaus vertreten. Nicht nur linkssozialistische Kreise stimmten ihr zu, sondern auch der größte Teil der führenden CNT-FAI-Schichten, die meinten, es sei möglich, die soziale Revolution bis „nach dem Sieg gegen den Faschismus" zu verschieben.

Die POUM befürwortete zwar die traditionelle Armee, sie vertrat aber gleichzeitig die Meinung, Krieg und Revolution seien eng miteinander verbunden. Andrés Nin erklärte zum Beispiel in seinem für den POUM-Kongress (der am 19. Juni 1937 stattfinden sollte und durch die Repression verhindert wurde) verfassten Konzept einer „Politischen These":

„Die Parole: ‚Zuerst den Krieg gewinnen – danach findet die Revolution statt!' ist grundsätzlich falsch. In dem zur Zeit in Spanien stattfindenden Kampf sind Krieg und Revolution zwei nicht nur untrennbare, sondern auch gleichbedeutende Worte. Als ein mehr oder minder verlängerter Zustand des direkten Konflikts zwischen zwei bzw. mehreren Gesellschaftsklassen ist der Bürgerkrieg eine der Erscheinungsformen und zwar die schärfste – des Kampfes zwischen dem Proletariat auf der einen und dem Großbürgertum und den Grundbesitzern auf der anderen Seite, die vor der revolutionären Offensive des Proletariats in Angst geraten sind und versuchen, ein Regime der blutigen Diktatur zur Festigung ihrer Klassenprivilegien einzuführen. Der Kampf auf den Schlachtfeldern ist nichts anderes als die Fortsetzung des Kampfes in der Etappe. Der Krieg ist eine Form der Politik (...) Es kommt darauf an zu wissen, ob die an der Front kämpfenden Arbeiter und Bauern für die bürgerliche Ordnung oder für eine sozialistische Gesellschaft kämpfen. Krieg und Revolution sind in diesem Augenblick in Spanien genauso untrennbar wie in Frankreich im 18. Jahrhundert oder 1917-1920 in Russland. Wie können wir Krieg und Revolution trennen, während der Krieg nur der gewaltsame Paroxysmus des revolutionären Prozesses ist, der sich seit ungefähr 1930 in unserem Land entwickelt?
[...]
Die Garantie für einen schnellen und sicheren Sieges an der Front liegt in einer klaren revolutionären Politik in der Etappe, die imstande ist, bei den Kämpfern den für den Kampf unerläßlichen Schwung und das Vertrauen hervorzurufen; das internationale Proletariat zur revolutionären Solidarität – welche die einzige ist, auf die wir rechnen können – anzuregen; eine starke Kriegsindustrie zu schaffen; die durch den Bürgerkrieg erschütterte Wirtschaft auf sozialistischer Basis wiederaufzubauen und eine effektive Armee im Dienst der proletarischen Sache zu schmieden, die diejenige der zivilisierten Menschheit ist. Das Werkzeug zu dieser revolutionären Politik kann nur die Arbeiter- und Bauernregierung sein".[39]

Hat die POUM auch Recht, die Untrennbarkeit von Krieg und Revolution zumindest für die angeblich revolutionären Kräfte zu betonen (womit sie Clausewitz folgt, ohne ihn zu zitieren), so kann sie sich doch, so-

39 Andrés Nin: „La Situación política y las tareas del proletariado" („Die politische Situation und die Aufgaben des Proletariats") in „Los Problemas de La Revolución española" („Die Probleme der spanischen Revolution"), Ruedo Ibérico, Paris 1971, S. 217.

wohl bei diesem Problem als auch bei den anderen, nicht vom leninistischen Fetischismus trennen. So wie ihre Zwangsvorstellung von einer „Arbeiter- und Bauernregierung" (was gar nichts bedeutete außer einer nostalgischen Referenzerweisung) sie daran gehindert hat, konsequent gegen die Wiederherstellung des bürgerlich-bürokratischen Staates zu kämpfen, der sie bald den Russen zuliebe ächten sollte, so wird sie wegen ihrer Befürwortung einer disziplinierten und wirksamen Armee nach dem Vorbild der Roten Armee erst viel zu spät einsehen, dass die KP durch die Militarisierung für ihre eigene Herrschaft über die republikanischen Streitkräfte sorgte.

Camillo Berneri kritisiert zu Recht die militaristische POUM-Auffassung (die mit einem Versuch verbunden war, die bolschewistische Heiligengalerie zu übernehmen, wobei sie mit den Stalinisten wetteiferte):

> „Den militärischen Formalismus trifft man in bestimmten Kolonnen an, zum Beispiel in denen, die von der POUM kontrolliert sind. Wer da behauptet, wie es in den Zehn Geboten der Kolonne Urubarri [eine der vier POUM-Kolonnen an der aragonesischen Front, C. S-M.] steht, dass ‚der Soldat, der salutieren kann, auch derjenige ist, der kämpfen kann', der macht sich einer Dummheit schuldig, die Peter des Ersten oder Friedrich des Großen würdig ist."[40]

Soviel ich weiß, ist dieser italienische Anarchist einer der wenigen Anarchisten, der in seinen Schriften wie auch in seiner Aktion versucht hat, die „Erfordernisse des Krieges" und den Geist der Milizen in Übereinstimmung zu bringen. Indem er sich nicht auf eine bloße Erinnerung an die „ewigen" Grundsätze des Anarchismus beschränkt, aber auch nicht der herrschenden militärischen Täuschung erliegt, schlägt Berneri eine Art Synthese vor, wie dieser Auszug aus dem eben zitierten Interview beweisen soll:

> „Ich habe keine besondere Sachkenntnis, was die militärische Technik betrifft, ich kann Ihnen aber die Eindrücke mitteilen, die mein Aufenthalt an der Front bei Huesca in mir hinterlassen hat – ich bin ja mit ihr vertraut, da ich dort zuerst als einfacher Milizionär, dann als politischer Delegierter des Verteidigungsrates tätig war. Ich habe den Eindruck, dass die Miliz große Fortschritte gemacht hat. Am Anfang konnte man

40 Interview in „Spain and the World", auf Französisch nachgedruckt in „L' Espagne Nouvelle" („Das neue Spanien"), Februar 1937.

eine große Unerfahrenheit in der Bekämpfung der modernen Waffen bemerken: Man verlor zum Beispiel viel Zeit damit, auf Flugzeuge mit großer Flughöhe zu schießen, und die automatischen Waffen vernachlässigte man zugunsten derer, deren Gebrauch die Genossen gewohnt waren; das Problem der Straßen wurde vernachlässigt; es fehlte an Munition; die Verbindung der verschiedenen Waffen und Einheiten war mangelhaft, und sie fehlte manchmal sogar ganz.

Jetzt haben die Milizionäre aus den vergangenen zehn Monate Lehren gezogen – man fängt damit an, das Verkehrswesen zu rationalisieren, die Straßen werden repariert, das Material wird reichhaltiger und besser verteilt und in den ‚Kolonnengeist' sickert allmählich die Idee der Notwendigkeit eines Koordinierungskommandos ein.

Es werden Divisionen gebildet, die den wirtschaftlichen Kriegsplan, der von den bekanntesten CNT- und FAI-Vertretern verteidigt wurde, ergänzen sollen. In Wirklichkeit waren diese beiden Organisationen die ersten, die ein einheitliches Kommando vorgeschlagen haben, um einen entscheidenden Druck auf die Schwachpunkte der feindlichen Linie ausüben, den Druck des Feindes auf die belagerten Städte vermindern und die feindlichen Truppenbewegungen und -aufmärsche behindern zu können".

„Also hat die Militarisierung doch etwas Gutes?"

„Gewiss", antwortet Berneri mit Nachdruck, „aber man muss ja doch unterscheiden: Es gibt einerseits den militärischen Formalismus, der nicht nur lächerlich, sondern auch unnütz und gefährlich ist, und andererseits die Selbstdisziplin. Diese kann äußerst streng sein, wie es in der Kolonne Durruti der Fall ist. (...) Ich persönlich bin für einen vernünftigen Mittelweg: Man sollte weder dem militärischen Formalismus noch einem abergläubischen Antimilitarismus verfallen. Wenn wir die durch die Natur der Sache bedingten Reformen akzeptieren und durchführen, können wir den Manövern aus Madrid und Moskau Widerstand entgegen setzen, die unter dem Vorwand der Militarisierung ihre militärische Führerschaft über die spanische Revolution herzustellen versuchen, um aus ihr ein Werkzeug ihrer politischen Vormachtstellung zu machen.

Was mich betrifft, halte ich es für einen Fehler, von einem einzigen oder ‚höchsten' Kommando anstatt von der Einheit des Kommandos – das heißt also einer allgemeinen Koordinierung in der Führung des bewaffneten Kampfes – zu sprechen, wie gewisse Vertreter der CNT-FAI es tun. [...]

Insgesamt wären also in den Milizen meiner Meinung nach folgende Reformen notwendig: klare Unterscheidung zwischen der militärischen Führung und der politischen Kontrolle auf dem Gebiet der Vorbereitung und der Durchführung der Kriegsoperationen – strenge Vollstreckung der Befehle, aber Aufrechterhaltung bestimmter Grundrechte wie zum Beispiel des Rechts, Offiziere zu ernennen und abzusetzen".[41]

Sicherlich, dürfen erst einmal die Kämpfer ihre Führer ernennen und absetzen, so bricht der ganze militärische Geist der Hierarchie schnell zusammen, und deshalb wurde das auch nicht zugelassen. Denn, wie Berneri selbst in seinen Vorschlägen zur Synthese zwischen, sagen wir, Effektivität und Freiheit bemerkt (einer interessanten, obwohl meines Erachtens ungenügenden Synthese), beim militärischen Problem ging es nicht nur um die Möglichkeit des Sieges über die faschistischen Armeen, sondern auch um die der *Niederschlagung der Revolution.*

Auch von diesem Standpunkt aus sind Krieg und Revolution untrennbar. In der großen Militarisierungsoperation war eine genauso wichtige politische Operation enthalten, die darin bestand, die revolutionären „bewaffneten Banden" zu liquidieren – diese Milizen, die den Bauern halfen, libertäre Kommunen zu organisieren; die manchmal die Polizei entwaffneten, um sich selbst zu bewaffnen; mit einem Wort: der bewaffnete Arm einer libertären sozialen Revolution, die man keineswegs wollte. Folglich wurde fast überall eine ultra-reaktionäre Armee durchgesetzt, in der sich der politische Polizeiterror austoben konnte, die blindeste Disziplin aufgezwungen und das ganze entwürdigende Armeeritual heilig gesprochen wurde. Nur in einigen, in Divisionen verwandelten anarchistischen Kolonnen konnte der „Milizengeist" bis zu einem gewissen Grad bewahrt werden. Das hing aber vor allem vom Willen der Befehlshaber ab, von denen einige so wie zum Beispiel Ricardo Sanz[42] ihre Leute gegen den übertriebenen militärischen Formalismus schützten, von dem Berneri spricht.

So kann man sagen, dass der politische Aspekt der Militarisierungsoperation mit sehr breitem Erfolg durchgeführt wurde (was keineswegs Konflikte zum Beispiel zwischen der CNT-FAI und den Kommunisten innerhalb der Armee oder anderswo ausschließt, davon spreche ich aber nicht). Er war selbstverständlich ein wesentlicher Teil

41 Ebenda.

42 Wenigstens nach einer Aussage von J. Peirats – der an der aragonesischen Front „unter dessen Befehl stand" – während einer Unterredung zur Vorbereitung dieses Buches.

zur Wiederherstellung des bürgerlich-bürokratischen Staates, zum Triumph der Konterrevolution.

Auf dem militärischen Gebiet wurde dagegen die nach „preußischem" Vorbild gebildete Armee eine sehr schlechte Armee – was mir gleichfalls logisch zu sein scheint. Im Gegensatz zu den Behauptungen der heldenmütigen Folkloristen wurde der Bürgerkrieg nicht nur wegen des Eingreifens der deutschen Nazis und der italienischen Faschisten (inklusive des Widerwillens der Anarchisten, sich zu militarisieren) von den Republikanern verloren. Trotz der überlegenen Ausrüstung der Faschisten war die Niederlage nicht unausweichlich – außerdem dauerte der Krieg beinahe drei Jahre. *Die Dummheit und die konterrevolutionäre Politik,* das sind meiner Meinung nach die Hauptfaktoren der republikanischen Niederlage.

Dummheit und konterrevolutionäre Politik verbünden sich, um kunterbunt eine junge, virile und disziplinierte – mit einem Wort: *moderne* – reguläre Armee zu schaffen, soweit auf den Plakaten, aber im Gelände sah es sehr schlecht aus. Ohne sich mit einer tieferen Analyse der militärischen Probleme beschäftigen zu wollen, kann man einfach folgendes sagen:

1. Diese Armee war schlecht, weil ihre Führer sich im allgemeinen als absolut phantasielos und ohne Erfindungsgeist erwiesen. Die neue, so genannte „Volksarmee" trieb die Imitation des Feindes so weit, dass sie sogar seine „Kriegskunst" imitierte, indem sie den Schlachten auf einem für den Gegner günstigen Gelände nicht auswich und auf „schulmäßige" Art und Weise die Grundsätze des Stellungskrieges und die in den Militärakademien der ganzen Welt gelehrten Umgehungsoffensiven übernahm. Für diese Art Krieg waren Francos Armee (das heißt 90% der spanischen Armee) und ihre nazistischen und faschistischen Verbündeten unendlich viel besser vorbereitet und ausgerüstet, wie ihre Überlegenheit historisch bewies.

Die in den „linken" Heldenepen besungenen „brillianten" Kriegsführer wie Lister, Modesto, El Campesino usw. sowie deren „mysteriöse" russische Militärberater erwiesen sich in der Praxis auf dem streng militärischen Gebiet als totale Dummköpfe, indem sie ihre Truppen in Klein-Verdun-Schlachten versinken ließen, bei denen die (übrigens nicht einmal überwältigende)[43] Waffenüberlegenheit des Gegners auf die Dauer zwangsläufig zum Sieg führen musste. Keine umfangreiche militärische Operation, bei der *Überraschungseffekt, Beweglichkeit und*

43 Es gibt bis heute noch keine sicheren Zahlen über die Bewaffnung der zwei Seiten.

Erfindungsgeist Erfolgsfaktoren hätten sein können, kann ihnen zugute gehalten werden.

2. Der konterrevolutionäre Aspekt der Militarisierung übte eine tiefgehende Wirkung auf „die Moral" der Truppen aus, sie schwächte ihr offensives Potenzial, was immer man auch dagegen hat behaupten mögen. Denn für die Produktion von gut disziplinierten Soldaten und Robotern, die dazu fähig sind, sich ohne Diskussion töten zu lassen – sogar in irrsinnigen militärischen Operationen, für die sich in der Kriegsgeschichte im allgemeinen und in der des spanischen Krieges im besonderen Beispiele in Hülle und Fülle finden lassen – ist es nötig, die Soldaten *zu dressieren* wie gute Zirkuspferde. Sicherlich beteiligt sich in „normalen Zeiten" die gesamte Gesellschaft an dieser Dressur – von der Familie bis zur Fabrik- bzw. Landarbeit über Religion, Schule und Militärdienst, der im Volksmund für die jungen Leute gerade deshalb angebracht ist, weil er ihnen „Manieren" beibringt. Wir haben es aber hier mit Arbeitern zu tun, die freiwillig zu den Waffen gegriffen haben, um den militärischen Aufstand niederzuwerfen, denen bewusst ist, dass sie an einer sozialen Revolution teilnehmen, und die – besonders natürlich die Anarchisten – ebenso antimilitaristisch wie antikapitalistisch gesinnt sind. Die freiwilligen Milizionäre sind genau *das Gegenteil vom Robotersoldaten* – folglich ist es besonders schwierig, wenn nicht unmöglich, sie von einem Tag auf den anderen in ihr Gegenteil zu verwandeln. Diese Männer sind gerade gegen die *Dressur* und *Ausbeutung* einer repressiven Gesellschaft aufgestanden, die sie hassen und gegen die sie einen Kampf auf Leben und Tod aufgenommen haben. Sagt ihnen einer, die militärische Hierarchie in der Armee müsse wiederhergestellt werden, um über die militärische Hierarchie des Feindes zu siegen, so scheint ihnen das genauso ungeheuerlich, wie wenn einer ihnen vorschlagen würde, ihre Ausbeutung als Lohnempfänger zu verstärken, um ... die Ausbeutung zu liquidieren! Gerade das geschah aber nun, und deshalb darf man sich nicht wundern, wenn sie sich geweigert haben, im Namen man weiß nicht welcher Effektivität die hierarchisierte Gesellschaft wiederherzustellen, die sie gerade jetzt zerstören wollten. Für sie gibt es keine „gute Armee", so wie es keine „gute Ausbeutung" des Proletariats gibt. Sie weigerten sich nicht zu kämpfen, sie weigerten sich aber, diese Parzelle der Freiheit preiszugeben, die sie erobert hatten. Und sie hatten recht. Sonst würde ihr Kampf selbst keinen Sinn haben, wie die nachfolgenden Ereignisse – wie das Beispiel aller bisher bekannten Revolutionen – es beweisen.

Es ist jetzt Mode geworden, ins Blaue hinein von der „psychologischen Kriegsführung" zu reden – oft um zu versuchen, die

„Psychologie" als Element einer modernen militärischen Taktik umzumodeln. Genauso wahr ist es aber, dass die Phantasie nicht vor den Kasernentoren stehen bleibt. Durch ein absolut entgegengesetztes Beispiel möchte ich einfach darauf hinweisen, dass die Eliteeinheiten in den klassischen Armeen (Fallschirmjäger, Marine, Fremdenlegionäre usw.) nicht nur durch intensive Ausbildung, ultra-moderne und geeignete Bewaffnung usw. geschult werden, sondern auch und vielleicht sogar vor allem durch einen „Korpsgeist", den Gedanken also, einer besonderen Gruppe, einer Elite anzugehören, die nicht nur den gemeinen Zivilisten, sondern auch den übrigen Armeekorps überlegen ist. Die Illusion, dieser besonderen Klasse anzugehören, stellt eine der wesentlichen Triebkräfte des Kampfgeistes dar (und sie beweist selbstverständlich die unermessliche menschliche Dummheit, aber darüber wollen wir nicht weiter sprechen …) Nimmt man diese Illusion fort, zerbricht man den Gruppenfanatismus, und der Kampfgeist leidet darunter.

Und andererseits: Militarisiert man die anarchistischen Milizionäre, so leidet ihr Kampfgeist gleichfalls darunter. Mit dem kleinen Unterschied, dass die ersteren – die Fallschirmjäger und andere – sowieso nur töten, während die Milizenkolonnen aktiv an einem der wichtigsten revolutionären Experimente der ersten Hälfte des 20. Jahrhunderts teilnahmen.

All das ist gut und schön, haben die Kommunisten gesagt, und sie werden es weiter sagen – aber der Krieg war da und musste gewonnen werden. Wir haben zwar verloren, aber wir haben gerade deswegen wirksamer gekämpft als die Anarchisten, weil wir uns schneller und gründlicher auf dem militärischen Gebiet organisiert haben. Als bestätigende Beispiele ihrer These werden dann immer wieder Madrid und die aragonesische Front angeführt – Madrid, wo mit der Militarisierung begonnen wurde und an dessen Verteidigung die Kommunisten entscheidend beteiligt waren, hielt bis zum Ende durch, während die an der aragonesischen Front vorherrschenden Anarchisten sich angeblich als unfähig erwiesen, Saragossa zu erobern.

Darauf kann Folgendes erwidert werden: Was das Problem der aragonesischen Front betrifft, sogar ohne auf das Problem der Bewaffnung der Milizen eingehen zu wollen, dauerte die anarchistische „Vorherrschaft" an dieser Front bis zum Sommer 1937. Nach dem Mai 37 und aufgrund der Verschwörung Prietos und der Kommunisten (wie wir weiter unten sehen werden) dringen die kommunistischen Truppen in Aragon ein, sie liquidieren den Rat von Aragon und unterwandern in starkem Maße die Militärführung. Auch wenn die anarchistischen Milizen an dieser Front immer noch sehr zahlreich sind, ging die Verantwortung für die weitere Kriegsführung hauptsächlich in die Hände der Kommunisten und ihrer Verbündeten über. Nun – Saragossa wird aber auch dann nicht erobert!!! Wenn ihre Offensive gegen den „libertären Kommunismus" in Aragon auch bedeutende Ergebnisse erzielt hat (wenn auch nicht so gravierend, wie sie erhofft hatten), so ist ihre „Offensive" gegen die Franco-Truppen kaum zu nennenswerten Ergebnissen gekommen.

Und nun Madrid. Es stimmt, dass mit der Militarisierung ernsthaft an der Madrider Front begonnen wurde. Es stimmt weiter, dass die Kommunisten – und die russischen Berater – aktiv an der Verteidigung dieser Stadt beteiligt waren, das heißt, dass sie die Führungsorgane unterwanderten; ansonsten waren sie aber weit davon entfernt, die einzigen Kämpfer zu sein (ein Beweis dafür: Während der „Verschwörung Casado" gegen Ende des Krieges, als die Kommunisten die Stadt militärisch besetzt und die Macht ergriffen hatten, angeblich um sich den Verhandlungsversuchen mit den Faschisten zu widersetzen, brauchte Cipriano Mera an der Spitze seiner Soldaten kaum zwei Tage, um sie militärisch zu liquidieren.)[44]

Hierin soll aber meiner Meinung nach nicht der Grund des Madrider Widerstandes gesehen werden, der sich kurz vor dem Einmarsch von Francos Truppen und Kriegsende in geordneten Feldschlachten zwischen Kommunisten auf der einen und Anarchisten und Sozialisten auf der anderen Seite abspielte. Der Hauptaspekt des Widerstands von Madrid ist keineswegs die Militarisierung, sondern sein *Volks-Charakter*. Im belagerten und von Zeit zu Zeit fast ganz eingekesselten Madrid passierte etwas, das schon in anderen Kriegen passiert ist – und zwar weigert sich eine ganze Stadt zu kapitulieren, beteiligt sich eine ganze Stadt mit Männern, Frauen und Kindern auf diese oder jene Art am Widerstand gegen den Feind. Dieser Charakter eines Volkswiderstandes ist der wesentliche Aspekt der Schlacht um Madrid. Übrigens sind es die Arbeitermilizen, die gesamte Bevölkerung – zumindest fast –, die zuerst die aufständischen Militärs niederwirft und dann die ersten Angriffe der Armeen Francos besiegt, die um jeden Preis und gleich zu Beginn des Krieges die Hauptstadt erobern wollten. Erst nach den ersten Siegen des „bewaffneten Volkes" kam die Militarisierung.

*

44 Vgl. dazu Anmerkung X im Anhang.

Nachdem der Krieg sich langfristig und auf die Art und Weise, wie der Feind es sich wünschte, eingerichtet hatte, waren aber auch die Milizen nicht fähig, eine revolutionäre militärische Strategie zu entwickeln, die es möglich gemacht hätte, die revolutionären Errungenschaften nicht nur zu verteidigen, sondern auch auszuweiten und gleichzeitig die Faschisten zu bekämpfen. So schreibt das „Antifaschistische Spanien", das den Standpunkt der „antimilitaristischen" Libertären zum Ausdruck bringt, zu Recht:

> „Es scheint immer notwendiger zu sein, sich die Frage zu stellen, ob es dem Militarismus der rebellierenden Generäle gelingt, den spanischen Revolutionären seine eigenen Kampfformen aufzuzwingen, oder umgekehrt, ob unsere Genossen es schaffen, den Militarismus zu zerstören, indem sie ihm Aktionsmethoden entgegensetzen, die zur Liquidierung der militärischen Front und zur Ausdehnung der sozialen Revolution auf ganz Spanien führen. Die den Faschisten zur Verfügung stehenden Bestandteile des Erfolgs sind folgende: Überfluss an Kriegsmaterial, äußerst strenge Disziplin, vollständige militärische Organisation und der Terror, den sie mit Hilfe ihrer militärischen Einheiten über die Bevölkerung ausüben. Diese Erfolgsgründe wurden durch die Taktik des Stellungskrieges noch verstärkt, ebenso durch die ununterbrochene Front und den massiven Transport von Kräften zu den Punkten, wo man die Entscheidung erkämpfen will.
> Auf der Seite des Volkes sind die Bestandteile des Erfolgs absolut entgegengesetzter Art: Überfluss an Menschen, Initiative und leidenschaftliche Aggressivität der Individuen und der Gruppen, aktive Sympathie der gesamten Arbeitermassen im ganzen Land und die ökonomischen Waffen Streik und Sabotage in den von den Faschisten besetzten Regionen. Diese moralischen und materiellen Kräfte, die im Grunde denen weit überlegen sind, die dem Feind zur Verfügung stehen, können nur durch die Verallgemeinerung des auf das ganze Land ausgedehnten Kampfes durch Überfälle, Hinterhalte und Guerillamethoden zur vollen Geltung kommen".[45]

Der anonyme Verfasser dieser Zeilen scheint mir die Lage vollkommen richtig *zusammengefasst* zu haben.

Tatsächlich war „die Ausdehnung der sozialen Revolution auf ganz Spanien" die beste Strategie, die Francos Armee und ihrer traditionellen und *starren* Strategie entgegengesetzt werden konnte. Während in

45 Aus „L' Espagne Antifasciste" Nr. 4.

großen Städten und industriellen und landwirtschaftlichen Regionen der „republikanischen Zone" eine Volksverteidigung organisiert werden musste, bei der alle auf diese oder jene Art am Kampf teilnehmen, musste die soziale Revolution auch in die Etappe des Feindes eingeführt, mussten Sabotage- und Guerillamethoden organisiert, Aufstände und womöglich aufrührerische Streiks gefördert werden. Dazu musste man aber selbstverständlich die soziale Revolution weiterführen und auf das ganze „republikanische" und dann faschistische Gebiet ausdehnen. Die der faschistischen Diktatur unterworfenen Arbeiter mussten wissen, dass es in diesem Land von der Ausbeutung befreite Zonen gibt, in denen die Arbeiter die Herren über ihre Fabriken, ihre Arbeit und ihr Leben sind. Die auf dem Land stattfindende Revolution musste zum Beispiel bis in die von den Faschisten besetzten Regionen Andalusiens Gehör finden. Für einen solchen Kampf – den ich der Einfachheit halber einen revolutionären Guerillakrieg nenne (ohne dass man dafür nach mehr als zweifelhaften historischen Äquivalenzen zu suchen braucht) war eine Armee herkömmlichen Typs nicht nur untauglich, sondern sogar schädlich. Die soziale Revolution muss mit der Liquidierung der Armee und all den rückschrittlichen Aspekten, die diese verkörpert, beginnen. Sicherlich war es notwendig, die Mängel der Milizen zu überwinden, ihren Initiativgeist, ihre Kühnheit und ihre Kampflust hätte man aber nicht nur aufrechterhalten, sondern auch verstärken und vertiefen müssen. Man hätte sie auch mit einer offensiven Strategie ausrüsten sollen, bei der Bewegungen, Überraschung, Methoden der Sabotage und des Hinterhalts usw. es ermöglicht hätten, nicht in die Falle des für den Feind so günstigen Stellungskriegs zu geraten.

Natürlich verlangt all das die Teilnahme aller Kämpfer an der Führung des Kampfes. Eine Partisanen„armee" kann sich niemals mit dem Vorbild der klassischen Armee vergleichen, selbst wenn sie über eine so „moderne" Ausrüstung wie die republikanische Armee verfügt. Trotz der offensichtlichen, vom Krieg erzwungenen Grenzen ist in einer solchen Armee eine gut funktionierende Demokratie nicht nur möglich, sondern auch unerlässlich, um die Kreativität der Massen zur Wirkung kommen zu lassen – Demokratie, das heißt in erster Linie gewählte und (selbstverständlich nicht mitten in einer Schlacht!) absetzbare Führungsorgane. Dieser revolutionäre Geist und die Überzeugung, dass man mit den Waffen in der Hand den Kampf um die soziale Umgestaltung der gesamten Gesellschaft weiterführt, die die „schlagende Triebkraft" der Milizen ausmachen, sind genau das Gegenteil des Respekts vor der Hierarchie, die zusammen mit dem Denkverbot die Grundlage einer klassischen Armee bildet.

Es ist aber unnütz, weiter bei dem zu verweilen, was hätte sein können und nicht war – nicht einmal in Aragon, wo nach ein paar Wochen die Milizionäre in einem Stellungskrieg bei Huesca, Saragossa und Teruel stecken blieben.

Die Grundlage dieses revolutionären Krieges konnte nur die möglichst radikale und ausgeweitete soziale Revolution sein. Nur wollten die Kommunisten, viele Sozialisten, die Republikaner, die meisten anarchistischen Führer, die Russen und die „demokratischen" westlichen Regierungen (geschweige denn die faschistischen!) keine soziale Revolution, und alle nahmen, jeder auf seine Weise, an ihrer Unterdrückung teil.

Es wurde also eine Armee gebildet. Unter den damaligen historischen, politischen, materiellen und „moralischen" Bedingungen konnte es nur eine schlechte Armee sein. Sie nahm den vom Feind erzwungenen Krieg an und wurde besiegt. Der Krieg wurde verloren, weil man die Revolution nicht machen wollte. Da die Dinge nie so einfach sind, verlängerte sich der Krieg noch um fast zwei Jahre (1937-1939), denn diese schlechte Armee, die trotz allem etwas von der Begeisterung der Milizen behalten hatte, kämpfte mit viel Mut.

VI. KAPITEL
DIE „MAI-TAGE" 1937

DIE LAGE IN KATALONIEN VOR DEN „MAI-TAGEN"

Seit der Bildung der Regierung Largo Caballero und ihres katalanischen Gegenstücks, des Rats der Generalitat, in dem alle antifaschistischen Organisationen vertreten waren, hat die Wiederherstellung des Staates beträchtliche und immer schnellere Fortschritte auf jedem Gebiet gemacht. Die „dunkle" Macht der Komitees weicht vor der der „bestehenden Behörden" – Gemeinderäte, Gouverneure, Rat der Generalitat, Regierung. Im Dezember 1936 sind alle aufgelösten Polizeikräfte endgültig wiederhergestellt, sei es unter ihrem alten Namen (wie zum Beispiel die Sturmgarden) oder unter einem neuen (so nennt sich jetzt die Zivilgarde „Republikanische Nationalgarde"). Der Finanzminister der Zentralregierung, Juan Negrin, stellt ein mächtiges Korps von Zollbeamten (Grenzpolizei) auf, von dessen Tätigkeit wir noch sprechen werden.

Die Stalinisten beginnen, die Polizei in gleicher Weise wie die Armee unter ihre Kontrolle zu bringen. In Barcelona wird das PSUC-Mitglied Rodriguez Sala zum Polizeichef und Ayguadé zum Sicherheitsbeauftragten (Innenminister) ernannt. Obwohl er zur „Esquerra" gehört, wird Ayguadé eng mit den Stalinisten zusammenarbeiten, so dass einige Kommentatoren ihn für ein getarntes Mitglied der PSUC halten.

Schon Ende 1936 scheint den Anhängern der „republikanischen Ordnung" die Lage reif zu sein, um zum Angriff überzugehen. Vermutlich als Dank für die russische Waffenlieferung werden die ersten politischen Diskriminierungsmaßnahmen gegen die POUM-Mitglieder, diese spanischen „Hitler-Trotzkisten", ergriffen. Wir haben gesehen, dass die Stalinisten ihr Veto gegen die Beteiligung der POUM an der Madrider Verteidigungsjunta einlegten. „La Batalla" („Der Kampf") hatte dagegen protestiert, indem sie Stalin beschuldigte, sich für das Schicksal des spanischen bzw. internationalen Proletariats nicht mehr zu interessieren und nur an das Interesse des russischen Staates zu denken. Eine solche Sprache war eigentlich nicht nur für die Stalinisten unerträglich, sondern auch für zahlreiche Sozialisten, Republikaner und sogar für einige anarchistische Führer. Schickte Russland denn nicht Waffen? Immer wieder dieselbe Erpressung also, die absichtlich verschwieg, dass diese Waffen sehr teuer gekauft wurden. Am 28. November greift der Generalkonsul der UdSSR in Barcelona, Antonow-Owsejenko[1], in üblicher Manier öffentlich in die spanischen „inneren Angelegenheiten" ein und denunziert in einer Presseerklärung „La Batalla" als einen Teil der „vom internationalen Faschismus gekauften Presse". Es muss darauf hingewiesen werden, dass „La Batalla" zu dieser Zeit gegen die Verhaftungen von Opponenten und die politischen Prozesse in der UdSSR protestiert hatte – ein weiterer unerträglicher Skandal! Unter dem Druck der sowjetischen Agenten provoziert die PSUC Mitte Dezember eine Krise in der autonomen katalanischen Regierung, indem sie die Beseitigung des POUM-Mitglieds und Justizministers Andrés Nin verlangt. Natürlich verlangt sie Andrés Nins Austritt als die erste Maßnahme gegen diese Agenten des internationalen Faschismus: die POUM-Mitglieder. Diese Beseitigung wird von den anderen Organisationen – inklusive der CNT – akzeptiert, um die Russen zu hofieren. Die Krise wurde heuchlerisch gelöst: Es wurde beschlossen, eine „Regierung ohne Parteien" zu bilden, in der nur Gewerkschaften als Organisationen vertreten waren – CNT, UGT und die „Rabassaires"-Union. Für die UGT bleiben aber dieselben in der Regierung, die am Tag vorher die PSUC vertreten hatten. Noch dazu gab es einen Vertreter der „Esquerra"-Partei, damit „das katalanische Kleinbürgertum auch vertreten ist". Diese Spitzfindigkeiten konnten zwar niemanden täuschen – das Ziel, die Beseitigung der POUM, war aber erreicht. In der „Prawda" vom 17. Dezember 1936 konnte man dann lesen: „Die Eliminierung der Trotzkisten und Anarcho-Syndikalisten in Katalonien hat begonnen; sie muss mit derselben Energie wie in der UdSSR durchgeführt werden".

Die POUM protestierte gegen ihre Verdrängung mit einem recht gemäßigten Manifest:

> „Sollte trotz unserer Bemühungen und Opfer die Aktionseinheit zerbrechen, so wäre das nicht unsere Schuld, sondern die derjenigen, die alles ihren ‚Partei'ambitionen unterordnen. Wir sind sicher, dass die Ereignisse uns bald Recht geben. Leider werden wir unter den Auswirkungen die-

1 Wladimir Alexandrowitsch Antonow-Owsejenko (1883-1938) war ein sowjetischer Militärbefehlshaber, später Diplomat und ein Opfer des Stalinismus. Zwischen 1936 und 1937 diente er als Sondergesandter der Sowjetunion in Barcelona (Anm d. Setzers).

ses Manövers leiden müssen, das gerade im jetzigen Augenblick nur unserem gemeinsamen Feind nützlich sein kann. Deshalb sehen wir uns dazu gezwungen, dies vor der katalanischen Arbeiterklasse zu denunzieren".[2]

Bemerkenswert ist, wie schnell die PSUC, die unmittelbar nach dem Franco-Aufstand gegründet wurde und zu dieser Zeit völlig minoritär war, es einige Monate später geschafft hat, sowohl die „Basis" (in einigen Punkten) als auch die „Spitze" zu unterwandern. Sicherlich sind „Basis" und „Spitze", um die es sich hier handelt, die der gewerkschaftlichen oder staatlichen Bürokratie. Im Kampf um die Kontrolle über die bürokratischen Ämter sind die Stalinisten immer „Meister" gewesen. Auch wenn die katalanischen Stalinisten auf diesem Gebiet Neulinge waren, so wurden sie doch von solchen Fachleuten wie Antonow-Owsejenko und Gerö[3] beraten.

Nachdem die POUM aus der Generalitat beseitigt worden war, wurde Comorera – als UGT-Vertreter – zum Versorgungsminister ernannt. Seine erste Aufgabe war selbstverständlich der Krieg gegen die gewerkschaftlichen „*abastos*"-Komitees[4], um zum Privathandel zurückzukehren. Am 7. Januar 1937 verordnete er per Dekret die Auflösung der Arbeiterkomitees für die Versorgung.

„Comorera, der sich auf die Grundsätze eines abstrakten Liberalismus stützte, die in Kriegszeiten von keiner Verwaltung befolgt wurden, deren letzte, von einer Art religiösem Eifer beseelte Verehrer aber die Rechtssozialisten sind, ersetzte die Unordnung der Brotkomitees nicht durch eine zentralisierte Verwaltung. Er führte ganz einfach den Brothandel wieder ein. Im Januar gab es in Barcelona nicht einmal ein Rationierungsystem. Die Arbeiter sollten, so gut sie konnten, damit zurecht kommen, sich das Brot zu immer höheren Preisen und mit Löhnen zu verschaffen, die sich seit dem letzten Mai kaum verändert hatten. Das bedeutete praktisch, dass die Frauen schon um 4 Uhr morgens Schlange stehen mussten. Natürlich war die Unzufriedenheit in den

2 Peirats, a.a.O., Band II, S. 162.

3 Ernő Gerő (eigentlich *Ernő Singer*; 1898-1980) war ein ungarischer Politiker und Agent des sowjetischen Geheimdienstes NKWD. 1956 war er kurzzeitig Parteichef der „Magyar Dolgozók Pártja" („Partei der Ungarischen Werktätigen") und in der gesamten Stalin-Ära in Ungarn einer der gefürchtetsten Verkörperer des Unterdrückungsapparates (Anm d. Setzers).

4 abastos dt.: Versorgung (Anm d.Setzers).

> Arbeitervierteln sehr groß, da die Brotknappheit immer schlimmer wurde, nachdem Comorera sein Amt angetreten hatte".[5]

Es handelte sich eigentlich nicht nur um das Brot, sondern um all die Nahrungsmittel, die, sobald wieder im Privathandel, teurer und knapper wurden, um den „Schwarzmarkt" zu versorgen. So wird die von den Stalinisten als UGT-Zweig gegründete GEPCI – eine glorreiche Initiative, die in derselben Gewerkschaft Lohnabhängige und kleine und mittlere Unternehmer vereinigte –, eine immer größere, sowohl politische als auch ökonomische Rolle spielen können.

Um der Unzufriedenheit des Volkes wegen der Preiserhöhung und der Verknappung der Waren entgegenzutreten, beschuldigte Comorera seinen Vorgänger (das CNT-Mitglied Domenech) und die Sabotage der gewerkschaftlichen „abastos"-Komitees. Gleichzeitig mit der Ankunft der „Ziryanin", des ersten sowjetischen Schiffes, das 901 Tonnen Mehl, 822 Tonnen Zucker und 568 Tonnen Butter brachte, wurde am 20. Januar 1937 eine weitere spektakuläre Aktion organisiert. Eine gigantische Werbekampagne begleitete die Ankunft des sowjetischen Schiffes, damit die kleinen Leute in Katalonien gut verstünden, dass die Russen als beste Freunde der spanischen Arbeiter großzügig Kanonen und Butter bringen, während die Anarchisten durch ihre Unordnung und schlampige Wirtschaftsführung die Familien verhungern ließen und die Wirtschaft zerstörten. Werbekampagnen dieser Art hatten übrigens recht guten Erfolg, und die Russen genossen ein wirklich gutes Ansehen in der öffentlichen Meinung, der sorgfältig der hohe Preis verschwiegen worden war, den Spanien für diese uneigennützige Hilfe bezahlte. Am 21. Januar 1937, acht Tage nach der Ankunft des russischen Schiffes, wurde in „Solidaridad Obrera" ein schwärmerischer Artikel veröffentlicht, aus dem wir Folgendes entnehmen:

> „Die Bürger, die zu Hunderttausenden herbeigeeilt waren, um an der großartigen Abschiedsversammlung teilzunehmen, konnten sich an der „Ziryanin" nicht sattsehen. Ein ganzes Volk war von der tief menschlichen Bedeutung des ersten Besuchs eines anderen Volkes erschüttert. Diese Botschafterin des russischen Proletariats hat einige Tonnen Nahrungsmittel nach Spanien gebracht, als Geschenk seiner Frauen an

5 F. Borkenau, a.a.O., S. 147.

die unsrigen, als liebenswürdige Liebkosungen aller kleinen Kinder des Orients für die Kinder Iberiens …" (usw. usf.)[6]

Die allgemeine Offensive des Staatsapparates wird auch auf dem Gebiet der Meinungsfreiheit spürbar. Wer die damaligen Zeitungen durchblättert, kann die immer größeren und häufigeren „weißen Flecken" nicht übersehen, die sich seit Anfang 1937 auf ihren Seiten breit machen. Ursprünglich sollte die Zensur nur bei Informationen militärischen Charakters eingreifen, sie tut es aber immer öfter bei rein politischen und sogar theoretischen Informationen und Diskussionen. So wird zum Beispiel am 14. März 1937 das Erscheinen von „La Batalla" vier Tage lang wegen des Inhalts eines politischen Leitartikels unterbrochen, der nicht das Glück hatte, den Zensoren der Generalitat zu gefallen.

Die Einschränkung der Meinungsfreiheit betraf nicht nur die Presse. Es wurden Volksversammlungen und politische Zusammenkünfte verboten. So wurde zum Beispiel die CNT-POUM-Versammlung, die am 26. Februar 1937 in Tarragona stattfinden sollte, durch die katalanische Regierung glatt verboten. Man befürchtete, dass dort zu „extremistische" Standpunkte vertreten würden, und diese Maßnahme passte zweifellos in den allgemeinen Rahmen der von den Stalinisten lancierten Kampagne gegen die POUM.

Innerhalb der CNT selbst kam in den Führungskreisen ein stark mit „demokratischem Zentralismus" durchsetzter Geist zum Vorschein. Am 28. März 1937 hielt zum Beispiel das Nationalkomitee eine Konferenz der Delegierten der gesamten CNT- und FAI-Presse im Sitz dieser Organisationen in Barcelona ab. Nach Peirats war mit dieser Versammlung vor allem beabsichtigt, die Unterordnung aller Presseorgane unter die Anweisungen des Nationalkomitees zu erreichen. Man wollte jede Uneinigkeit und besonders die Freiheit der Kritik beseitigen, die von bestimmten Zeitungen und Zeitschriften gegen den Verrat von Führungsorganen an den libertären Prinzipien im Allgemeinen und den „Genossen Ministern" im besonderen geübt wurde.

Der Vorschlag, aus den CNT-Presseorganen die bloßen Fürsprecher der führenden Komitees zu machen, wurde mit nur einer Stimme Mehrheit gebilligt. Außerdem drückte die unterlegene Minderheit deutlich ihren Willen aus, diese Abstimmung und deren Entschluss nicht zu befolgen. Was klar die Hindernisse zeigt, auf die die Zentralisierungstendenz innerhalb der von Natur und Ursprung aus je-

6 Aus „Solidaridad Obrera" vom 21. Januar 1937.

dem Zentralismus widerstrebenden libertären Organisationen stießen. Erst gegen Ende 1937 und Anfang 1938 wurde die „Linksopposition" innerhalb der CNT völlig besiegt.

Dieser neue Zentralismus war für die CNT-Führer objektiv notwendig und selbstverständlich nicht nur, was die Meinungsfreiheit betrifft. Sie konnten nicht die Armee gegen die Milizen, die Macht des Staates – sowie ihre eigene Beteiligung an ihm – gegen die Arbeiterkomitees und die politische und ökonomische Hierarchie gegen die Arbeiterautonomie und -demokratie durchsetzen, ohne dabei auf heftigen Widerstand innerhalb ihrer Organisation zu stoßen. Wie alle anderen Führer bei ähnlichen Konflikten versuchten sie dann, diesen Widerstand zu brechen und die Kritik zum Schweigen zu bringen. Sie zwangen ihrer eigenen Organisation den Zentralismus auf, womit der Kreis geschlossen wurde. Noch einmal wurden die Tradition, die schönen, blumigen Reden und die libertären Grundsätze in den Mülleimer geworfen, da die bürokratische Praxis der *Führung* ihre eigenen Gesetze und Forderungen hat, von denen die gesamte Geschichte der Revolutionen keine Ausnahme macht.

Die von der CNT so schnell hervorgebrachte spezialisierte Führungsschicht wurde praktisch während des ganzen Krieges nicht der „Kontrolle durch die Basis" unterworfen, was ein wichtiges – und gleichzeitig klassisches – Element des bürokratischen Phänomens ist. Von 1936 bis 1939 fanden keine echten demokratischen Wahlen für die verantwortlichen Ämter in der CNT und der FAI statt. Es gab zwar zahlreiche Zusammenkünfte, Konferenzen und Versammlungen, von denen die wichtigste wahrscheinlich die erweiterte nationale Wirtschaftsvollversammlung der CNT vom Januar 1938 in Valencia war. Es handelte sich dabei aber vor allem um Kaderversammlungen, in denen die Basis nicht oder nur schlecht vertreten war. So wurde zum Beispiel der im Juli 1936 amtierende Regionalsekretär für Katalonien, Mariano G. Vásquez, bei einer Versammlung der Regionalkomitees – das heißt von Verantwortlichen für die Regionalföderationen – zum Nationalsekretär gewählt. Derselbe Vorgang lässt sich bei der FAI feststellen, was eigentlich normal ist, insofern diese von jeher immer eng verbundenen Organisationen von Juli 1936 an praktisch verschmolzen waren. So wurde im Juli 1937 kurz nach den Mai-Tagen eine Vollversammlung der FAI-Regionalkomitees in Valencia abgehalten. Vernon Richards betont unserer Meinung nach mit Recht den bei dieser Versammlung deutlich zum Ausdruck kommenden Willen, die FAI von einer Föderation autonomer anarchistischen Gruppen in eine Art politische Partei zu verwandeln.

„Mehr als 50 Jahre lang war die ‚Affinitätsgruppe'[7] das wirksamste Organ für Propaganda, Herstellung von Kontakten und die gesamte anarchistische Tätigkeit. Mit dieser neuen Organisationsform der FAI wird die organische Aufgabe der ‚Affinitätsgruppe' aufgehoben. Die Vollversammlung will zwar die Affinitätsgruppen bestehen lassen, sie können aber wegen der von der FAI gefassten Beschlüsse keine organische Beteiligung haben".[8]

Die neue Organisation klassischen „bolschewistischen" Typs ging von den Basiszellen bzw. -gruppen in den Stadtvierteln bis zu den Lokal- und Regionalkomitees, über denen das Nationalkomitee stand, dessen Rolle sich stark vergrößerte.

Als ebenfalls klassische Folge der autoritären Hierarchisierung der anarchistischen Organisation entwickelte sich ein unglaublicher Personenkult gegenüber den Führern. Sicher war dieser Kult der „destacados militantes" („hervorragenden Militanten") schon zu der Zeit vorhanden, als die CNT noch weitgehend demokratisch funktionierte, er wurde aber jetzt ebenso überproportional wie grotesk. Hier ein einziges Beispiel – und zwar folgende Zeilen über García Oliver in dem Informationsbulletin der CNT-FAI.

„Männer wie unser Genosse müssen vorrangige und verantwortungsvolle Positionen einnehmen, von denen aus sie ihre Brüder an ihrem eigenen Mut und ihrer eigenen Energie teilhaben lassen können. Und fügen wir noch hinzu: an ihrer eigenen Strategie. Wie ein unüberwindliches Hindernis aus Bajonetten gegen dem Faschismus steht er da mit seinem Temperament und seiner Kühnheit. Dank seiner Anwesenheit werden die Kämpfer jenen Opfergeist wiederfinden, der ihn in einem ungleichen Kampf mit blanker Brust der Gefahr entgegentreten ließ. Von einem Symbol geführte Männer sterben mit einem Lächeln – so sind unsere Milizionäre gestorben, und so werden auch die heutigen Soldaten der Volksarmee sterben, gestählt durch Geist und Beispiel des Genossen García Oliver".

Diese finstere Seite einer Führerkultprosa endet mit der Erinnerung an García Olivers „Schöpfergeist". Er wird mit „dieser anderen Gestalt,

7 Die „Affinitätsgruppen", die ursprüngliche Basis der FAI, wurden von freiwillig zusammengeschlossenen Gruppen von Anarchisten gebildet, die sich den Gruppen genau wegen ihrer gemeinsamen theoretischen oder sogar persönlichen „Affinitäten" anschlossen (Anm. d. Setzers).

8 Vernon Richards, a.a.O., S. 249.

unserem unsterblichen Durruti" verglichen, „der aus seinem Grab aufersteht und Vorwärts! ruft".[9] Ohne Aragons Glanzleistung zu erreichen, der damals Thorez und Stalin besang, war dieses kleine Bravourstück es doch wert, zitiert zu werden.

Der Frühling 1937 ist also der Wendepunkt, an dem „der Krieg beginnt, die Revolution zu verschlingen". Die Macht des Staates war schon wiederhergestellt und seine Souveränität wurde von allen antifaschistischen Organisationen anerkannt, seitdem die Anarchisten der Regierung beigetreten waren. Mit der „Unterwerfung" der Eisernen Kolonne sind alle Milizkolonnen zu einer herkömmlichen Armee geworden; das gleiche gilt für die Polizeikräfte. Die Presse wurde streng zensiert, und in Katalonien, wo die soziale Umgestaltung am weitesten ging, wurden die Kollektivierungen gebremst und boykottiert, der Privathandel ersetzte das durch die gewerkschaftlichen „abastos"-Komitees eingeführte System des direkten Verkaufs der Produkte wieder usw. Nach der revolutionären Flutwelle, die den alten Unterdrückungsapparat und zahlreiche seiner Einrichtungen weggefegt hatte, um eine neue, auf der Selbstbestimmung der Arbeiter und der Selbstverwaltung der Betriebe basierende Gesellschaftsform einzuleiten, erhebt sich erneut die alte gesellschaftliche Pyramide – mitsamt einigen neuen Zügen – und die politischen Parteien wie auch die Arbeiterorganisationen haben dabei die Hauptrolle gespielt; sie haben ihre eigene, innere Hierarchie auf die gesamte Gesellschaft „übertragen".

Wie in allen zeitgenössischen revolutionären Bewegungen werden die Menschen sich in ihrem Kampf gegen die unterdrückende Hierarchie und die damit verbundenen Klassenungerechtigkeiten und -privilegien – da diese Aufgabe ihnen so ungeheuer zu sein scheint (und es ja auch ist) – zusammenschließen, um stärker zu sein und wirksamer zu handeln. Das tun sie aber innerhalb von Organisationen, die die Hierarchie der Gesellschaft, die sie verändern wollen, und das gesamte Wertsystem dieser Gesellschaft wie eine umgekehrte Dublette reproduzieren: Disziplin, Opfergeist, Rentabilität-Effektivität, Organisation-Produktion, Repression-Ausschluss, Glaubensfanatismus und Führerkult, ganz zu schweigen von all den nicht einmal umgekehrten Werten und Gewohnheiten der bürgerlichen Welt, von denen sie sich noch nicht befreit haben. Wie jedes Mal, wenn man wirklich von einer revolutionären Bewegung sprechen kann und diese zunächst siegreich ist, bringt die spontane Aktion der Massen die Bewegung in Fahrt und trägt sie an ihren weitesten Punkt. Dann kommen die Organisationen, um das

9 Vgl. „Boletín de Información CNT-FA1" Nr. 34 (27. August 1937).

Ergebnis dieser spontanen Aktion zu bremsen, umzuleiten – und sogar niederzuwerfen. Es reicht nicht zu behaupten, dass die Parteien „die Kontrolle über die Lage" übernehmen, denn fast immer wollen es die Massen selbst. Die hierarchisierten Parteien bauen die gesellschaftliche Unterdrückungspyramide wieder auf und neue Privilegien und Ungerechtigkeiten – die sich vielfach auf die alten beziehen – werden als siegreiches Ergebnis der Revolution vorgestellt, verherrlicht und ideologisiert (vgl. die UdSSR und alle anderen „sozialistischen" Länder). Abgesehen davon, dass die Revolution in Katalonien mitten in einem Bürgerkrieg gegen den Faschismus stattgefunden hat und noch vor der militärischen Niederlage durch die „republikanischen Kräfte" niedergeworfen wurde, besteht ihre Besonderheit darin, dass die CNT-FAI – welche die Mehrheit in Katalonien hatte und im übrigen Spanien sehr stark war – als die zweifelsohne am wenigsten bürokratische und zentralisierte Organisation der europäischen Arbeiterbewegung doch in äußerst schnellem Tempo zu einer solchen wurde. Was noch dazu nicht deshalb geschah, weil die Führer „schlecht" waren – auch wenn es stimmt, dass Macht korrumpiert – sondern wegen der komplizierten Lage, der Erfordernisse des Krieges und der Revolution gleichzeitig, die man nicht in einen revolutionären Krieg zu verwandeln verstand, und wegen der herkömmlichen „Mängel" der CNT – u.a. Führerkult und Verherrlichung der Organisation. Wie dem auch sei, es kann zu Recht behauptet werden, dass jede Arbeiterorganisation auf diese oder jene Weise der Bürokratisierung anheim fällt. Das stellt einige kleine theoretische Fragen, die immer noch weit davon entfernt sind, geklärt zu sein, da der Mythos der revolutionären bzw. Avantgardeorganisation weiter seine bekannten Verwüstungen anrichtet.

*

Angesichts dieser Lage ist die Behauptung von Broué und Témime schwer verständlich. „Von neuem hatten sich im Frühjahr 1937 die Elemente eines revolutionären Vorstoßes herausgebildet. Was die revolutionäre Opposition zu sagen hatte, fiel, wenigstens in Katalonien, auf einen fruchtbaren Boden unter CNT-Arbeitern, die ihre Revolutionserrungenschaften in Gefahr sahen. Und in der UGT, aber auch in der Armee und in der Verwaltung lehnten sich die Anhänger Largo Caballeros gegen die Kommunisten auf. Die wirtschaftlichen Schwierigkeiten und die Enthüllungen über die *Tschekas* gaben der Unruhe reichlich Nahrung".[10]

10 Broué und Témime, a. a. O., S. 256-257.

Im Gegensatz zu diesem übertriebenen Optimismus werden wir etwas weiter unten sehen, wie Largo Caballero und seine Anhänger gerade nach den Mai-Tagen von der politischen Bühne hinweggefegt werden. Was die CNT-treuen Arbeiter betrifft, richtete sich ihre – sicherlich echte – Opposition auch gegen die CNT-Führer, deren „regierungstreuen" Kompromissen und Linien sie nicht folgen wollten.

Hier folgen einige Beispiele für diese Opposition in den Reihen der CNT selbst.

Am 14. April 1937 schreibt Camillo Berneri, der militante italienische Anarchist, der in Katalonien einen sehr guten Ruf genoss, einen „Offenen Brief an die Genossin Federica Montseny" (den er am gleichen Tag in seiner Zeitung „Guerra di Classe" veröffentlichte), in dem er u. a. erklärte:

> „Es sind die Zivil- und Sturmgardisten, die die Waffen behalten; sie sind es auch, die die ‚Unkontrollierbaren' in der Etappe kontrollieren, die die mit Gewehren und Pistolen ausgestatteten revolutionären Kerne entwaffnen sollen. Und das geschieht zu einer Zeit, zu der die innere Front nicht liquidiert ist. Das findet während eines Bürgerkriegs statt, in dem alle Überraschungen möglich sind, und in Regionen, in denen die ganz nahe und äußerst gezackte Frontlinie nicht mathematisch zu bestimmen ist. Und schließlich, während eine *politische* Verteilung der Waffen klar zu erkennen ist, die darauf abzielt, die aragonesische Front – diese bewaffnete Schutzwache der Landkollektivierung in Aragon und den Ausläufern Kataloniens, diese spanische Ukraine – nur mit dem Notwendigsten (wir wollen hoffen, dass sich dieses ‚Notwendigste' als ausreichend erweist) zu bewaffnen. Du bist in einer Regierung, die Frankreich und England Vorteile in Marokko[11] angeboten hat, während es schon im Juli 1936 nötig gewesen wäre, die politische Autonomie Marokkos offiziell bekanntzugeben. (...) Ich glaube aber, dass die Zeit gekommen ist bekanntzugeben, dass weder Du noch die anderen anarchistischen Minister mit der Art und dem Inhalt solcher Angebote einverstanden sind. (...) Die Alternative Krieg oder Revolution hat keinen Sinn mehr. Die einzige Alternative ist folgende: entweder Sieg über Franco dank dem revolutionären Krieg oder Niederlage. Für Dich und die anderen Genossen besteht das Problem darin, zwischen dem Versailles von Thiers und dem Paris der Kommune zu wählen, noch bevor Thiers und Bismarck eine heilige Allianz bilden".[12]

11 Über diese „marokkanische Affäre" vgl. Anmerkung XI im Anhang.

12 Camillo Berneri, a.a.O.

In Katalonien brachten die Oppositionsgruppen in den Kreisen um die von José Peirats herausgegebene Tageszeitung „Acracia" in Lérida, um die Zeitschrift „Ideas", sowie in der „Juventudes Libertarias en Cataluña" („Libertäre Jugend Kataloniens") und deren Organ „Ruta" ihre Unzufriedenheit zum Ausdruck. Selbstverständlich wollten die anarchistischen Führer gerade diese Presseorgane – neben anderen – mundtot machen.

Unter den oppositionellen Gruppen müssen auch „Die Freunde Durrutis" genannt werden. Diese Gruppe bestand vor allem aus CNT-FAI-Milizionären, die die Militarisierung abgelehnt und lieber die Front verlassen hatten, als dass sie die Uniform der neuen, so genannten „Volks"armee angezogen hätten. Sie werden ihre Haupttätigkeit während der „Mai-Tage" und der folgenden Monate weiterentwickeln, indem sie *klandestin* die Zeitung „El Amigo del Pueblo" („Der Freund des Volkes") herausbringen (die von der Zensur verboten war!). Im Frühling 1937 arbeiteten die Führer dieser Gruppe, die alle FAI-Mitglieder waren (Careño, Pablo Ruiz, Eleuterio Roig und besonders Jaime Balius) an den Oppositionszeitungen und besonders an „Ideas" mit.

Einer der Hauptstützpunkte der Opposition gegen die von den CNT-FAI-Führern geführte Politik war die „Juventudes Libertarias en Cataluña" Gewiss, ihre Führer, wie zum Beispiel der Sekretär Fidel Miró[13] und Aurelio Fernández[14], Sekretär der Revolutionären Allianz der Jugend, waren für die Argumente der „regierungstreuen" Führer weitgehend ansprechbar und wollten nicht allzu offen mit den Organisationen der „älteren Genossen" brechen. Im August 1936 hatte die Libertäre Jugend, der „Einheits"welle folgend, sogar ein Bündnis mit der stalinistischen „Juventudes Socialistas Unificadas" („Vereinigte Sozialistische Jugend") Kataloniens geschlossen – genau wie die CNT-FAI mit der PSUC –, aber sie hatte es dann schnell aufgekündigt, um mit der „Juventud Comunista Ibérica" („Iberischen Kommunistischen

13 Miró, Fidel (1910-1998) wurde schon in jungen Jahren Mitglied der CNT und der FAI, gehörte der anarchistischen Gruppe „Nervio" an und war Generalsekretär der Libertären Jugend. Nach der Niederlage im Spanischen Bürger*innenkrieg ging er nach Mexiko ins Exil, wo er seinen Lebensabend verbrachte (Anm. d. Setzers).

14 Aurelio Fernández Sánchez (1897-1974) schloss sich in seiner Jugend der CNT an. Im Juli 1936, nach Ausbruch des Spanischen Bürger*innenkriegs, trat er als Vertreter der FAI dem „Comité Central de Milicias Antifascistas de Cataluña" („Zentralkomitee der antifaschistischen Milizen Kataloniens" bei. Nach dem Ende Bürger*innenkrieges ging er zunächst nach Frankreich ins Exil und von dort nach Mexiko (Anm. d. Setzers).

Jugend", POUM) und der Gewerkschaftlichen Jugend die Allianz der Revolutionären Jugend zu gründen.

Im Frühling 1937 veröffentlichten das Regionalkomitee Kataloniens und die Lokalföderation Barcelonas der Libertären Jugend ein Manifest, in dem die Opposition der jungen Libertären gegen die Entwicklung der politischen Lage klar zum Ausdruck kam. Hier einige Auszüge aus diesem Manifest:

> „Es ist der Moment, deutlich und mit fester Entschlossenheit zu sprechen. Gegenüber der offen konterrevolutionären Tätigkeit gewisser antifaschistischer Sektoren, deren Streben – wie sie es selbst täglich zugeben – die Rückkehr zur demokratisch-bürgerlichen Republik ist und aus deren Aktion sowohl auf nationaler als auch auf internationaler Ebene zum Teil die Verlängerung des brutalen Kampfes folgt, den wir weiter gegen den Faschismus führen, so dass wir auf eine jeden Tag eindringlichere Weise vor die Alternative gestellt werden, entweder die Revolution aufzugeben oder den Krieg zu verlieren, haben wir, die Libertäre Jugend, beschlossen, mit deutlicher Sprache zum Volk – dem Volk des 19. Juli – zu sprechen, damit es selbst urteilen und den Entschluss fassen kann, den es für zweckmäßig hält.
> (…) Die Konterrevolution hat die Maske fallen gelassen und handelt am helllichten Tag. So wertet zum Beispiel die JSU Azañas Rolle wieder auf – der in den ersten Revolutionstagen so tief gefallen war, als er versuchte, ins Ausland zu fliehen – und ruft zum Bündnis mit der katholischen und sogar ‚faschistisch gesinnten' Jugend auf, während sie sich weigert, eine Einheit der revolutionären Jugend zusammen mit den jungen Libertären, Kommunisten [von der POUM, C. S-M.], Gewerkschaftern, Föderalisten usw. zu bilden."

Das Manifest denunziert dann die Provokationen der Polizeikräfte und die Unterstützung der Projekte der französischen und englischen Regierungen, „die die spanische Revolution ersticken wollen", durch die Regierung und die politischen Parteien und erklärt weiter:

> „Im Baskenland werden die Mitglieder unserer Komitees verhaftet und die militanten Anarchisten verfolgt… Man weigert sich, die notwendigen Waffen an die aragonesische Front zu schicken (…) Zur Front werden die Söhne des Volkes geschickt, während man in der Etappe bewaffnete Armee- und Polizeieinheiten zu eindeutig konterrevolutionären Zwecken hält …"

„Es erübrigt sich", geht es im Manifest weiter, „die Liste der konterrevolutionären Aktionen zu vervollständigen, für die hier nur einige Beispiele angeführt werden sollen – es ist klar, man will die Revolution ersticken und bereitet sich vor, die revolutionären Elemente zu unterdrücken."

„Wir aber sind bereit, im Notfall in den Untergrund zu gehen und erbarmungslos gegen alle Fälscher, Volkstyrannen und elende Kleinkrämer der Politik zu kämpfen. Heute sagen wir es noch einmal: Bevor wir den Kampf gegen den Faschismus aufgeben, wollen wir in den Schützengräben sterben! Bevor wir die Revolution aufgeben, wollen wir auf den Barrikaden sterben."[15]

Diese wichtigen Sektoren der Opposition innerhalb der CNT- FAI selbst waren Grund genug für das Unbehagen und das schlechte Gewissen der anarchistischen Führer, und sie waren ein Hindernis für die totale Wiederherstellung des Staates und die Gleichschaltung der „unkontrollierten" Elemente. Dieses Hindernis musste um jeden Preis beseitigt werden – darum wird man sich ab 1937 kümmern.

DIE ERSTEN SCHARMÜTZEL

Schon am 23. Januar 1937 organisierte die von den Stalinisten beherrschte UGT den ersten Kongress der Landarbeiter, bei dem sich 400 Delegierte, die laut offizieller Zahlen 30.000 Mitglieder der UGT-Bauernorganisationen vertraten, energisch gegen die Kollektivierungen aussprachen. Nach Peirats war die Rednerbühne mit einem riesigen Transparent geschmückt, auf dem die Parole „Weniger kollektivistische Experimente und mehr Produktion!" zu lesen war. Victor Colomé (der nach seinem Ausschluss aus der POUM im Januar 1936 zum KP-Führer geworden war) hielt folgende Rede:

„Es ist notwendig, schnellstmöglich die konfuse – und in einigen Regionen sogar chaotische – Lage zu beenden, die jetzt auf dem katalanischen Land herrscht, und das ist unerlässlich, um den Sieg gegen den Faschismus zu erringen. Wenn die Bauern selbst darüber entscheiden sollen, ob kollektiviert wird oder nicht, so sagen wir euch, dass wir gegen die Kollektivierungen sind, da wir sie zurzeit für unzweckmäßig halten".[16]

15 Aus dem persönlichen Archiv des Verfassers.

16 Peirats, a.a.O., Band II, S. 170.

Die gesamte Kampagne gegen die Kollektivierung, die von der PSUC, der von ihr kontrollierten Mehrheit der katalanischen UGT und den nationalistischen kleinbürgerlichen Organisationen geführt wurde, fand bei manchen Bauern in Katalonien ein gewisses Echo, und zwar da, wo die ökonomischen landwirtschaftlichen Strukturen, die Tradition und die Mentalität diese eher dazu veranlassten, ihren Familienbetrieb zu verteidigen und zu versuchen, ihr Stück Land zu vergrößern, als sich den revolutionären und moderneren Experimenten zu anzuschließen. Manchmal führte die Polemik zwischen Befürwortern und Gegnern der Kollektivierungen zu bewaffneten Zusammenstößen – wie zum Beispiel in La Fatarella, einem kleinen Dorf mit 600 Einwohnern in der Provinz Tarragona.

Der Zwischenfall in La Fatarella ist aber nur eine der vielen Episoden dieses Kampfes, der von Anhängern und Gegnern der sozialen Revolution in Katalonien bis zur „blutigen Woche" im Monat Mai 1937 geführt wird. Die „Affäre der zwölf gestohlenen Panzer" ist eine andere bezeichnende Episode, die seinerzeit großes Aufsehen erregte.

Hier die Tatsachen: Kommunistische Milizionäre aus der Kaserne Vorochilov in Barcelona stellen falsche Requisitionsbefehle her, melden sich bei einem CNT-Waffenlager und lassen sich zwölf Panzer übergeben. Obwohl die Papiere von Eugenio Vallejo, dem zum „Boss" der Kriegsindustrie in Barcelona avancierten CNT-Metallarbeiter, unterzeichnet sind, scheint den Depotwächtern das Benehmen der kommunistischen Milizsoldaten irgendwie zweifelhaft zu sein. Sie folgen ihnen und beobachten, wie sie in die Kaserne Vorochilov gehen. Nachdem sie sich erkundigt haben, erfahren sie, dass Vallejo überhaupt nichts unterzeichnet hat: Die Papiere waren gefälscht, es handelte sich um Diebstahl! Die CNT interveniert bei der Generalitat, der „Conseller en cap"[17] Tarradellas[18] und Vallejo melden sich bei der Kaserne Vorochilov, die inzwischen durch Kontrollpatrouillen umzingelt worden ist. Nachdem der Oberstleutnant zunächst alles verneint, gesteht er dann doch, erklärt aber, er sei nur einem Befehl des Kommandos der Division

17 Conseller en cap („Oberster Ratsherr") in Katalonien ist der Name eines historischen Amtes, das aus der mittelalterlichen Institution des Rates der Hundert in Barcelona hervorging. Das Amt verschwand nach den Dekreten der Nueva Planta im Jahr 1714 zusammen mit der Abschaffung der Generalitat von Katalonien (Anm. d. Setzers).

18 Josep Tarradellas (1899-1988) wurde im Jahr 1931 Generalsekretär der „Esquerra Republicana de Catalunya". Während des Bürgerkrieges 1936-1939 war er Minister für öffentliche Dienste, Wirtschaft und Finanzen sowie Kultur. 1939 ging er nach Frankreich ins Exil. 1954 wurde er zum Präsidenten der Generalitat im Exil gewählt und war es bis 1980. (Anm. d. Setzers).

Karl Marx gefolgt, der er unterstehe. Das wird aber selbstverständlich in Abrede gestellt. Am 9. März 1937 veröffentlicht „Solidaridad Obrera" folgendes Telegramm:

> „Kriegskommissariat, Division Karl Marx an den Direktor von ‚Solidaridad Obrera' – Nach Kenntnisnahme der Panzerdiebstahlaffäre durch die Presse bitte ich dich, öffentlich bekanntzugeben, dass diese Affäre dem Stab dieser Division absolut unbekannt ist, da er nicht einmal vom Vorhandensein von Panzern in Katalonien Kenntnis hat. Widerrufen also die diesbezüglichen Erklärungen des Angeklagten Manuel Trueba".[19]

In der Logik der Hierarchie besteht die Pflicht der unteren Führungsschichten darin, die oberen Kader zu schützen, während diese die unteren verleugnen, wenn das „für das Wohl der Partei" nötig ist. Der Oberstleutnant und Befehlshaber der Kaserne hätte die Schuld für diese Affäre nie auf seinen Vorgesetzten abwälzen dürfen, da er so die PSUC dafür verantwortlich machte.

Diese „Panzerdiebstahlaffäre" nahm ein gewaltiges Ausmaß an, und lange Zeit danach werden sie viele Kommentatoren – besonders anarchistische – immer noch für ein Beispiel dafür halten, dass die Kommunisten absichtlich ein Komplott vorbereitet hatten, das zu den Mai-Tagen 1937 führte. Wie dem auch sei, wird der „Guerilla"-Krieg mit seinen Überfällen, den gegenseitigen Provokationen und heftigen, zusammen mit feierlich-pathetischen Erklärungen über die Notwendigkeit der „proletarischen Einheit" gegenüber dem Faschismus abgegebenen Polemiken der verschiedenen Organisationen immer schlimmer, so dass er zu einer neuen Krise innerhalb der katalanischen Regierung führt. Diese Krise wird genau einen Monat – vom 26. März bis zum 26. April 1937 – dauern.

> Für Peirats war der „Tropfen", der das Fass zum Überlaufen brachte, „ein Erlass des Ordnungsbeauftragten der Regionalregierung vom 4. März, der die Kontrollpatrouillen für aufgelöst erklärte, zwecks einer späteren Reorganisation der verschiedenen bewaffneten Einheiten in der katalanischen Etappe. Gleichzeitig wurde den Polizisten verboten, Parteien und Organisationen beizutreten, und die Kontrollkomitees der Polizeikräfte wurden unter dem Vorwand abgeschafft, die Säuberung sei schon durchgeführt worden. Es wurde weiter ein ‚Plan zur Entwaffnung der Etappe' durchgeführt – jeder ohne Genehmigung bewaffnete Zivilist

19 Vgl. „Solidaridad Obrera" vom 7. März 1937.

sollte festgenommen und angeklagt werden. Der Beschluss bedeutete ganz einfach, dass das Volk entmachtet und die Revolution entwaffnet werden sollte. Die Waffen kamen unter absolute Kontrolle der Polizeikräfte und diese sollten völlig vom Rat für öffentliche Ordnung abhängig sein, dem also jetzt, nach der Abschaffung von Volkspatrouillen und Kontrollkomitees über die Polizeikräfte, die klassischen Befugnisse jeder Regierung zukamen".[20]

Selbstverständlich lief die Sache etwas anders. Nicht nur gaben die Kontrollpatrouillen ihre Waffen nicht ab, sie gingen vielmehr massenweise auf die Straße und entwaffneten die „regulären" Polizeikräfte bei jeder Gelegenheit oder wurden umgekehrt von diesen entwaffnet, wenn sie ihnen zahlenmäßig unterlegen waren. Es wurde von beiden Seiten geschossen und, wenn auch jede Information über die Zahl der Menschen fehlt, die diesen gegenseitigen Entwaffnungsoperationen zum Opfer fielen, so ist es mehr als wahrscheinlich, dass es Tote gab. Die Lokalföderation der Libertären Jugend veröffentlichte ein sehr heftiges Flugblatt mit dem Titel: „Noch eine Provokation!", in dem u. a. zu lesen war:

„Was uns betrifft, erklären wir heute feierlich: *Wir waren bewaffnet, wir sind bewaffnet und wir werden bewaffnet bleiben*. Rodríguez Sala mag sagen, was er will. Für uns hat diese Maßnahme überhaupt keinen Wert.
Damit kein Zweifel darüber besteht, werden wir weiter bewaffnet hinausgehen – jeder wird seinen vorschriftsmäßigen Ausweis bei sich tragen – und wer es trotzdem versuchen sollte, uns zu entwaffnen, muss uns zuerst töten. Wir werden schon sehen, wer wen besiegen wird!"[21]

Da diese Maßnahme aber von der Regierung und mit dem prinzipiellen Einverständnis der anarchistischen Minister der Generalitat getroffen worden war, wurden diese von der „Basis" in den libertären Organisationen scharf kritisiert, und sie mussten dem Erlass zur Auflösung der Kontrollpatrouillen ihre Unterstützung entziehen, woraus die besagte Krise entstand.

Während des ganzen Krisenmonats ließen die Organisationen gegenseitigen Polemiken und Beschuldigungen jeder Art freien Lauf, das alles sollte aber durch die Bildung einer neuen Regierung „gelöst" werden, die der vorherigen wie ein Zwilling ähnelte. Tarradellas war

20 Peirats, a.a.O., Band II, S. 174.

21 Aus dem persönlichen Archiv des Verfassers.

immer noch Ministerpräsident und Ayguadé (beide waren Mitglieder der „Esquerra") behielt die „Innere Sicherheit". Trotz der heftigen Pressekampagne der Kommunisten gegen ihn behielt auch das CNT-Mitglied Isgleas das Verteidigungsministerium.

Während der Regierungskrise entwickelten sich die bewaffneten Zusammenstöße und Konflikte jeder Art natürlich weiter. Einen der wichtigsten provozierte der Beschluss Juan Negrins, des damaligen Finanzministers der Zentralregierung; er ließ die bewaffneten CNT-FAI-Gruppen an der französischen Grenze durch (seinem Ministerium unterstellte) Zollbeamte ersetzen. Am 17. April kamen diese zusammen mit anderen Polizeikräften nach Puigcerdá, einem wichtigen Grenzposten, und nach Figueras und besetzten das ganze Grenzgebiet. Noch einmal leisteten die anarchistischen Gruppen Widerstand und es kam zum Kampf zwischen den Polizeikräften und den bewaffneten Gruppen der CNT-FAI.

Die Polizeikräfte schlossen die Stadt Puigcerdá ein, die seit Juli 1936 in den Händen der Libertären war. Bewaffnete anarchistische Gruppen kamen ihren Genossen zu Hilfe und kreisten wiederum die Polizeikräfte ein, die sie insbesondere daran hinderten, Kontakt mit den Regierungsbehörden, sei es in Lérida oder in Barcelona, herzustellen. Aber die katalanischen CNT-Verantwortlichen eilten zum Kampfplatz, um einen Kompromiss auszuhandeln, der nichts anderes hieß als der Rückzug der bewaffneten anarchistischen Gruppen und die Besetzung Puigcerdás durch Polizeikräfte.

Am 25. April wird dann Roldan Cortada, ein UGT- und PSUC-Führer, unter geheimnisvollen Umständen in Molina de Llobregat ermordet. „Die PSUC reagiert sehr heftig und denunziert die ‚unkontrollierbaren' Elemente und die (innerhalb der CNT und der FAI) versteckten ‚faschistischen Agenten'. Die CNT ihrerseits verurteilt diesen Mord ausdrücklich und verlangt eine Untersuchung, die ihrer Meinung nach beweisen würde, dass ihre Militanten nicht schuld daran sind"[22]. Zwei Tage später werden in der Umgebung von Puigcerdá drei militante Anarchisten ermordet, unter ihnen Antonio Martin, der lokale Anarchistenführer und Bürgermeister dieser Stadt. Broué und Témime schreiben in einer Fußnote ihres Buches: „Antonio Martin, früher hauptberuflich Schmuggler, war seit Juli 1936 u.a. auch zu einem aktiven und energischen Chef der Zollwache geworden" – gerade das sollte ihm nach Santillán viele Feindschaften eingetragen haben. Umgekehrt stellen ihn Republikaner, Sozialisten und Kommunisten als den Schlächter von

22 Broué und Témime, a.,a. O., S. 259.

Puigcerdá, den Urheber einer langen und grausamen Terrorherrschaft, dar. Viele Anklagen gegen Martin, „Hinkebein von Puigcerdá", hat Benavides in seinem Buch „Guerra y Revolución en Cataluña" („Krieg und Revolution in Katalonien") zusammengetragen.[23]

Die in der Nutzbarmachung iher Toten immer sehr geschickten Kommunisten rückten Roldan Cortadas Ermordung so sehr ins Rampenlicht, dass die von Antonio Martin fast unbemerkt blieb. Sie veranlassten unter anderem die Verhaftung des anarchistischen Stadtrats von Hospitalet de Llobregat, Luis Cano, der angeklagt wurde, den kommunistischen Führer ermordet zu haben. Er wird aber am 2. Mai 1937 wegen Beweismangel durch das Barceloner Gericht freigesprochen.

Die Beerdigung des UGT-Führers wurde zu einer Kraftdemonstration der PSUC. Dreieinhalb Stunden lang zogen bewaffnete Polizisten und Soldaten der von dieser Partei kontrollierten Verbände auf. Nach Broué und Témime sahen die hinzugekommenen POUM- und CNT-Delegationen jetzt ein, dass die Lage ernster war, als sie geglaubt hatten: Es handelte sich um eine gegen sie gerichtete Machtdemonstration. Darüber schreibt „La Batalla":

> „Eine konterrevolutionäre Demonstration, eine von jenen, die dazu bestimmt sind, in den kleinbürgerlichen Massen und den rückständigen Schichten der Arbeiterklasse eine Pogromstimmung gegen die Avantgarde des katalanischen Proletariats – der CNT, der FAI und der POUM – zu schaffen".

Darum handelte es sich tatsächlich: „Der PSUC ist die Parole zugeschrieben worden: ‚Vor Saragossa müssen wir noch Barcelona erobern'. Sie spiegelte genau die Lage wider und drückte den Wunsch des Landes aus, das verlangte, dass die von den Anarchisten ausgeübte Macht wieder an die Generalitat zurückgegeben werden solle", wird später Manuel B. Benavides, der Wortführer von Comorera und der PSUC in seinem Buch „Guerra y Revolución en Cataluña"[24] schreiben, wobei die Tatsache, dass die Anarchisten in der Generalitat[25] vertreten wa-

23 Manuel B. Benavides: „Guerra y Revolución en Cataluña" („Krieg und Revolution in Katalonien"), Ediciones Tenochtitlan, Mexico City 1946, S. 426.

24 Manuel B. Benavides, a.a.O.

25 Sie sind eigentlich untervertreten. Es ist unmöglich, die damalige anarchistische Presse bzw. offizielle Kommuniques zu lesen, ohne immer wieder folgendes Argument zu finden: Die CNT als Mehrheitsorganisation in Katalonien habe dieselbe Anzahl an Vertretern in den Machtorganen wie die in der Minderheit befindliche UGT. Nichtsdestoweniger akzeptieren sie diese Lage – dieses Opfer im Namen der antifaschistischen Einheit und als Beweis ihrer Ehrlichkeit.

ren, ihn nicht im geringsten störte. Wir aber können ihn gut verstehen: „Die Macht der Generalitat zurückgeben" hieß, die „Arbeitermacht" und Arbeiterdemokratie liquidieren und den bürgerlichen Staat wiederherstellen. Wenn Anarchisten dieses Spiel mitspielen wollten – was sie übrigens taten, wenn auch nicht reibungslos –, konnte schlimmstenfalls ihre Anwesenheit in der Generalitat geduldet werden, wenigstens provisorisch. Für die Kommunisten blieb die Hauptsache – sowohl in Katalonien als auch in der übrigen „Republikanischen Zone" – möglichst schnell die staatliche Zentralisierung einzuführen und eine starke Macht zu schaffen, von der sie zu Recht hofften, sie mit der Unterstützung der UdSSR und ihrer „selbstlosen Hilfe" kontrollieren zu können. Wie zwei aufeinandergeschichtete, aber stark durchdrungene geologische Schichten bildeten hier die bürgerliche jakobinische Tradition und deren Variante, die „bolschewistische", die ideologische Basis der katalanischen nationalistischen Parteien und der Stalinisten in ihrem gemeinsamen Kampf für die Wiederherstellung des Staates.

In der angespannten Lage, die die bewaffneten Konflikte, Ermordungen und Verhaftungen hervorriefen (von denen ich hier nur einige erwähnt habe), beschließt die katalanische Regierung, aus dem 1. Mai, dem traditionellen Feiertag der Arbeiter, einen Arbeitstag zu machen. Dafür beruft sie sich auf die Notwendigkeit der Kriegsproduktion und die Bedürfnisse an der Front. Alle Demonstrationen, Versammlungen und Zusammenkünfte (die nach der Arbeit hätten stattfinden können) werden gleichfalls verboten.

Am Samstag, dem 1. Mai, arbeiten also alle. Die Führungskomitees der antifaschistischen Organisationen veröffentlichen ihre üblichen und also grauslichen Kommuniques über den Kampf der internationalen Arbeiterklasse, dessen Symbol dieser Tag ist.

Am 2. Mai, also einem Sonntag, gehen die Einwohner von Barcelona auf den Ramblas spazieren. Einige Militante aber sind unruhig. Einige Tage vorher schrieb Camillo Berneri in seiner Zeitung „Guerra di Classe":

> „Noskes[26] Schatten wird sichtbar. Der monarchistisch-katholisch-traditionalistische Faschismus ist bloß ein Sektor der Konterrevolution – das

26 Gustav Noske (1868-1946) war Mitglied der SPD. Während der Novemberrevolution 1918 spielte er eine zentrale Rolle, er stellte sich an die Spitze des Kieler Arbeiter- und Soldatenrates und übte einen mäßigenden Einfluss auf die Revolutionäre aus. Während der sozialen und politischen Auseinandersetzungen der Jahre 1918 bis 1920 trug er die Verantwortung für Niederschlagung von Arbeiter*innenaufständen, u.a. für die blutige Niederschlagung des Spartakusaufstands 1919, den Berliner Märzkämpfen 1919 bei denen 1.200 Menschen ge-

> sollte nicht vergessen werden. Und das muss gesagt werden. Man darf sich den Manövern dieser großen „Fünften Kolonne" nicht fügen, deren zähe Lebenskraft und fürchterliche Verwandlungsfähigkeit sechs Jahre der spanischen Republik deutlich gemacht haben.
> Der spanische Bürgerkrieg wird an zwei sozial-politischen Fronten geführt. Die Revolution muss an beiden Fronten siegen. Und sie wird auch siegen."

Am folgenden Tag, am Montag, dem 3. Mai, beginnen die Kämpfe der „blutigen Woche" in Barcelona, in denen derselbe Berneri von den Stalinisten ermordet wird.

DIE PROVOKATION

Am 3. Mai um 14 Uhr 15 halten mehrere Lastwagen mit Sturmgardisten unter der Führung von Rodríguez Sala, dem Kommissar für öffentliche Ordnung in Barcelona und Mitglied der PSUC, vor dem Gebäude der Telefonzentrale an der Plaça de Cataluña.

Dieser Zeitpunkt war gut gewählt, da viele Angestellte und wachhabende Milizionäre zum Mittagessen gegangen waren.

Seit Beginn der Revolution unterstand die Telefonzentrale Barcelonas wie alle in Katalonien der Kontrolle der beiden CNT- und UGT-Gewerkschaften zusammen mit einer Vertretung des Rat der Generalitat. Hier wie anderswo waren aber die meisten Angestellten CNT-Mitglieder.

Die Polizisten stürzen in das Gebäude, schreien den anwesenden wachhabenden Milizionären „Hände hoch!" entgegen und entwaffnen sie durch Überrumpelung. Dann stürmen sie die Stockwerke hoch, aber die durch den ungewöhnlichen Lärm alarmierten Angestellten und Milizionäre greifen nach ihren Waffen und setzen den Polizisten hartnäckigen Widerstand entgegen. Diese steigen eilends wieder ins Erdgeschoss hinab.

Der Plan der Stalinisten ist missglückt. Sie wollten sich durch einen „kühnen" Handstreich der Telefonzentrale bemächtigen und die CNT damit vor vollendete Tatsache stellen. Trotz gut gewählter Stunde und Überraschung haben jedoch die Stürmenden ihr Ziel nicht erreicht. Die Zentrale bleibt in den Händen der gewerkschaftlichen Kräfte mit

tötet wurden, und der bayrischen Räterepublik 1919, mit Hilfe der rechtsextremistischen und republikfeindlichen Freikorps. Auch die Ermordung von Rosa Luxemburg (1871-1919) und Karl Liebknecht (1871-1919) wurde erst durch die Zustimmung und Rückendeckung von Noske möglich (Anm. d. Setzers).

Ausnahme des Erdgeschosses, in dem ein Teil der Sturmgardisten verbleibt, während die anderen sich auf den Dächern der benachbarten Häuser aufstellen.

> „Die Nachricht des Überfalls drang schnell durch. Das informierte CNT-Regionalkomitee verlangte telefonisch nach Erklärungen beim Rat für Innere Sicherheit. Wer hatte den Besetzungsbefehl erteilt? Er kam nicht aus dem Rat der Generalitat, der darüber nicht beraten hatte. Als er gefragt wurde, erklärte der Minister für Innere Sicherheit, der Republikaner Ayguadé, er wisse nichts davon. Tatsächlich aber war der von Rodríguez Sala vorgewiesene Besetzungsbefehl von ihm unterzeichnet. (…) Eine derart offensichtliche Provokation entfesselte sofort einen Sturm der Entrüstung. Der Gegenschlag ließ also nicht lange auf sich warten. Kaum war eine Stunde vergangen, als die FAI-Milizionäre und die Mitglieder der Kontrollpatrouillen an Ort und Stelle erschienen. Bald darauf knallten die ersten Schüsse, die eine sofortige Wirkung hatten. Innerhalb weniger Minuten war kein Mensch mehr auf den Straßen zu sehen. Die Händler hatten ihre Rollläden heruntergelassen, und man konnte nur noch einige Passanten sehen, die sich beeilten, nach Hause zu kommen, immer an den Mauern entlang, um den Kugeln auszuweichen, die jetzt von allen Seiten vorbeipfiffen. ‚Was ist denn los?' Keiner wusste etwas, aber man musste sich in Sicherheit bringen.
> Inzwischen waren die Fabriken alarmiert worden. Einstimmig beschlossen die CNT- und UGT-Arbeiter, die Arbeit einzustellen. Waffen kamen aus den Verstecken hervor und überall wurde mit dem Barrikadenbau begonnen, als wäre dazu die Parole ausgegeben worden. (…) Der Gegenschlag war so gewaltig, dass er beinahe alles mitgerissen hätte. Das hatten die Urheber der Provokation gewiss nicht vorausgesehen. Noch vor dem Einbrechen der Nacht standen in der ganzen Stadt Barrikaden, sogar um das Generalitatsgebäude herum, wo die Regierung durch die Volkskräfte belagert war. Bald wurden die im Voraus an allen strategischen Punkten aufgestellten Sturmgardisten durch die riesige Menschenmenge überflutet, die sie wie verlorene Inseln mitten im tosenden Ozean eingekreist hielt. Mit ihren geschlossenen Läden, den in die Depots zurückgekehrten Straßenbahnen und Autobussen und den verschwundenen Taxis war die Stadt in eine tragische Stille getaucht, die nur noch von Zeit zu Zeit durch den Lärm der die Nacht zerreißenden Schüsse oder die plötzlich knatternden Maschinengewehre unterbrochen wurde.
> So verging die Nacht, in der sich beide Seiten damit beschäftigten, den Kampf vorzubereiten, von dem jeder spürte, dass er kurz bevorstand.

Die Regierung, die vor diesem unerwarteten Widerstand eindeutig ratlos war, schwieg".[27]

Hier die Ereignisse in der Nacht vom 3. auf den 4. Mai nach Julián Gorkin:

> „Das Exekutivkomitee der POUM kam mit den Regionalkomitees der CNT, der FAI und der Libertären Jugend zusammen. Wir zeigten die wirklichen Aspekte des Problems auf: ‚Weder ihr noch wir haben diese Bewegung der Massen Barcelonas in Gang gebracht. Es handelt sich um eine spontane Antwort auf die stalinistische Provokation. Der Augenblick ist für die Revolution entscheidend. Entweder setzen wir uns an die Spitze der Bewegung, um den inneren Feind zu vernichten, oder die Bewegung scheitert, und der Feind wird uns vernichten. Wir müssen wählen – die Revolution oder die Konterrevolution.'"[28]

Beschlossen wird aber gar nichts. Die maximale Forderung ist … die Absetzung des Kommissars, der die Provokation angezettelt hat!

> „Die Gegner waren in zwei Lager geteilt. Auf der einen Seite die staatlichen Verteidigungskräfte: Sturmgardisten, nationale republikanische Gardisten [neue Benennung der Zivilgardisten, C. S-M.], Sicherheitsgardisten und das katalanische Polizeikorps *mozos de escuadra*, sowie die Parteien – PSUC und „Estat Català"; auf der anderen Seite die von den Anarchisten – CNT, FAI und die Libertäre Jugend – der POUM und den Kontrollpatrouillen gebildeten Volkskräfte. Die konföderierten CNT-FAI-Verteidigungskomitees, die von jeher in den Stadtvierteln organisiert waren, wurden zu den Hauptstrategen der Gegenoffensive des Volkes. Von allen Seiten wurden die traditionellen Barrikaden errichtet und der Kampf, der die Eroberung der Straße zum Ziel hatte, wurde auf genauso unversöhnliche Weise – wenn nicht noch um einiges stärker – geführt wie am 19. Juli".[29]

27 Marcel Ollivier: „Les Journées sanglantes de Barcelone (3 au 9 mai 1937)" („Die blutigen Tage von Barcelona (3. bis 9. Mai 1937)"), Cahiers mensuels Spartacus. Nouvelle série N° 7, Paris Juni 1937, S. 13-14. Ich stütze mich weitgehend auf M. Olliviers Darstellung, die ich für die vollständigste von allen halte, die ich gelesen habe. George Orwells Augenzeugenbericht ist zwar ausgezeichnet, da aber sein Buch „Homage to Catalonia" (deutsche Ausgabe: „Mein Katalonien", Rütten + Loening, München 1964) in allen Buchhandlungen zu finden ist, benutze ich diese Gelegenheit lieber, um es als sehr lesenswert zu empfehlen.

28 Julián Gorkin, a.a.O., S. 69.

29 Peirats, a.a.O., Band II, S. 191.

DIENSTAG, 4. MAI

„Am Morgen war die ganze Stadt bis auf das Zentrum in den Händen der Arbeiter", schreibt Marcel Ollivier. Am frühen Morgen ist alles still. Geschossen wird nicht. Dann kommen die Hausfrauen heraus und gehen gebückt zu den Händlern ihres Viertels zum Einkaufen. Denn „das Leben geht weiter, man muss doch essen, die Kinder ernähren und auch den Mann, der heute nicht in die Fabrik, sondern auf die Barrikaden geht..."

Dann fängt die Schießerei wieder an und Hausfrauen und Schaulustige suchen schnell Schutz.

> „Es wurde von einer Straße zur anderen, von einem Haus zum anderen gekämpft, mit Gewehren, Maschinengewehren und Handgranaten".[30]

Den ganzen Tag tobt die Schlacht. Ob Belagerte oder Belagerer, beide Lager bekämpfen sich erbittert und praktisch in der ganzen Stadt. Die „Ordnungskräfte" – Polizei, Stalinisten und Ultra-Nationalisten des „Estat Català" – belagern die Telefonzentrale, die Gebäude einiger Organisationen, wie zum Beispiel das der POUM, bevor sie wiederum selbst von den CNT- und POUM-Milizionären in den von ihnen besetzten großen Hotels im Zentrum Barcelonas, in ihren Kasernen und Gebäuden belagert werden. Im Laufe des Tages werden mehrere Hundert im Stadtpark verschanzte Zivilgardisten von den anarchistischen Milizsoldaten eingekesselt und praktisch dezimiert. Es gelingt denselben Milizionären, 400 Sturmgardisten in den Wohnvierteln Barcelonas zu entwaffnen und gefangen zu nehmen. Aber die Lage bleibt den ganzen Tag lang verworren, ohne dass das eine oder das andere Lager einen deutlichen Sieg davongetragen hätte.

> „Man kämpfte und brachte sich in der Frühlingssonne gegenseitig um. Auf den völlig öden Straßen fuhren nur gepanzerte Autos der FAI hin und her, sowie Personenwagen der verschiedenen Organisationen, die jedes Mal von Trommelfeuer begleitet wurden, und Krankenwagen, die die Toten und Verwundeten von den Barrikaden holten, um sie dann in die Krankenhäuser zu bringen, wo ihre Zahl bald eine beeindruckende Höhe erreichte. Die Ärzte hatten alle Hände voll zu tun, so dass sie um zusätzliche Hilfe von außen bitten mussten".[31]

30 M. Ollivier, a.a.O.

31 Ebenda.

Man kann sich über die schnelle und entschlossene Art und Weise wundern, wie die – auf einmal nicht oder kaum zu unterscheidenden – CNT-, FAI- und POUM-Milizionäre auf die Polizeikräfte losgingen und über die erbitterte Weise, wie letztere versuchten, erstere niederzuschlagen. Vom Standpunkt des „antifaschistischen Krieges" oder auch der „republikanischen Legalität" aus gesehen, mag das absurd oder kriminell erscheinen. Diese Schnelligkeit und Entschlossenheit scheinen mir aber das zu beweisen, was ich vorher gesagt habe: Innerhalb des Krieges selbst entwickelte sich im republikanischen Lager seit Monaten ein scharfer Konflikt, ein „Klassenkrieg", der zu unzähligen kleineren Gefechten geführt hatte und in diesen Mai-Tagen des Jahres 1937 in seiner ganzen Heftigkeit ausbrach. Auf dem Spiel stand das Schicksal der sozialen Revolution, und gerade deswegen stürzten die Arbeiter mit einer solchen Entschlossenheit auf die Barrikaden, ohne nur eine Minute damit zu verlieren, „Verhandlungs"versuche oder sonstige Winkelzüge anzufangen. Denn es gab tatsächlich keine einzige Minute zu verlieren.

Die Stäbe und führenden Bürokraten werden das Feilschen übernehmen. Es ist jetzt Nacht, und die Generalitat scheint aus ihrer Apathie zu erwachen. Ihre Mitglieder kommen zusammen und beschließen, dass es keine Regierung mehr gibt: Sie sei durch den Sturm hinweggefegt worden. Es muss also eine neue Regierung gebildet werden.

> „Inzwischen wurde es dringend, dem Gemetzel ein Ende zu setzen. Vidiella im Namen der UGT und Vázquez im Namen des CNT-Nationalkomitees riefen im Rundfunk die Kämpfer pathetisch bittend dazu auf, das Feuer solange einzustellen, bis ein Abkommen geschlossen werde. Die aus Valencia herbeigeeilten anarchistischen Minister der Zentralregierung, Garcia Oliver und Federica Montseny, unterstützen diesen Aufruf mit allen Kräften".[32]

Während sich die Militanten aus beiden Lagern eine echte Feldschlacht lieferten, verhandelten ihre Führer weiter, um zu einer Einigung zu kommen, und gleichzeitig, um die Umstände auszunutzen. Als Vorbedingung für jede Einigung verlangte Companys, dass die bewaffneten Arbeiter sich zurückzögen. Der von Companys unterstützte Primierminiester Tarradellas weigerte sich, Rodriguez Sala und Ayguadé ihres Amtes zu entheben, wie die Anarchisten verlangt hatten.

32 Ebenda.

Über die im Palast der katalanischen Regierung installierten Mikrophone riefen an diesem Dienstag, dem 4. Mai, die Unterhändler der Parteien und Organisationen mit bebender Stimme die Kämpfer auf, den Kampf aufzugeben. So erklärte der PSUC-Führer Rafael Vidiella, Mitglied der katalanischen Regierung:

> „Es ist unbedingt notwendig, dass alle Arbeiter ihr Verhalten ändern. Es ist unbedingt notwendig, dass sie ihre Waffen niederlegen und dass es zu einem Waffenstillstand kommt. Jeder bleibe in seiner Stellung, aber ohne weiter zu schießen. Wir sind sicher, dass wir noch in dieser Nacht eine Lösung finden. Arbeiter! Wir haben Kräfte genug, um den nationalen und internationalen Faschismus zu besiegen, aber ein Bruderkrieg wie der gegenwärtige kann verhindern, den endgültigen Sieg zu erreichen. Das Feuer muss eingestellt werden! Wir wollen heute umgehend nach einer Lösung suchen. Katalanen, Arbeiter, Antifaschisten: Es lebe die proletarische Einheit! Es lebe die antifaschistische Einheit, um den Krieg zu gewinnen! Es lebe die Einheit aller Arbeiter, um den nationalen und internationalen Faschismus zu besiegen! Es lebe Katalonien! Es lebe die Republik!"[33]

García Oliver, der anarchistische Führer und Minister der Zentralregierung, den diese als ersten geschickt hatte, um zu versuchen, den Konflikt zu schlichten, erklärte seinerseits:

> „Genossen! Um der antifaschistischen, um der proletarischen Einheit willen und um all der im Kampf Gefallenen willen, lasst euch nicht durch Provokationen verleiten! Treibt in diesem Augenblick keinen Totenkult! Lasst euch nicht durch die Toten, durch eure leidenschaftliche Liebe zu den Toten, zu euren gefallenen Brüdern daran hindern, in diesem Augenblick einen Waffenstillstand durchzusetzen! Treibt keinen Totenkult! In jedem Bürgerkrieg wie dem, den wir jetzt erleben, gibt es Tote. Allen Toten der großen antifaschistischen Familie wird derselbe Ruhm und dieselbe Ehre zuteil werden. Ich sage es euch, wie ich es meine. Ihr versteht mich, ihr kennt mich genug, um zu wissen, dass ich in diesem Augenblick nur aus dem Impuls meines freien Willens handle, denn ihr kennt mich genug, um überzeugt zu sein, dass kein Mensch mich jemals, früher nicht, jetzt nicht und auch nicht in Zukunft, dazu bringen kann, etwas zu sagen, das ich nicht selbst empfinde. Ja, nachdem ich das gesagt habe, muss ich noch hinzufügen: Alle diejenigen, die

33 Vgl. Peirats, a.a.O., Band II, S. 194.

heute gefallen sind, sind meine Brüder. Ich verneige mich vor ihnen und küsse sie. Sie sind Opfer des antifaschistischen Kampfes, ich will sie alle ohne Unterschied küssen".[34]

Aber sicher! García Oliver geizt nicht mit seinen Küssen, die er allen Toten, ob Bullen oder bewaffneten Arbeitern, widmet! Warum sind die einen und warum die anderen gefallen, was verteidigten sie oder glaubten sie zu verteidigen? Anscheinend interessiert ihn das gar nicht. Was die Art und Weise betrifft, wie er seine Aufrichtigkeit betont, so lässt sie sich durch das von den CNT-FAI-Militanten ausgehende Gerücht erklären, er sei praktisch Gefangener der Generalitat und spreche also nicht aus freien Stücken.

Das war aber nicht so. Als Minister der Zentralregierung sprach García Oliver dieselbe demagogische Sprache wie Rafael Vidiella, als dieser den Waffenstillstand – und nur den Waffenstillstand – verlangte, als ob der damals tobende blutige Kampf sinnlos und sozusagen ein Wahnsinn wäre, durch den die so genannte antifaschistische Einheit Gefahr lief, gebrochen und gegenüber den Faschisten geschwächt zu werden. Zweifellos stärkte dieser „Bruderkampf" das „republikanische Lager" in keiner Weise. Das Wesentliche ist aber zu wissen, wie und warum es zum Äußersten gekommen war und was bei diesem „Bürgerkrieg im Bürgerkrieg" wirklich auf dem Spiel stand.

Während sich die Kämpfer in der ganzen Nacht vom 4. auf den 5. Mai untätig gegenüberstanden, ging der Kuhhandel im Generalitatspalast weiter, und zwischen den Sitzungen wurden von den Führern im Rundfunk Friedensappelle verlesen. Wie Zauberlehrlinge standen den bewaffneten Arbeitern jetzt die Stalinisten und ihre Verbündeten gegenüber, die mit einer einfachen Polizeiaktion den Arbeiterkomitees noch etwas mehr Macht hatten entreißen wollen. Jetzt mussten sie bis zum Ende gehen – das heißt, die Revolution endgültig niederschlagen. Auf der anderen Seite sah es so aus, als ob die Ereignisse weit über den Verstand der anarchistischen Führung hinausgingen. In dieser Nacht lösten sich die schon erwähnten Vidiella und García Oliver mit Federica Montseny, Toryho, dem Leiter von „Solidaridad Obrera", Miratvilles, dem Propagandakommissar der „Esquerra", und dem Präsidenten Companys selbst im Rundfunk ab. In seiner Rede missbilligte Companys die Aktion seines Polizeichefs, des Stalinisten Rodríguez Sala, gegen die Telefonzentrale. Bei den in derselben Nacht im Sitz der Generalitat geführten Verhandlungen verlangte er aber als Vorbedingung für jede

34 Ebenda, S. 195.

Vereinbarung, dass das bewaffnete Volk sich von der Straße zurückziehe. Was die Anarchisten betrifft, so verlangten sie nur die Zusicherung, dass Rodríguez Sala und Ayguadé abgesetzt würden. Man konnte sich aber über nichts einigen.

MITTWOCH, 5. MAI

> „... Ihren Anweisungen gemäß waren die Arbeiter auf ihren Posten geblieben und warteten auf das Ergebnis der Regierungsberatungen."[35]

Nachdem diese gescheitert waren, begann der Kampf von neuem.

Wie am Abend vorher gehen die Hausfrauen mit Vorsicht einkaufen, und die Händler, die für einen Augenblick ihre Läden geöffnet haben, lassen bei den ersten Schüssen ihre Rollläden schnell wieder herunter.

Es scheint, als ob der Kampf noch heftiger ist als am Tag zuvor. Die durch ihre Verluste aufgebrachten Gegner bekämpfen sich auf erbitterte Weise in allen Vierteln Barcelonas. Überall schließen sich bewaffnete Patrouillen von jungen Männern und Frauen den Barrikadenkämpfern an, oder sie nehmen an Überfällen auf die von den Stalinisten und Polizeikräften besetzten Gebäude teil.

An diesem Tag müssen die revolutionären Kräfte zwei Niederlagen hinnehmen: Die Zivilgardisten besetzen den Bahnhof Estació de França, und die seit zwei Tagen in der Telefonzentrale belagerten Angestellten ergeben sich den Sturmgardisten.

> „Die über die Ereignissen informierten Divisionen an der Front schlugen vor, auf Barcelona zu marschieren. Das CNT-Regionalkomitee erklärte aber, man brauchte sie augenblicklich nicht, würde aber ein Zeichen geben, falls ein Eingreifen nötig werden sollte."[36]

In Wirklichkeit hatten die anarchistischen Führer und die POUM schon beschlossen, sich zurückzuziehen, wie alle Zeugen bestätigen. Am selben Abend rufen die politischen und gewerkschaftlichen Organisationen die Arbeiter noch einmal auf, die Barrikaden zu verlassen und wieder nach Hause zu gehen.

Man kann verstehen, dass diese wiederholten Aufrufe die revolutionären Kämpfer verwirrten. Nachdem sie schon am ersten Tag praktisch die Polizeikräfte im Stadtzentrum eingeschlossen hatten, zögerten

35 Vgl. M. Ollivier, a.a.O.

36 Ebenda.

sie dann, sie endgültig zu erstürmen. Wie sollten sie zum Beispiel den Palast der Generalitat angreifen und besetzen, während ihre eigenen Führer dabei waren, mit der Gegenpartei zu verhandeln?

In diesem dramatischen Moment verhielten sich die anarchistischen Militanten genauso wie beispielsweise bei den Kollektivierungen, worauf ich schon hingewiesen habe. Voller Leidenschaftlichkeit und Spontaneität stürzen sie sich in die Schlacht und bemächtigen sich dreiviertel der ganzen Stadt, aber sie warten auf die Anweisungen und Befehle ihrer verehrten Führer! Wenn diese ihnen dann befehlen, die Barrikaden zu verlassen, verweigern sie den Gehorsam! Trotz aller Aufrufe der Führer werden sie die Barrikaden weder an diesem noch am folgenden Tag verlassen. Sicher ist aber, dass aus diesem enttäuschten Warten auf revolutionäre Anweisungen ein gewisses Schwanken und eine gewisse Unschlüssigkeit folgen mussten, die von den feindlichen Kräften genutzt wurden, um den Bahnhof und die Telefonzentrale wieder einzunehmen. Selbstverständlich verträgt sich dieses Schwanken mit einer unleugbaren Kampfeslust, und diese ist auch jetzt immer noch *defensiver* Art. Sie warten darauf, dass ihre Führer ihnen einen Plan für den Angriff, eine globale und offensive Strategie geben (wir haben gesehen, dass sie einen „Gesamtplan" ablehnten, der einfach auf den Rückzug hinauslief), und da nichts Derartiges passiert, beschränken sie sich darauf, ihre Barrikaden und Gebäude zu halten, ohne eine koordinierte Generaloffensive zu ergreifen. Denn die vielen Überfälle und partiellen Siege wie am Tage zuvor reichen in diesem Stadium des Kampfes nicht mehr aus.

Am selben Mittwoch, dem 5. Mai, tritt die autonome katalanische Regierung zurück, wobei man sich die Frage stellen kann, was sie sonst hätte tun können. Am Abend macht das CNT-Regionalkomitee neue Vorschläge:

> „Einstellung der Kampfhandlungen. Jedes Lager hält seine Stellungen aufrecht. Die Polizei und die auf ihrer Seite kämpfenden Zivilisten werden zur Waffenruhe aufgefordert. Werden diese Bestimmungen nicht eingehalten, müssen die verantwortlichen Komitees sofort davon benachrichtigt werden. Nicht auf vereinzelte Schüsse achten. Die Vertreter der Gewerkschaften verhalten sich ruhig und warten auf neue Anweisungen".[37]

37 Vgl. Peirats, a.a.O., Band II, S. 196.

Diese Vorschläge wurden zwar prinzipiell angenommen, aber die Regierungskräfte schossen doch weiter. Selbst das CNT-FAI-Regionalkomitee, das im Sitz dieser Organisation zusammengekommen war, musste einmal unterbrochen werden, damit seine Mitglieder bei der Verteidigung des von den Regierungskräften angegriffenen Gebäudes mithelfen konnten. Die Lage war also äußerst verworren. In den CNT-FAI-Reihen wuchs die Unzufriedenheit gegenüber den verantwortlichen Komitees, die immerfort zur Ruhe und zur Einstellung der Kampfhandlungen aufriefen, ohne die geringste revolutionäre – und nicht einmal einfach kohärente – Anweisung zu erteilen. Die Revolte gegen diese kurzsichtige Versöhnungshaltung – das Feuer einstellen und weiter nichts! – wurde von der linken Opposition in der CNT und von all denen geführt, die schon seit Wochen die „Kollaborations"linie der CNT-Führer mit der Regierung kritisiert hatten. Unter diesen Opponenten waren ein wichtiger Teil der Libertären Jugend, zahlreiche Basiskomitees und -gruppen in Betrieben und Stadtvierteln, sowie die „Freunde Durrutis" (Die dann folgenden Ereignisse werden jedoch beweisen, dass die breite Masse der CNT-FAI-Militanten zögerte, offen den „Versöhnungs"anweisungen ihrer Führer entgegenzutreten).

Mitten im Kampf brachten die „Freunde Durrutis" die Idee der Gründung einer revolutionären Junta in Umlauf, die anscheinend nie anders als theoretisch existiert hat. Für sie sollte diese Junta an die Stelle der Generalitat treten, denn sie wollten den Kampf bis zum Ende führen – das heißt bis zur Machtergreifung durch die revolutionären Organisationen. Sie verlangten, dass „alle für den subversiven Versuch verantwortlichen Elemente, die unter Regierungsschutz manövrierten, erschossen werden. Die POUM muss zu dieser revolutionären Junta zugelassen werden, da sie sich auf die Seite der Arbeiter gestellt hat."[38]

In ihrem Kampf auf den Barrikaden trieben sie eine intensive Propaganda für die Weiterführung des Kampfes. Hier einer ihrer am meisten verbreiteten Aufrufe:

> „CNT – GRUPPE DER FREUNDE DURRUTIS – FAI.
> Arbeiter! Verlangt mit uns zusammen: eine revolutionäre Führung; Strafen für die Schuldigen, die Entwaffnung aller bewaffneten Korps, die sich am Überfall beteiligt haben; die Auflösung der politischen Parteien, die sich gegen die Arbeiterklasse erhoben haben! Nicht die Straße räumen! Allem voran die Revolution! Wir grüßen unsere POUM-Genossen,

38 Vgl. „L'Espagne Nouvelle", Nr. 5 (22. Mai 1937).

C. N. T. F. A. I.

Agrupación "Los amigos de Durruti"

¡TRABAJADORES..!

Una Junta revolucionaria. - Fusilamiento de los culpables.

Desarme de todos los Cuerpos armados.

Socialización de la economia.

Disolución de los Partidos políticos que hayan agredido a la clase trabajadora.

No cedamos la calle La revolución ante todo.

Saludamos a nuestros Camaradas del P. O. U. M. que han confraternizado en la calle con nosotros.

VIVA LA REVOLUCIÓN SOCIAL... ¡ABAJO LA CONTRAREVOLUCIÓN!

die sich uns auf der Straße brüderlich angeschlossen haben. Es lebe die soziale Revolution! Nieder mit der Konterrevolution!"[39]

Diese Aufrufe, sowie die gesamte Tätigkeit der Gruppe der „Freunde Durrutis" wurden durch das CNT-Regionalkomitee als Provokationen denunziert. Etwas später wurde die Gruppe sogar aus der CNT ausgeschlossen. Nach Peirats war sie nie so bedeutend, wie gewisse ausländische Kommentatoren behaupteten. „Der geringe Einfluss der Freunde Durrutis (schreibt Peirats) lässt sich vielleicht dadurch erklären, dass ihre Mitglieder weniger prominente Persönlichkeiten waren, sowie durch das Eingreifen der POUM in ihre Tätigkeit und den marxistischen Beigeschmack einiger ihrer Anweisungen".[40] Dieser „marxistische Beigeschmack" bestand für die Anarchisten vermutlich in der betonten Art und Weise, wie sie die Aktionseinheit mit der POUM verlangten und in der Parole einer „revolutionären Führung", einer Zwangsvorstellung gestriger und heutiger Trotzkisten. Außerdem äußerten sich die Trotzkisten begeistert über diese Gruppe, woraus man schließen könnte, dass sie entweder ihr gegenüber ihre „Unterwanderungstaktik" verfolgten oder gute Beziehungen zu ihr unterhielten. José Balius, der Führer der „Freunde Durrutis", weist diese „Beschuldigungen" des Marxismus zurück. Die winzige trotzkistische Gruppe Barcelonas (Bolschewistisch-Leninistische Sektion Spaniens für die IV. Internationale) hatte am 4. und 5. Mai ein Flugblatt auf den Barrikaden verteilt, das sich von dem der „Freunde Durrutis" nicht sehr unterschied:

> „Es lebe die revolutionäre Offensive! Keine Kompromisse! Entwaffnung der Republikanischen Nationalgarde (Ex-Zivilgarde) und der reaktionären Sturmgardisten. Wir stehen vor einem entscheidenden Augenblick – das nächste Mal ist es zu spät. Generalstreik in allen Industriezweigen außer in denen, die für den Krieg arbeiten, bis die reaktionäre Regierung gestürzt ist. Allein die proletarische Macht kann den militärischen Sieg erringen. Vollständige Bewaffnung der Arbeiterklasse. Es lebe die Aktionseinheit der CNT-FAI und der POUM! Es lebe die revolutionäre Front des Proletariats! Bildet revolutionäre Selbstverteidigungskomitees in den Lagerhäusern, Fabriken und Vierteln!"[41]

39 Ebenda.

40 Peirats: „Los Anarquistas en la crisis política española" („Die Anarchisten in der spanischen politischen Krise"), Ed. Alfa, Buenos-Aires, S. 249.

41 Von Morrow zitiert, a.a.O., S. 91.

Selbstverständlich hatte schon am 3. Mai in Barcelona und in zahlreichen anderen katalanischen Städten der Generalstreik begonnen, sobald der Angriff auf die „Telefónica" bekannt geworden war.

Die Haltung der POUM war noch einmal zweideutig. Im selben Augenblick, in dem sie sich mit all ihren Kräften, die deutlich geringer als die der Anarchisten waren, in den Kampf stürzte, schien sie vor der Situation und deren möglichen Folgen zu erschrecken. Katalonien, so meinte sie, sei nicht ganz Spanien. Wenn die revolutionären Kräfte in Katalonien die Macht ergreifen könnten, so läge es für sie aber auf der Hand, dass das übrige republikanische Spanien ihnen nicht folgen würde. Daraus würde eine Art „Dreieckssituation" entstehen, die für das antifaschistische Lager im allgemeinen schwierig werden und nur den Faschisten zugutekommen würde. Solche Argumente benutzte jedenfalls Andrés Nin, um die Kampflust der POUM-Militanten zu dämpfen, die zusammen mit den Anarchisten zu Recht der Meinung waren, die stalinistischen und Polizeikräfte ganz beseitigen und absolute Herren zunächst über Barcelona und dann über Katalonien bleiben zu können. So sollten sich gemäß Wilebaldo Solano, dem damaligen Sekretär der „Juventud Comunista Ibérica" (der POUM-Jugend), die POUM-Kräfte damit begnügen, ihre Stellungen zu verteidigen, statt das Zentrum Barcelonas zu stürmen, wie sie es am Anfang vorhatten, womit sie sich sozusagen aus freien Stücken in die Verliererposition begaben. Wer folgenden Aufruf des POUM-Exekutivkomitee aufmerksam liest, kann diese Zweideutigkeit bemerken:

> „DIE POUM AN DIE ARBEITERKLASSE:
> Genossen!
> Durch den Kampf dieser Tage hat das Proletariat Barcelonas seinen unerschütterlichen Willen gezeigt, selbst die kleinste konterrevolutionäre Provokation nicht zu dulden. Wenn dieser prächtige Gegenschlag der Arbeiterklasse den Feind einmal hinweggefegt hat, wird der Rückzug notwendig. Dieser kann aber nur unter den beiden folgenden Bedingungen stattfinden:
> – die öffentlichen Ordnungskräfte räumen die Straßen
> – die Arbeiterklasse behält ihre Waffen.
> Durch die Erfüllung dieser durchaus annehmbaren Bedingungen kann dem Kampf ein Ende gesetzt und unnützes Blutvergießen vermieden werden. Dadurch können auch unsere Genossen an der Front das Vertrauen und die Moral gewinnen, die zum Kampf gegen den Faschismus, unseren Todfeind, so notwendig sind.
> Das Exekutivkomitee".

Eine seltsame Strategie, die darin besteht, den „Rückzug" anzutreten, wenn man den „Feind einmal hinweggefegt hat"! Die ganze Unschlüssigkeit der POUM ist hier deutlich herauszulesen.

*

Der 5. Mai stellte ohne Zweifel den Höhepunkt der Schlacht dar. War die katalanische Regierung, wie wir sahen, am Morgen zurückgetreten, so wurde die Liste der Mitglieder der neuen Regierung noch am selben Abend in der Zeitung „La Noche" („Die Nacht") bekanntgegeben: unter ihnen waren Valerio Mas, Sekretär des CNT-Regionalkomitees, Antonio Sesé, UGT-Generalsekretär für Katalonien, Joaquin Pons für die „Rabassaires"-Union und Marti Feced von der katalanischen „Esquerra", der für die öffentliche Ordnung zuständig sein sollte. Auf der letzten Seite war ein knapper Bericht über den Tod von Antonio Sesé zu lesen.

Der Rundfunk verbreitete die Nachricht, und die Kommentare zogen den unzweideutigen Schluss, der UGT-Sekretär sei ermordet worden. Natürlich klagte die PSUC sofort die Anarchisten dieses Mordes an. Diese wiesen die Anklage zurück, und „Solidaridad Obrera" veröffentlichte (am Sonntag, 9. Mai) eine Skizze, auf der die Route der beiden Autos, in denen sich Sesé und die ihn begleitenden Genossen befanden, genau eingezeichnet und somit zu sehen war, dass die tödlichen Schüsse nicht von den Barrikaden hatten abgefeuert werden können, die von den Anarchisten besetzt waren. Das kann natürlich nicht als absoluter Beweis gelten. Wie dem auch sei, die schon seit Beginn der Kampfhandlungen praktizierten „Abrechnungen" nahmen um so heftiger zu und zahlreiche anarchistische Führer wie zum Beispiel Domingo Ascaso und Camillo Berneri kamen dabei ums Leben.

Jedoch scheint Antonio Sesés Tod auf politischer Ebene den meisten Staub aufgewirbelt zu haben. Als erste Konsequenz musste die neue Regierung aufgelöst werden, noch bevor sie eigentlich existierte. Dann gingen die Kommunisten nicht nur in Barcelona, sondern auch in anderen katalanischen Städten und Dörfern zur Offensive über.

Am selben Tag verbreitete der Rundfunk ein Manifest, das gemeinsam von den CNT- und UGT-Lokalföderationen unterzeichnet war und in dem u.a. erklärt wurde:

> „Die tragischen Ereignisse, die in unserer Stadt in den letzten 48 Stunden stattgefunden haben, hinderten alle Arbeiter Barcelonas daran, zur Arbeit zu gehen. Der Konflikt, der diese abnorme und für die Sache des Proletariats schädliche Situation verursacht hat, ist erfreulicherweise

von den im Palast der Generalitat zusammengekommenen Vertretern der antifaschistischen Parteien und Organisationen geschlichtet worden. Die CNT- und UGT-Lokalföderationen haben sich darauf geeinigt, sich mit der Anweisung zur sofortigen Wiederaufnahme der Arbeit an ihre Mitglieder zu wenden. Die Rückkehr zum normalen Leben ist notwendig. Das Verharren in industrieller Untätigkeit würde zum jetzigen Zeitpunkt des antifaschistischen Krieges gleichbedeutend sein mit einer Kollaboration mit dem gemeinsamen Feind, das heißt mit einer Selbstschwächung. Den Arbeitern der CNT und UGT wird also ausnahmslos befohlen, die Arbeit wieder aufzunehmen."

Dieser weit verbreitete, sonderbare Aufruf ließ die CNT-Kämpfer zögern. Es wurde tatsächlich von einer Einigung gesprochen, und er war von Organisationen unterzeichnet, deren Mitglieder in ihrer großen Mehrheit hinter den feindlichen Barrikaden standen. Und wenn das stimmen sollte? Was war das für eine Einigung? Tatsächlich kam es zu keinem anderen Abkommen als zu dem über die Bildung einer totgeborenen Regierung.

„Die Polizeikräfte nutzten noch einmal den durch den Aufruf erzielten Eindruck aus, um neue Stellungen zu beziehen. Der Marineminister (der Zentralregierung), der wegen der Untätigkeit der Flotte scharf kritisiert worden war, beeilte sich, mehrere Kriegsschiffe – unter anderen die Zerstörer ‚Sánchez Barcáiztegui' und ‚Lepanto' – nach Barcelona zu schicken. Außerdem wurde bekanntgegeben, dass die Zentralregierung die Kontrolle über die öffentliche Ordnung in Katalonien übernehmen und starke Einheiten der Sturmgardisten von der Jarama-Front entsenden würde.

Nachdem die von García Oliver, dem Justizminister der Zentralregierung, und Mariano R. Vázquez, dem CNT-Generalsekretär, geführten Verhandlungen gescheitert waren, schlug Federica Montseny der Zentralregierung vor, persönlich einzugreifen, noch bevor das Expeditionskorps gebildet würde. Diese Einheiten sollten erst dann geschickt werden, wenn die Gesundheitsministerin es für angebracht hielte. Sie lehnte ebenfalls jedes Schutzgeleit für ihre Fahrt nach Barcelona ab. Nach ihrer Ankunft in der katalanischen Hauptstadt telefonierte sie sofort mit der Generalitat, damit ihr als Gesandtin der Zentralregierung der freie Zugang zum Regierungspalast gewährt würde. Allerdings wurde während ihrer Fahrt auf der mit feindlichen Barrikaden übersäten Strecke und trotz aller Garantien der Wagen, in dem sie mit zwei

Genossen saß, angehalten und nur wie durch ein Wunder konnte sie sich aus der darauf folgenden Schießerei retten.
Als Federica Montseny schließlich Companys gegenüberstand, enthob sie ihn zunächst im Namen der Zentralregierung und für die Dauer der Verhandlungen seines Amtes (als Präsident der Generalitat). Companys hatte seinerseits eine ziemlich zweideutige neutrale Haltung eingenommen".[42]

*

Am selben Tag wurden die italienischen Anarchisten Camillo Berneri und Barbieri ermordet. Am 11. Mai berichtet „Solidaridad Obrera" über diesen Mord – einer unter vielen!:

„Diese geheimen und unkontrollierten Aktivitäten, die seit einiger Zeit schwer auf unserer antifaschistischen Bewegung lasten, haben eine neue Tragödie bewirkt: den Tod unseres Genossen Professor Camillo Berneri (...) Gestern ist der Journalist und Redakteur von ‚Social Democratic Kraten', Mark Rein, aus dem Hotel Continental dieser Stadt verschwunden, nachdem er zweimal ans Telefon gerufen worden war. Heute hat man die durchlöcherte Leiche des Genossen Berneri in der Klinik von Barcelona gefunden".[43]

Nach einer kurzen Biographie Berneris berichtete die Zeitung über das, was über die Umstände des Mordes bekannt war.

Laut diesem Artikel sind „zwei Männer mit roter Armbinde" am 4. Mai um 10 Uhr vormittags im Haus an der Plaça del Angel Nr. 2 erschienen, in dem Berneri, seine Frau, Barbieri und andere italienische Anarchisten wohnten. Nach einem mysteriösen Verhör (das durch *all diese zensierten Zeilen* noch mysteriöser wird, die dazu da sind, die politische Identifizierung der „Männer mit der roten Armbinde" zu verhindern) gehen die beiden Männer fort, sie kommen aber am Nachmittag mit einem Durchsuchungsbefehl wieder. Die italienischen Anarchisten lassen sie das Haus durchsuchen. Sie nehmen bestimmte Papiere mit und befehlen den Italienern, die sich im Haus befinden, nicht hinauszugehen, „sonst würden sie auf der Straße mit Schüssen empfangen werden". Am folgenden (!!) Tag, dem 5. Mai, erscheint eine größere Gruppe bewaffneter Männer vor dem Haus und erklärt Berneri und

42 Peirats, a. a.O., Band II, S. 200.

43 „Solidaridad Obrera" vom 11. Mai 1937.

Barbieri, sie seien verhaftet. Diese protestieren. „Wir wissen, dass Sie Konterrevolutionäre sind", wird ihnen erwidert und sie werden abgeführt. Am 6. Mai frühmorgens kommt die Polizei in dasselbe Haus und erklärt, die beiden italienischen Anarchisten seien auf freien Fuß gesetzt worden und sie würden unverzüglich zurückkehren. Sie kommen aber nicht zurück. „Am selben Tag erfuhren die Familien der beiden Vermissten durch die Kartei des Krankenhauses, dass die beiden durchlöcherten Leichen in der Nacht zum 6. Mai in der Nähe des Palastes der Generalitat gefunden worden waren". Sie wurden hinterrücks durch Genickschuss getötet.

Dazu schreibt die „Révolution Prolétarienne" („Proletarische Revolution") vom 10. Juni 1937:

> „Er war zum ersten Mal gewarnt worden, nachdem er seinen ‚Offenen Brief an Federica Montseny' veröffentlicht hatte. Antonow-Owsejenko hat Berneri durch die Vermittlung der Generalitat warnen lassen – das hat Berneri seinen Pariser Freunden mitgeteilt".[44]

Es handelte sich dabei nur um einen von unzähligen Morden, die in Katalonien durch die russischen Geheimdienste begangen wurden, die in diesen „geheimen und unkontrollierten Aktivitäten", von denen „Solidaridad Obrera" spricht, freie Hand hatten. Da Berneri eine der Persönlichkeiten der revolutionären anarchistischen Opposition war, war es sozusagen *normal*, dass er durch die von Antonow-Owsejenko (dem zum Polizisten gewordenen ehemaligen Verantwortlichen für die militärische Organisation des Petrograder Sowjets) und besonders von Gerö geführten stalinistischen politischen Repressionen getroffen wurde. Zum Teil bildeten ihre Handlanger und PSUC-Mitglieder mit ihren Privatgefängnissen, den so genannten „Tschekas", echte Parallelpolizeien, zum Teil gehörten sie zur offiziellen Polizei der Generalitat, die durch die stalinistische Partei stark unterwandert war und außerdem von einem ihrer Mitglieder, Rodríguez Sala, geleitet wurde. Berneri wusste all das, er musste es wissen, und man kann nicht umhin, sich darüber zu wundern, dass er nach dem ersten Besuch der Männer mit den roten Armbinden mit seinen Freunden im Haus an der Plaça del Angel Nr. 2 geblieben ist, während mehr als die halbe Stadt voller Barrikaden und in den Händen der Anarchisten war. Waren sie eingeschlossen? Gab es für sie kein Mittel zur Flucht? Eine schwer verständliche Angelegenheit.

44 „La Révolution Prolétarienne" vom 10. Juni 1937.

„Am Morgen des dritten Tages kam es zu einem gewissen Schwanken. Aus Müdigkeit und Enttäuschung war ein Teil der Kämpfer nach Hause gegangen. Unter dem Schutz der in den frühen Morgenstunden immer belebten Straßen hatten es einige Straßenbahnen riskiert, aus den Depots herauszukommen. Sie fuhren ungehindert die Calle Salmerón hinab bis zum Paseo de Gracia, wurden aber dort mit einem Kugelhagel empfangen, der sie zur Rückkehr zwang.

Was war los? Im Gegensatz zu den Befehlen des CNT-Regionalkomitees hatten sich die ‚Freunde Durrutis' für die Weiterführung des Kampfes ausgesprochen. Die Parole entsprach unbestreitbar dem Wunsch der Massen. Die für kurze Zeit verlassenen Barrikaden wurden wieder besetzt und die Gewehre wieder auf die Brustwehren gestellt. Die Regierung war so schwach, dass sie die Gefechtspause nicht einmal dazu hatte ausnutzen können, neue Stellungen zu beziehen. Nachdem die POUM, die gemäß der CNT-Anweisung die Arbeiter dazu aufgerufen hatte, den Kampf einzustellen und die Arbeit wieder aufzunehmen, benachrichtigt worden war, erteilte sie telefonisch Gegenbefehle. Die immer noch im Regierungspalast belagerte Regierung erwies sich als vollkommen machtlos.

Und die Schießerei setzte wieder ein. Man wusste aber nicht mehr, warum man eigentlich kämpfte. Um die jetzt von den Sturmgardisten besetzte Telefonzentrale wieder einzunehmen, hätte man schweres Geschütz auffahren müssen – es gab aber kaum welches. Was die Forderung der ‚Freunde Durrutis' nach der Machtergreifung betrifft, um die Bildung einer revolutionären Junta und die Entwaffnung der Sturmgardisten durchzusetzen, so war diese ohne die Unterstützung der CNT unmöglich. Diese aber, weit davon entfernt, eine Verstärkung des Kampfes zu wollen, rief immer mehr zur Ruhe. Nach einigen Stunden dehnte sich die auf der Plaça de Cataluña herrschende Stille in die ganze Umgebung aus. Im Krankenhaus lagen schon mehr als 500 Tote und Tausende von Verwundeten, ohne diejenigen mitzuzählen, die nach einer Behandlung nach Hause zurückgeschickt worden."[45]

„Inzwischen gab der Rundfunk bekannt, dass die Regierung in Valencia aufgrund der ernsten Lage beschlossen hätte, die Wiederherstellung der öffentlichen Ordnung in Katalonien selbst durchzusetzen. (...)

Der Kampf war zu Ende. Trotzdem ging entgegen jeder Erwartung keiner wieder zur Arbeit. Die Kämpfer blieben auf ihren Posten. Worauf

45 Über die politischen Morde vgl. Anmerkung XII im Anhang.

warteten sie? Auf den Ablauf der Frist des Ultimatums, das die ‚Freunde Durrutis' der Regierung gestellt hatten. Sollte die Regierung nicht nachgeben, hatten sie mit dem Sturm auf die Generalitat gedroht. So verging der ganze Donnerstag – man wartete darauf, dass der Kampf wieder beginnen würde. Aber es passierte nichts".[46]

Am selben Tag veröffentlichte die CNT-FAI einen langen Appell an „das Weltgewissen", um auf die wütenden Beschuldigungen der Stalinisten und ihrer zahlreichen lauttönenden Satelliten über den „durch Francos 5. Kolonne manipulierten konterrevolutionären Putsch" zu antworten. Hier ein Auszug aus diesem Appell:

„Jeder scheint überzeugt zu sein, dass die Anarchisten und Syndikalisten für die tragischen Ereignisse in Barcelona verantwortlich sind. Nichts kann falscher sein. Die CNT und die FAI waren immer dazu bereit – wie sie es auch heute noch sind – nicht nur die öffentliche Ordnung, sondern auch die nötige Einheit zwischen den Freunden der Freiheit und allen demokratischen Kräften im spanischen Volk aufrechtzuerhalten. (...)
Wir waren und sind immer noch überzeugt, dass unsere Endziele – der libertäre Kommunismus in einer nach der Zerschlagung des Kapitalismus befreiten Iberischen Föderation – nicht jetzt sofort eingeführt werden können..."

Nachdem die KP des Versuchs beschuldigt wurde – *ohne ausdrücklich genannt zu werden* – eine Parteidiktatur einführen zu wollen, berichtet der mehr nach außen als nach innen gerichtete Appell von den Ereignissen, indem er mit dem Überfall auf die „Telefónica" beginnt. Als ehrliche Antifaschisten und ergebene Diener der republikanischen Sache haben die Verfasser das nicht gewollt und sich statt dessen nur verteidigt:

„Das Regionalkomitee der CNT und das der FAI haben immer wieder öffentlich erklärt und in ihren Anweisungen wiederholt, dass die Arbeiter nicht die öffentliche Gewalt ergreifen und dass sie ebenso wenig die Regierung der Generalitat angreifen werden, da sie ihr selbst angehören und eine ihrer solidesten Mehrheiten bilden. Man könnte unzählige Beweise für diesen passiven Wunsch anführen, sich nur zu verteidigen. Das alles nützt aber nichts".[47]

46 M. Ollivier, a.a.O.

47 Peirats, a.a.O., Band II, S. 204.

In der Nacht zum 7. Mai machte die CNT-FAI neue Vorschläge, die den vorangegangenen stark ähnelten: Die Kämpfer beider Lager sollten sich von den Barrikaden zurückziehen und alle Gefangenen und Geiseln freigelassen werden. Keine Vergeltungsmaßnahmen sollten durchgeführt werden, gegen wen auch immer. Sie setzte eine zweistündige Frist für die Bekanntgabe der Antwort der katalanischen Regierung und ihrer Verbündeten fest. Diese verschoben aber ihre Stellungnahme um einige Stunden, vermutlich in der Erwartung der von der Zentralregierung geschickten Verstärkung. Die Verstärkungskolonne näherte sich zwar der Stadt, aber sie hielt sich unterwegs damit auf, „die Ordnung wiederherzustellen" – besonders in der Gegend von Tortosa, wo sie trotz vorheriger Zusicherungen an Federica Montseny die örtlichen Anarchisten einer blutigen Repression unterwarf. Die CNT-FAI-Führer in Barcelona drohten damit, der Kolonne den Weg zu versperren, falls keine Vereinbarung getroffen und die betreffende Kolonne ihre repressive Tätigkeit weiter ausüben würde. Endlich nahm die katalanische Regierung am Freitag, dem 7. Mai, morgens um 4 Uhr 45 die Vorschläge zum Waffenstillstand an.

Die CNT gab ihren Mitgliedern sofort über Rundfunk bekannt, dass eine Einigung erzielt sei und dass sie sich durch „keine eventuellen Provokationen verleiten lassen" sollten.

Erneute, kleinere Gefechte fanden jedoch in den frühen Morgenstunden statt, da keine der gegnerischen Kräfte die Barrikaden als erste verlassen wollte. Schließlich gingen, nach Peirats, die Anarchisten ab 9 Uhr morgens mit gutem Beispiel voran und verließen ihre Barrikaden „mit Sack und Pack". Übrigens strömten die Einwohner Barcelonas, sobald sie die Nachricht der getroffenen Vereinbarung im Rundfunk gehört hatten, massenweise auf die Straße und beschleunigten damit die Demobilisierung und das Verlassen der Barrikaden.

Doch den ganzen Tag über konnte man noch vereinzelte Schüsse hören.

Um 20 Uhr 30 am Abend des 7. Mai marschierte die von der Zentralregierung geschickte Kolonne von Gardisten und Polizisten mit „UHP"-Rufen (*„Unidad, Hermanos Protetarios"*, „Einheit, proletarische Brüder!") in Barcelona ein. „Sie bildete einen Zug von 120 Lastwagen mit Besetzung unterschiedlicher Richtungen (5.000 Gardisten). Ein Beweis dafür: Als sie an dem Gebäude des CNT-Regionalkomitees Richtung Polizeipräfektur vorbeifuhren, wurden von einigen Lastwagen Schüsse auf das Gebäude abgefeuert, während von anderen ‚Viva la FAI!' (‚Es lebe die FAI!') ertönte".[48]

Die Anarchisten machten sich große Illusionen über die Unparteilichkeit dieser Verstärkung, gerade weil ihr Kommandant Oberstleutnant Emilio Torres Iglesias war, der frühere Militärbeauftragte der CNT-Kolonne „Tierra y Libertad". Er kam am selben Tag per Flugzeug nach Barcelona und ersetzte Rodriguez Sala an der Spitze der Ordnungskräfte – *aber im Auftrag der Zentralregierung.*

Dieser Eingriff in die katalanische Autonomie auf dem Gebiet der öffentlichen Ordnung war mit einer ähnlichen Maßnahme auf dem Gebiet der militärischen Aktionen verbunden. Die Regierung in Valencia ernannte General Pozas als Oberbefehlshaber der katalanischen Streitkräfte und der aragonesischen Front. Ehemals Führer der Zivilgarde, hatte er sich wie zahlreiche Militärs der KP angeschlossen.

> „So gingen diese blutigen Tage in Barcelona zuende", schreibt Marcel Ollivier. „Sie hatten die Macht der Anarchisten und den Heldenmut ihrer Truppen gezeigt, aber auch die Unschlüssigkeit ihrer Führer, ihren Mangel an Verantwortungsbewusstsein und totale Verständnislosigkeit gegenüber den politischen Problemen. Wenn die Verschwörung, die von Antonow-Owsejenko mit Hilfe von Companys und der republikanischen Parteien zur Niederschlagung der CNT-FAI angezettelt worden war, auch fehlschlug, so war aus ihr aber zumindest die Stärkung der Autorität der Regierung Valencias gegenüber dem revolutionären Katalonien gefolgt. Man musste sich beeilen, die Vorteile daraus zu nutzen. Kaum waren die Truppen aus Valencia in Barcelona einmarschiert, verlangten die Stalinisten, die sich während des Kampfes damit begnügt hatten, in ihren Parteigebäuden zu bleiben, und sich nun mutig hinter den Sturmgardisten verkrochen, mit lautem Geschrei, dass die POUM, dieses elende, räudige Schaf, das an allem schuld war, für vogelfrei erklärt werden solle…"[49]

DIE MAI-TAGE IN DER KATALANISCHEN PROVINZ

Obwohl die Hauptereignisse dieses „Bürgerkriegs im Bürgerkrieg" in Barcelona stattgefunden haben, spielten sich in verschiedenen katalanischen Städten ebenfalls ernste Zwischenfälle ab. Erinnern wir zuerst daran, dass es schon im März zu blutigen Schlägereien besonders in

48 Ebenda, S. 205.

49 M. Ollivier, a.a.O.

Puigcerdá und La Fatarella gekommen war. Man könnte auch über die Haltung der Nicht-Einmischung der in der Mehrheit anarchistischen Kolonnen von ehemaligen Milizionären staunen, die die aragonesische Front hielten, nachdem sie zu Einheiten der neuen Armee geworden waren, oder an verschiedenen Orten Aragons oder Kataloniens Quartier bezogen hatten. Tatsächlich läßt sich diese Nicht-Einmischung durch die Haltung der CNT- und POUM-Führer erklären.

Nach dem 5. Mai „marschierten die Einheiten aus der 26. CNT- und der 29. POUM-Division, die in Barcelona zusammengezogen waren, um nach Kenntnisnahme der Ereignisse nach Barcelona zu gelangen, nur bis Binefar: Delegierten des CNT-Regionalkomitees war es nämlich gelungen, den Befehlshaber der 26. Division, Gregorio Jover, zu überzeugen, dass alles vermieden werden müsse, was nach Angriff aussähe. Nach einem gewissen Zögern gelang es einem anderen CNT-Führer, dem Untersekretär der Verteidigung Juan Manuel Molina, den anarchistischen Offizier Máximo Franco zu überreden, seine Leute in Binefar festzuhalten".[50]

Genauso verfuhr die POUM mit ihren Männern der 29. Division. Während Stunde für Stunde im Rundfunk der Generalitat lautstark Beschuldigungen gegen „den von der 5. Kolonne Francos angezettelten reaktionären Putsch" gesendet wurden, wollten die in den Verhandlungen festgefahrenen anarchistischen Führer nicht den Eindruck erwecken, als ob sie dafür verantwortlich seien, die Front „von Truppen geleert" und die Weiterführung des Krieges sabotiert zu haben. Was die POUM betrifft, so war diese zu schwach und verwundbar, als dass sie eine solche Verantwortung allein auf sich genommen hätte. So machten es ihre Soldaten den anarchistischen nach, als diese akzeptierten, ihren Marsch auf Barcelona zu stoppen. Das Ergebnis der Straßenkämpfe wäre vermutlich ein anderes gewesen, wenn sie nicht gehorcht hätten.

Die blutigen Kämpfe beispielsweise in Tarragona und Tortosa brachen auf die gleiche Art und Weise aus wie in Barcelona. Am 5. Mai um 8 Uhr früh präsentierte sich die Polizei gewaltsam in den Telefonzentralen dieser beiden Städte, die wie in Barcelona von einem CNT-UGT-Kontrollkomitee geleitet wurden. Die polizeiliche Besetzung der seit Juli 1936 von den Gewerkschaften kontrollierten Gebäude der Telefongesellschaft war also das Signal zum Kampf.

In Tarragona hörten die Polizisten, „nachdem sie sich des Gebäudes bemächtigt hatten, die Orts- und Ferngespräche ab, indem sie die

50 Broué und Témime, a.a.O., S. 261-262.

Telefonverbindungen der konföderierten und der anarchistischen Organisation kontrollierten.

Vier Stunden später fand eine Unterredung im Sitz des Militärkommandos zwischen dem Vertreter der Genossen der Telefonzentrale, Genosse Casanovas, und dem Oberstleutnant und Befehlshaber der Streitkräfte an der Küste statt".[51]

Aus dieser Unterredung folgte ein seltsamer Kompromiss, nach dem sich die Polizisten aus den Stockwerken zurückziehen sollten, in denen die Operateure und Operateurinnen arbeiteten, die Eingangshalle aber weiter bewachen würden. Der Delegierte für öffentliche Ordnung in Tarragona lehnte diese Vereinbarung jedoch ab und berief sich auf die sehr strengen Befehle aus Barcelona. Während von neuem verhandelt wurde, bemerkten laut „Solidaridad Obrera" die CNT- Militanten, dass viele Leute in das Lokal der republikanischen „Esquerra"-Partei gingen und kurz darauf bewaffnet herauskamen. Das gleiche fand, obwohl etwas unauffälliger, im Lokal der PSUC und im Haus des Volkes statt.

Am folgenden Tag wurde das Lokal der Libertären Jugend gestürmt, aber seine Verteidiger leisteten Widerstand und konnten die Angreifer zurückschlagen. Die örtlichen CNT-Führer verlangten eine Zusammenkunft aller antifaschistischen Organisationen und der Vertreter der Polizei und der Armee. Die PSUC und die UGT weigerten sich aber, mit den Anarchisten zu diskutieren.

Am Nachmittag des 6. Mai wurden die Räume der Libertären Jugend von neuem gestürmt – diesmal aber mit größeren Einheiten, so dass der Angriff erfolgreich war. Castello und Rueda, zwei gerade aus Tarragona eingetroffene CNT-Delegierte, verlangten noch einmal ein Treffen der antifaschistischen Organisationen. Natürlich durfte sie jetzt stattfinden, da sich die libertären Kräfte in einer schlechten militärischen Lage befanden.

Der Delegierte der Zentralregierung, Hauptmann Barbeta, der die in Reus stationierte republikanische Luftwaffe befehligte, erklärte, er hätte aus Valencia den Befehl erhalten, alle Waffen inklusive der Luftwaffe einzusetzen, um die CNT-FAI-Militanten unter seine Gewalt zu bringen und zu entwaffnen. Das wollten diese – wir folgen weiter dem in „Solidaridad Obrera" veröffentlichten Bericht – unter der Bedingung akzeptieren, dass die anderen Organisationen ebenfalls ihre Waffen abgaben. Hauptmann Barbeta lehnte mit der Begründung ab, dass die anderen Organisationen die Regierung verteidigten, während die Anarchisten gegen sie rebelliert hätten. Nach langen Diskussionen

51 Aus „Solidaridad Obrera" vom 14. Mai 1937.

gaben die CNT-Delegierten auf der ganzen Linie auf: Sie würden die Waffen herausgeben, baten nur um die Freilassung ihrer Gefangenen und das Recht, weiterhin ihre Räume zu benutzen zu dürfen.

> „Es war an dem Tag, als die Verhandlungen stattgefunden hatten, alles weiterhin ruhig gewesen; aber am folgenden Tag besetzten unerwarteterweise ungefähr um 3 Uhr morgens Polizeikräfte mit Gewalt den Sitz des Rates der Inneren Verteidigung – gemäß Befehlen, die sie ‚von oben' erhalten haben sollten.
> Als ob dieser Ansturm ein Signal sein sollte, wurde im selben Moment entgegen den Versprechungen der Behörden mit Vergeltungsaktionen gegen die CNT-Militanten begonnen. Sehr schnell fand man in der Umgebung der Stadt zahlreiche Leichen von angesehenen Militanten unserer Organisation. Hier die Namen einiger von ihnen …"[52]

Es folgt eine Liste von ungefähr 15 Namen von zumeisten gewerkschaftlichen Verantwortlichen. Selbstverständlich endet der Bericht mit 22 durch Zensur unleserlich gemachten Zeilen.

*

In Tortosa verlief alles nach demselben Schema. Die polizeiliche Besetzung der Telefonzentrale ist das Signal zum Kampf – einem durch Verhandlungspausen unterbrochenen Straßenkampf. Die CNT trägt hier jedoch den Sieg davon, sie verhaftet die Polizisten und übernimmt die Stadtverwaltung. Aber die Kolonne aus Sturmgardisten, die von Valencia geschickt worden ist, um die Ordnung in Barcelona wiederherzustellen, marschiert durch Tortosa und bleibt solange, bis auch hier wieder Ordnung herrscht. Die CNT- und FAI-Militanten werden verhaftet und ihre Räume verwüstet.

Die geknebelten anarchistischen Führer werden „mit unbekanntem Ziel" verschleppt. Man wird ihre Leichen am Straßenrand nicht weit von Tarragona finden…

> „Ähnliche Ereignisse fanden in verschiedenen Dörfern in der Gegend von Vich statt. Diese Gegend ist eine der reaktionärsten Kataloniens, da der Klerus dort einen traditionellen Einfluss hat. Die CNT war in diesem traditionalistischen Winkel die einzige bekannte liberale Organisation. Ihre Feinde fanden heraus, dass die beste Art, gegen das Volk zu kämp-

52 Ebenda.

fen, darin besteht, sich den Sturm- und Zivilgardisten anzuschließen, die nach Vic, Manlleu, Bisaura de Ter, Montesquiu, La Farga de les Lloses und sonstigen Dörfern gekommen waren und genaue Anweisungen für Provokationen mitgebracht hatten. Das Ergebnis war eine Einheitsfront der ‚requetés' und der Polizisten gegen die CNT und ihre militanten Mitglieder. Die Räume dieser Organisation wurden gestürmt und verwüstet. Nach einem verzweifelten Kampf mussten die zwischen zwei Feuer geratenen CNT-Militanten massenweise die Gegend verlassen..."[53]

KRIWITSKIJS STANDPUNKT ÜBER DIE MAI-TAGE

In seinem Buch „Ich war Stalins Agent" schreibt Kriwitskij über die Rolle, die der sowjetische Geheimdienst in den Mai-Ereignissen in Barcelona gespielt hat[54]:

„Im April 1937 kam Stachewski nach Moskau, um Stalin über die Lage in Spanien zu unterrichten. Obwohl ein überzeugter und streng orthodoxer Stalinist, war er der Meinung, dass die GPU sich in dem republikanischen Gebiet falsch verhielt. Wie General Bersin kritisierte auch er die brutalen Kolonialmethoden, die von den Russen in Spanien angewandt wurden. Er billigte zwar das GPU-Verhalten gegenüber den Dissidenten oder ‚Trotzkisten' in der UdSSR, meinte aber, die GPU sollte Rücksicht auf die legalen politischen Parteien in Spanien nehmen. Er gab Stalin sehr vorsichtig die Nützlichkeit einer Änderung der Methoden in Spanien zu verstehen. Der ‚Große Boss' täuschte vor, gleicher Meinung zu sein, und Stachewski kehrte zufrieden aus dem Kreml zurück.
Während einer späteren Unterredung mit Marschall Tuchatschewski machte er diesen auf das schändliche Verhalten der sowjetischen Agenten in Spanien aufmerksam. Diese Unterredung erregte in unseren Kreisen (den Geheimdiensten) viel Aufsehen, aber Tuchatschewskis Position war damals schon sehr gefährdet.
Der Marschall war zwar damit einverstanden, diejenigen zu bremsen, die sich in Spanien wie in einem eroberten Land verhielten, er verfügte aber nicht mehr über genug Autorität, um sich Gehorsam zu verschaffen.

53 Peirats, a.a.O., Band II, S. 212.

54 Es ist interessant zu bemerken, dass Elisabeth K. Poretski, die Witwe I. Reiß' – eines anderen, 1937 in der Schweiz ermordeten „Agenten Stalins" – in ihrem Buch „Les Nôtres" („Die Unseren") – Denoël-Lettres Nouvelles, Paris – zwar einige nebensächliche Einzelheiten in Kriwitskijs Buch bezweifelt, dagegen aber alles bestätigt, was dieser über Spanien geschrieben hat.

Las jornadas de Mayo

Dos manifiestos y una octavilla

La Agrupación Los Amigos de Durruti a los trabajadores

EL ACTUAL MOVIMIENTO

Se ha afirmado que las jornadas de julio fueron una respuesta a la provocación fascista, pero "Los Amigos de Durruti" hemos sostenido públicamente que la esencia de los días memorables de julio radicaba en las ansias absolutas de emancipación del proletariado.

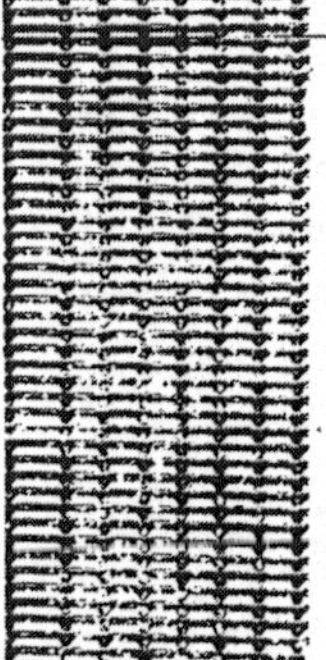

EL COMITE REGIONAL DE LA C.N.T. NOS DESAUTORIZA

No nos ha sorprendido la desautorización de los llamados comités responsables de la C.N.T. Sabíamos, de antemano, que estos comités no podían hacer otra cosa que entorpecer el avance del proletariado. Conocemos sobradamente a los TREINTISTAS que están en el comité Regional.

Somos "Los Amigos de Durruti" quienes tenemos autoridad moral suficiente para desautorizar a estos individuos que han traicionado a la revolución y a la clase trabajadora, por incapaces y cobardes. Cuando no tenemos enemigo enfrente, entregan de nuevo el poder a Companys y a la pequeña burguesía y, además, entregan el Orden Público al gobierno

de Valencia y la consejería de Defensa al general Pozas.

La traición es de un volumen enorme. Las dos garantías esenciales de la clase trabajadora, seguridad y defensa, son ofrecidas en bandeja a nuestros enemigos.

¿QUE HACER?

A pesar de la tregua concertada, el espíritu de las jornadas que acabamos de vivir continúa en pie. Se ha cometido el error grandioso de dar tiempo al adversario de reforzar sus posiciones. Se ha posibilitado que el gobierno de Valencia mande fuerzas a la contrarrevolución.

Los que luchan en el frente, los que lloran sus muertos y los inútiles para toda su vida, juzgarán cuál de estos dos manifiestos recoge su espíritu revolucionario, su desolación, su desespero.

No se ha sabido atacar a fondo ni ha existido una coordinación de esfuerzos en el terreno insurreccional. Se ha perdido el tiempo y las municiones, con simples paqueos.

Ha faltado inteligencia y dirección.

El alto a la lucha no presupone una derrota. A pesar de que no hayamos dado cima a nuestros objetivos

Estemos atentos a los acontecimientos que se avecinan. No desmayemos. Mantengamos una sólida moral revolucionaria. No olvidemos que nos estamos jugando una carta decisiva. No nos dejemos alucinar por el supuesto peligro de una agresión de los barcos de la escuadra inglesa cuando en realidad las potencias democráticas están apoyando al fascismo de una manera descarada.

Sepamos interpretar el momento actual. Nuestros adversarios pretendían destruir el proletariado revolucionario para aceptar las premisas de un armisticio patrocinado por los gobiernos inglés y francés, y al mismo tiempo para asegurar un predominio del capital en el perímetro de la España proletaria.

s. Mantengamos el espíritu indomable que caracterizó a Durruti en la calle, en los lugares de trabajo, y en donde nos encontremos, y mantengámonos prestos a terminar la grandiosa obra iniciada en estas memorables jornadas que estuvieron saturadas del espíritu de los camaradas del FRENTE que han hecho sentir su voz airada contra los agiotistas, contra la burocracia voraz y contra las desigualdades y los camarillas que aún perduran a pesar de haberse derramado la sangre a torrentes.

CAMARADAS do desfallezcais.

¡Viva la revolución social! ¡Abajo la contrarrevolución!

Manifiesto del Comité Regional

LOS ANARQUISTAS CONTRA EL FASCISMO

Los graves sucesos ocurridos en la región catalana durante los días transcurridos del mes en curso, han tenido una importancia tan enorme y ofrecen tan marcados caracteres de una trascendencia tan decisiva para el movimiento antifascista catalán y para Cataluña misma, para España y aun para el Mundo entero, por la influencia de España en el porvenir del Mundo, que obliganos a que, sin mayor dilación, nos pongamos en relación directa con el pueblo antifascista en general y en contacto particular con los trabajadores sinceramente revolucionarios de las diversas tendencias, para explicar con la claridad y exactitud normativas en nosotros, los motivos que han impulsado al frente de la libertad y decencia revolucionaria a desarrollar la gesta protestataria que amigos y adversarios han podido presenciar, bien que algunos, muchos o pocos, no hayan acertado a comprender bien a su toda la extensión y profundidad.

Para nadie es un secreto que la posición de entereza mantenida por nuestras organizaciones decidió el abatimiento, aunque parcial, de la provocación militarfascista en las jornadas de julio. Nadie ignora que ya entonces ofrecimos sin regateos todos nuestros efectivos. Y es harto sabido que fuimos los libertarios, precisamente, quienes más sangre derramamos, quienes más compañeros perdimos en aquellas fechas y en las que a las mismas siguieron, cual correspondía al mayor contingente de fuerzas empleadas entre las que en principio decidieron la lucha en Barcelona y mantuvieron a raya al enemigo en Cataluña, desarticulando sus planes e inutilizándola toda posibilidad de acción. Pero, no solamente en Cataluña, sino que fuimos determinan-te en todas partes en donde los hombres progresivos vencieron a la reacción.

Está claro, pues, que nuestro pensamiento y nuestra acción, en aquellos momentos como en épocas precedentes, ejercieron su influencia decisiva, y, asimismo, en estos instantes y en períodos venideros, determinarán, sin duda alguna, en contra de la sistematización cerrada de todo signo de regresión. Mas si antes, ni ahora ni nunca esgrimiremos el incuestionable valor de nuestra conducta para reclamar privilegiadas posiciones inmerecidas, ni puestos de honor. Exigimos, eso sí, el mantenimiento de la reciprocidad en el respeto, como condición primordial que asegure la evolución natural y continua de la vida, que garantice el curso ascendente de la civilización.

Es cierto, de una certeza que no ofrece lugar a dudas, que a raíz y después de la gesta de julio, pudimos apartar de la vida política de Cataluña a las representaciones de sectores que a la larga habían de representar un serio peligro para el logro de las aspiraciones de igualdad y libertad por que pugnan los trabajadores. Pero consecuentes con la línea de conducta que convenía adoptar, en contraposición con los egoísmos y bajas pasiones del fascismo criminal, nos determinamos a mantener la unidad del frente antifascista, respetando a los demás sectores y colaborando desinteresadamente con todos.

Lección de nobleza y de lealtad no aprendida que se interpretó como falta de preparación y de fuerza y que se hizo creer, erróneamente, a determinados partidos, que podría destruírsenos fácilmente y terminar con la potencialidad revolucionaria de la C.N.T. en Cataluña, que ha representado, representa y representará siempre la continuidad de la iniciada Revolución.

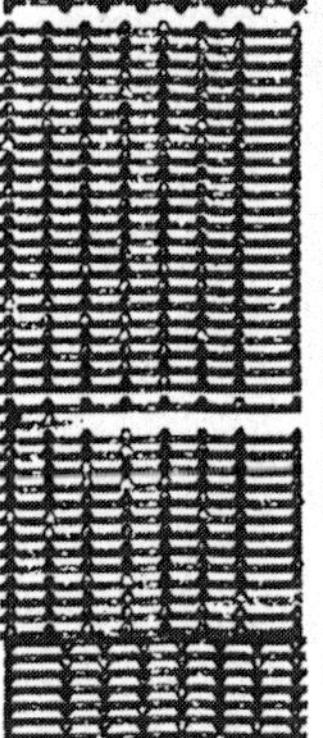

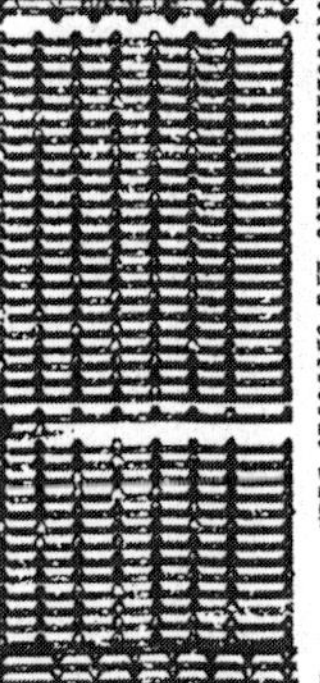

NUESTRA POSICION DESPUES DE LOS HECHOS

Se perfila ya en cierta Prensa y en boca de determinada gente una nueva derivación del complot abortado. Y a ello nos anticipamos, declarando lo siguiente:

La C.N.T. y la F.A.I., que fueron llevadas al movimiento por una maniobra monstruosa en la que intervinieron muchos y diversos sectores y hombres cuyos nombres pronunciaremos, acusando con pruebas cuando el caso llegue, no están dispuestas a que se siga por el camino emprendido.

Y anunciamos que hablaremos paralizando toda villana ofensiva, tanto antes cuanto más pierdan la cabeza y suelten la lengua quienes tienen muchísimo que callar en este asunto.

No nos dejaremos llevar al terreno de provocaciones a que se continúa pugnando por conducírsenos. Pero advertimos que a los secuestros, a los atentados personales, a cuanto pueda nuevamente planearse, contestaremos en forma adecuada. También sabemos que se trabaja excitando a la fuerza pública contra nosotros y a los jóvenes de nuestro movimiento contra la fuerza pública, a fin de producir nuevos incidentes. Maniobra que denunciamos a nuestros camaradas y a las mismas fuerzas para que no se dejen llevar a ese terreno preparado, mediante procedimientos que más tarde explicaremos con todo detalle.

Hablamos con firmeza, sin bravuconería, indigna de nosotros. Si con la arrogancia, no obstante, que dan la razón y la fuerza.

Este manifiesto no es ni puede ser más que el anuncio de una obra de desenmascaramiento público, de planteamiento al pueblo de Cataluña y de España y a los gobiernos de la Generalidad y de la República de un problema de honradez política en la retaguardia, invitando a todos a jugar limpio, uniéndonos los decentes y los leales contra los innobles y los traidores.

Y frente a la maniobra abortada por la decisión popular; y frente a las que vendrán dirigidas al mismo fin a provocar disturbios en la retaguardia que produzcan el desmoronamiento de los frentes y la tan deseada intervención extranjera, nosotros decimos, una vez más:

Hermanos de la U.G.T.: No os dejéis solo a nosotros, a fin de dividirnos y de neutralizar la enorme fuerza revolucionaria que representa el proletariado unido! Pensad que vuestro puesto está junto a vuestros hermanos de clase y no junto a una burguesía, grande o pequeña, que defiende hábilmente sus intereses y lucha con todas las armas para estrangular la Revolución española. Recordad las palabras de Carlos Marx: "La emancipación de los trabajadores ha de ser obra de los trabajadores mismos". Y apartaos, cuantos sois auténticos proletarios, de cuantos políticos maniobran entre vosotros, consiguiendo enfrentaros con los obreros de la sindical hermana.

Defendeos de las provocaciones y de los provocadores y colaborad con nosotros en la obra de desenmascaramiento de los culpables de la mayor felonía de la Historia.

Frente a la conjura, a la maniobra, a la trama, de nuevo gritamos: ¡Hermanos de la U.G.T.!: La unión hace la fuerza. Unámonos contra el enemigo común, el de dentro y el de fuera, el de la vanguardia y el de la retaguardia, el que maniobra contra nosotros en las covachuelas políticas españolas y en el fondo siniestro de las cancillerías europeas.

¡Viva la alianza revolucionaria del proletariado! ¡Abajo la contrarrevolución! ¡Viva la unidad de la C.N.T. y la U.G.T., garantía del triunfo en la guerra y en la Revolución!

Comité de la Confederación Regional del Trabajo de Cataluña

Comité de Relaciones de la Federación de Grupos Anarquistas de Cataluña

Comité Regional de Juventudes Libertarias de Cataluña.

Barcelona, 11 de mayo de 1937.

Nuestra consigna:

Para la guerra, todo.

Contra la revolución, nada.

COMENTARIO

Reproducimos el manifiesto que acaba de lanzar el Comité Regional, y adicionamos el manifiesto que publicó nuestra agrupació, días atrás, y una octavilla.

Hacemos remarcar a los trabajadores que los mismos comités que en las propias jornadas de mayo nos trataban de agentes provocadores, tienen que reconocer que es necesario adoptar posiciones candentes y decididas en pro de las conquistas revolucionarias.

No obstante, observamos una desorientación formidable en el manifiesto susodicho. Seguimos opinando que aún no se sabe interpretar el verdadero espíritu de las jornadas de mayo. Pero nos congratulamos de que los propios acontecimientos se hayan encargado de demostrar a los Comités que su actuación ha sido de un calibre pésimo y nefasto.

La Voz del Frente

Ecos del frente de Aragón

por PABLO RUIZ

La situación de los sectores de Aragón, y sobre todo Azaila, es halagadora por las perspectivas revolucionarias de acuerdo con el espíritu de la Confederación. Nadie puede suponer la inmensa dosis de convicción que es precisa para saber esperar durante tanto tiempo la orden de ataque.

¡Quién no sabe lo duro que es la inacción cuando se tiene el alma impaciente! Sin embargo se espera y no se ignora que las causas de este malestar se debe a manejos de partidos políticos que especulan en estos momentos, como lo hicieron siempre, aunque hoy la tragedia es de suyo inmensa, barajándose con una zancadilla miles de españoles.

En el fondo, la conducta de los partidos políticos, cualesquiera que sea su denominativo, es la misma. No obedecen a intereses colectivos, sino a situarse el primero por encima de los demás. He aquí la causa del desbarajuste, de tantos conflictos, los unos sangrientos y de corte grotesco otros. De tener la clase trabajadora más experiencia de los motivos que manejan arteramente los políticos, estaría más próxima a su emancipación.

No obstante, los milicianos del sector de Azaila, sobre ésto, nada ignoran. Los hemos visto con los puños cerrados

Todo en la vida tiene su fin.

ooo

La moral que respiran los camaradas del frente es inmejorable. No puede ser de otra manera. La vida de las trincheras, el calor, el frío, la sed y la vigilancia endurecen sus espíritus y hermanados en el dolor vemos nacer en estos hombres el espíritu estoico, con el que se engrandece el hombre. No sabemos el final próximo de esta guerra, pero sí podemos afirmar que no será la chabacanería de la retaguardia la que dará una moral y un temple que es la que propicia a hondas trasformaciones. Han de ser los combatientes de la vanguardia los que inyectarán la savia vivificadora y darán nuevos bríos al pueblo español y a su proletariado militante.

Hoy han sido un sinnúmero los supuestos valores que se han perdido al contacto con la posibilidad de disfrutar medios materiales y jerárquicos. Da grima ver tanto bufón encenagarse en los goces superfluos, como si la revolución fuera la Roma antigua asaltada por los bárbaros. Son muy pocos los que se salvan en esta vorágine. La austeridad de la retaguardia la buscamos, como Diógenes, con un candil.

Hasta asistimos a la enfermedad de la cobardía a los que cogidos por la ventosa del poder se han transformado en eunucos, en los que la virtud es el miedo.

¡Combatientes del frente Aragón! Confiamos en vosotros, menos por la victoria contra los fascistas de derecha que por las cualidades que habéis adquirido en la brega. Sois la esperanza del mañana. Combatientes ... y de comodidad, han olvidado su origen y, con impudicia, se erigen en mandones. Sólo en vosotros vemos el remedio.. combatientes.

"Mundo Obrero" pide el castigo fulminante de los culpables. Eso exigimos nosotros. Pero los culpables que señala "Mundo Obrero" no son los mismos que los trabajadores queremos llevar a la picota.

Nuestros ministros

Unas palabras sintomáticas

"...pero yo pregunto: si a estos ministros de la C.N.T. no les hacen caso, ¿a quién representan en el gobierno?"

Efectivamente, el camarada Díaz, secretario del partido comunista oficial de España, al pronunciar estás palabras en un acto público, celebrado el pasado domingo en la capital levantina, tenía razón. A los ministros que representan a la C.N.T. en Valencia, lo mismo que a los consejeros que la representan en Cataluña, no se les hace caso. Afortunadamente ocurre así; de lo contrario, ya se habría perdido toda posibilidad de hacer la revolución.

Pero, por desgracia, alguna que otra vez se les escucha e inmediatamente se tocan las consecuencias. Buena prueba de ello, es el reciente ejemplo, vivido y aureolado de la sangre generosa del pueblo. Y claro, al camarada Díaz, dos dedos más listo que estos "inclitos" representantes nuestros, ya no le interesa su permanencia en el gobierno, pues si no se les hace caso, quedan desvanecidas todas las esperanzas que cifraba en su actuación funestísima de "toco y rompo".

Nosotros, por nuestra parte, les aconsejamos la retirada antes de que sus payasadas cansen a los espectadores.

AL SALIR A LA LUZ PUBLICA "EL AMIGO DEL PUEBLO" SALUDA A LAS PATRULLAS DE CONTROL COMO FUERZA DE ORDEN REVOLUCIONARIO. LES OFRECEMOS NUESTRAS COLUMNAS PARA CUANTOS ASUNTOS LES INTERESE DAR A LA PUBLICIDAD.

Ich konnte mich dann mehrmals mit Tuchatschewski unterhalten. Er wartete auf Largo Caballeros Sturz und auf den Regierungsantritt von Negrin, einem Mann, dem er selbst zu Ansehen verholfen hatte. Oft sagte der Marschall: ‚Wir stehen in Spanien am Vorabend großer Schlachten'. Das schien denen klar zu sein, die wie wir selbst Stalins Politik in Spanien verstanden. Er hatte seine Erfolge mit dem Zweck gefestigt, Spanien vom Kreml abhängig zu machen, und war zu einem neuen Ansturm bereit. Bersin hatte die Führung der republikanischen Armee in seinen Händen[55]. Stachewski war es gelungen, den größten Teil des Goldvorrats der Bank Spaniens nach Russland zu schaffen. Die GPU-Maschine arbeitete mit Volldampf. Bei dem Unternehmen hatte man die Anweisung Stalins beachtet: ‚Schützt euch vor der Artillerie!' Was uns betrifft, so hatten wir das Risiko eines internationalen Krieges vermieden, und Stalin schien seine Ziele allmählich zu erreichen.
Das einzige Hindernis war Katalonien. Die Katalanen waren antistalinistisch gesinnt und gleichzeitig Largo Caballeros beste Stütze. Um Herr der Situation zu werden, musste Stalin also Katalonien unterwerfen und Largo Caballero verjagen. Das war aus dem Bericht einer der Führer der Pariser Anarchistengruppe herauszulesen, der GPU-Agent war. Er war nach Barcelona geschickt worden, wo er als bekannter Anarchist das Vertrauen führender Anarcho-Syndikalisten genoss. Er war damit beauftragt, als Agent provocateur zu wirken, um die Katalanen zu unvorsichtigen Aktivitäten zu verleiten, die die Intervention der Armee zur Niederwerfung der Revolte rechtfertigen würden. (...)
Ich bekam einen anderen Bericht zu lesen, der von José Diaz, dem Führer der spanischen KP, an Dimitrow, den Kominternpräsidenten, gerichtet war. Dimitrow übermittelte ihn sofort dem GPU-Generalstab, da er seit langem wusste, wer sein wirklicher Herr war. Darin stellte Diaz Caballero als einen Schwärmer und Freund schöner Phrasen dar, der niemals zu einem aufrichtigen Verbündeten der Stalinisten werden würde. Dagegen lobte er Negrin. Er schilderte weiter die in den Reihen der Sozialisten und Anarcho-Syndikalisten von den Kommunisten verrichtete Arbeit, um deren innere Macht zu untergraben. Diese Berichte ließen klar erkennen, dass die GPU konspirierte, um die ‚unnachgiebigen' Elemente in Barcelona zu besiegen und ihnen Stalins Autorität aufzuzwingen…
… Die Nachrichten aus Barcelona wirkten in der ganzen Welt Aufsehen erregend. In den Zeitungen waren seitenbreite Überschriften zu lesen:

55 Wie Luis Araquistain, der Botschafter der spanischen Republik in Paris, es schlagend beweist, waren schließlich 90% der wichtigen Stellen im republikanischen Kriegsministerium von den Lakaien Stalins eingenommen. („Ich war Stalins Agent", S. 120).

‚Anarchistische Revolte in Barcelona!' Die Korrespondenten berichteten über eine Verschwörung in der katalanischen Hauptstadt gegen Stalin, über den Kampf um die Telefonzentrale, Straßenkämpfe, Barrikaden und Hinrichtungen.

Bis zu diesem Augenblick schienen die Mai-Tage in Barcelona viel eher ein brudermörderischer Kampf unter Antifaschisten zu sein, den Franco ausnutzen wollte, um zum Angriff überzugehen. Laut der offiziellen Version hatten die katalanischen Revolutionäre verräterischerweise versucht, in einem Augenblick die Macht zu ergreifen, in dem alle Kräfte nötig waren, um Franco zu bekämpfen. Einer anderen, der Presse übermittelten und in die ganze Welt verbreiteten Version gemäß handelte es sich um eine ‚Revolte' der mit den Extremisten der anarchistischen Bewegung verbündeten unnachgiebigen Elemente mit dem Zweck, zum Vorteil der Feinde der Republik Unruhe zu stiften. Wahr ist, dass die breite Mehrheit der katalanischen Arbeiter entschlossen antistalinistisch gesinnt war. Stalin wusste, dass ein Konflikt nicht zu vermeiden war, er wusste aber auch, dass die Oppositionskräfte uneinig waren und durch eine schnelle und energische Aktion niedergeworfen werden konnten. Durch eine Reihe von Provokationen hetzte die GPU Syndikalisten, Anarchisten und Sozialisten aufeinander. Nach fünf Tagen eines Gemetzels, bei dem 500 Leute getötet und 1.000 verwundet wurden, wurde Katalonien zum Kampfplatz, auf dem Largo Caballeros Schicksal auf dem Spiel stand.

Die von José Diaz geführten spanischen Kommunisten verlangten das Verbot aller antistalinistischen Parteien und Gewerkschaften Kataloniens, die Kontrolle der GPU über den Rundfunk und alle Versammlungsräume, die vollkommene Liquidierung aller antistalinistischen Organisationen auf dem ganzen republikanischen Gebiet. Largo Caballero trat diesen Forderungen entgegen und wurde gezwungen, am 15. Mai abzutreten. Doktor Juan Negrin wurde zum Chef der neuen Regierung, wie Stachewski es vorausgesehen hatte".[56]

Aus Berufsgründen neigt Kriwitskij dazu, die Bedeutung der Rolle zu übertreiben, die von den sowjetischen Geheimagenten gespielt wurde. Alles, was er schreibt, stimmt zwar, er scheint aber hier wie weiter oben Marcel Ollivier über Antonow-Owsejenkos Verschwörung zu meinen, die Geschichte werde in den Büros der Generalstäbe der Geheimdienste und der politischen Polizei gemacht und der Klassenkampf sei wie ein Schachbrett, auf dem es genügt, einen Agenten-Bauern zu stellen, um

56 Kriwitskij, a.a.O., S. 134 und 139.

die Partie zu gewinnen. Aber der Klassenkampf beschränkt sich selbstverständlich nicht darauf. In Katalonien, wo eine äußerst bedeutende soziale Revolution in Gang war, die sich gleichzeitig – und mitten in einem Bürgerkrieg – an alle Aspekte des sozialen Lebens heranwagte, um sie in eine libertäre Richtung umwandeln, wollten die Anhänger der Ordnung, die herrschenden Bürokratien, kurz: die Konterrevolutionäre, um jeden Preis diese soziale Revolution zerstören und das revolutionäre Katalonien in die „republikanische Ordnung" einzwängen. Nach vielen kleineren Gefechten waren die *Mai-Tage* die härteste und blutigste konterrevolutionäre Schlacht, die es fertigbrachte, die Revolution wenn nicht vollständig zu liquidieren, so doch stark einzuschränken.

Auffallend beim Lesen der Berichte über diese chaotischen Tage ist der unermessliche Zynismus der Politiker. Da die Massen recht klar gespürt haben, dass die „Téléfonica"-Provokation das Signal zur Liquidierung der revolutionären Demokratie und der Anfang des endgültigen Wiederergreifens der Macht durch den totalitären Staat war, stürzten sie sich in den Kampf. Der Kampf zwischen Ordnungskräften und Arbeitern war blutig. Während der ganzen Zeit aber trieben die Politiker ihren Kuhhandel weiter, sie setzten Kabinette zusammen und wieder ab, stützten sich auf die Straßenkämpfe, um einen Punkt, eine Parzelle Macht mehr für ihre eigene bürokratische Sippe zu erzwingen. Schade, dass es keine Aufnahmen von diesem Kuhhandel gibt – mit dem lauten Hintergrund der knatternden Maschinengewehre und der Genickschüsse!

GESELLSCHAFT, ALLES IST WIEDERHERGESTELLT...

Presseerklärung:

> „Die katalanische Regierung hat aus eigener Kraft die Revolte zurückgeschlagen...
> Der Leiter des Pressebüros des Präsidenten, Joaquim Vila, hat nach einer Sitzung des Rats der Generalitat folgende Presseerklärung abgegeben:
> ‚Am Mittwoch, dem 12. Mai, ist die Regierung der Generalitat zusammengekommen[57]. Während der Sitzung, die bis 21 Uhr andauerte, sind verschiedene Beschlüsse der Präsidentschaft und der Ministerien für Justiz, Versorgung, Arbeit, Bildung und Finanzen gebilligt worden.

57 Über die Zusammensetzung dieser neuen Regierung vgl. Anmerkung XII im Anhang.

Es ist zwischen den Regierungsmitgliedern zu einem Meinungsaustausch über die aktuellen Ereignisse gekommen. Die Regierung, die die Revolte aus eigener Kraft zurückgeschlagen und es mit der Unterstützung des gesunden Menschenverstands unseres Volkes unternommen hat, das normale Leben wiederherzustellen – was ihr zu dieser Stunde schon vollständig gelungen ist –, verurteilt die Ereignisse kategorisch und einstimmig. Sie ist ferner der Ansicht, dass dank der der öffentlichen Ordnung zur Verfügung stehenden neuen Mittel die bereits gefassten Beschlüsse, die gleichzeitig durch die Regierung der Republik veröffentlicht werden, jetzt durchgeführt werden müssen – und zwar diejenigen über ein effektives einheitliches Oberkommando in Kriegsmethoden und -disziplin; diejenigen über die Abschaffung der Straßen- und Grenzkontrolle; über die Entwaffnung in der Etappe. Es wäre kein normales Leben möglich und die Lehren aus den Ereignissen würden nichts nützen, wenn man sich nicht mit den Gründen befassen würde, die sie hervorgerufen haben.

Die katalanische Regierung hofft, dass diese Maßnahmen nicht nur bloße Zustimmung, sondern auch redliche Mitarbeit aller in ihrem engsten Kreis mitwirkenden Parteien und Organisationen hervorrufen. Denn die Durchsetzung der von den verschiedenen Beteiligten des Rats getroffenen Bestimmungen stellt für diesen die unerläßliche Bedingung für die Aufrechterhaltung des Ansehens der Regierung dar, das durch Gewalttätigkeiten, Kämpfe oder Befürchtungen kompromittiert wurde, die nach dieser Erfahrung nicht weiter aufrechterhalten oder geduldet werden können.

Die Generalitat de Catalunya verlässt sich auf alle antifaschistischen Elemente Kataloniens, in der Hoffnung, dass sie sich unter seinem Schutz vereinigen, um die Autorität und das Ansehen der katalanischen Regierung und der Regierung der Republik gefestigt aufrechtzuerhalten'.

Generalitat de Catalunya.

Präsidentschaft. Propagandakommissariat.

Pressekommuniqué. Barcelona, 12. Mai 1937."

Gesellschaft, alles ist wiederhergestellt... Für die (immer weniger autonome) katalanische Regierung sind die Dinge klar: Endlich macht das Ende des Kampfes die Wiederherstellung der Ordnung in Katalonien möglich.

Alle Mitglieder dieses eingeschränkten Rats verurteilen die „Revolte" einstimmig. Als zugleich solidarische und feindliche Mitglieder der politischen Bürokratie schoben Kommunisten, Anarchisten und

Republikaner die „Schuld" und die „Gewalttätigkeiten" man weiß nicht welchen außerirdischen Eindringlingen zu, Entlaufenen aus man weiß nicht welchen Anstalten, die urplötzlich damit begonnen haben, wild auf der Straße herumzuschießen. Sie selbst aber haben diese Revolte „aus eigener Kraft" niedergeschlagen und haben jetzt vor – denn es ist selbstverständlich nichts passiert – weiter in großer antifaschistischer Solidarität zusammen zu regieren.

Für die Macht ist es absolut unerträglich, zusehen zu müssen, wie ihre Autorität in Frage gestellt wird. Nun war die Macht in Katalonien *parzelliert*. Verschiedene „Arbeiter"organisationen besaßen einen Teil davon, den sie mit allen Mitteln erweitern wollten und den sie trotz aller scheinheiligen Erklärungen so partiell der autonomen Regierung als ihrer theoretisch gemeinsamen Vertreterin übergaben. Als Vertreterin auch der nationalistischen katalanischen Bourgeoisie – deren Führer Companys war, der wenigstens den Vorteil hatte, das zu sein, was er zu sein behauptete: ein liberaler Bourgeois – hatte die autonome Regierung vom technischen Standpunkt aus breitere Befugnisse als die sozialen Kräfte, die sie vertrat.

All die politischen und staatlichen Bürokratien kämpften gegen diese „Unordung", damit Die Macht *Eins* und die Einheit des Kommandos und der Richtlinien verwirklicht würde. Gleichzeitig aber kämpften alle darum, dass dieser Vereinheitlichungs- und Zentralisierungsprozess zu ihrem jeweils eigenen Vorteil geschah. Daher das ihnen gemeinsame Projekt: die Wiederherstellung der alleinigen Staatsmacht, die Neustrukturierung einer übrigens mehr bürokratischen als „bürgerlichen" sozialen Hierarchie. Sie bekämpften einander heftig, um zu den führenden Posten an der Spitze der Gesellschaftspyramide zu gelangen.

So kam der Kampf der Bürokratien um die Erweiterung ihres Machtanteils zu dem Kampf der Massen hinzu, die spontan auf die Straße stürzten, um ihre wilde Demokratie, die Kollektivierungen – mit einem Wort: die Revolution – gegen die Unterdrückungskräfte der Konterrevolution zu verteidigen. Auch wenn beide Kämpfe eng verflochten waren, dürfen sie nicht verwechselt werden.

Während dieser komplexen revolutionären Krise befand sich also die CNT gleichzeitig auf der Straße, auf den regierungsfeindlichen Barrikaden, und in der Regierung, mit der sie über einen Waffenstillstand verhandelte. Dabei wurde sie übrigens als Unterhändlerin und Regierungsmitglied selbst von denen akzeptiert, die auf der Straße „gegen sie" kämpften, ihre Militanten ermordeten und sie der Auflehnung gegen die legale Regierung beschuldigten. Sie wirkte als „Unordnungs"- und „Ordnungs"ferment, für und gegen die Arbeiterautonomie, für und gegen die Entwaffnung ihrer bewaffneten Gruppen, für und gegen die „antifaschistische Einheit" als einen politischen Vorwand, die soziale Revolution zu liquidieren. Im Gewand der Bürokratie konnte sie sich nicht ganz von ihrer „Basis" trennen, ihre Leute entwaffnen lassen und vor allem konnte sie es auf keinen Fall dulden, dass die Wiederherstellung des Staates auf ihre Kosten geschah. Ihre gesamte Haltung während der „Mai-Tage" kann mit einem Satz zusammengefasst werden: Wir erteilen unseren Truppen den Feuereinstellungsbefehl *unter der Bedingung*, dass wir unseren Platz innerhalb der Regierung behalten und womöglich verstärken können.

Natürlich muss man auch hier zwischen der führenden CNT-Bürokratie und der Masse der Militanten unterscheiden. Die Führer, die der vollendeten Tatsache des massiven und spontanen Gegenschlags der – in der Mehrheit anarchistischen – Massen gegenüberstanden, mussten manövrieren, um die Kämpfe zu stoppen, ohne etwas zu verlieren. Was die Militanten betrifft, legten sie noch einmal Mut, Unternehmungsgeist und schließlich auch Gehorsam an den Tag. Sie gingen spontan auf die Straße und kämpften verbissen, denn sie fühlten, dass ihre Revolution in Lebensgefahr schwebte. Sie folgten den ersten Aufrufen ihrer Führer zum Waffenstillstand nicht, aber wie in Erwartung einer Richtungsweisung, eines Gesamtplans, der nicht kommt, verloren sie den Boden unter den Füßen – sie zögerten, um sich schließlich den Anweisungen zum Waffenstillstand zu unterwerfen. Zwar wollten einige, die unnachgiebigsten wie zum Beispiel die Gruppe der „Freunde Durrutis" oder die Libertäre Jugend, weiterkämpfen, die Generalitat stürzen und „die Macht ergreifen", aber sie waren viel zu wenig.

Am 8. Mai erklärte das CNT-Regionalkomitee in einem Kommuniqué, „der Fall sei erledigt":

> „DIE CNT AN DAS KATALANISCHE VOLK:
> Der tragische Zwischenfall, der für Barcelona zum Trauerfall wurde, ist vorbei. Damit jeder von nun an ganz im Bilde ist, geben das CNT-Regionalkomitee und die Lokalföderation der Gewerkschaften ihren einstimmigen Willen bekannt, mit der größten Wirksamkeit und Ehrlichkeit an der Wiederherstellung der öffentlichen Ordnung in Katalonien mitzuwirken, indem die Periode der parteilichen Tätigkeiten beendet wird, die uns gerade zu der unerträglichen Situation geführt hat, die diese Tragödie entfesselte.

Voll Freude wollen wir also der Generalitatsregierung und dem von der Zentralregierung gesandten neuen Delegierten für öffentliche Ordnung, Oberstleutnant Torres, noch einmal unsere Mitarbeit versichern. Wir konnten tatsächlich feststellen, mit welchem Wohlwollen er nach Katalonien gekommen ist, um dort eine so schwierige Aufgabe zu erfüllen. [...]
CNT-Regionalkomitee
Lokalföderation der vereinten Gewerkschaften"

Die Lage der POUM war zugegebenermaßen in diesem Monat Mai nicht leicht. Da sie aus den Verhandlungen und dem Feilschen auf Machtebene ausgeschlossen war, versuchte sie, sich durch Unterhandlungen mit der CNT-FAI doch einzuschleichen. Standen die POUM-Führer verbal auch „der Straße näher" als die CNT, so schienen sie doch genau wie diese von den Ereignissen überrollt zu sein; sie fürchteten sich insbesondere davor, die Kosten für den Kampf tragen zu müssen, womit sie übrigens recht hatten. Ihr Zögern ließ sich klar aus folgender Erklärung des POUM-Zentralkomitees herauslesen, die in „La Batalla" vom 13. Mai 1937 veröffentlicht wurde:

„Das erweiterte POUM-Zentralkomitee ist am 11. und 12. Mai in Barcelona zusammengekommen. Nachdem die revolutionären Ereignisse in Barcelona analysiert und die gegenwärtige Situation, sowie die aus ihr folgenden Perspektiven und Erfahrungen überprüft worden sind, wurde einstimmig folgender Beschluss gefasst:
1. Die ständigen Provokationen auf dem Gebiet der Wirtschaft, des Krieges und der öffentlichen Ordnung der durch die reformistischen Parteien der PSUC und des Kleinbürgertums vertretenen Konterrevolution bezweckten die Liquidierung der revolutionären Errungenschaften, die am 19. Juli von der bewaffneten Arbeiterklasse gemacht worden waren. Ihr Höhepunkt war der Angriff vom 3. Mai auf die „Telefónica", der zum bewaffneten Gegenschlag des Proletariats führte.
2. Die POUM konnte keine andere Position einnehmen als die tatkräftige Solidarität mit den Arbeitern, die spontan in den Generalstreik traten, in den Straßen Barcelonas Barrikaden errichteten und mit beispielhaftem Heldenmut die bedrohten revolutionären Errungenschaften verteidigten.
3. Da es den auf der Straße kämpfenden Arbeitern an konkreten Zielen und an einer verantwortlichen Führung fehlte, konnte die POUM *nichts anderes tun, als den strategischen Rückzug zu befehlen und zu organisieren* [von mir hervorgehoben, C. S-M], indem sie die revolutionäre

> Arbeiterklasse von dieser Notwendigkeit überzeugte und damit eine verzweifelte Aktion vermied, die in einen Putsch hätte ausarten können, der zur endgültigen Vernichtung der fortgeschrittensten Fraktion des Proletariats geführt hätte.
> 4. Die Erfahrung der „Mai-Tage" beweist offensichtlich, dass die einzige fortschrittliche Schlussfolgerung aus der gegenwärtigen Lage die Machtergreifung durch die Arbeiterklasse ist. Dazu muss die revolutionäre Aktion der Arbeitermassen unbedingt durch die Bildung einer Revolutionären Arbeiterfront koordiniert werden, die alle Organisationen vereint, die zum Kampf um die totale Vernichtung des Faschismus bereit sind, für die nur der militärische Sieg an der Front und der Triumph der Revolution in der Etappe sorgen können.
> Das erweiterte Zentralkomitee ist der Ansicht, dass die Politik der Partei während der Ereignisse vollkommen richtig gewesen ist und es erklärt sich einstimmig mit dem Exekutivkomitee solidarisch, in der Überzeugung, dass es die Interessen der Revolution und der breiten Arbeitermassen zu verteidigen wusste".[58]

Als die Massen auf der Straße waren und Barcelona sowie ganz Katalonien auf die Seite der revolutionären Kräfte überwechseln zu wollen schienen, machte die POUM Ausflüchte – sie zögerte und „organisierte den strategischen Rückzug"! Wenn es mit diesem Rückzug einmal soweit wäre, dessen Folgen noch dramatisch wurden, schlug die endlich selbstbewusst gewordene POUM für den Zeitpunkt die magische Lösung vor, die den wirklichen Kampf durch die politische Formel ersetzte – die Bildung einer revolutionären Arbeiterfront zur Machtergreifung durch die Arbeiterklasse (das heißt durch die POUM und ihre eventuellen Verbündeten). War denn aber diese Front während der Straßenkämpfe „an der Basis" nicht vorhanden? Ihr leninistisch-bürokratischer Geist brachte die POUM dazu, die Berechnungen und Vereinbarungen auf Stabsebene zu überschätzen und den wirklichen Kampf, der sich am Rand der zwischen den Führern getroffenen Abmachungen weiterentwickelte, zu unterschätzen und sogar vor ihm zurückzuschrecken.

Dieses Zögern ließ sich nicht nur durch die relative Schwäche der POUM erklären. Zwar ließ diese Schwäche sie hinter der CNT „Deckung" suchen, diese Deckung versuchte sie aber durch eine „Vereinbarung an der Spitze" zu erreichen (was die CNT-Führer eigentlich nicht wollten). Die POUM-Führer sprachen zwar eine revolutionäre Sprache und suchten nach einem Bündnis mit den anarchistischen

58 Aus dem persönlichen Archiv des Verfassers.

Massen, das allein sie vor der immer bedrohlicheren stalinistischen Vernichtungswelle schützen konnte. Sie bestanden aber darauf, dass die „Spitze" für dieses Bündnis bürgte, und sie schlugen den „extremistischen" anarchistischen Elementen, die auch – was logisch ist – am stärksten antistalinistisch gesinnt waren, nichts Konkretes vor. Sie schienen sich sogar vor ihnen in Acht zu nehmen, da sie in ihren Augen nicht ausreichend „politisch verantwortlich" waren. Sie betonten wiederholt die Notwendigkeit des „strategischen Rückzugs" aus Mangel an „konkreten Zielen und einer verantwortlichen Führung" der kämpfenden Arbeiter und leugneten so – nebenbei gesagt – nicht nur sich selbst als die „revolutionäre Führung", die sie gemäß der leninistischen Tradition zu sein behaupteten, sondern sie versuchten vor allem, ihre eigene Unschlüssigkeit und ihren eigenen Mangel an konkreten Zielen zu theoretisieren und anderen zuzuschieben.

In diesen Mai-Tagen waren nur zwei Lösungen möglich. Entweder behaupteten die revolutionären Kräfte das Schlachtfeld und bewirkten dadurch einen erneuten Sprung nach vorn in die soziale Umwälzung – indem vor allem der bürokratische und Unterdrückungsapparat der Generalitat liquidiert würde, was wichtige Auswirkungen auf die Arbeiter des übrigen Spaniens gehabt hätte (von diesem Standpunkt aus gesehen war es um Katalonien nicht so anders bestellt, wie man glauben könnte); dann konnten sie von einer Machtstellung aus mit der Zentralregierung Vereinbarungen zur Weiterführung des Kriegs aushandeln, die nicht nur für eine bessere Waffenverteilung, sondern auch für einen neuen Typ von Kriegsführung bestimmend gewesen wären. Oder aber die revolutionären Kräfte wichen zurück und die Repression entfaltete sich. Es war aber unmöglich zurückzuweichen und gleichzeitig den eroberten Boden zu halten … wie die POUM behauptete.

Natürlich stellt sich hier eine – erhebliche! – Frage: Wie lässt sich die Haltung der Massen gegenüber ihren Führern erklären? Die Rolle der Bürokratien, die sich in diesem Konflikt darum bemüht hatten, ihre spezifischen Interessen zu retten, der „Verrat" oder die Unschlüssigkeit der Führer mögen niemanden verwundern, aber warum *konnten die Massen nicht ohne sie auskommen?* Warum missbilligten zum Beispiel die revolutionären CNT-FAI-Militanten nicht die „Genossen Minister" und sonstige Chefs, nachdem diese sie auf jämmerliche Weise dazu aufgerufen hatten, den Kampf aufzugeben? Können die Massen diese Helden- und Führermythologie und diese zweideutigen Beziehungen eines Tages hinter sich lassen, die sie immer wieder und sogar mitten in der Revolte zu einer *anderen*, „guten" Autorität erhalten, der sie ihre eigene

Macht übertragen und der sie sich aus freien Stücken unterwerfen? In Katalonien geschah es zu der Zeit jedenfalls nicht.

Für die konterrevolutionären Kräfte dagegen war das Ziel klar und das Ergebnis lohnend. Es kam darauf an, dass der Staat nicht nur seine traditionelle Macht in die Hand nahm, sondern auch – jedenfalls für die Stalinisten – sie auf jedem Gebiet *erweiterte*. Der Staat musste die Wirtschaft beherrschen und dafür die Arbeiterselbstverwaltung zerschlagen und die Hierarchie in Gesellschaft und Löhnen sowie die strengen Rentabilitäts- und Produktivitätsbegriffe wiedereinführen; er musste die Kriegsführung im schon erwähnten Sinne übernehmen. Der Staat musste die Aufrechterhaltung der Ordnung in der Etappe übernehmen und dafür die Kontrollpatrouillen liquidieren. Für die spanischen Kommunisten hieß das, wir sagten es schon, „sich auf die Revolution vorbereiten". Da ihre „Revolution" in der Machtergreifung und der Herstellung einer bürokratischen Diktatur besteht, stellte ihre Unterwanderung der Machtorgane eine ausgezeichnete „Ausgangsbasis" für dieses Ziel dar. Außerdem war ein zentralisierter und totalitärer Staat notwendig.

Auf ihrem jakobinischen und zentralisierten Weg nützten die Kommunisten und ihre „objektiven" Verbündeten durch Vermittlung der Zentralregierung die „Mai-Tage" aus, um die Autonomie Kataloniens einzugrenzen, nicht nur weil Katalonien revolutionärer, sondern auch weil es *autonom* war. Ein Starker Staat kann nur auf dem gesamten „nationalen" Gebiet Eins sein. Also nahm die Zentralregierung ab jetzt die Aufrechterhaltung der öffentlichen Ordnung in Katalonien, die „mit der Verteidigung des Landes verbundenen" Industriezweige und die militärischen Operationen direkt in ihre Hände, wobei sie gleichzeitig, wie wir später sehen, die relative Autonomie der aragonesischen Front liquidierte.

Auch ein weiteres Ziel wird damit erreicht – die Liquidierung der POUM. Aufgrund der Zwänge des stalinistischen Terrors, der keine anders denkende Kommunisten dulden konnte, musste diese kleine Partei jetzt die ganze Härte einer unerbittlichen Repression über sich ergehen lassen.

Zum Schluss zitieren wir noch den Standpunkt der katalanischen Stalinisten über die Mai-Tage:

> „Das am 17. Mai in Barcelona zusammengekommene Regionalkomitee der UGT gibt folgenden Beschluss bekannt:
> 1. Die am 4. [?] Mai in Gang gekommene Bewegung bezeichnen wir als eine konterrevolutionäre Bewegung, die eine verstärkte Desorganisation

und Disziplinlosigkeit in der Etappe und die Zerschlagung der aragonesischen Front bezweckt. Wir meinen, dass eine schnelle und energische Politik in ganz Katalonien notwendig ist, um die heute nur scheinbar normale Lage wiederherzustellen, indem der Tätigkeit der immer noch vorhandenen unkontrollierbaren Elemente und der trotzkistischen Provokateure ein Ende gesetzt wird, die unangetastet Kader und Waffen behalten haben.

2. Wir erklären uns bereit, den Erlass des Innenministeriums [der Zentralregierung, C. S-M.] über die Entwaffnung der Etappe zu befolgen, wobei wir aber notwendige Garantien verlangen, was die Entwaffnung aller Organisationen und vor allem der allen bekannten unkontrollierten Gruppen und der POUM betrifft. Wir erklären, dass wir alle Waffen, die im Besitz der UGT-Gewerkschaften sein können, den Vertretern der Republik und der Freiheit übergeben werden. Wir wollen uns aber versichern, dass die Ordnungskräfte um jeden Preis die Waffen beschlagnahmen, die, nachdem sie von der Front abgezogen waren, auf den Straßen gegen die Volksfront eingesetzt wurden – jede andere Handlungsweise würde bedeuten, dass die UGT schutzlos und folglich ihren Feinden preisgegeben wird.

3. Wir erklären, dass man die Menschen und Organisationen, die gegen die Regierung revoltiert haben, und diejenigen, die bedingungslos zur Verteidigung der antifaschistischen Sache auf deren Seite getreten sind, nicht auf die gleiche Weise behandeln kann. Darum haben wir den Entschluss gefasst, die POUM-Mitglieder aus der UGT auszuschließen, und wir verlangen gleichzeitig die Auflösung dieser Partei, die für illegal erklärt werden muss, die Einstellung ihrer Tageszeitung ‚La Batalla' und ihrer gesamten Presse, sowie die Beschlagnahme ihrer Druckereien, Sender usw. Gleichermaßen muss auch gegen solche Organisationen wie die ‚Freunde Durrutis' vorgegangen werden, die vom CNT-Regionalkomitee missbilligt wurden.

4. Wir sind der Meinung, dass es notwendig ist, ein neues Programm zur Aktionseinheit zwischen UGT und CNT auszuarbeiten, und schlagen die Bildung eines permanenten UGT-CNT-Komitees als Aktionseinheit mit Exekutivbefugnissen vor, wodurch die durch das aktuelle Verbindungskomitee geleistete Arbeit ergänzt werden könnte.

5. Wir meinen weiter, dass die Kommission der Kriegsindustrie dringend mit der Beteiligung aller an der Generalitatsregierung teilnehmenden antifaschistischen Organisationen organisiert werden muss. Sie soll unter direkter Kontrolle der Regierung der Republik die Produktion planen, die Rohstoffe verteilen und Sabotage- und Spionagetätigkeiten

des Feindes überwachen, indem die Kriegsindustrien dem Schutz der Streitkräfte unterstellt werden.

6. Mobilmachung des öffentlichen Dienstes.
7. Militarisierung des Transport- und Verkehrswesens.
8. Sofortige Neubesetzung der Gemeinderäte."[59]

59 Diaz-Plaja, a.a.O., S. 429-431.

VII. KAPITEL DIE KONTERREVOLUTION TRIUMPHIERT

DER STURZ VON LARGO CABALLERO

Die Krise in der Zentralregierung und der Sturz Largo Caballeros waren mit die erste Folge der „Mai-Tage" in Barcelona.

Schon seit einiger Zeit hatten die Stalinisten eine Kampagne gegen den alten Führer des linken Flügels der Sozialistischen Partei eingeleitet, den sie einer zu großen Bereitwilligkeit gegenüber den Anarchisten und der POUM und einer zu großen Unabhängigkeit gegenüber den Russen beschuldigten. Die russischen und spanischen Stalinisten warfen Largo Caballero offen vor (der gleichzeitig Ministerpräsident und Kriegsminister war), für die von den republikanischen Truppen erlittenen Niederlagen verantwortlich zu sein. Anscheinend leistete dieser zusammen mit seinem Unterstaatssekretär des Krieges, General Asensio, einen gewissen Widerstand – sagen wir vielmehr, dass sie nicht „gehorsam" genug waren gegen die Unterwanderung des militärischen Apparats durch die Stalinisten. Während einer der regelmäßig wiederkehrenden Besuche, bei denen der sowjetische Botschafter, Marcel Rosenberg, Largo Caballero Moskaus Wünsche zu diktieren pflegte, forderte er den Ministerpräsident auf, General Asensio abzusetzen, der den Kommunisten ein Dorn im Auge war. Aber der zornige Largo Caballero warf den sowjetischen Botschafter aus seinem Büro. Selbstverständlich war ein solcher Skandal nicht zu ertragen! Rosenberg drohte also mit dem Abbruch der sowjetischen Hilfe, falls Asensio nicht aus seinem Amt entlassen würde!

In seinem Buch[1] berichtet Jesús Hernández über eine Sitzung des Politbüros der spanischen KP – im März 1937 – der Togliatti, Marty, Codovilla, Stepanow, der sowjetische Geschäftsträger Gaikin und Orlow selbst beiwohnten. Während dieser laut dem Verfasser stürmischen Sitzung zwangen die ausländischen Delegierten den spanischen

1 Jesús Hernández, a.a.O., S. 54-58.

Führern die Entscheidung auf, Largo Caballero abzusetzen und ihn durch einen anderen, gefügigeren sozialistischen Führer zu ersetzen.

> „Was Caballeros Ersatz betrifft, fuhr Togliatti fort, so ist dies ein praktisches Problem, über das ich die Genossen zum Nachdenken auffordere. Wir wollen im Ausschlussprinzip vorgehen! Prieto? Vayo? Negrin? Von den drei Genannten scheint mir Negrin der geeigneteste Nachfolger zu sein. Er ist weder ein Anti-Kommunist wie Prieto noch ein Dummkopf wie del Vayo".[2]

Der Konflikt zwischen Kommunisten und Sozialisten ging über die militärischen Fragen hinaus, ihre Auffassungen waren auch über Probleme politischer und ökonomischer Art entgegengesetzt. Eine bis in die Einzelheiten gehende Analyse dieses Konflikts geht über den Rahmen dieser Arbeit über Katalonien hinaus – die sozialistische Partei war dort nicht vorhanden, und die katalanische UGT wurde sehr schnell von den Stalinisten unterwandert, in zwei Worten kann man sagen, dass die linken Sozialisten den Kommunisten ihre rechts orientierte Politik auf fast jedem sozialen und wirtschaftlichen Gebiet und vor allem in der Landwirtschaft vorwarfen, in der sich Minister Vicente Uribe durch seine Verteidigung des Privateigentums einen Namen machte. Waren auf dem landwirtschaftlichen wie auf den anderen Gebieten die UGT-Militanten auch viel gemäßigter am Werk als die Anarchisten, so schienen sie doch den Kommunisten viel zu kühn zu handeln.

Aber der „an der Spitze" stattfindende Streit zwischen Linkssozialisten und Kommunisten sieht wie der klassische Machtkampf zweier politischer Bürokratien aus. Während der Monate vor dem militärischen Putsch und einige Monate danach war zwischen Linkssozialisten und Kommunisten ziemlich stark „geflirtet" worden, so dass Verhandlungen zur Verschmelzung der beiden Parteien und zur Gründung einer „Einheitspartei des Proletariats" stattgefunden hatten. Der Zusammenschluss ihrer Jugendorganisationen wurde von den beiden Parteien als erster Schritt in diese Richtung betrachtet, und Largo Caballero hatte trotz ungünstiger Meinung des rechten Flügels der Sozialistischen Partei aktiv daran teilgenommen. Ihn und seine Anhänger – wenigstens diejenigen, die ihm treu blieben – beunruhigte dann aber die immer größere Unterwanderung des Staatsapparats, die den Kommunisten gelungen war, sowie die kolonialistischen Methoden der Russen. Die Caballero-Anhänger gaben also jedes

2 Ebenda.

Verschmelzungsprojekt auf, sie begannen, ihr Territorium zu verteidigen und versuchten, die allmählich voranschreitende Unterwanderung des Staatsapparats durch die Kommunisten zu bremsen. An einem solchen Punkt musste selbstverständlich eine der beiden bürokratischen Cliquen vor der anderen weichen.

Diese Situation nutzte Indalecio Prieto sehr geschickt aus, der wie jeder gute Rechtssozialist theoretisch antisowjetisch und antikommunistisch gesinnt war, dessen konterrevolutionäre Politik aber mit derjenigen der KP weitgehend übereinstimmte. Prieto und die Kommunisten waren sich über die Notwendigkeit einig, um jeden Preis die revolutionären Experimente in Katalonien, Aragon und anderswo zu liquidieren. Sie waren sich weiter über die Notwendigkeit einer regulären Armee einig und über fast alle wichtigen Probleme, besonders über die politische Liquidierung Largo Caballeros. Natürlich schielten die Rechtssozialisten nach London und Paris – während die Kommunisten Moskau gehorchten –, das hinderte Prieto aber nicht daran, eine „Verführungskampagne" gegenüber den Kommunisten zu starten und die Idee einer Verschmelzung der beiden Parteien zu dem Zeitpunkt zu übernehmen, als sie von den „Caballero-Anhängern" aufgegeben wurde. Zwischen Prieto und den Kommunisten fanden also geheime Zusammenkünfte und Vereinbarungen statt mit dem Zweck, Caballero und seine Anhänger zu verdrängen, die man gegenüber den anarchistischen Experimenten für zu tolerant hielt. Diese Verhandlungen nahmen mit der Bildung eines Verbindungskomitees zwischen den beiden Parteien greifbare Form an; an seiner Spitze standen die beiden Generalsekretäre – der „Prieto-Anhänger" Ramon Lamoneda und José Diaz. Trotz gegenseitigen persönlichen Hasses erklärte sich Prieto mit der von den Kommunisten vorbereiteten und vorgeschlagenen Kandidatur Negrins einverstanden, um Largo Caballero an der Spitze der republikanischen Regierung zu ersetzen. Selbstverständlich wollten sich Kommunisten und Rechtssozialisten gemäß den herkömmlichen Regeln des politischen Spiels gegenseitig benutzen, um Largo Caballero zu vertreiben, der im ganzen Land ziemlich populär war und wenigstens von den Anarchisten als kleineres Übel betrachtet wurde. Nachdem ihnen das gelungen war, fanden zwischen Prieto und den Kommunisten schnell Reibereien start.

Am 15. Mai kam die Zentralregierung in Valencia zusammen, um sich mit der Situation nach den „Mai-Tagen" in Barcelona zu befassen. Gleich zu Beginn verlangten die beiden kommunistischen Minister Jesús Hernández (Bildung) und Vicente Uribe (Landwirtschaft) die Ergreifung äußerst strenger Maßnahmen gegen die „Verantwortlichen".

Für sie waren zuerst die POUM, aber auch die „extremistischen" anarchistischen Gruppen die Verantwortlichen. Largo Caballero weigerte sich, die POUM aufzulösen, die er für eine Arbeiterorganisation hielt – als alter Militant der Arbeiterbewegung werde er niemals eine Arbeiterorganisation auflösen. Er erklärte sich mit der Bestrafung der Schuldigen einverstanden, es müsse aber zuerst eine Untersuchung vorgenommen werden und es stehe dem Gericht zu, die Schuldigen zu benennen und zu bestrafen. Gegenüber der Weigerung Caballeros, die POUM zu liquidieren, führten Hernández und Uribe das abgekartete komische „Ballett" auf: Sie standen auf und verließen den Raum. Caballero erklärte dann: „Die Sitzung des Ministerrats geht weiter."

„Nun aber geschah etwas Unerhörtes. Langsam stand die Mehrheit der Minister auf und verließ ebenfalls den Raum. Unter ihnen Prieto, Negrin, Alvarez del Vayo, Giral und Irujo. Auf ihrem Posten blieben nur der Ministerpräsident, Anastasio de Gracia, Ángel Galarza und die vier CNT-FAI-Minister."[3]

„Die Krise ist eröffnet", sagte Caballero. Am folgenden Tag legte er beim Präsidenten der Republik, Manuel Azaña, sein Amt nieder. Es kam zu Zusammenkünften und Verhandlungen für die Bildung einer neuen Regierung. Anscheinend wurde zuerst an eine Regierung ohne die Kommunisten gedacht, und Caballero schlug den anarchistischen Führern vor, eine „syndikalistische" – d.h. von den Vertretern der CNT und UGT beherrschte – Regierung zu bilden. Diese hatten sich während der Krise mit Largo Caballero solidarisch erklärt und in ihren Presseorganen nicht genug Lob über ihn verbreiten können; sie stimmten prinzipiell zu. Negrin, Prieto und Alvarez del Vayo sagten aber Manuel Azaña (der zuerst einer Regierung ohne Kommunisten zugeneigt schien) und Largo Caballero unverhohlen, es könne keine Rede davon sein, ohne die Kommunisten zu regieren, was die Russen verstimmen würde, deren Hilfe doch unerlässlich sei. Wieder einmal die alte Erpressungsmethode. Für diesen Fall wie für andere auch war übrigens das Abkommen zwischen den Kommunisten und Prieto und Negrin schon vorbereitet. Was Alvarez del Vayo betrifft, ließ er sich schon seit einiger Zeit, obwohl theoretisch ein Linkssozialist und „Caballero-Anhänger", von den Kommunisten am Gängelband führen – vielleicht merkte er es nicht einmal, da seine Intelligenz ihm nie ein zu großer Ballast gewesen war.

3 Peirats, a.a.O., Band II, S. 238. Mit ähnlichen Worten berichten Broué, Bolloten, Hernández, Thomas usw. über die Krise in der Zentralregierung, die zum Sturz Caballeros und zur Bildung der Regierung Negrin führen sollte.

Schließlich gab Largo Caballero auf, und die neue Regierung mit Negrin als Ministerpräsident wurde gemäß dem Plan der russischen und spanischen Stalinisten gebildet. Hier die Ministerliste dieser Regierung, die die Stalinisten sofort „Regierung des Sieges" nannten: Ministerpräsident, Finanz- und Wirtschaftsminister: Juan Negrin (Sozialist); Verteidigung: Indalecio Prieto (Sozialist); Außenminister: José Giral (Republikanische Linke); Justizminister: Manuel Irujo (Baskischer Nationalist); Innenminister: J. Zugazagoitia (Sozialist); Bildung und Gesundheit: Jesús Hernández (Kommunist); Landwirtschaft: Vicente Uribe (Kommunist); Öffentliches Bau- und Verkehrswesen: Giner de los Ríos (Republikanische Union); Arbeit und Fürsorge: Jaime Aiguadé (Republikanische Esquerra). Der letztgenannte ist der Bruder des bis zu den Maitagen Generalitätsverantwortlichen für öffentliche Ordnung.

Die Anarchisten, die sich weiter mit Largo Caballero solidarisierten, weigerten sich, sich an der Regierung zu beteiligen[4].

DIE REPRESSION GEGEN DIE POUM

Nachdem diese letzte Hürde genommen war, konnte die Konterrevolution nach Herzenslust schalten und walten. In Wirklichkeit waren die Linkssozialisten und Largo Caballero selbst als Ministerpräsident nicht für die revolutionäre Bewegung eine Stütze, sondern nur für die Kommunisten und ihre augenblicklichen Verbündeten. Dem bürgerlichen Staat gelang es zum großen Teil durch die Anhänger Caballeros und das Ansehen des „spanischen Lenin" bei den Arbeitern, seine Macht wiederherzustellen. Die revolutionäre Bewegung in der republikanischen Zone war nach dem Arbeitergegenschlag gegen den militärischen Aufstand so gewichtig, dass nur eine sehr stark „linksextrem" gefärbte linke Regierung das Werk der Wiederherstellung des Staates vollbringen konnte. Um von der Periode des zerstückelten Staates, der „dunklen Macht der Komitees", der Industrie- und Landwirtschaftskollektivierungen, der Milizen und der Kontrollpatrouillen, der revolutionären Begeisterung und der Freiheit zu der Periode überzugehen, in der der Staat seine Macht wieder übernimmt und versucht, die Kontrolle über die Wirtschaft auszuüben, zur Periode der Liquidierung der Experimente und der revolutionären Komitees zugunsten der star-

4 Sie werden allerdings am 6. April 1938 bei einer Kabinettsumbildung der Regierung Negrin wieder eintreten: Segundo Blanco bekommt das bisher von J. Hernández innegehaltene Ministerium für Bildung und Gesundheit.

ken und zentralistischen Macht – mit einem Wort der Konterrevolution – war ein Übergangsstadium notwendig.

Die Largo-Caballero-Regierung war diese Regierung des notwendigen Übergangsstadiums, die die Arbeiter zum Verzicht auf ihre revolutionären Errungenschaften im Namen der Revolution und des Sieges gegen den Faschismus zusammenrief. Damit diese Operation erfolgreich durchgeführt wurde, mussten die Stäbe der Arbeiterorganisationen für sie bürgen, sich an der Regierung beteiligen und ihre Mitglieder dazu auffordern, die notwendigen Opfer zu bringen. War der Staat einmal gestärkt und hatte er einen wichtigen Teil seiner Sonderrechte wiedererlangt, so musste man zur offenen Repression, zur Liquidierung der kollektivistischen und sonstigen „wahnsinnigen Unternehmen" übergehen und diejenigen – und es gab immer noch viele – mit Gewalt unterwerfen, die die Autoritär in Frage stellten oder sogar leugneten. Largo Caballero war kein begeisterter Anhänger der libertären Gemeinden z.B. Aragons, und wenn er sich gegenüber der CNT-FAI versöhnlich verhielt und ihr erlaubte, dort ihre „Jagdgründe" zu haben, so geschah es aus reinem politischen Opportunismus auf der Suche nach eventuellen Verbündeten und einem politischen Gleichgewicht gegenüber den Kommunisten, die durch ihre Umtriebe seine bürokratischen Interessen gefährdeten und danach strebten, seinen „Machtraum" einzuschränken. Und die anarchistischen Führer spielten dieses Spiel von Largo Caballero mit den anderen mit. Solange ihre eigenen bürokratischen Interessen gewahrt wurden, waren sie einverstanden, „die libertäre Revolution" auf dem Altar der antifaschistischen Einheit und des militärischen Sieges „zu opfern". Für die Stalinisten aber genügte das bei weitem nicht, denn die Revolution selbst – die teilweise durch die Widersprüche der Macht „geschützt" wurde – musste liquidiert werden. Da sie, zu Recht oder zu Unrecht, Largo Caballero als ein Hemmnis auf diesem Weg betrachteten, beseitigten sie ihn und leiteten zusammen mit ihren Komplizen, den Rechtssozialisten und Republikanern, eine breit angelegte und blutige Periode der politischen „Hexenverfolgung" ein.

Die spanischen Stalinisten wollten dieses globale Projekt der „Rückkehr zur Ordnung" ausnutzen, um die POUM zu liquidieren, und in dieser Hinsicht bedrängten die Russen sie besonders stark. Der wilde Hass der Stalinisten auf die POUM in Spanien war ein Teil ihres (durch unzählige Mordfälle „befriedigten") Hasses gegen den Trotzkismus. Auch wenn die POUM, darauf habe ich schon hingewiesen, keine wirklich trotzkistische Partei war, haben sie die Stalinisten immer wieder mit dem „Trotzki-Faschismus" gleichgesetzt. Die Anklagen gegen POUM-Militante als faschistische Spione stellten also für Stalin und seine Anhänger eine politische Operation dar, die sich auch auf internationaler Ebene auswerten ließ: so konnte ein neuer „Beweis" zu den Akten der Repression gelegt werden, um die von Berlin, Rom und Tokio aus geführte weltweite Verschwörung des Trotzkismus gegen die Arbeiterbewegung, die Demokratie und den Frieden zu belegen. Gleichzeitig lieferte Spanien eine erneute Rechtfertigung der Moskauer Prozesse, einen neuen „Beweis" für diese internationale Verschwörung, die die sowjetischen Richter dazu gezwungen hatte, nicht Mitglieder der bolschewistischen „alten Garde" (wie die Trotzkisten sagten), sondern nationalsozialistische Spione und Saboteure in den Tod oder in Lager zu schicken. Gemäß der maßlosen Neigung der Stalinisten (wie auch jeden totalitären Regimes) zum Ritual musste der POUM-Prozess den Moskauer Prozessen bis zur Verwechslung ähneln und dieselben Beschuldigungen der Spionage – sowie danach soweit möglich dieselben Strafen – gegen diese anders denkende Fraktion der kommunistischen Bewegung ausgesprochen werden. Da aber die Lage in Spanien trotz allem nicht mit der in der UdSSR identisch war, konnte dieses Projekt nur zur Hälfte erfolgreich durchgeführt werden (was schon enorm viel war und beweist, dass sich die Russen in der republikanischen Zone fast alles erlauben konnten).

Während der „Mai-Tage" und gleich danach wurde die Kampagne gegen die POUM, die eigentlich nie aufgehört hatte, mit noch größerer Heftigkeit geführt.

In einer am 9. Mai in Valencia gehaltenen Rede erklärte z.B. José Díaz:

> „Unser Hauptfeind ist der Faschismus… Aber der Faschismus hat Agenten, um seine Arbeit zu verrichten. Natürlich, wenn diese Agenten sagen würden: ‚Wir sind Faschisten, und wir wollen mit euch zusammenarbeiten, um euch Schwierigkeiten zu machen', würden wir sie sofort beseitigen. Also müssen sie andere Namen tragen… Einige nennen sich Trotzkisten (…) Und ich sage: Wenn das alle wissen und die Regierung auch, was macht also die Regierung, die sie nicht wie Faschisten behandelt und schonungslos ausrottet? (…)
>
> Alle Arbeiter müssen über den Prozess gegen die Trotzkisten Bescheid wissen, der in der UdSSR stattgefunden hat. Trotzki höchstpersönlich hat in der UdSSR diese Verbrecherbande angeführt, die Züge entgleisen lässt, Sabotage in den großen Fabriken betreibt und das Mögliche tut, um militärische Geheimnisse aufzudecken und sie Hitler und den japanischen Imperialisten zu verraten. Nachdem das alles in dem Prozess enthüllt wurde und die Trotzkisten erklärten, sie hätten unter Trotzkis

Führung zusammen mit Hitler und den japanischen Imperialisten gehandelt, frage ich nun: Ist es nicht absolut klar, dass es sich nicht um eine bestimmte politische oder soziale Organisation wie die Anarchisten, die Sozialisten oder die Republikaner handelt, sondern um eine Bande von Spionen und Provokateuren, die im Dienste des internationalen Faschismus stehen? Die trotzkistischen Provokateure müssen beseitigt werden."[5]

Die ganze Rede ist von dieser Art. Auf jeden Fall betont sie vollkommen den internationalen Charakter der „trotzkistischen Provokation".

Kaum war die Regierung Negrin gebildet, schickten die sowjetischen Agenten mit Hilfe des kommunistischen Oberst und Sicherheitschefs der Zentralregierung Ortega Polizeikommandos nach Barcelona, um die POUM-Führer zu verhaften – ohne die republikanische Regierung davon in Kenntnis zu setzen.

Eines Morgens im Juni 1937 wird J. Hernández von Orlow, dem NKWD-Chef in Spanien, vorgeladen. Dieser erklärt ihm folgendes:

„... Seit einiger Zeit bekämpfen wir ein faschistisches Spionagenetz. POUM-Elemente gehören dazu. Unter Hunderten von verhafteten Personen hat ein Ingenieur namens Golfín alles gestanden. Nin sowie die gesamte trotzkistische Bande – Gorkin, Andrade, Gironella, Arquer – sind schwer belastet worden. Ein gewisser Roca diente in Perpignan als Verbindungsmann zwischen der POUM und den Falangisten. Ein Koffer mit Dokumenten ist in Gerona in den Händen eines gewissen Riera beschlagnahmt worden. Auch Dalma, ein Hotelbesitzer, hat alles gestanden. Alles stand bereit für einen großen Putsch, den wir verhindern konnten, ohne Regierung oder Minister zu benachrichtigen."[6]

Auf Hernández' Bemerkung, es wäre vielleicht besser gewesen, die Regierung davon in Kenntnis zu setzen, erwidert Orlow: „Die Feinde sind überall." – „Aber wenigstens den Innenminister?", wagt Hernández zu sagen – „Zugazagoitia ist mit einigen von denen persönlich befreundet, die festgenommen werden müssen", erwidert Orlow[7]. Hernández, der mit dem Stalinismus gebrochen hat, als er sein Buch schrieb, berichtet darin ausführlich über sein damaliges „Gewissensdrama" – er spricht

5 Jose Díaz: „Tres anos de lucha" („Drei Jahre Kampf"), Nuestro Pueblo-Verlag, Toulouse 1947, S. 357-358.

6 Jesús Hernández, a.a.O., S. 7 und gleichfalls Julián Gorkin „Caníbales políticos" („Die politischen Menschenfresser").

7 Ebenda.

sogar von seinen Protestversuchen, zwar nicht gegen die Tatsachen selbst (die Verhaftung der POUM-Mitglieder), sondern gegen die angewandten Methoden – aber sein Zeugnis beweist wie alle anderen zur Genüge die Komplizenschaft der spanischen Stalinisten mit den sowjetischen Agenten in dieser Angelegenheit.

> „Das sind die Tatsachen in ihrer ganzen schwerwiegenden Bedeutung", schreibt Victor Serge in der *Proletarischen Revolution*:
> „Ende Mai [genau am 28.5., C. S-M.] wird die ausgezeichnete Tageszeitung der POUM *La Batalla*, auf unbestimmte Zeit verboten. Der Partei wird von der Regierung untersagt, eine andere Tageszeitung herauszugeben. So wird die Pressefreiheit erdrosselt. Wegen seines Artikels vom 1. Mai, in dem die Arbeiter aufgefordert wurden, Gewehr bei Fuß wachsam zu sein und eine revolutionäre Front zu bilden, wird Julian Gorkin des Aufrufs zur Rebellion angeklagt, aber vorübergehend freigelassen.
> Etwa am 15. Juni erfahren wir von dem verdächtigen Drama des Todes von Bob Smillie, des Independant Labour Party-Korrespondenten bei der POUM. Von den spanischen Behörden verhaftet, als er mit vorschriftsmäßigem Ausweis über die spanische Grenze zurück nach England wollte, wurde er nicht nach Barcelona, sondern nach Valencia gebracht, wo er sozusagen sofort im Gefängnis an einer unerklärlichen Blinddarmentzündung sterben sollte. Armer, tapferer Genosse! Seinem Tod haftet irgendwie etwas Russisches an.
> Am 16. Juni befiehlt die Regierung Valencia, vierzig der wichtigsten POUM-Militanten – das gesamte Zentral- und Exekutivkomitee – in Barcelona festzunehmen. Andrés Nin und zahlreiche Militante der gesamten spanischen Revolution werden festgenommen. Da man Gorkin und Juan Andrade nicht findet, werden ihre Frauen als Geiseln festgenommen! Eine Ungeheuerlichkeit faschistischer Art und zugleich der Stil der spezifisch stalinistischen Operationen.
> Der POUM-Sender wird beschlagnahmt. Die Partei wird praktisch für illegal erklärt. Was bleibt für die Arbeiter von der spanischen Demokratie? ..."[8]

Die NKWD-Verschwörung ist im vollen Gange. Als Rechtfertigung für die Verhaftungen soll der Plan „N" dienen – ein bei dem Falangisten Golfín entdeckter, auf Millimeterpapier gezeichneter Plan der Stadt Madrid, auf dem die Polizei eine mit unsichtbarer Tinte geschriebene Mitteilung entziffert haben wollte, die „N" – das heißt natürlich Nin

8 „La Révolution Prolétarienne", Nr. 249 vom 25. Juni 1937.

– als einen sicheren Agenten bezeichnet. Es handelt sich selbstverständlich um eine (übrigens grobe) Fälschung, die beim Prozess aufgegeben werden musste. Am 29. Juli gab ein Schreiben des Innenministers Irujo bekannt, Gorkin, Andrade, Bonet, Arquer und andere POUM-Führer würden zusammen mit dem Falangisten Golfín (der beim Prozess erklären wird, er habe mit der POUM nichts zu tun) vor das Spionage- und Hochverratsgericht gebracht.

Zwischen dem 16. und dem 29. Juli war viel passiert. Zuerst Nins Ermordung und dann die lächerliche Aufregung der Minister, die sich alle – von den Sozialisten Negrin, Prieto und Zugazagoitia (dem Innenminister!) – feige dem Willen der Russen und ihrer PCE-Komplizen beugten, nachdem sie vor die vollendete Tatsache gestellt worden waren. Sie alle können für Komplizen dieses politischen Verbrechens gehalten werden. Schließlich muss auch die riesige Protestkampagne erwähnt werden, die von linken und nicht-stalinistischen, extrem-linken Gruppen, Bewegungen und Persönlichkeiten in Spanien selbst und im Ausland gegen die stalinistische Unterdrückungswelle geführt wurde und der es anscheinend gelungen war, diese ein wenig einzuschränken. In Spanien wie anderswo antworteten die Stalinisten durch eine noch mächtigere Kampagne gegen die „trotzkistisch-faschistische Verschwörung". Eine der köstlichsten Musterbeispiele dieser Kampagne stellt ohne Zweifel das von der PCE veröffentlichte „Weißbuch" über diese „Verschwörung" dar, dessen Vorwort der katholische und republikanische Schriftsteller José Bergamin geschrieben hat.

NINS ERMORDUNG

Nin wurde am 16. Juni mit seinen Genossen festgenommen. Sehr schnell wurde er aber von ihnen getrennt und verschwand. Niemand wusste, wo er war – weder die Regierung noch seine Genossen, niemand außer den PCE-Führern, die wussten, dass er sich „in den Händen der russischen Genossen" befand. Überall in den Zeitungen und auf den Mauern der Großstädte tauchte immer wieder dieselbe Frage auf: „Donde está Nin?" (Wo ist Nin?), worauf die Agitpropkommandos der PCE erwiderten: „En Salamanca o en Berlin!" – In Salamanca, das heißt bei Franco, oder in Berlin.

Am 4. August veröffentlichte die republikanische Regierung, die besonders von den Anarchisten aufgefordert wurde, Erklärungen abzugeben, ein Schreiben, in dem u. a. folgendes zu lesen war: „Aus den eingezogenen Erkundigungen geht hervor, dass Nin von der

Sicherheitspolizei zusammen mit anderen POUM-Führern festgenommen, in Madrid in ein hierfür eingerichtetes Schutzhaftgefängnis gebracht worden und von dort aus verschwunden ist."[9] Es gab zu dieser Zeit mehrere Versionen über Nins Verschwinden. Die Stalinisten setzten das Gerücht in Umlauf, ein Kommando der Gestapo habe ihn aus dem so genannten „speziellen Schutzhaftgefängnis" entführt, um ihn in Sicherheit zu bringen – also vermutlich nach Salamanca oder Berlin. Es ging ebenfalls das Gerücht um (das durch die „New York Times" verbreitet wurde), seine Leiche sei in einem Madrider Vorort gefunden worden. Es ist aber unnütz, Zeit über Mutmaßungen zu verlieren – das, was man weiß, ist klar genug. Nach der Aussage des damaligen Politbüromitgliedes Jesus Hernández, den halblauten vertraulichen Mitteilungen von ehemaligen Stalinisten und den Erhebungen der politischen Freunde Nins ist dieser nach seiner Verhaftung in einer der zahlreichen „Tschekas" der russischen Geheimdienste – vermutlich in Alcalá de Henares in der Nähe von Madrid – gefoltert worden. Das geschah aus sehr einfachen und offensichtlichen Gründen: Im Ritual der Moskauer Prozesse, deren *Wiederholung* in Spanien stattfand, konnten zwar viele Ähnlichkeiten gefunden werden – das politische Amalgam, das Falange-Mitglied Golfín und die POUM, die Beschuldigung der Spionage usw. –, es fehlte aber hier ein wesentliches, ein unerlässliches Aktenstück: die Geständnisse. Nin wurde also gefoltert, damit er Geständnisse unterzeichnete, die alle stalinistischen Thesen bestätigen würden – gemäß dem üblichen Verfahren, das, wenn man so sagen darf, mit so großem Erfolg in Moskau angewandt wurde (und weiter in der ganzen so genannten sozialistischen Welt angewandt wird, wie man auch in Kuba sehen konnte). Nin aber unterzeichnete nichts. Und er wurde zu Tode gefoltert. Warum aber Nin? Das ist auch logisch, denn er war zu dieser Zeit nicht nur der POUM-Führer (da J. Maurín in der faschistischen Zone verhaftet worden war), sondern „die GPU interessierte sich auch sehr für ihn. Als naher Freund der großen Männer der Oktoberrevolution in Russland hatte er mit ihnen an der Gründung der Roten Gewerkschaftsinternationale gearbeitet, in der er einer der Sekretäre gewesen war. Als Lenin starb, machte er keinen Hehl aus seiner Freundschaft zu Trotzki. Die stalinistische Politik passte ihm nicht, und er erklärte offen, dass er mit ihr nicht einverstanden sei. Kurz nach der Niederlage der Opposition in der bolschewistischen Partei wurde Nin als Abtrünniger betrachtet und aus der Sowjetunion ausgewiesen. Als die Republik ausgerufen wurde [1931, C. S-M.], kehrte er nach

9 Zitiert bei Broué und Témime, a.a.O., S. 276.

Spanien zurück, wo er zusammen mit den ehemaligen Kommunisten, die die Arbeiter- und Bauernblockpartei organisiert hatten, die POUM gründete".[10] Mit Nin sollte nicht nur die POUM, sondern auch der internationale Trotzkismus und Trotzki selbst getroffen werden.

Nach J. Hernández kam „der teuflischste" unter den Mitarbeitern Orlows, „Kommandant Carlos" (Vittorio Vidali, ein italienischer Stalinist, der später KP-Sekretär in Triest wurde), der an der ganzen Operation teilgenommen hatte, auf die Idee, den Angriff eines Gestapo-Überfallkommandos vorzutäuschen, um die gefolterte Leiche Andrés Nins für immer verschwinden zu lassen![11]

DER PROZESS GEGEN DIE POUM

Am 29. Oktober 1938 begann in Barcelona vor dem Zentralgericht für Spionage- und Hochverrat der Prozess gegen das POUM-Exekutivkomitee. Natürlich hatten die Angeklagten die ganze Zeit über im Gefängnis gesessen – übrigens wurden Hunderte und aber Hunderte von POUM-Mitgliedern sowie Anarchisten im gesamten republikanischen Spanien verhaftet. Der Prozess begann also, ohne dass die Angeklagten Geständnisse abgelegt hatten. Übrigens wurden außer einer intensiven Solidaritätskampagne auch im Verlauf des Prozesses selbst Aussagen zu ihren Gunsten gemacht, sei es vom ehemaligen Ministerpräsidenten Largo Caballero[12] oder auch von den CNT-Führern (schon am 28. Juni 1937 hatte das CNT-Nationalkomitee in einem vom

10 Jesús Hernández, a.a.O., S. 91. Über Nins Folterungen vgl. im selben Buch, S. 103-107.

11 Andrés Nin: „Los Problemas de la Revolución española" („Die Probleme der spanischen Revolution"), Ruedo Ibérico, Paris 1971. In dieser von Juan Andrade zusammengestellten und mit einem Vorwort versehenen Auswahl von Texten Nins wird eine der Erklärungen veröffentlicht, die dieser am 21. Juni 1937 in Madrid oder Alcalá de Henares vor der stalinistischen Polizei abgegeben hat. Da sie bei den Akten zum Prozess gegen das POUM-Exekutivkomitee war, kannte der Anwalt dieser Partei sie, und er erlaubte es Nins Witwe, sie abzuschreiben.

12 Kurz nachdem er aus der Regierung vertrieben worden war, wurde Largo Caballero vom UGT-Vorsitz ausgeschlossen und bekam Hausarrest in seiner Valencianer Wohnung. Seine Anhänger wurden von ihren verantwortlichen Stellen in der UGT, in den Redaktionen der Zeitungen „Claridad" („Klarheit"), „Adelante" („Vorwärts"), „La Correspondencia de Valencia" („Die Valencia-Korrespondenz") usw. verdrängt. Diese „Verschwörung" wurde dank des vorübergehenden Bündnisses von Kommunisten und Rechtssozialisten durchgeführt, aber die Regierung Negrin selbst traf in den meisten Fällen eigenmächtig die polizeilichen und sonstigen Maßnahmen, um die Linksopposition in den sozialistischen Reihen zu liquidieren (Vgl. zum Beispiel Broué und Témime, a.a.O. S. 281-284).

Generalsekretär Mariano R. Vázquez unterzeichneten öffentlichen Dokument energisch gegen die Repression protestiert, der die POUM seit Dezember 1936 ausgesetzt worden war).

Die von den russischen Geheimdiensten fabrizierten Beweise für Spionage waren von „so schlechter Qualität", dass die Richter diesen Anklagepunkt fallen lassen mussten und nur den der „Rebellion"(!) aufrechterhalten konnten (!). Es kam also nicht zu Todesstrafen, wie die Stalinisten es wünschten, immerhin aber zu langen Gefängnisstrafen. Hier einige Auszüge aus dem Urteil:

> „(…) Sie erhoben Anspruch darauf, die Führung solcher militarisierter Einheiten [die POUM-Milizen, C. S-M.] beizubehalten und den Einfluss ihrer Partei auf möglichst viele andere auszudehnen mit dem Ziel, über eine starke Unterstützung bei der Machtergreifung verfügen zu können, falls die notwendigen objektiven Bedingungen sich dafür bieten würden. Sie würden sich sogar darum bemühen, diese Bedingungen herzustellen, um anstelle der gesetzmäßigen Regierung eine andere, eindeutige Arbeiter- und Bauernregierung zu bilden, die dazu bereit wäre, auf revolutionäre Weise ihre eigene Doktrin einzuführen – deswegen traten sie theoretisch in ihrem Parteiorgan ‚La Batalla' der Bildung einer regulären Armee, wie die Regierung es wollte, und der Abschaffung der Milizen entgegen.
> b) Starke Opposition gegen die Regierung und scharfe Kritik sowohl an den von ihr gebilligten Bestimmungen als auch an den Einrichtungen der Republik und an den sie unterstützenden Parteien, um das aktuelle Regime zu schwächen, die für die Machtergreifung notwendigen äußeren Bedingungen zu schaffen, was sie zunächst in Katalonien gemacht und dann für das übrige, loyale Spanien ermöglicht hätten, und dadurch ein nach ihrer Parteidoktrin organisiertes kommunistisches Regime einzuführen. (…) Die oben genannten Angeklagten haben dazu beigetragen, einen Zustand der Unruhe und der Rebellion in der Arbeiterklasse zu fördern; sie haben die Kollektivdisziplin gelockert, die in den von der Republik erlittenen schweren Zeiten doch notwendig war, und deren Ansehen vor der internationalen Öffentlichkeit gefährdet, deren günstige Reaktionen auf die Sache des Volkes die Regierung bestärkt hatten. Sie haben in diesem Sinne die Absichten der Rebellen indirekt gefördert, auch wenn das nicht ihr eigentliches Ziel gewesen ist. (…)
> Die genannten Angeklagten waren mit der Durchführung dieser Absichten beschäftigt, als sich am 3. Mai 1937 in Barcelona ein Zusammenstoß zwischen einer Gruppe von Arbeitern und den Ordnungskräften ereignete… (Die Angeklagten) hielten diese Gelegenheit für geeignet, um den

gewalttätigen und *spontanen* [von mir unterstrichen, C. S-M.] Aktionen der Arbeitermassen einen konkreten Inhalt und ein konkretes Ziel zu verleihen, und sie versuchten, sie zur Durchführung ihres Projekts der Machtergreifung auszunutzen…
(…) Aus dem Vorhergesagten kann man es nicht als erwiesen ansehen, dass die Angeklagten den Faschisten Nachrichten irgendwelcher Art bezüglich der Lage an den Fronten oder der Organisation in der Etappe übermittelt haben: dass sie direkte oder indirekte Beziehungen zu diesen oder zu polizeilichen oder militärischen Organisationen der Angreifer unterhalten haben; dass sie in Fühlung mit spanischen Falange- oder sonstigen Gruppen oder Organisationen waren oder ihnen Hilfe leisteten; dass sie den aufständischen Kämpfern Unterstützung gewährten oder wirtschaftliche Hilfe von Staatsfeinden für die politische Propaganda ihrer Partei erhalten haben. [Ganz im Gegenteil erkennt ihnen das Gericht einen „starken und alten antifaschistischen Ruf" zu, sowie „dass ihre Tätigkeit, die sie weiter vertreten, dem einzigen Ziel dient, die demokratische Republik abzuschaffen und ein nach ihrer eigenen Gesellschaftsauffassung organisiertes Regime einzuführen]. (…)
3. Motiv: In Erwägung, dass die Notverordnung vom 13. Februar 1937 im Fall dieses Prozesses nicht angewandt werden kann, weil sie sich ausschließlich auf Spionagetätigkeiten bezieht und diese bestraft und weil man aus den für bewiesen erklärten Tatsachen nicht schließen kann, dass diese zu den Absätzen 2 ,3 ,4 des Artikels 1 der genannten Bestimmung gehören, auf die der Staatsanwalt seine Anklage stützt. Es handelt sich in der Tat nicht um Handlungen, die geheim oder verborgen ausgeführt wurden, und es ist keine Spur von irgendeiner Hilfe für soziale Organisationen bzw. Gruppen vorhanden, die unter dem Einfluss von fremden Staaten stehen, die den Krieg gegen die gesetzmäßige Regierung fordern; schließlich sind die hier zu bestrafenden Handlungen nicht mit dem Zweck begangen worden, den Absichten der Nationalisten und der in Waffen gegen die Republik angetretenen Ausländer Hilfe zu leisten."

Und hier die Strafen:

„Hiermit beschließen wir, dass wir die Angeklagten verurteilen müssen und folglich verurteilen: Wir erklären Julian Gomez Garcia (Gorkin), Juan Andrade Rodriguez, Enrique Androher Pascual (Gironella) und Pedro Bonet Quito des oben genannten Verbrechens der Rebellion für schuldig und zu je 15 Jahren Isolierung von der Gesellschaft, und Jorge Arquer Salto als Komplize bei selbigem Verbrechen zu 11 Jahren Isolierung von der Gesellschaft [Arquer war während der „Mai-Tage" in

> Barcelona nicht anwesend, was ihm als mildernder Umstand zugebilligt wurde, C. S-M.], die sie in Arbeitslagern verbüßen müssen. Zusätzlich beschließen wir die Amts- und Wahlrechtsenthebung für die Dauer der Strafe…"

Zwei Angeklagte wurden freigesprochen.[13] Das Gericht verordnete weiter die Auflösung der Arbeiterpartei für Marxistische Einheit (POUM) und der Iberischen Kommunistischen Jugend.

Als Spione freigesprochen, wurden sie also als Revolutionäre verurteilt! Natürlich hätte man mit noch größerer Veranlassung die CNT-FAI derselben „Verbrechen" anklagen können, aber damals hatte sie mehr als 2 Millionen Mitglieder und die POUM nur 50.000. Das erklärt alles.

Die durch das Gericht offiziell aufgelösten Parteien POUM und Kommunistische Jugend waren praktisch schon seit einigen Monaten aufgelöst, was sie aber nicht daran hinderte, weiter im Untergrund tätig zu sein und besonders ihre ebenfalls klandestine Presse weiter zu veröffentlichen.

Es muss noch mal wiederholt werden, dass neben diesem Prozess gegen die POUM-Führer Hunderte von militanten Mitgliedern dieser Partei – mit oder ohne Prozess – verhaftet wurden. Im Moment der Niederlage Kataloniens gelang es ziemlich vielen von ihnen – oft mit Hilfe ihrer Wärter – aus den Gefängnissen auszubrechen und sich nach Frankreich zu retten.

Wenn man aus den schon erwähnten politischen Gründen die POUM an ihrer Spitze hatte treffen wollen und dasselbe mit der CNT-FAI nicht wagte, so ging doch die Repression weit über die Reihen der POUM hinaus. Hier einige Beispiele: In Tortosa fand ein Prozess gegen 128 Arbeiter statt, die beschuldigt wurden, während der „Mai-Tage" zu den Waffen gegriffen zu haben. Das Gericht verhängte vier Todes- und mehrere Gefängnisstrafen von sechs bis zwanzig Jahren[14]. R. Louzon gegenüber, dem Mitglied einer internationalen Delegation zur Untersuchung der Repression gegen die Revolutionäre, erklärten Mariano Vázquez und Federica Montseny, „800 CNT-Mitglieder sind zurzeit verhaftet und 60 ‚verschwunden'."[15] Auch wenn die – „privaten" oder sonstigen – Gefängnisse voll von militanten Revolutionären waren, die durch die Gerichte der öffentlichen Ordnung verurteilt wor-

13 Eine übersetzte Kopie dieses Urteils wurde uns freundlicherweise von W. Solano verschafft.

14 „La Révolution Prolétarienne", Nr. 250 vom 10. Juli 1937.

15 Ebenda, Nr. 251 vom 25. Juli 1937.

den waren (nach der Auflösung der früheren Volksgerichte sind diese durch den Erlass vom 23. Juni 1937 neu organisiert worden – drei Zivil- und zwei Militärrichter, alle fünf von der Regierung ernannt), war das „Verschwindenlassen" die am häufigsten angewandte Methode, um das „anarchistische" oder „trotzkistische Pack" zu liquidieren – das heißt also Folter oder Genickschuss. Nach Nin, Berneri, A. Martinez, Marc Rein, Bob Smillie und all denen, die ich schon genannt habe, waren andere bekannte Militante in Spanien spurlos verschwunden: „Kurt Landau, ein österreichischer Militant und ehemaliger Sekretär der internationalen Linksopposition, der sich mit der POUM gegen Trotzki erklärt hatte (...), der polnische Trotzkist Freund alias Moulin, der tschechische Trotzkist und ehemaliger Sekretär Trotzkis Erwin Wolff, der ehemalige Professor an der John Hopkins-Universität José Robles..."[16], sowie die unzähligen Anonymen, die während oder nach den „Mai-Tagen" oder wegen „Ungehorsam" an der Front erschossen wurden.

> „Die von Félicien Challaye und dem Engländer McGovern geführte Untersuchungskommission war fassungslos, als sie im November 1937 im Cárcel Modelo („Mustergefängnis") in Barcelona von 500 die Internationale singenden Häftlingen empfangen wurde."[17]

DAS SIM (SERVICIO DE INVESTIGACIÓN MILITAR)

Dieses „Amt für militärische Untersuchung" wurde am 15. August 1937 durch einen Erlass des Verteidigungsministers Indalecio Prieto gegründet, und es sollte wie eine klassische Spionageabwehr – wie das französische „Deuxième Bureau" („Zweites Büro") – tätig sein, die anscheinend für jede „moderne" Armee unerlässlich ist. Unter den spezifischen Bürgerkriegsbedingungen in Spanien aber – mit seinem Dreieckscharakter: Kampf zwischen Revolution und Konterrevolution und Krieg gegen den Faschismus – wurde es sehr schnell zum großen Säuberungsdienst, der die „Hexenverfolgung" unter den republikanischen Truppen, und nicht nur in der Armee, aufnahm.

> „Das SIM wurde nach dem Republikaner Sayagues vom Sozialisten Uribarri geleitet, einem ehemaligen Offizier der Zivilgarde, der in direktem Einvernehmen mit den russischen ‚Spezialabteilungen' handel-

16 Broué und Témime, a.a.O., S. 278.

17 Ebenda.

te. Nach dessen Flucht nach Frankreich (mit einem großen Vermögen an gestohlenen Juwelen) wurde Santiago Garcés, der einer der Mörder Nins gewesen sein soll, zum SIM-Leiter. Prieto selbst hat berichtet, wie ihm das SIM, seine eigene Erfindung, entglitt: Der kommunistische Chef der SIM-Abteilung in Madrid, Major Duran, besetzte alle wichtigen Posten mit kommunistischen Funktionären, und als Prieto sie wieder an die Front schicken wollte, protestierten die ‚russischen Techniker'. Einige Monate nach seiner Gründung beschäftigte das SIM, das jetzt nicht mehr der Autorität des Verteidigungsministers unterstand, mehr als 6.000 Agenten und leitete Gefängnisse und Konzentrationslager. "[18]

Aus der ursprünglich militärischen Spionageabwehr wurde also, nachdem die von den NKWD-Spezialisten beratenen Kommunisten sie unterwandert hatten, eine nach dem russischen Vorbild gebildete und stark durch die Gestapo beeinflusste politische Superpolizei. Das SIM bestand aus verschiedenen Sektionen, die sich mit allen militärischen, wirtschaftlichen und politischen Aktivitäten befassten („Überwachung" von Parteien und Organisationen), und der unvermeidlichen, für Folterungen und Hinrichtungen zuständigen Brigade. Das Netz von „privaten" Gefängnissen und Konzentrationslagern, sowie die meisten polizeilichen Aktivitäten des SIM waren jeder Kontrolle der republikanischen Behörden entzogen und wurden geheim gehalten, außer wenn es sich um die Festnahme von Faschisten handelte, die hochgelobt wurden, damit das SIM in aller Ruhe seine terroristische Tätigkeit ausüben konnte.

In seinem Buch gibt José Peirats eine ganze Reihe von Informationen über Aktivitäten und Methoden dieser politischen Superpolizei bekannt, die er vertraulichen CNT- und FAI-Berichten entnimmt.[19] Nach diesen Berichten war der SIM-Chef ein Russe, dessen Name nicht genannt wird. Unter den an verantwortlichen Stellen der „Sicherheit" amtierenden spanischen Stalinisten, die in enger Zusammenarbeit mit dem SIM tätig waren, werden folgende Namen genannt: Ortega, Burillo, Rodriguez Sala, José Cazorla, Santiago Carrillo.[20] Was die Methoden

18 Ebenda, S. 286.

19 Peirats, a.a.O., Band III, S. 277-291.

20 Der derzeitige Generalsekretär der spanischen KP, Santiago Carrillo, war während des Bürgerkrieges Generalsekretär der JSU – und einer der Verantwortlichen für deren „Stalinisierung" –, sowie „Sicherheitsverantwortlicher" der Madrider Verteidigungsjunta, bis er im Februar 1937 durch Cazorla ersetzt wurde. Er arbeitete also nicht mit dem erst später gegründeten SIM zusammen, sondern auf sehr direkte und … wirksame Weise mit dem NKWD in jenen Monaten, in denen er als „Sicherheitsverantwortlicher" in Madrid fungierte. Da-

betrifft, waren das dieselben wie bei jeder stalinistischen oder faschistischen politischen Superpolizei. Beim Lesen der von Peirats veröffentlichten Zeugenaussagen muss man an die Verhörtechniken der Nazis in den besetzten Ländern (oder in Deutschland selbst) oder an die fröhlichen proletarischen Feste in den Lubjanka-Kellern denken!

Selbstverständlich drehte sich dabei alles um die Folter. Jeder Verdächtige, jeder Oppositionelle musste am Ende gestehen, er sei ein faschistischer Spion. Die Folterinstrumente waren genauso vielfältig wie überall sonst: Außer Schlägen, Aufhängen an Füßen oder Händen, unter die Nägel geführte Metallspitzen usw. gab es auch elektrische Stühle, „ähnlich denen, die man in den Vereinigten Staaten benutzte", nur waren sie nicht dazu bestimmt, möglichst schnell zu töten, sondern im Gegenteil, die Qual am wirkungsvollsten zu verlängern. Man beachte auch eine Presse, die den Körper des Verhörten zerdrückte, deren oberster Teil seltsamerweise (?) wie ein Hakenkreuz geformt war… Es gab auch winzige Zellen: In einigen konnte der Häftling nur aufrecht auf dem Boden stehen, der aus scharfen, die Fußsohlen zerschneidenden Platten bestand, während es andere, „Schranke" genannte, in zwei Versionen gab: einmal die großen, in denen der Häftling zwar aufrecht stehen, sich aber kaum bewegen konnte, und die kleinen, in denen er kauernd saß; es gab Kisten, die den Körper des Gefangenen aufs engste einschlossen und nur den Kopf herausließen ließen. In all diesen „politischen Isolatoren", wie man in der UdSSR zu sagen pflegt, mussten die Gefangenen manchmal wochenlang bleiben, je nach Laune ihrer Henker, oder solange sie sich weigerten zu gestehen, sie seien faschistische Spione. In den von Peirats gesammelten Zeugenaussagen ist insbesondere die Rede von einer dieser SIM-Tschekas, die in dem ehemaligen Kloster Santa Ursula in Valencia eingerichtet worden war. Aber wie bei jedem gut zentralisierten öffentlichen Dienst waren alle Tschekas nach dem selben Muster gebaut.[21]

her darf er heute selbstverständlich mit großer Kompetenz über den „Sozialismus der Freiheit" schwätzen.

21 Es kann einem daher nur „kalt den Rücken herunterlaufen", wie man sagt, wenn man sieht, wie die CNT-FAI-Führer, nachdem sie über die schrecklichen Foltermethoden des SIM berichtet hatten (für die ich hier nur einige Beispiele angeführt habe), miteinander darüber diskutierten, ob sie die Stellen annehmen sollten, die ihnen von den Kommunisten in dieser politischen Superpolizei angeboten wurden, und sie schließlich ablehnten, da sie … ohne wirkliche Macht waren! – Vgl. Peirats, a.a.O., Band III, S. 289. Wir wollen darauf hinweisen, dass Peirats das Treiben des SIM sehr hart kritisiert, unabhängig davon, ob die CNT-FAI in ihm vertreten war oder nicht.

DIE AUFLÖSUNG DES RATES VON ARAGON

Da Aragon so unmittelbar vom Kampf zwischen Revolution und Konterrevolution in Katalonien betroffen war, halte ich es für nützlich, hier kurz zu schildern, wie die Katalonien überschwemmende konterrevolutionäre Welle auch diese Region erfasste.

Als die Milizkolonnen gleich nach der Zerschlagung des militärischen Aufstands in Katalonien nach Aragon vordrangen und die aragonesischen Bauern und Arbeiter sich in ihren „libertären Gemeinden" organisierten, wurde diese Region sozusagen zur Avantgarde des revolutionären Kataloniens sowohl auf dem militärischen als auch auf wirtschaftlichem und sozialem Gebiet. Offensichtlich hatten dort die Anarchisten die „Oberhand", nicht wegen des von ihnen ausgeübten Terrors, wie die Stalinisten behaupteten und heute noch behaupten[22], sondern aus dem einfachen Grund, dass sie dort an der Front und in der Etappe in der Überzahl waren. Im Oktober 1936 bildeten die Anarchisten den regionalen Verteidigungsrat Aragons, der unter dem Vorsitz Joaquín Ascasos (der Bruder von dem am 20. Juli während der Straßenkämpfe in Barcelona gefallenen Francisco und von Domingo, der die gleichnamige Division führte) nur aus CNT-FAI-Mitgliedern bestand. Dieser Rat sollte als Koordinationszentrum zwischen Front und Etappe, den Kolonnen und den „libertären" – oder sonstigen – Gemeinden, der sozialen Revolution und den Kriegserfordernissen usw. fungieren. So konnte man zum Beispiel in seiner ersten offiziellen Bekanntmachung folgendes lesen:

> „1. Alle Forderungen nach unentbehrlichen Gütern, wie z.B. Vieh, Arbeitsinstrumente und sonstige Materialien, werden ab sofort direkt beim Rat eingereicht. Er wird diese Güter rationell verteilen unter Berücksichtigung der Möglichkeiten dieser Gegend, und er wird folglich sporadische Forderungen auf diesem Gebiet streng ablehnen, egal wer sie eingereicht hat, mit Ausnahme von äußerst dringenden Notfällen, da sie dieses von allen verlangte Verfahren durch den Rat unmöglich machen.
>
> 2. Die antifaschistischen Kolonnen dürfen und können sich nicht in das politisch-soziale Leben eines von Natur aus und durch sein eigenes Wesen freien Dorfes einmischen."[23]

22 Vgl. die hier schon zitierten Bücher von Dolores Ibarruri, Arthur London, sowie die „offizielle" KP-Geschichte des spanischen Bürgerkrieges, Listers Memoiren usw.

23 Peirats, a.a.O., Band I, S. 277.

Diese Punkte drücken die beiden Hauptsorgen des Rates aus: einerseits die offensichtlichen Forderungen nach einer nicht nur wissenschaftlichen, sondern auch militärischen Koordinierung (Bewaffnung und Versorgung der Kolonnen z.B., auf die andere „Erwägungen" dieser Erklärung hinweisen) und andererseits die nicht weniger offensichtlichen Forderungen nach der Autonomie und Freiheit jeder libertären Gemeinde – und allgemeiner jedes Dorfes –, die sich im allgemeinen (und komplizierten) Rahmen der Revolution und des Krieges selbst organisiert. Nachdem ich mir erlaubt habe, die anarchistischen Führer so scharf zu kritisieren, muss ich jetzt anerkennen, dass der Rat Aragons auf die Autonomie der Gemeinden und die Vielfalt ihrer revolutionären Experimente geachtet zu haben scheint. Nirgends erweist sich Joaquin Ascaso als der Vize-König dieser Region, der Despot und Dieb, an dessen Bild die kommunistische Propaganda glauben machen wollte. Was die Koordinierungsprobleme und die Notwendigkeiten des Krieges betraf, sind die vorhandenen Thesen so parteilich, dass es schwierig ist, zu einer objektiven Meinung zu gelangen. Es gab unzählige libertäre Gemeinden in Aragon, und sie haben das Leben der armen Bauern und Arbeiter sowie der Händler und Handwerker tief verändert (auch wenn manchmal rückschrittliche Strukturen aufrechterhalten oder sogar verstärkt wurden – ich habe schon auf die Zweideutigkeit, um nicht deutlicher zu werden, des Familienlohns und die Lohndiskriminierung der Frauenarbeit hingewiesen), es ist aber schwierig zu sagen, inwieweit der Rat Aragons für diese Transformationen hilfreich war, ob er als Hauptelement der sozialen Revolution in Aragon gewirkt hat oder ob er bei aller Hilfe zur Koordinierung zwischen den Gemeinden vor allem eine Art symbolischer Schutz für Experimente war, die er guthieß, ohne darin eine wichtige Rolle zu spielen.

Wie dem auch sei, Ascaso ging, sobald der Rat gebildet worden war, nach Madrid, um ihn von der Zentralregierung anerkennen zu lassen. Trotz der Meinung der Kommunisten, die zur „legalen" politischen Verwaltung zurückwollten (dem Zivilgouverneur und den Gemeinderäten, die durch den Rat und die örtlichen revolutionären Komitees ersetzt worden waren) akzeptierte Largo Caballero, der damals Ministerpräsident war, den Rat unter der Bedingung, dass alle Volksfrontparteien in ihm vertreten seien. Nach Ascasos Zusage bestand der im Dezember neu organisierte Rat aus sieben CNT-FAI-Mitgliedern und sieben von anderen Organisationen (KP, UGT, Republikanern und einem aus der Syndikalistischen Partei). Aber die Anarchisten, die in dieser Region die Mehrheit besaßen, „beherrschten" den Rat weiter.

Nach den „Mai-Tagen" beschlossen die Kommunisten und Rechtssozialisten, die schwungvolle Welle der großen Offensive der Rückkehr zur bürgerlichen Ordnung auszunutzen, um den Rat Aragons, die libertären Gemeinden (ihr Hauptziel) und die relative Autonomie dieser Region zu liquidieren.

> „Die moralischen und materiellen Kriegserfordernisse verlangen zwingend, die Autorität des Staates zu konzentrieren, so dass sie unter einheitlichen Kriterien und Willenskräften ausgeübt werden kann (...) Die aragonesische Region, die durch den Wert ihrer Bewohner zum höchsten menschlichen und wirtschaftlichen Beitrag für die Sache der Republik fähig ist, hat mehr als andere unter den Fehlern einer zerstreuten Autorität zu leiden, was einen Schaden für die allgemeinen und ideologischen Interessen zur Folge hat."[24]

Diese aufschlussreichen Zeilen stehen im Erlass für die Auflösung des Rates von Aragon, der durch einen Zivilgouverneur, den Republikaner Mantecón – einen Weggenossen der KP – ersetzt wurde, während die revolutionären Komitees wie in Katalonien durch die natürlich nicht gewählten Gemeinderäte ersetzt werden sollten.

Die Regierung hätte es nicht gewagt, den Rat mit einem einzigen Federstrich zu beseitigen. Um das fertig zu bringen, musste eine neue konterrevolutionäre Verschwörung organisiert werden, die darin bestand, unter trügerischen Vorwänden wie z.B. erholungsbedürftige Truppen, Manöver usw., militärisch in Aragon einzudringen, so dass im Augenblick der Veröffentlichung des Erlasses im Staatsanzeiger (am 10. oder am 11. August 1937, über den genauen Tag sind sich die Historiker nicht einig) diese „sicheren" Truppen schon bereit standen, um für die Durchsetzung zu sorgen.

Einer der mit dieser Operation beauftragten militärischen Führer, Enrique Lister, deckt mit dem ruhigen Zynismus der Dummheit einige Einzelheiten dieser Verschwörung in seinen Memoiren auf.

Am 5. August morgens meldete er sich beim Verteidigungsministerium, wo er von Minister Indalecio Prieto vorgeladen worden war:

> „Er erklärte mir, die Regierung habe beschlossen, den Rat von Aragon aufzulösen, sie befürchte aber, dass die Anarchisten sich weigern würden, diesem Befehl zu folgen. Da diese außer den Polizeikräften des Rats über drei Armeedivisionen verfügten, habe er dem Ministerrat

24 Ebenda, Band II, a.a.O. S. 360.

vorgeschlagen – und dieser habe es dann gebilligt – militärische Kräfte dorthin zu schicken, die fähig seien, für die Durchsetzung des Regierungsbeschlusses zu sorgen (…) Er erklärte mir weiter, dass er mir für diesen Auftrag weder eine schriftliche Order noch Kommuniqués über dessen Durchführung geben würde. Es handelte sich um eine geheime Vereinbarung zwischen der Regierung und mir, ich sollte *ohne zu zögern und ohne bürokratische oder legalistische Schritte zu unternehmen, all diejenigen liquidieren, deren Liquidierung ich für nützlich halten würde* [von mir hervorgehoben, C. S-M.], die ganze Regierung stehe hinter mir."[25]

Lister und die anderen „gesinnungstreuen" Befehlshaber machten sich dann munter an die Repression:

„Sofort eröffnete die 11. Division unter dem kommunistischen Kommandant Lister (…) den Kampf gegen die Komitees und die Kollektivbetriebe, deren Beseitigung die Volksfrontpresse einstimmig verlangte. Die Zeitung des Verteidigungsrates ‚Nuevo Aragon' (‚Das neue Aragon') wurde verboten und durch die kommunistische ‚El Dia' (‚Der Tag') ersetzt. Die Rolle der örtlichen Komitees übernahmen die von Listers Truppen eingesetzten Gemeinderäte. Die Geschäftsstellen der CNT und der libertären Organisationen wurden militärisch besetzt und später geschlossen. Zahlreiche verantwortliche Militante wurden verhaftet, darunter am 12. August Joaquin Ascaso, dem ‚Schmuggel' und ‚Diebstahl von Juwelen' vorgeworfen wurden. Am 18. September wurde zwar das Verfahren eingestellt und Ascaso auf freien Fuß gesetzt, das Ziel war aber erreicht – die letzte revolutionäre Macht war endgültig liquidiert worden."[26]

César M. Lorenzo schreibt darüber:

25 Enrique Lister: „Nuestra Guerra" („Unser Krieg"), Ed. Ebro, Paris, S. 152. Einige Seiten weiter täuscht Lister Entrüstung gegenüber Prietos Haltung vor, der ihm öffentlich seine Brutalität während dieser Durchkämmungsoperation vorwarf. Worüber entrüstet er sich eigentlich? Prieto hatte ihm doch deutlich die Bedingungen dieser geheimen Vereinbarung erklärt: „Handeln Sie, wir decken Sie – offiziell wissen wir aber nichts… (Es sei hier nebenbei darauf hingewiesen: E. Lister ist einer der Führer der vor kurzem vorgenommenen Spaltung der PCE, bei der der Führung durch Ibarruri und Carrillo ihre „antisowjetische" Kritik am russischen Eingreifen in die Tschechoslowakei vorgeworfen wurde. Lister und seine Anhänger haben dann eine zweite KP gegründet, die Moskaus Unterstützung genießt).

26 Broué und Témime, a.a.O. S. 280.

„Sollten sich die konföderierten Divisionen an der aragonesischen Front (das waren die 25., 26. und 28. und dazu die Überbleibsel der 29. und ehemaligen POUM-Division, die von dem Libertären Miguel García Vivancos geführt wurde) auf die kommunistischen Truppen stürzen? Die Soldaten wünschten es sehnlich, aber das CNT-Nationalkomitee und das politische Komitee der FAI schalteten sich ein, um den Ausbruch eines neuen Bürgerkrieges zu verhindern. Sie baten die Soldaten, noch etwas Geduld zu haben und nichts ohne das Einverständnis der Organisation zu unternehmen, da eine solche verzweifelte Aktion die republikanische Zone schnell Franco ausliefern würde. Die konföderierten Truppen rührten sich also nicht."[27]

„Die passive Haltung des CNT-Nationalkomitees und des politischen Komitees der FAI lässt sich damit erklären, dass sie kein Interesse an einem Organ hatten, das sich ohne ihre Genehmigung und gegen die interne Disziplin gebildet hatte; ferner damit, dass sie wieder mit Negrin zusammenarbeiten und folglich in keinen schwerwiegenden Konflikt geraten wollten, der die gegenseitigen Beziehungen hätte verschlechtern können."[28]

Ohne es zu bemerken, übt Lorenzo (dessen ganzes Buch zeigen will, dass die spanischen Anarchisten genauso begabt wie jeder andere sind, um zu einer „verantwortlichen" politischen Bürokratie zu werden) hier Kritik an der CNT-FAI-Führung. Natürlich ohne „deren" Genehmigung und gegen die interne Disziplin hatten die anarchistischen Massen all das Revolutionäre geschaffen, was sie in Aragon und Katalonien wie auch anderswo durchgesetzt hatten.

Überrumpelt und von ihren Führern auf nationaler Ebene „verraten" (die anderen waren ja verhaftet worden), leisteten die Massen dem militärischen „Putsch", der sie ihrer Autonomie beraubte, keinen wirklichen Widerstand. Es begann eine blutige Repression im besetzten Aragon, und der CNT-FAI kann man als einziges gutschreiben, dass sie durch Fürsprache bei der Regierung verhindern konnte, dass viele lokale anarchistische Führer erschossen wurden. Trotzdem wurden Hunderte verhaftet, und es kam zu einer neuen Häufung von „Vermissten".

„Durch die Operation der kommunistischen Militärkräfte wurde aber bald das Ausmaß der Katastrophe offensichtlich. Aragon war durch die durchziehenden Armeen wirtschaftlich zugrundegerichtet, die

27 Lorenzo, a.a.O., S. 306

28 Ebenda, S. 307.

Bauern wussten nicht mehr, auf wen sie vertrauen sollten, die ausgeraubten Kollektivisten weigerten sich, wie früher für die Grundbesitzer zu arbeiten, die konföderierten Truppen waren mutlos geworden und Tausende von Menschen waren nach Katalonien geflüchtet. Der kommunistische Landwirtschaftsminister Vicente Uribe musste einlenken und von neuem die Kollektivitäten dulden, denn die nächste Ernte musste gerettet werden. Und – ein erschütternder Beweis für die Kraft des Landkollektivismus in Aragon – die Bauern bauten die meisten Kollektivitäten wieder auf, während die auf freien Fuß gesetzten Anarchisten wieder festen Boden bekamen. Nachdem die unter der Kontrolle der Kommunisten stehende Regierung einen Bürgerkrieg riskiert, Aragon verwüstet, die konföderierten Divisionen in Aufregung versetzt [?] und Hunderte von Menschen niedergemetzelt hatte, musste sie Ballast abwerfen."[29]

*

Es ist so weit. Die Ordnung ist wiederhergestellt. Die neue republikanische Ordnung wurde immer autoritärer. Die „demokratische" Fassade zerbröckelte und zerstörte die Illusionen all derer, die für Spanien ein Regime „der Gerechtigkeit und der Freiheit", eine tolerante, aber wirkmächtige parlamentarische Republik erträumt hatten. Der neue Staat war offensichtlich dazu berufen, totalitär, ultra-zentralistisch und repressiv zu sein. Den einzigen Bruch im Aufbau dieses schönen Gebäudes stellte der Kampf zwischen den verschiedenen bürokratischen Fraktionen dar, bei dem es keiner gelingen wollte, sich gegenüber den anderen vollkommen durchzusetzen.

In Katalonien konnte die Polizei die unzähligen, bisher nie umgesetzten Verordnungen zur „Entwaffnung der Etappe" – d.h. der Arbeiter – verwirklichen. Für die öffentliche Ordnung in Katalonien war jetzt – wie ich schon sagte – die Zentralregierung zuständig. Die demokratischen Freiheiten der Meinungsäußerung, der Presse und der Versammlung wurden auf brutale Weise liquidiert. Es handelte sich nicht nur um die POUM und die „extremistischen" CNT-FAI-Gruppen, die jetzt im Untergrund agieren mussten – die gesamte politische Aktivität wurde streng kontrolliert: So mussten zum Beispiel gewerkschaftliche Versammlungen vom Delegierten für öffentliche Ordnung genehmigt und das Gesuch drei Tage im voraus eingereicht werden. Durch eine

29 Ebenda, S. 309-310. Vgl. auch Daniel Guérin: „L'anarchisme" und G. Munis: „Jalones de derrota".

neue Gesetzgebung (die durch denselben Erlass vom 23. Juni 1937 geschaffen wurde, der auch die Gerichte „reorganisiert" hatte) wurde eine lange Reihe von politischen Delikten definiert, die es ermöglichte, so gut wie jeden anzuklagen: „das Delikt der Spionage und des Hochverrats wurde in einem so weiten Sinne gefasst, dass diese furchtbare Waffe gegen jeden Opponenten – auch nicht faschistische – benutzt werden konnte… [vor allem jedoch gegen die Revolutionäre, C. S-M.]. Dazu gehörten: „Ausführung von republikfeindlichen Handlungen inner- oder außerhalb des nationalen Gebiets"; „Vertretung bzw. Verbreitung von Nachrichten, Äußerung von Meinungen, die für den Verlauf der Kriegsoperationen und der Autorität der Republik schädlich sind"; „Handlungen bzw. Kundgebungen, die dazu tendieren, die öffentliche Moral zu schwächen, die Armee zu demoralisieren oder die kollektive Disziplin zu beeinträchtigen." Vorgesehen waren Strafen von sechs Jahren Freiheitsentzug bis hin zur Todesstrafe. Belastend war, dass diese Strafen für begangene und für „versuchte und missglückte Verbrechen" gelten sollten, „sowie für Verschwörung und Anstiftung, Mittäterschaft und Begünstigung." Dieser Erlass erlaubte alle Provokationen und verlieh der Polizei unbeschränkte Befugnisse, da er vorsah, dass „diejenigen, die eines dieser Verbrechen meldeten, bevor es begangen wurde, nicht bestraft würden, auch wenn sie vorher mit diesem einverstanden waren."[30]

Dank dieser Gesetzgebung, die genauso republikanisch wie zum Beispiel die der griechischen Obristen war, konnte man die Gefängnisse mit POUM-Mitgliedern und Anarchisten füllen.

Die brutale Einschränkung der demokratischen Freiheiten kam auch in der Verstärkung der Presse- und Publikationszensur zum Ausdruck. Wir haben schon gesehen, wie die zunächst auf die Informationen militärischer Art beschränkte Zensur in der Praxis seit Monaten streng durchgesetzt wurde, bis sie dann unter der Regierung Negrin den Wahnsinnscharakter totalitärer Regimes annahm. Dafür soll ein einziges Beispiel herhalten: Am 14. August wird durch ein Rundschreiben jede Kritik an der russischen Regierung verboten: „Mit einer Beharrlichkeit, die einen bestimmten Plan ahnen lässt, eine äußerst freundschaftlich gesinnte Nation zu beleidigen und dadurch der Regierung Schwierigkeiten zu machen, haben sich verschiedene Zeitungen auf eine Weise mit der UdSSR beschäftigt, die nicht geduldet werden kann… Diese absolut verwerfliche Genehmigung darf vom Zensurrat nicht weiter erteilt werden… Jede Zeitung, die dieser Vorschrift nicht nachkommt, muss auf

30 Broué und Témime, a.a.O., S. 284-285.

unbestimmte Zeit suspendiert werden, auch wenn sie zensiert worden ist; in solchen Fällen wird der Zensor vor dem Sabotagegericht (!) zur Verantwortung gezogen."[31]

Am 18. Juni 1937 eignete sich die Zentralregierung das Rundfunkmonopol an und beschlagnahmte die bisher durch die Gewerkschaftszentralen und politischen Parteien genutzten Sender.

Parallel mit dieser Gleichschaltung der öffentlichen Meinung, durch die jede Kritik unmöglich gemacht wurde (die verschiedenen bürokratischen Fraktionen aber nicht daran gehindert wurden, sich auf eine manchmal blutige Weise untereinander zu bekämpfen – bis zur militärischen Niederlage), sorgten die Organisationen für Ordnung in ihren eigenen Reihen. Largo Caballero und die Linkssozialisten, die sich dem „Freundschaftsbund" der Negrin-Regierung nicht angeschlossen hatten, wurden aus den verantwortlichen Posten entfernt. Die wenigen Rebellionsversuche einiger (von den Caballero-Anhängern beeinflusster) JSU-Sektoren wurden niedergeschlagen.[32] Aus der CNT-FAI wurden nicht nur die Gruppe der „Freunde Durrutis" ausgeschlossen, sondern auch Führer wie Abad de Santillán, die von der Organisation einen „Linksruck" verlangten, aus jeder Verantwortung Amt enthoben. Die meisten kritischen „Basis"-Komitees, vor allem in der Libertären Jugend, wurden gleichgeschaltet.

Der Logik des starken Staates und des „einheitlichen Kommandos" folgend, liquidierte jetzt die Zentralregierung die Autonomie, die Katalonien bisher genossen hatte. Ob auf dem militärischen, finanziellen, industriellen oder auf dem Gebiet der öffentlichen Ordnung, die Generalitat wurde nach und nach jeder wirklichen Macht beraubt. Ayguade und Irujo, die katalanischen und baskischen Minister in der Zentralregierung, legten im August 1938 ihr Amt aus Protest gegen die tatsächliche Liquidierung des national-iberischen Pluralismus nieder, der schließlich als eine der demokratischen Errungenschaften der Volksfrontrepublik dargestellt worden war. Bei all diesen zentralistischen und autoritären Maßnahmen kann man wirklich meinen, dass die „Identifizierung mit dem Feind" über den militärischen Rahmen hinausging, als ob die Mystik des starken Staates die „Verteidiger der Demokratie" schrittweise angesteckt hätte.

Was die Kollektivierungen betrifft, verstärkte sich die Offensive des neuen Staates gegen sie parallel mit den eben erwähnten autoritären Maßnahmen. Obwohl sie gleich nach den „Mai-Tagen" von der

31 Ebenda, S. 285-286.

32 Über die JSU vgl. Anmerkung XIV im Anhang.

Regierung Negrin für illegal erklärt wurden (vgl. das Kapitel über die Kollektivierungen), verschwanden sie nicht einfach. Gegen diesen oft passiven, aber immer hartnäckigen Widerstand der Arbeiter griff die Regierung immer wieder zu Drohungen und Einschüchterungsvorschriften und -maßnahmen, um das zu liquidieren, was für jede Macht der Skandal aller Skandale ist – die Arbeiterautonomie und -selbstverwaltung. Alle Beschlüsse – von denen der drakonischste der vom 11. August 1938 war – zielten auf die Militarisierung der Industrie. Als Vorwand galten immer wieder die Kriegserfordernisse: Dafür musste die Zentralregierung die Führung der Metallindustrie, der Bergwerke, des Transportwesens usw. in Katalonien direkt übernehmen. Diese „Übernahme" wurde von einer Armee von Bürokraten durchgeführt, die sich zumeist in den technischen und sonstigen Produktionsproblemen nicht auskannten, die aber wegen ihrer politischen Treue gegenüber der Regierung Negrin zu Kontrolleuren ernannt wurden. Um das im Kapitel über die Kollektivierungen bereits Gesagte nicht zu wiederholen, soll hier nur an den hartnäckigen Widerstand der Arbeiter gegen diese bürokratischen Maßnahmen erinnert werden. Es kam übrigens nie zur Weigerung, die von der Regierung verlangten Waffen, Panzer und Flugzeuge zu produzieren; im Gegenteil beklagten die Arbeiter die Unfähigkeit der Behörden und deren langsame Lieferung der zur Steigerung der Kriegsproduktion unerlässlichen Rohstoffe. Diese Unfähigkeit ging sogar so weit, dass manchmal Fabriken wochenlang die Arbeit einstellen mussten aus Mangel an Rohstoffen, die in den Windungen der Bürokratie verloren gegangen waren. Die Arbeiter gaben ihren Widerstand vor allem durch ihre Weigerung zu erkennen, wieder zu bloßen Ausführenden innerhalb eines Produktionsprozesses zu werden, der durch die Staatsbehörden bürokratisch gelenkt wurde. Da die in Katalonien immer noch mächtige CNT zusehen musste, wie auch sie durch die Zentralregierung ihrer Führungsrolle beraubt wurde, stand sie bei vielen Gelegenheiten zu den Arbeitern, während sie sich ansonsten zum Sprachrohr der Regierungsbeschlüsse machte.

Ähnlich wie in Aragon mussten die Landkollektivitäten in Katalonien eine regelrechte Offensive über sich ergehen lassen. Die durch die neue Regierungspolitik ermunterten Besitzer reichten vor den Gerichten Klagen ein, um die von den Bauern „illegal" beschlagnahmten Güter zurückzuerhalten – was ihnen manchmal sogar gelang. Sowohl in der Landwirtschaft als auch in der Industrie war immer wieder das Kräfteverhältnis für die vollständige – oder nicht vollständige – Durchsetzung der anti-kollektivistischen Regierungsmaßnahmen entscheidend. Wenn in diesem oder jenem Dorf die Kollektivität von der

Mehrheit der Bevölkerung unterstützt wurde, von anderen in der Gegend vorhandenen und gleichfalls recht gut verankerten umgeben war und von der CNT geschützt wurde, zögerten die Regierungsbehörden, es auf eine Kraftprobe ankommen zu lassen, und die Klagen der ehemaligen Besitzer blieben ohne Wirkung. Obwohl auch das Gegenteil vorkam. In der Industrie gelang es den Widerstand leistenden Arbeitern oft, den neuen Direktor und die Organe der Vormundschaft zu wichtigen Zugeständnissen zu zwingen. Dieser geheime Kampf dauerte bis zur militärischen Niederlage. Hätten die Republikaner gesiegt, so wäre er unvermeidlich wieder in Gang gekommen: Da der Krieg angeblich Zentralisierung, Disziplin und einen starken Staat unerlässlich machte, hätten die Arbeiter nach Kriegsende verlangt, nicht nur zur Selbstverwaltung zurückzukehren, sondern diese auch zu erweitern. Da aber selbstverständlich der Krieg nicht der einzige Grund war, weswegen die Bürokratie diese Selbstverwaltung ablehnte, hätte man dann versucht, eines der außerordentlichsten Abenteuer dieser Zeit gewaltsam zu vernichten.

*

Auf frappierende Weise tritt die Ironie in der zeitgenössischen Geschichte Spaniens dadurch auf, dass gerade das Franco-Regime das kommunistische Programm verwirklicht hat – und zwar die „bürgerliche Revolution". Sicher hat diese spätgeborene bürgerliche Revolution, die sieche Tochter syphilitischer Greise, weder denselben Glanz einer kulturellen und sozialen Erneuerung wie ihre fernen Schwestern, noch dieselbe Erweiterung der demokratischen Freiheiten (im Vergleich zur Vergangenheit) und denselben Rückgang der von den Vorfahren stammenden – vor allem religiösen – Vorurteile hervorgebracht. Es handelte sich um eine „rechte" bürgerliche Revolution, die die Industrialisierung des Landes durchführte, Produktivität und Lebensstandard erhöhte, die Bedeutung der Landwirtschaft in der Gesamtwirtschaft zurückgehen ließ und den Massenkonsum von Fernsehapparaten und Autos usw. einführte – unter der Fuchtel eines starken Staates und dem bleiernen Mantel der Tabus und der Mythen der nationalistischen moralischen Ordnung. Aber, um hier den Jargon der marxistischen Epigonen zu gebrauchen, die ökonomische Basis der bürgerlichen Revolution wurde geschaffen, wenn auch der politische Überbau anscheinend mit ihrer einfältigen Vorstellung nicht zusammenpasste. Deswegen leugnen übrigens die meisten spanischen „Marxisten" immer noch die wichtige wirtschaftliche Entwicklung, die unter dem Franco-Regime in Spanien stattgefunden hat. Wenn man ein Problem nicht lösen kann, so bleibt immer noch die „Lösung", es zu leugnen.

Das heutige Spanien und das Spanien des Jahres 1936 sind zweierlei: Die Unterschiede bestehen sowohl in der wirtschaftlichen und sozialen Landschaft, sowie in der Mentalität eines Teils der herrschenden Klassen als auch in Industrie und Landwirtschaft, Universität und Familie mit ihren jeweiligen Problemen (sogar die Kirche scheint neue Probleme zu haben).

Die oppositionellen politischen Parteien und Organisationen haben sich im kräftezehrenden Exil schlecht bewährt, und sie werden alle durch Krisen – nicht so sehr der Erneuerung, sondern der Stagnation – erschüttert. Die „neue Opposition im Innern" ist praktisch verschwunden oder hat sich in die alte eingegliedert, ohne sie zu erneuern.

Auch das Proletariat, das wirklich – und nicht ideologisch – die Hauptrolle in den geschilderten revolutionären Experimenten gespielt hat, hat sich verändert. Das damals so wichtige Landproletariat ist „auf dem Weg des Untergangs", was bekanntlich nicht ohne Dramatik vor sich geht. Was die Arbeiterklasse betrifft, ist sie überall in Europa auf dem Wege zur Integration; was nicht bedeuten soll, dass es zu keinen Streiks kommt – wie überall sonst in Europa – oder dass sie nicht verbissen um „freie Gewerkschaften" kämpft (die zu besser geeigneten Werkzeugen für die neue „Demokratisierungsetappe" werden sollen, von der viele Leute für die Zeit nach dem Franco- Regime träumen). In diesem Sinne stellt die spanische Revolution ohne Zweifel das letzte Beispiel für eine spezifisch proletarische, autonome und revolutionäre Aktivität dar (vgl. Anhang II).

Diese „pessimistische" Auffassung soll absolut nicht bedeuten, die spanische Gesellschaft sei eine konfliktlose Gesellschaft. Es gibt keine konfliktlose Gesellschaft, und Spanien entkommt dieser offensichtlichen Tatsache nicht. Es bedeutet ganz einfach, dass die heutigen Konflikte zum großen Teil auf andere Art und Weise stattfinden und sich gestalten. Da die spanische Gesellschaft nicht ohne Mühe – so wie es auch überall sonst der Fall war bzw. ist – zu einer „Industriegesellschaft" wird, wird sie immer mehr mit den modernen Konflikten der Industriegesellschaften zu tun haben. Was nicht ausschließt, dass archaische Konflikte – oft gewaltsam – erneut zutage treten können.

Und was ist mit den „revolutionären Aussichten"? Denn die Analyse einer so tiefgreifenden Revolution wie dieser, die durch die „objektiv" vereinigten Kräfte der alten Welt niedergeworfen wurde, weist auf den Begriff der Revolution selbst hin, wie er heute allgemein verstanden wird. Ich mache mir keine Illusionen: Die einen werden durch den

Bericht über diese „Niederlage" in ihrer Kritik an der „Spontaneität" verstärkt, während andere in die symbolischen Sümpfe der Wiederholung geraten und sich festfahren.

Sicher bleibt aber, dass alle „siegreichen" Revolutionen, die sich – sei es vorher, während oder nachher – auf den Marxismus-Leninismus beriefen, Ungeheuer hervorgebracht haben, Diktaturen der Dummheit und der Polizei und bedrückende Maschinen zur Ausbeutung und Entfremdung der Individuen. Sogar die wirtschaftlichen Probleme – die noch vor kurzem als Eckpfeiler im Erfolg der so genannten sozialistischen Länder galten – haben sie nur schlecht oder gar nicht gelöst, vom qualitativen Standpunkt aus ist die Produktion dort genauso absurd wie sonstwo, während sie vom quantitativen noch geringer ist. Sicher bleibt aber weiter, dass alle diejenigen, die in Spanien – zum Beispiel – etwas tun wollen, um die Gesellschaft vom Würgeisen der nationalistischen und klerikalen Ordnung zu befreien, gegen die Trümmer des Marxismus-Leninismus prallen werden, die immer noch in den Organisationen und den Köpfen stecken geblieben sind. Sicher bleibt aber auch, dass alle Revolutionen libertären Typs wie diejenige, über die in diesem Buch berichtet wird, niedergeschlagen worden sind. Das stellt immerhin einige kleine Fragen in Bezug auf den großen Gedanken des 19. Jahrhunderts, nach dem die Revolution nur einige Tage einer einzigen begeisterungsvollen Bewegung brauchen würde, um mit der kapitalistischen Ungerechtigkeit und Ausbeutung Schluss zu machen und die klassenlose „gute Gesellschaft" hervorzubringen.

Und doch, ja doch: Lange Zeit vor 1936 in Katalonien und lange Zeit nachher, unter anderem im Mai 1968, leuchtet hier und dort der rote Faden der libertären, anti-hierarchischen und Selbstverwaltung fordernden Revolution. Obwohl sie heute wie gestern niedergeschlagen wird, ersteht sie anderswo wieder aus der Asche, und diese tiefe, unzähmbare, unbesiegte und unbesiegbare Bewegung, auch wenn ihr Gesicht manchmal veränderte Züge oder ein Zucken bekommt, bleibt im Wesentlichen – nämlich dem Recht der Individuen darauf, über sich selbst zu verfügen – in der ganzen Entwicklung der neueren Geschichte gleich. Für mich ist diese Bewegung die einzige wirklich revolutionäre Bewegung, die keine Macht und kein – „linker" oder „rechter" – Führer je endgültig wird bändigen können. Wenn die Revolution neu erfunden werden muss, wie ich es meine, so kann das nur von dieser Bewegung aus geschehen, oder besser gesagt: Diese Bewegung – ohne Führer, Parteien und Fahnen – wird sie vielleicht neu erfinden.

Paris, 1972

ANHANG

I. ÜBER DIE AUFSTÄNDE VOM OKTOBER 1934

Im Oktober 1934 brach in Spanien eine Reihe von Aufständen – von denen einige scheiterten – gegen die reaktionäre Regierung der „Radikalen" unter Lerroux und der CEDA aus, deren starker Mann Gil Robles war, auch wenn er nur Kriegsminister war. Der wichtigste war der Asturien-Aufstand, wo die bewaffneten Arbeiter 15 Tage lang der Armee Widerstand leisteten, die sie schließlich niederwarf. In Katalonien verliefen die Ereignisse komplizierter. Companys, von Dencas, dem Führer der „Estat Catala" („Der katalanische Staat", einer durch den Mussolini-Faschismus stark beeinflußten nationalistischen Organisation, die 1937 gegen die Libertären marschierte) bedrängt, versuchte das Aufstandsprojekt auszunutzen, das aus der Initiative des linken Flügels der Sozialistischen Partei entstanden war und überall außer in Asturien bald missglückte. Am 5. Oktober verkündete Companys vom Balkon des Generalitatspalastes, und anscheinend ohne eine Spur von Überzeugung, die Unabhängigkeit des katalanischen Staates innerhalb der spanischen Föderation. Madrid schickte Truppen, um die Sezession zu liquidieren. Companys wollte die CNT (die übrigens diesem nationalistischen Putsch feindlich gegenüberstand, dessen führende Anstifter genauso ihre Feinde waren wie die Madrider Zentralregierung) um ihre Beteiligung bitten, aber Dencas und der Polizeichef Badia, die beiden Putschführer, hatten das entschieden abgelehnt. Die Polizei nutzte den Putsch sogar aus, um militante Anarchisten zu verhaften. Alles ging sehr schnell zuende, die Armee umzingelte die Generalitat, erstürmte sie dann und nahm Companys gefangen, ohne dass es zu wirklichem Widerstand gekommen wäre. Die „escamots" (Mitglieder der militärischen Organisation faschistischen Typs von Dencas) nahmen nicht einmal am Kampf teil, und Dencas floh ins faschistische Italien. Brenan zufolge („El laberinto español" – „Das spanische Labyrinth") war der Putsch von der CEDA und den Monarchisten mit dem Ziel angezettelt worden, die katalanische Autonomie zu liquidieren, wobei sich Dencas und der Polizeichef Badia als Agents provocateurs betätigt haben – übrigens prahlte Gil Robles damit im Abgeordnetenhaus.

Der CNT-FAI ist ihre Passivität in diesen Ereignissen in Barcelona vorgeworfen worden. Sie hätte nicht zugunsten des Faschisten Dencas und auch nicht des – vom Dencas manipulierten – Republikaners Companys handeln sollen, sondern sie hätte den in der CNT-UGT-Allianz organisierten asturianischen Bergarbeitern helfen müssen, die in Oviedo belagert wurden. Obwohl einige von ihnen diese Kritik für berechtigt hielten, schoben die Anarchisten sie im allgemeinen von sich, indem sie behaupteten, es wäre absurd gewesen, zwischen der katalanischen und der „Madrider" Reaktion wählen zu wollen; desweiteren sei auch die CNT „nach den Aufständen im Januar 1932, Januar und Dezember 1933 dezimiert worden, sie habe eine grausame Repression ertragen müssen und Tausende von Militanten seien verhaftet worden" (César M. Lorenzo; „Les anarchistes espagnols et le pouvoir" – „Die spanischen Anarchisten und die Macht"). Dieses Argument sollte sowohl für Barcelona als auch für Madrid oder Saragossa gelten.

II. ÜBER DIE ARBEITER, DAS PROLETARIAT UND DIE „ARBEITERBEWEGUNG"

Um jede Unklarheit zu vermeiden, halte ich es für nützlich, folgendes zu präzisieren: Wenn ich von Arbeitern und vom Proletariat spreche, belaste ich diese Worte nicht mit ideologischer Bedeutung. Die Metall- und Textilarbeiter, die Eisenbahner, Landarbeiter usw. bilden das Proletariat. Ich glaube keineswegs an die besondere, außergewöhnliche Rolle, die gemäß dem Marxismus dem Proletariat als einer Klasse zukommen soll, als Trägerin der sozialistischen Revolution, durch ihre Befreiung alle Klassen zu befreien und die gute klassenlose Gesellschaft einzuführen. Den verschiedenen Nuancierungen und widersprüchlichen Hinzufügungen der Epigonen stimme ich noch weniger zu – so zum Beispiel, dass die Arbeiterklasse, die von Natur aus diejenige ist, die die Menschheit befreien soll, nicht allein über die trade-unionistische Theorie und Praxis hinauskommen könne (Lenin). Erst die Partei mache es möglich, dass sie sich ihrer selbst und ihrer historischen Aufgabe bewusst würde, so dass die Partei zum unerlässlichen Werkzeug für die politische Machtergreifung (die also für diese Epigonen dasselbe wie die Revolution ist) wird. So ist allmählich in der marxistischen Orthodoxie die Partei an die Stelle der Klasse getreten und das – und einzig und allein das – ist „Arbeitersache" oder „proletarisch", was in die Linie der marxistisch- leninistischen Partei (bzw. des Staates) passt.

So wird man in Katalonien beobachten, wie zum Beispiel Metallarbeiter unmöglich, Polizeikommissare aber sehr wohl „Arbeiter" sein können – erstere üben ja eine „kleinbürgerliche Tätigkeit" aus, indem sie die Selbstverwaltung einführen wollen, während letztere Klassenpositionen einnehmen, da sie in der Partei sind. Diese jesuitische Schande gilt heute noch als Faustregel in allen Parteien, Gruppen oder Grüppchen der verschiedenen marxistisch-leninistischen Etikettierungen. All das ist falsch. Genauso falsch ist es auch zu denken, die Klassen seien eindeutig.

Darüberhinaus möchte ich noch einen bestimmten Punkt präzisieren: Ohne Proletariat und „Arbeiterbewegung" (Parteien, Gewerkschaften, Herren Professoren, geistige Strömungen, Veröffentlichungen, Vereine, Häuser des Volkes usw.) zu verwechseln, muss doch festgestellt werden, dass beide zusammen in der Vergangenheit eine sehr wichtige, globale Macht der Kritik an der Gesellschaft ausmachten, die sie heute nicht mehr darstellen. Im Laufe der Zeit, der Kämpfe und der Weiterentwicklung der modernen Gesellschaften sind Parteien und Gewerkschaften zu Integrierungswerkzeugen der Arbeiter in diese Gesellschaft geworden. Selbstverständlich besaßen sie diesen Zug von Anfang an, und sei es auch nur dadurch, dass sie in ihrer Mitte die in der bürgerlichen Gesellschaft vorhandene Werte- und Ämterhierarchie mehr oder weniger angepasst wiederhergestellt haben. Das aber, was am Ausgangspunkt nur eine Tendenz war, ist jetzt zum Hauptmerkmal geworden.

Das durch die „Arbeiterbewegung" manchmal „vertretene" und manchmal „verratene" Proletariat spielte seinerseits mehr als einmal in der Geschichte der sozialen Kämpfe auf autonome Weise die Hauptrolle, indem es seine spezifischen Interessen unmittelbar in seine Hände nahm, ohne oder sogar gegen die Vermittlung der Organisationen, die ihre Vertreter zu sein behaupteten. *Jedesmal, wenn das Proletariat so gehandelt hat, handelte es in einem libertären Sinn* bzw. in einem anti-autoritären, wie man heute zu sagen pflegt.

1905 hatten die russischen Arbeiter die Sowjets geschaffen. Lenins und Trotzkis sozialdemokratische Partei konnte ihnen bloß *befehlen*, sich ihr Programm zu eigen zu machen oder sich *aufzulösen*. Hier liegt das ganze Problem. Die Proletarier (im hier definierten Sinne) haben die quasi-generalisierte Selbstverwaltung in Katalonien durchgeführt, sowie alle anderen revolutionären Experimente, über die dieses Buch berichtet. Doch es muss auch festgestellt werden, dass das Proletariat außer bei einigen neuen Experimenten in den „Volksdemokratien" immer seltener autonom und revolutionär handelt, so dass man sich fragen kann, ob die katalanische Revolution nicht vielleicht die letzte große Manifestierung dieser revolutionären Spezifität des Proletariats gewesen ist, die es in zahlreichen vergangenen Kämpfen die wirkliche Hauptrolle hatte spielen lassen.

Diese revolutionäre Spezifität hat mit der großen, außergewöhnlichen Rolle, dem dem Proletariat von Marx zugeschriebenen historischen Schicksal, nur wenig zu tun – aus einer ganzen Reihe von Gründen, deren Analyse hier zuviel Zeit in Anspruch nehmen würde. Einer dieser Gründe ist aber die Entwicklung des Proletariats selbst, die breite Sektoren der Arbeiterklasse zur Integration in die sogenannten Konsumgesellschaften geführt hat, die aus ihnen die konservativsten und härtesten Kerne der „schweigenden Mehrheit" machte, während andere Sektoren sich in „wilde Streiks" und sonstige Aktionen stürzen, die in eigener Weise an der modernen anti-autoritären Bewegung teilhaben. Konnte man in der Vergangenheit oft ins Blaue hinein vom Proletariat reden, so wäre es heute meiner Meinung nach richtiger, von Proletariern zu sprechen.

III. ÜBER DIE VERPROVIANTIERUNG UND DIE NEUEN SCHULEN

„Das Zentralkomitee der Verproviantierung (das aus dem entsprechenden Zweig im Milizenkomitee entstanden war) wurde damit beauftragt, all das zu planen, was die Nahrungsmittelproduktion und den Konsum betraf (Steuern und Festetzung der Preise; Kontrolle von Läden und Lagerhäusern, Groß- und Kleinhandel, Genossenschaften, Bäckereien, Nahrungsmittelfabriken; Getreideernte in Aragon und der Levante-Provinz; Verteilung von Lebensmitteln und Kleidung; Einkauf im Ausland) und die immer noch unversorgten Milizen, die Kontrollpatrouillen und die Bevölkerung (Restaurants, Volksheime und Krankenhäuser) zu verproviantieren. Es bestand aus Delegierten der verschiedenen Parteien und Gewerkschaften: drei aus der CNT (Valerio Mas, Facundo Roca und José Juan Domenech, zwei aus der FAI (Juanel und Manuel Villar), drei aus der UGT und einem aus der POUM, drei aus der ‚Esquerra', einem aus der ‚Rabassaires'-Union und einem Techniker." (César M. Lorenzo, a.a.O., S. 114). Ich möchte nur hinzufügen, dass man zwischen dieser Planung und der Wirklichkeit sehr oft unter Zuhilfenahme von Improvisation, Phantasie und der Kunst, sich auf verschiedenen Gebieten weiterzuhelfen, handeln musste. Gleichfalls fanden zahlreiche direkte Tauschgeschäfte zwischen den

Kollektivitäten (landwirtschaftlichen und industriellen oder landwirtschaftlichen untereinander usw.) ohne die Vermittlung dieses Komitees statt.

Was die „Einheitsschule" betraf, kann man im „Goldenen Buch der spanischen Revolution" lesen, dass es im Juli 1936 in Barcelona nur 34.431 schulbesuchende Kinder gab, während es im Juli 1937 116.846 waren, die auf 151 neue Schulen verteilt worden waren (die von mir angegebene Zahl von 102 bezieht sich auf die ersten Wochen nach dem militärischen Putsch).

IV. ÜBER DIE KONFLIKTE INNERHALB DER CNT

Die Geschichte der CNT ist auch die Geschichte ihrer Konflikte und Spaltungen. Nicht einverstanden mit den Orientierungen dieses oder jenes Kongresses erklärten sich ganze CNT-Gewerkschaftsföderationen während mehr oder weniger langen Perioden für autonom. Eine der längsten Abspaltungen war die von Angel Pestañas, der im April 1933 die Syndikalistische Partei (?) gründete. Pestaña war ein ziemlich bekannter CNT-Führer – er war mehrmals Nationalsekretär gewesen – und Mitglied der „gemäßigten" Tendenz, die den „Abenteuern" und dem „Terrorismus" bestimmter anarchistischer Sektoren Schranken setzen und eine „feste", „verantwortliche" usw. Arbeiterbewegung bilden wollte, die sich auf klassische Weise in eine Gewerkschaft und eine politische Partei mit getrennter „Aufgaben"verteilung gliedern sollte. Pestaña erklärte, dass er mit dem Anarchismus gebrochen hätte, ohne jedoch dadurch ein Marxist geworden zu sein. Er wünschte sozusagen eine „Synthese" oder eine „Überwindung" der beiden Strömungen der Arbeiterbewegung. Die CNT widersetzte sich der Syndikalistischen Partei sehr feindselig, die sie als einen Spaltungsfaktor betrachtete. (Wenn in den hier zitierten Dokumenten das Wort „Syndikalist" gebraucht wird, so handelt es sich um Mitglieder der Syndikalistischen Partei und Jugend). Die Syndikalistische Partei, die immer eine sehr kleine Minderheit gegenüber der CNT-FAI war, verschwand während des Bürgerkriegs; einige ihrer Mitglieder – so auch Pestaña selbst – traten der CNT wieder bei.

V. ÜBER DIE MACHT

Man braucht nur um sich zu blicken, um festzustellen, zu welchem schlecht bezahlten Roboter der Arbeiter, wie übrigens die Mehrheit der Bürger, in den „Arbeiter"staaten gemacht wird. Er kann jedoch keinen Protest erheben, ohne sich als Verteidiger des Kapitals zu entpuppen oder in den wildesten Wahnsinn zu geraten, da er sich ja selbst durch den Staat ausbeutet, der seine eigene Sache ist! Ein Wunder der Kasuistik! Für unsere Fanatiker der Diktatur des Proletariats steht nicht die Abschaffung des Staates, dieser „übernatürlichen Missgeburt der Gesellschaft", auf dem Spiel, sondern im Gegenteil dessen ständige Verstärkung auf jedem Gebiet – unter der Bedingung, dass dieser Staat erklärt, er „verteidige die historischen Interessen der Arbeiterklasse". Man kann recht gut sehen, wohin das geführt hat und wie sehr Arbeiter, Bauern und andere Menschen in den „sozialistischen" Ländern unter diesem historischen Schutz leiden mussten. Wenn man von der großen Mehrheit derer liest, die sich für Revolutionäre ausgeben, ihnen zuhört oder zusieht, wie sie handeln, sieht es wirklich so aus, als ob die Menschen die Totalität ihrer Wünsche und die Verwirklichung ihrer Träume auf ewig einer Handvoll Spezialisten, Weisen und Führern anvertrauen müssten; als ob es nicht nur unmöglich, sondern viel schlimmer: „objektiv reaktionär" wäre, gegen eine Macht zu kämpfen, deren Ungerechtigkeiten, Entfremdungen, Vorrechte und Ausbeutung – und oftmals Terror – man entlarvt, ohne gleichzeitig für eine andere Macht zu kämpfen, die als gut, richtig und gerecht „im Sinne der Geschichte" (als ob die Geschichte diesen Sinn haben könnte!) heiliggesprochen wird. Von dieser ideologischen Voraussetzung aus wird die vollständigste Unterwerfung unter und der unerschütterlichste Glaube an diese neue Macht trotz deren Ungerechtigkeiten, Entfremdungen, Ausbeutung und Verbrechen verlangt.

Die Natur der Macht ist uns zwar nicht gleichgültig – nebenbei gesagt: je weniger totalitär, desto besser ist sie – aber es hat in Katalonien, wie bei anderen Gelegenheiten, Menschen gegeben, die sich mit Recht geweigert haben, sich von der falschen Alternative fesseln zu lassen, nach der sich „in letzter Konsequenz" alle sozialen Kämpfe auf die Einführung einer „guten Macht" reduzieren lassen. Denn es gibt keine gute Macht. Jede hierarchische Gesellschaft bringt mehr oder weniger streng Ausbeutung, Entfremdung und Unterdrückung mit sich. Warum wäre sie sonst hierarchisch? Die Idee einer „proletarischen Macht" muss ein für allemal entheiligt werden – gemäß der die Proletarier diejenigen sind, die nicht an der Macht sind und die man ewig auf die Rolle bloßer Ausführender beschränkt sehen möchte. Die in Katalonien gestellte und letzten Endes nicht gelöste Frage (wird sie aber je gelöst werden?) heißt: Besteht die Revolution darin, die „kapitalistische" Hierarchie zu brechen, um sie durch eine andere zu ersetzen, die trotz vielfacher Erfahrungen immer noch für gerechter gehalten wird – übrigens vor allem deswegen, weil man denkt, sie sei den modernen Produktionserfordernissen besser angepasst (worin wir die kaum veränderten kapitalistischen Ziele wiederfinden)? Oder wird es den Menschen endlich gelingen, auf Tabus und Mythen verzichten zu können und es abzulehnen, der Macht – dieser Art ungeheuerlichem Vater – weiterhin die Gestaltung ihres Lebens anzuvertrauen, um sich statt dessen im Rahmen einer weder autoritären noch hierarchischen Demokratie zu organisieren? Zumindest das wurde in Katalonien versucht, und für mich stellt letzten Endes dieser Versuch das Wesentliche dar, denn er brachte Hunderttausende von Menschen dazu, mehrere Monate lang in einer Situation der quasi totalen Insubordination und Kreativität zu leben. Wurde die nicht hierarchische Demokratie auch nicht institutionalisiert – kann sie es überhaupt werden? –, so wurde sie doch eine Realität, die einen offenen Kampf gegen die neue bürokratische Macht geführt hat.

VI. ÜBER DEN RÜCKTRITT PRIETOS (MÄRZ 1938)

César M. Lorenzo berichtet relativ ausführlich über diese „Verschwörung", die noch nie offiziell von der CNT-FAI eingestanden worden war, auch wenn viele darüber Bescheid wussten. Hier ein kurzer Abriss dessen, worum es ging: Im März 1938 ging das Gerücht eines eventuellen Rücktritts des Verteidigungsministers Indalecio Prieto um. Die CNT sandte eine Delegation mit Galo Diez, Segundo Blanco und Horacio Prieto zum Minister, um ihn darum zu bitten, seinen Posten nicht zu verlassen. Aber Prieto bestätigte seine Absicht, aus zwei wesentlichen Gründen zurücktreten zu wollen. Zuerst sei die kommunistische Unterwanderung seines eigenen Ministeriums so stark, dass er ihr „Gefangener" sei; Ministerpräsident Negrin unterstütze die Kommunisten gegen ihn. Zum zweiten halte er den Krieg für verloren und es folglich für notwendig, zu einem Kompromissfrieden zu gelangen. Die CNT-Delegation erklärte sich anscheinend mit der Analyse des Ministers einverstanden, sie gab aber zu bedenken, dass die kommunistische Unterwanderung, falls er zurücktrete, nur noch beschleunigt würde. Die CNT-Mitglieder schlugen einen „Putsch" vor, um die

Beschlagnahme der Macht durch die Kommunisten zu beenden. Es scheint, dass den anarchistischen Truppen Befehle zur Vorbereitung dieses Coups zur Beseitigung der Kommunisten erteilt wurden (obwohl Lorenzo nicht davon spricht). Prieto erklärte, er sei „tief bewegt", akzeptiere den Putsch aber nicht. Darüber wurde bei einer kurz danach in Barcelona einberufenen CNT-Vollversammlung noch auf nationaler Ebene diskutiert. Die Delegierten lehnten jeden „Kompromissfrieden" kategorisch ab, sie zögerten aber mit den zur Verbesserung der Lage notwendigen Maßnahmen. Schließlich entschieden sie sich dafür, wieder in die Regierung einzutreten (Lorenzo geht über diese kühne Entscheidung schnell hinweg!). Prieto legte sein Amt nieder, Negrin wurde zusätzlich zum Ministerpräsident auch Verteidigungsminister und Segundo Blanco CNT-Minister für Bildung und Gesundheit.

VII. ÜBER DIE HINRICHTUNGEN IN ARAGON

In seinem Buch „La República española y la guerra civil" („Die spanische Republik und der Bürgerkrieg"), schreibt Gabriel Jackson über die Hinrichtungen (es sei nebenbei darauf hingewiesen, dass dieser Autor – den Noam Chomsky in seinem schon erwähnten Essay auf brillante Weise kritisiert hat – sich über die anarchistischen Experimente mehr als zurückhaltend äußert): „In einigen Dörfern wurden der Pfarrer, die Zivilgardisten, die wichtigsten Grundbesitzer erschossen, sowie diejenigen, die einen freien Beruf ausübten und Anhänger der alten Ordnung waren oder solche sein sollten. In Gemeinden mit mehreren Tausend Einwohnern belief sich die Zahl der Ermordungen auf 4/5 bis 35/40, und sie waren im allgemeinen in Andalusien und in Südosten zahlreicher als in der Levante und in Katalonien… [Zweifellos nicht zufällig ging dagegen die soziale Revolution in Katalonien und der Levante viel weiter, C. S-M.] (…) Andererseits haben wir zahlreiche Zeugnisse davon, wie Durruti persönlich eingriff, um die Ermordung von Grundbesitzern zu verhindern, die den militärischen Putsch nicht unterstützt hatten, und die nur deswegen verurteilt wurden, weil sie Katholiken, Monarchisten oder Lerroux-Anhänger [ein rechter Politiker, C. S-M.] waren." Von solchen Zeugnissen zitiert Jackson folgende: „In einer privaten Unterhaltung mit zwei monarchistischen Grundbesitzern – der eine war Universitätsprofessor und der andere ein Anwalt – konnte ich eine energische Verteidigung des aktiven Widerstands Durrutis gegen die Ermordungen verfolgen." (Es handelte sich dabei um die Ereignisse in Aragon).

Hier die schauerliche Bilanz der Toten in Jacksons Buch (S.446)

100.000	Tote	auf den Schlachtfeldern,
10.000	"	durch Bombenangriffe,
50.000	"	durch Unterernährung und Krankheit (während des Bürgerkrieges),
20.000	"	durch politische Vergeltungsmaßnahmen in der republikanischen Zone,
200.000	"	durch politische Vergeltungsmaßnahmen in Francos Zone während des Krieges,
200.000	"	„rote" Gefangene, die entweder hingerichtet oder im Gefängnis wegen Krankheit und schlechter Behandlung gestorben sind (zwischen 1939 und 1943).

Auch wenn andere Kommentatoren noch höhere Zahlen angeben (1 Million Tote), so weisen doch alle einstimmig darauf hin, dass die faschistische Repression während des Krieges und danach bei weitem die meisten Toten gefordert hat.

VIII. ÜBER B. DURRUTIS TOD (20. NOVEMBER 1936)

Buenaventura Durruti wurde „an der Frontlinie" in Madrid getötet, man weiß aber nicht genau von wem. Einige sagen, er sei von einer feindlichen Kugel getroffen worden, andere dagegen, dass er von seinen eigenen Truppen getötet wurde, als er sie am Rückzug hindern wollte. Es wurde auch ein politischer Mord ins Auge gefasst und die Kommunisten haben es manchmal für möglich gehalten, dass er von anarchistischen Extremisten ermordet wurde, da er den politischen Positionen der KP näher gekommen sei. Dafür gibt es aber nicht die geringsten Anzeichen. Dagegen beschuldigen einige Anarchisten die Kommunisten dieses Mordes – sie hätten einen allzu populären Rivalen loswerden wollen. Wie dem auch sei, jeder stritt sich mit schöner Verbissenheit um seine Leiche, kaum dass er tot war. Die Kommunisten zitieren einen einzigen kleinen Satz von ihm („Wir verzichten auf alles – nur nicht auf den Sieg!"), um ihre These zu rechtfertigen, nach der Durruti der Partei nähergekommen sei. Die Anhänger einer Beteiligung an der Regierung unter den anarchistischen Führern berufen sich auf Durruti, der die Militarisierung seiner Kolonne akzeptiert hatte, was für sie bedeutete, er bürge für ihre Politik des Kompromisses. Noch heftiger berufen sich aber die unnachgiebigen Anarchisten auf ihn wegen seiner außergewöhnlichen Vergangenheit als Revolutionär, seiner Aktionen in Barcelona und in Aragon usw. Einige von ihnen gründeten sogar innerhalb der CNT eine Gruppe, die sie „Die Freunde Durrutis" nannten. Vorteilhaft bei einer Leiche ist, dass man ihr fast alles in den Mund legen kann, was man will.

IX. DIE ZUSAMMENSETZUNG DER REGIERUNG CABALLERO (5. SEPTEMBER 1936)

Hier ist die Liste der ersten Regierung Caballero:

Ministerpräsident und Kriegsminister: F. Largo Caballero (Sozialist); Außenminister: Julio Alvarez del Vayo (Sozialist); Justizminister: Mariano Ruiz Funes (Republikanische Linke); Minister für Marine und Luftwaffe: Indalecio Prieto (Sozialist); Finanzminister: Juan Negrin (Sozialist); Innenminister: Angel Galarza (Sozialist); Minister für Bildung und Kultur: Jesus Hernandez (Kommunist); Minister für Arbeit, Gesundheit und Soziales: José Tomás Piera (Republikanische Esquerra); Landwirtschaftsminister: Vicente Uribe (Kommunist); Minister für Industrie und Handel: Anastasio de Gracia (Sozialist); Minister für Transport und der Handelsmarine: Bernardo Giner de los Rios (Republikanische Union); Minister ohne Portfolio: José Giral.

Am 4. November 1936 wird die Regierung durch den Eintritt der Anarchisten folgendermaßen verändert:

Präsident und Kriegsminister: Largo Caballero; Außenminister: Alvarez del Vayo; Marine und Luftwaffe: Prieto; Finanzen: Negrin; Bildung: Hernandez; Justiz: García Oliver (CNT); Innenminister: Galarza; Arbeit: de Gracia; Landwirtschaft: Uribe; Öffentliches Bauwesen: Julio Just; Transportwesen: Giner de los Rios; Industrie: Juan Peiro (CNT); Handel: Juan Lopez (CNT); Gesundheit: Federica Montseny (CNT); Propaganda: Carlos Espla; Minister ohne Portfolio: José Giral, Manuel de Irujo und Jaime Ayguadé.

X. ÜBER DEN ZUSAMMENSTOSS CASADOS MIT DER KP (MADRID, MÄRZ 1939)

Im März 1939, als der Krieg militärisch schon verloren war, erschlugen die verschiedenen Fraktionen im republikanischen Lager einander mit unglaublicher Leidenschaftlichkeit. Am 5. März besetzte

Negrin alle wichtigen militärischen Posten mit Kommunisten, angeblich um den Widerstand bis zum Ende zu organisieren. Aber dieser „Widerstand" dauerte nur einige Tage. Der KP kam es eigentlich darauf an, die Evakuierung zu organisieren, und das tat sie auch. Aber Oberst Casado bildete in Madrid eine Junta, in der alle antifaschistischen Organisationen (außer der KP) vertreten waren, und rebellierte gegen die Regierung Negrin. Die Casado-Junta (die durch englische Vermittlung Kontakt mit dem Feind hatte) erklärte, sie wollte einen „ehrbaren Frieden" aushandeln. Es sollte aber genauso wenig zu einem „ehrbaren Frieden" wie zu einem Widerstand auf Leben und Tod kommen. Überall fanden Scharmützel zwischen Anhängern und Gegnern der Negrin-KP-Regierung statt. Die Kämpfe in Madrid haben 2.000 Tote gekostet. Dann schloss die KP, deren Truppen durch die von Cipriano Mera besiegt worden waren, einen Kompromiss mit der Casado-Junta, der akzeptiert wurde. Francos Truppen brachten „alle unter einen Hut", als sie Madrid besetzten. Danach blieb nur die wilde Flucht, Schlägereien, um an Bord eines Schiffes zu gelangen, und die politische Repression, die in Spanien wütete.

XI. ÜBER DIE „MAROKKANISCHE AFFÄRE"

Am Beispiel der „marokkanischen Affäre" lässt sich die inkohärente, opportunistische und kurzsichtige Haltung der republikanischen Behörden recht gut veranschaulichen. Trotz der Versuche Berneris, Santillans und anderer revolutionärer Elemente, die republikanische Regierung dazu zu bringen, für die Unabhängigkeit des damals unter spanischer Herrschaft stehenden Marokko Stellung zu nehmen (nach Santillan soll das Milizenkomitee Kontakte in diesem Sinne mit marokkanischen Nationalisten hergestellt haben), hatte sich die republikanische Regierung – auch unter Largo Caballero – geweigert, um die beiden Kolonialmächte Großbritannien und Frankreich nicht zu verärgern (aber klar!). Stattdessen hat sie den Engländern und Franzosen angeboten, ihnen einen Teil oder sogar die gesamten spanischen Kolonien in Afrika gegen Hilfeleistung für die spanische Republik abzutreten. Nach Jesus Hernandez hatte die damals von Largo Caballero geführte republikanische Regierung auch die Möglichkeit ins Auge gefasst, Deutschland und Italien Gebiete in Afrika im Tausch gegen ihre Neutralität im spanischen Konflikt abzutreten. Wie man weiß, verliefen all diese Verhandlungen ergebnislos.

Eine Unabhängigkeitserklärung von „Spanisch"-Marokko hätte jedoch nicht nur „den Prinzipien" der spanischen Arbeiterbewegung „entsprochen" (die noch vor kurzer Zeit den Kolonialkrieg in Marokko bekämpft hatte), sondern sie hätte auch eine schwierige Lage für die Faschisten in Marokko geschaffen, einem von ihnen beherrschten Land, von dem aus der militärische Putsch ausgegangen war. In diesem Fall ergänzten sich „Prinzipien" und „Taktik", indem sie eine energische anti-kolonialistische Aktion nahelegten. Aber die republikanischen Stäbe werden noch einmal die Taktik der Suche nach einem Bündnis mit Frankreich und Großbritannien vorziehen, die eigentlich gar keines wollten. Wie zur Krönung wurde einer vollkommen rassistischen Propaganda gegen die als „barbarisch", „wild" usw. bezeichneten marokkanischen Truppen freien Lauf gelassen. (Über Marokko vgl. die schon erwähnten Bücher von Broué und Témime, B. Bolloten und Jesús Hernández)

XII. ÜBER DIE POLITISCHEN MORDE IN BARCELONA

Selbstverständlich fielen nicht alle 500 Toten (einige Berichterstatter sprechen von der doppelten Anzahl) in den Straßenkämpfen. Den wilden Kämpfen muss eine beeindruckende, aber nur wenig bekannte Liste von politischen Morden hinzugefügt werden. Es ist sehr leicht, einen Mord zu tarnen, indem man die Leichen auf der Straße in der Nähe von Stellen liegen läßt, wo geschossen worden war. Außer den Fällen von Berneri und Barbieri sind noch mehrere bekannt, bei denen es sich offensichtlich um Morde handelt – so zum Beispiel Alfredo Martinez, der Führer des Regionalkomitees der Libertären Jugend und Sekretär der Revolutionären Front der Jugend (Libertäre Jugend, POUM-Jugend und „Syndikalisten"), der zum Lokal der (stalinistischen) JSU zu Verhandlungen ging und verschwand... Erst einige Tage später wurde seine Leiche gefunden! So Juan Rúa, ein junger Intellektueller aus Uruguay, gleichfalls Mitglied des LJ-Regionalkomitees und Verantwortlicher für die Verbindung mit der aragonesischen Front, der in Tortosa festgenommen, mit „unbekanntem Ziel" verschleppt und zusammen mit anderen Anarchisten erschossen wurde. Im „Solidaridad Obrera" vom 11. Mai werden folgende Mordfälle denunziert: zwölf CNT-Militante im Viertel San Andrés, die von der Polizei festgenommen worden waren, bevor ihre Leichen, von einem „mysteriösen" Krankenwagen gebracht, auf dem Sardanola-Friedhof gefunden wurden; fünf weitere, in Eroles erschossene Anarchisten, sowie eine ganze

Reihe von standrechtlichen Hinrichtungen in der Provinz, besonders in Tarragona und Tortosa.

Natürlich waren nicht alle Opfer der standrechtlichen Hinrichtungen CNT-Mitglieder.

XIII. DIE ZUSAMMENSETZUNG DER KATALANISCHEN REGIERUNG NACH DEN „MAI-TAGEN"

Hier die Liste der neuen katalanischen Regierung:

Ministerpräsident: Luís Companys. Für die CNT: Valerio Mas. Für die UGT: Rafael Vidiella. Für die „Republikanische Esquerra": Marti Faced. Für die „Rabassaires-Union": J. Pons. Diese Regierung war dieselbe wie diejenige, die während der Kämpfe gebildet worden war, nur ersetzt Rafael Vidiella den getöteten Antonio Sesé.

Neu innerhalb der Generalitat war aber die Rolle der Zentralregierung: Sie sorgte direkt für die öffentliche Ordnung, wodurch die katalanische Autonomie eingeschränkt wurde, wie ich schon erwähnte. José Echevarría Novoa fungierte als Delegierter der Zentralregierung für Öffentliche Ordnung in Katalonien. Emilio Torres Iglesias (der gleichfalls von der Regierung in Valencia entsandt wurde) war Polizeichef und J.M. Díaz Ceballos Oberster Sicherheitskommissar für Barcelona.

XIV. ÜBER DIE ENTWICKLUNG INNERHALB DER JSU

Die Vereinigte Sozialistische Jugend (JSU) war kurz vor dem Bürgerkrieg nach der Verschmelzung der Kommunistischen und der Sozialistischen Jugend gegründet werden. Sie wurde aber sehr schnell „stalinisiert" und jede interne Demokratie unterdrückt, so dass sie zum fügsamen Satelliten der KP in ihrer opportunistischen rechten Politik wurde. Santiago Carrillo hatte am 15. Januar 1937 in Valencia erklärt: „Wir kämpfen nicht für eine soziale Revolution. Unsere Organisation ist weder sozialistisch noch kommunistisch. Die JSU ist keine marxistische Jugendorganisation" (Vgl. Broué und Témime). Doch bald wurde eine starke Linksopposition innerhalb der JSU tätig. Sie übte Kritik an der bürokratischen Diktatur der Führung und verlangte eine revolutionäre Orientierung. Diese Opposition sozialistischer Herkunft war in den Föderationen Asturiens und der Levante vorherrschend. Man kann sagen, dass sie die extreme Linke in der linkssozialistischen Tendenz (einiger UGT-Föderationen und der Caballero-Anhänger innerhalb der

Sozialistischen Partei) darstellte. Rafael Fernandez und José Gregori, die jeweiligen Sekretäre der Föderationen Asturien und Levante, traten aus dem JSU-Nationalkomitee aus Protest gegen die Carrillo-Linie zurück. Dieser beschimpfte sie als Trotzkisten und Hitler- und Franco-Anhänger. Aber die JSU-Linksopposition sollte nach der Bildung der Regierung Negrin dasselbe Schicksal ereilen wie die Caballero-Anhänger. Nachdem die Eroberung Asturiens durch die faschistischen Truppen sie ihrer Hauptbasis beraubt hatte, wurde sie durch die gemeinsame Aktion der Regierungskoalition der Kommunisten, Rechtssozialisten und Republikaner auf der einen und der bürokratischen Manöver der stalinistischen JSU-Führung – Santiago Carrillo, Ignacio Gallego, Fernando Claudio, Federico Melchor u.a. – auf der anderen Seite systematisch kaltgestellt.

VERZEICHNIS DER ABKÜRZUNGEN

AIT	*Alliance Internationale des Travailleurs* (Internationale Arbeiterassoziation)
CEDA	*Confederación Española de Derechas Autónomas* (Spanische Konföderation der Autonomen Rechten)
CGT	*Confédération générale du travail* (Allgemeiner Gewerkschaftsbund in Frankreich)
CGTU	*Confederación General del Trabajo Unitaria* (Generalkonföderation der vereinigten Arbeit)
CNT	*Confederación Nacional del Trabajo* (Nationale Konföderation der Arbeit)
GEPCI	*Federación Catalana de Gremios y Entidades de Pequeños Comerciantes e Industriales* (Katalanische Föderation der Vereinigung von Kleinhändlern und Unternehmern)
FAI	*Federación Anarquista Ibérica* (Iberische anarchistische Föderation)
FÍJE	*Federación Ibérica de Juventudes Libertaria*s (Iberische Föderation der libertaren Jugend)
GPU	*Gossudarstwennoje polititscheskoje uprawlenije* (Vereinigte staatliche politische Verwaltung), Geheimpolizei der Sowjetunion (1922-1934)
JSU	*Juventudes Socialistas Unificadas* (Vereinigte Sozialistische Jugend)
KI	*Kommunistische Internationale*
KPdSU	*Kommunistischen Partei der Sowjetunion*
NKWD	*Narodny kommissariat wnutrennich del* (Volkskommissariat für innere Angelegenheiten), Sowjetische Geheimpolizei
PCE	*Partido Comunista de España* (Kommunistische Partei Spanien)
PCF	*Parti communiste français* (Kommunistische Partei Frankreichs)
POUM	*Partido Obrero de Unificación Marxista* (Vereinigte marxistische Arbeiterpartei)
PSOE	*Partido Socialista Obrero Español* (Sozialistische Arbeiterpartei Spaniens)
PSUC	*Partido Socialista Unificado de Cataluña* (Vereinigte sozialistische Partei Kataloniens)

SIM	*Servicio de Investigación Militar*, militärischer Geheimdienst der Zweiten Spanischen Republik
UdSSR	*Union der Sozialistischen Sowjetrepubliken*
UGT	*Union General de Trabajadores* (Generalunion der Arbeiter)

BILDNACHWEIS

S. 66 „Sieg!" Die Kaserne de la Montaña ist für die Republikaner zurückerobert! Aus: „Visions de guerra i de retaguarda", José J. de Olafieta, Barcelona 1977

S. 74 Gerade ist die letzte Bastion der Faschisten in Atarazanas (Barcelona) besetzt – Das Volk bemächtigt sich der dort vorhandenen Waffen. Aus: „Visions...", a.a.O.

S. 86 Zusammenkunft führender Vertreter der internationalen Arbeiterbewegung anlässlich des Versuchs der Bildung einer Einheitsfront zur Unterstützung des spanischen Freiheitskampfes. V.l.n.r.: 1. ... (unleserlich) (KP Frankreich); 2. F. Adler (2. Internationale); 3. Nenni (italienischer Politkommissar der Brigade Garibaldi); 4. Dumont (Frankreich); 5. Julius Deutsch (Österreich); 6. L. Longo (Chefinstrukteur der Interbrigaden); 7. Scheveneis (Generalsekretär der Amsterdamer Internationale); 8. Hans Dahlem (politischer Berater der Interbrigadisten); 9.+ 10. zwei belgische Interbrigadisten; 11. Petroff (bulgarischer Stabschef).

S. 93 Die ersten Milizen auf dem Weg nach Arago. Aus: „Visions...", a.a.O.

S. 99 Präsident Companys und Konsul Owssenko während einer Feier zu Ehren der UdSSR auf dem Balkon der Generalitat. Aus: „Visions...", a.a.O.

S. 115 Die sozialisierte Holzindustrie. Konföderierte Werkstatt Nr. 40. Aus: Centro de Documentación Historico-social (CDHS), Barcelona

S. 120 In einer kollektivierten Textilfabrik. CDHS, Barcelona

S. 124 An der Drehbank für die U-Bahn Barcelonas, (CNT-FAI), 1937. CDHS, Barcelona

S. 133 Arbeiterkooperative für Verpflegung, 1937. CDHS, Barcelona

S. 139 CNT-Industriegewerkschaft Textil und Bekleidung, Sektion der Sattler, 1937. CDHS, Barcelona

S. 146 Bauernkollektivität von Terrassa, CDHS, Barcelona

S. 158 Sozialisierte Bäckerei in Terrassa. CDHS, Barcelona

S. 178 Konföderierte Werkhalle Nr. 1 in Terrassa (CNT-AIT). CDHS, Barcelona

S. 187 FAI-Millizionäre in Aragon 1937. CDHS, Barcelona

S. 199 Ein durstiger Milizionär trinkt kurz vor der Abfahrt aus Barcelona seine letzte Limonade. Aus: „Visions ...", a.a.O.

S. 208 1937. CDHS, Barcelona

S. 221 1937. CDHS, Barcelona

S. 249 Die Telefonzentrale in Barcelona. Aus: Abel Paz, „Durruti el proletariado en armas", Barcelona 1978

S. 259 Gruppe „Die Freunde Durrutis", Aufruf (Text s. S. 258). Reprint: Etcétera und CDHS, Barcelona

S. 274 Seite aus: „El Amigo del Pueblo" Nr. 1, Mai 1937, mit den Balken der Zensur. Reprint: Etcétera und CDHS, Barcelona

S. 313 Plaza de Cataluña, Barcelona. Aus: „Visions ...", a.a.O.

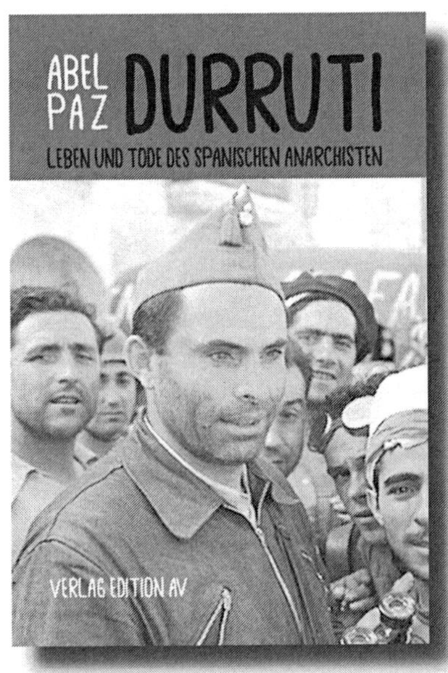

Abel Paz

DURRUTI

Leben und Tode des spanischen Anarchisten

Aus dem Spanischen übersetzt von Luis Bredlow

Mit einem aktuellen Vorwort von Hanna Mittelstädt

ISBN 978-3-86841-256-7
704 Seiten
39,90 €

Der Lebensweg Buenaventura Durrutis ist exemplarisch für die europäische Sozial- und Ideengeschichte in der ersten Hälfte dieses 20. Jahrhunderts. Abel Paz beschreibt in Durruti einen unbeugsamen Rebellen, der stets ohne die Zeichen äußerer Autorität auskam, sein aufrührerisches Temperament jedoch ließ ihn in den Augen der Herrschenden schon früh zu einem der gefürchtetsten Arbeiteraktivisten auf der iberischen Halbinsel werden. Nachdem der ultrareaktionäre Kardinal von Saragossa Opfer eines Attentats wurde, verkörperte Durruti für den einflussreichen Klerus den Antichrist.

Indem diese Biographie konsequent den individuellen Lebensweg mit der kollektiven Realität der Arbeiter und Bauern verknüpft, gelingt ihrem Autor eine einzigartige Innenansicht der sozialen und politischen Situation Spaniens.

Dieser Blick von unten führt in Fabriken, Gefängnisse, abgelegene Dörfer und Verbannungsorte, zeigt das Alltagsleben, veranschaulicht die Vorstellungen und Diskussionen der anarchistischen Revolutionäre und lässt die ganze dramatische Atmosphäre von Streiks, Aufständen und heroische Aktionen intensiv vor der Leserschaft entstehen.

Wir lesen von Durrutis Fluchten, von seinem Leben im Untergrund und von seinen Zeiten des Exils. Schließlich beschreibt und analysiert der Autor jenen kurzen Sommer der Anarchie, die soziale Revolution innerhalb des spanischen Bürgerkriegs, als der libertäre Sozialismus in den Fabriken und landwirtschaftlichen Kollektiven 1936 für einen historischen Augenblick lang sein konstruktives Gesicht zeigen konnte.

Edition AV

Revolution und Konterrevolution im Spanischen Bürger*innenkrieg

ISBN 978-3-86841-164-5
169 Seiten
16 €

Augustin Souchy
Die tragische Woche im Mai 1937
eingeleitet und herausgegeben
von Wolfgang Haug

Noch immer sind sich die Historiker und erst recht die Anhänger der unterschiedlichen politischen Richtungen über die Bewertung der Maikämpfe 1937 in Barcelona uneinig.
Der Band stellt Augustin Souchys Text in den Mittelpunkt, der 1937 auf Spanisch und Englisch veröffentlicht wurde. Der Herausgeber bezieht darüber hinaus zahlreiche bekannte und unbekannte Autoren in seine ausführliche Darstellung der Ereignisse mit ein. Er beschäftigt sich mit den Folgen für die Soziale Revolution insgesamt und für die ausländischen Freiwilligen im Besonderen. Die Barrikaden in Barcelona stehen für die spontane, aktive Verteidigung der sozialen Revolution und bedeuten doch gleichzeitig, dass der Glaube an ihr Gelingen verloren geht.

ISBN 978-3-86841-067-9
110 Seiten
12 €

Augustin Souchy
Bei den Landarbeitern von Aragon
Der freiheitliche Kommunismus in den befreiten Gebieten
zusammengestellt und herausgegeben von Wolfgang Haug
übersetzt aus der englischen Ausgabe von Bernhard Arracher

„Die Kollektivierung in Spanien war die wichtigste Umgestaltung der Eigentumsstruktur und Arbeitsorganisation der Produktion in der Geschichte. Die Kollektive waren eine Verwirklichung der Ideale und Theorien des freien und libertären Sozialismus, im Gegensatz zu den russischen Staatskolchosen und auch zum Selbstverwaltungssystem Jugoslawiens. Ich konnte das vergleichen, da ich durch all diese Länder gereist bin, um ihre Systeme zu studieren. Die spanischen Landkollektive ähnelten am ehesten den Moshov Shitufi, eine der vielen Arten von Arbeitsgemeinschaften, die in Israel als Kibbuzim bekannt sind."

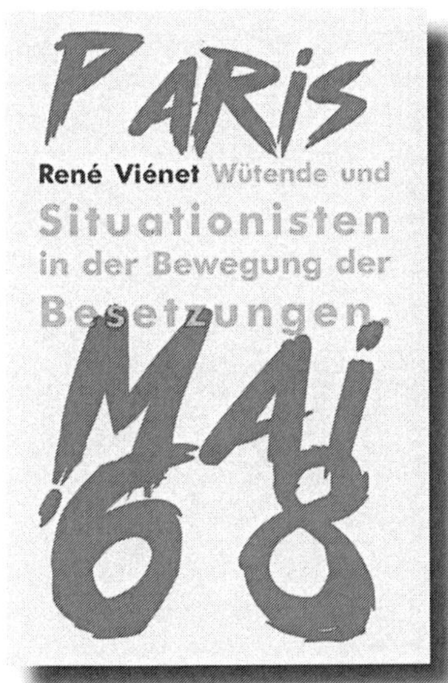

René Viénet

Wütende und Situationisten in der Bewegung der Besetzungen – Paris Mai '68

mit einem Vorwort zur Neuausgabe von Hanna Mittelstädt

Übersetzung aus dem Französischen von Pierre Gallissaires / Barbara Merkel (1977), für diese Ausgabe durchgesehen von Hanna Mittelstädt

ISBN 978-3-86841-292-5
281 Seiten - 18 €

In der Geschichte gibt es wenige Beispiele für eine so tiefgreifende soziale Bewegung wie die, die im Frühjahr 1968 in Frankreich zum Durchbruch gekommen ist; keine, über die so viele Kommentatoren einer Meinung waren, dass sie nicht vorauszusehen war. Das Buch umfasst eine genaue Schilderung der Ereignisse mit Schwerpunkt auf Paris und Umgebung (die Universitäten, die Fabriken und Unternehmen) und im Anhang Flugblätter und andere Dokumente.) Es ist eine einzigartige Dokumentation der Situationisten und der Ereignisse vom Mai 1968 in Paris.

„Die Bewegung der Besetzungen ist sofort in aller Welt als historisches Ereignis von entscheidender Bedeutung empfunden worden: als Auftakt einer neuen Epoche, deren bedrohliches Programm den Tod aller bestehenden Regime proklamiert. Auch Frankreich gehört weiterhin zur Vulkankette der neuen Geographie der Revolutionen. Nichts ist geregelt worden. Der revolutionäre Ausbruch rührte nicht von einer ökonomischen Krise her, sondern hat ganz im Gegenteil dazu beigetragen, eine solche Krisensituation zu schaffen ... Die Perspektive der Weltrevolution holte einen immensen Rückstand auf – ihr halbes Jahrhundert Abwesenheit –, als sie in Frankreich wieder auftauchte, und sie hatte von daher sogar einige verfrühte Aspekte ... Die radikale Theorie ist bestätigt worden. Sie hat sich in unermesslichem Ausmaß verstärkt."

René Viénet

Edition AV